涉外法治論叢

# 金融纠纷解决机制的应然和实然面向

## 基于法教义学和法经济学的双重路径

沈 伟　金可可 ◎ 主编

THE IS-OUGHT PROBLEM IN FINANCIAL DISPUTE RESOLUTION MECHANISMS: A DUAL-TRACK APPROACH BASED ON LEGAL HERMENEUTICS AND LAW AND ECONOMICS

上海交通大學出版社
SHANGHAI JIAO TONG UNIVERSITY PRESS

**内容提要**

争端解决机制是统筹推进国内法治和涉外法治的重要内容。有效解决各类纠纷既要充分发挥诉讼、仲裁和调解的优势，又要有机协调和衔接各类机制，针对不同种类的纠纷，实现公正和效率。《仲裁法》《证券法》《公司法》修订过程中都将优化和完善争端解决机制作为突破口，实现更为重要的建设国际商事仲裁中心和资本市场的目标。本书以金融纠纷解决机制的完善、金融纠纷解决中的法院功能和证券纠纷解决机制为对象，通过法教义学和法经济学的双重方法路径，对机制性的法律问题加以分析，试图揭示纠纷解决机制面纱背后的逻辑和机理。本书读者可以是经济法和金融法理论界、司法界及实务界的专家人士。

**图书在版编目(CIP)数据**

金融纠纷解决机制的应然和实然面向：基于法教义学和法经济学的双重路径 / 沈伟，金可可主编. —上海：上海交通大学出版社，2023.8
(涉外法治论丛)
ISBN 978-7-313-29038-0

Ⅰ. ①金… Ⅱ. ①沈… ②金… Ⅲ. ①金融—经济纠纷—处理—中国 Ⅳ. ①D922.28

中国国家版本馆 CIP 数据核字(2023)第 122470 号

**金融纠纷解决机制的应然和实然面向**
——基于法教义学和法经济学的双重路径
JINRONGJIUFEN JIEJUEJIZHI DE YINGRAN HE SHIRAN MIANXIANG
——JIYU FAJIAOYIXUE HE FAJINGJIXUE DE SHUANGCHONG LUJING

主　　编：沈　伟　金可可
出版发行：上海交通大学出版社　　地　　址：上海市番禺路 951 号
邮政编码：200030　　电　　话：021-64071208
印　　制：上海万卷印刷股份有限公司　　经　　销：全国新华书店
开　　本：710 mm×1000 mm　1/16　　印　　张：24
字　　数：402 千字
版　　次：2023 年 8 月第 1 版　　印　　次：2023 年 8 月第 1 次印刷
书　　号：ISBN 978-7-313-29038-0
定　　价：89.00 元

# 序

PREFACE

金融纠纷解决机制是金融监管部门公权力介入金融交易和作为社会正义最后一道防线的司法参与社会纠纷的场域和界面，对于法律和规则的实际落地，特别是金融交易当事人之间权利义务的确定和分配，具有重要的理论和现实意义。在当前经济运行背景下，更多金融纠纷的出现，对金融监管部门主导的公共执行机制和作为私人执行机制实现者的司法机构提出了现实挑战。

金融纠纷解决机制和金融市场的法律规制一样，可以有全然不同的路径。一是金融商法的路径，即以法教义学为方法，以法律规则为基础，考察金融交易合同、结构和关系的合法性，进而分析当事人之间的权利和义务。这种路径与民法系国家的法教义方法相契合，特别受到民商法学者的认同。二是法经济学的路径，即以法经济学为方法，以金融市场的风险为对象，考察针对金融市场不同风险的应对机制，将金融纠纷解决同金融风险克服相联系。这种路径一般是金融规制研究的思路。

与上述两种路径相对应，前者是金融商法的研究路径，后者是金融监管的路径；前者是金融交易的私人执行机制，后者是金融市场的公法执行机制。一般而言，两者互相配合，对金融市场的监管、金融交易的稳定和金融纠纷的解决发挥解释和说理功能。但是，金融法学者一般采取其中之一的进路，或者金融商法，或者金融规制，对另外一种进路相对排斥。本书在金融纠纷解决机制的研究中，对两者都有所利用，因此，本书的副标题强调金融纠纷解决基于法教义学和法经济学的双重路径。

金融纠纷形形色色，本书也无法涵盖全部。本书主要针对两种纠纷：一是民间借贷纠纷；二是证券市场的投资者保护纠纷。这两类纠纷正好能够很好地展示上述两种研究进路的展开。民间借贷纠纷更多的是权利义务关系的确定，以合同合法性和有效性为前提性问题；证券市场的投资者保护纠纷更多涉及资本市场的稳定和安全。由于证券市场纠纷体量和规模可能很大，类别化的特征比较明显，全然依赖法院效率和经济性不够，因此，美国比较依靠私人执行机制，但是私人执行依靠的是法院，最后还是依靠司法加以实现。这类纠纷的制度性安排更有法经济分析的逻辑。

基于这样的理解和思路，本书关于民间借贷的分析比较侧重法教义学（也有法政策学）的分析进路，而关于资本市场投资者保护的纠纷则偏重制度设计和检讨。当然有些章节的研究方法也呈现出多元特征，有数据、有统计、有比较。

但是，现实并不是这样泾渭分明。现代社会的法院除了司法审判的功能之外，还要与现实社会和现实制度发生复杂的关系。因此，关于法院的研究也有政策视角的透视，把法院解释为一种政策性机构，特别是在金融市场中，法院被解读为一种政策性法院，法院的司法职能和功能会有意或无意地与金融监管政策，甚至货币政策发生某种耦合。法政策学和法经济学的分析在某种程度上能够解释这种耦合，而纯粹的法教义学方法对此不能作出令人满意的解释。所以，本书关于民间借贷的研究也关注这种耦合性，并且试图对此作出符合中国语境的学理解释。当然，这样的分析是否具有说服力，有待实践的检验。

本书也对金融纠纷机制本身加以关注，希望对时下比较流行的替代性解决机制在金融纠纷解决中的作用有所考察。诚然，仲裁和调解等替代性纠纷解决机制越来越重要，但是，实证考察似乎不能对这种重要性和普遍性产生共鸣和证成，本书对此进行了学理和实证分析。尽管这种基于实证的考察是初步的，但是这对于我们认识调解、仲裁和诉讼三位一体安排的局限性有所裨益。

本书最后一章是英国伦敦政治经济学院法律系西蒙·罗伯茨教授的遗作。罗伯茨教授是英国著名的法人类学家，他主要研究不同社会形态中的争议解决机制。他从法人类学视角研究争议解决机制，尽管是当代英国司法制度的语境，仍然会给我们以启迪。将此收录此书，会给读者更加开放的视野，了解对争议解决机制的法律研究可能还会有不同的切入点、方法论和可能性。

是为序。

沈 伟 金可可

2023 年 7 月 3 日

# 目录

CONTENTS

## 民间借贷的司法规制：监管化还是市场化

## 揭开金融纠纷解决机制的"面纱"



## 证券纠纷多元解决

## 域外法院

# 民间借贷的司法规制：监管化还是市场化

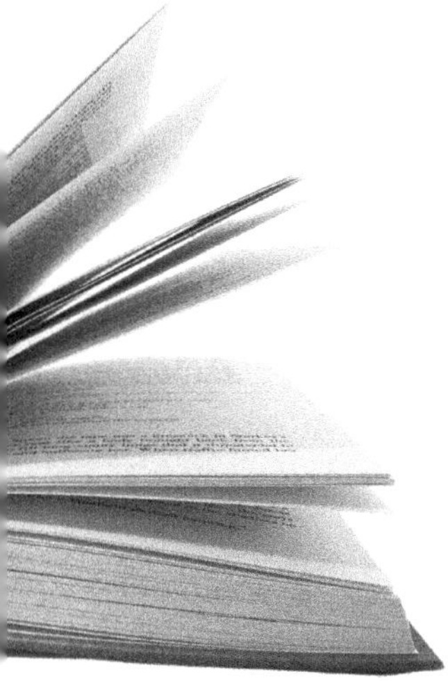

# 第一章

# 民间借贷的司法抑制困境和中小企业的金融赋权路径*

2018年后，全球经济不确定因素增多，小微企业“经营难、融资难”问题受中国经济长期积累的风险隐患影响有所加剧。[①] 以上海金融法院2018年8月—2019年10月审结的涉民营企业融资纠纷案件为样本，民营企业融资案件呈现出“民营企业融资成本高”“资金需求方多为中小民营企业”的特点。[②] 2020年，新冠疫情的暴发继续加大内外部环境的不确定性，民间金融市场也受其影响。疫情反复、经济K形复苏、上游涨价，使中小企业面临前所未有的经营压力。[③] 受疫情影响，中国人民银行、国家外汇管理局于2022年4月18日印发《关于做好疫情防控和经济社会发展金融服务的通知》，从支持受困主体纾困、畅通国民经济循环、促进外贸出口发展三个方面出台23条政策举措，加强金融服务、加大支持实体经济力度，助力疫情防控。[④] 可以看出，中小企业近些年生存举步维艰。

中国商人向亲人和朋友借款的传统习惯由来已久，但私营企业的资信水平通常较低，无法满足正规银行的贷款要求，资本雄厚的企业和个人的闲置资金充足促成了地下借贷市场的形成。然而，这些私人贷款机构或资金池在中国的合法性是不确定的，曾经的温州“跑路”债务危机充分暴露出中国民间金融的脆弱以及影子银行体系的松软。借款人不能偿还贷款，地下银行无法兑付储户存款，

---

* 本章作者：沈伟、姚旭。

① 中国人民银行、中国银行保险监督管理委员会：《中国小微企业金融服务报告(2018)》，中国金融出版社2018年版，“序”。

② 上海金融法院课题组：《金融司法服务保障民营企业健康发展研究——以民营企业融资纠纷案件为视角》，《上海法学研究》2021年第8卷，第150—151页。

③ 任泽平：《2021中国中小微企业经营现状研究》，https://finance.sina.com.cn/zl/china/2021-12-20/zl-ikyamrmz0029687.shtml.

④ 《人民银行、外汇局出台23条举措全力做好疫情防控和经济社会发展金融服务》，国家外汇局管理门户网站，https://www.safe.gov.cn/safe/2022/0418/20864.html.

导致至少80%的商人宣告破产。[①] 民间借贷相关的司法抑制导致民间借贷市场也不容乐观。

## 第一节 研究现状

### 一、现有研究成果概述

现有民间借贷在生成逻辑、市场风险、规制路径三方面已形成较为丰硕的研究成果。金融抑制理论与信息说是民间借贷生成逻辑的两种主要代表学说。金融抑制理论以江曙霞为代表，提出民间借贷是我国金融二元主义的产物。[②] Joseph E. Stiglit 和 Andrew Weiss 最早运用信息理论从世界性范围解释民间金融存在的根本原因。[③] 周耿将信息不对称程度设置为变量，得出信息不对称条件下信贷市场逆向选择会导致市场萎缩的两类效应，其中的"惜贷效应"恰好为中国目前中小企业融资难现象提供了解释。[④] 高晋康认为信息说相比金融抑制说可以解释包括发达国家在内的所有国家和地区民间金融产生的原因。[⑤] 当前研究对民间借贷存在市场风险达成共识。民间借贷作为我国影子银行体系的一个重要组成部分，刘佳丽采用收支差异法推算出我国各省份的民间借贷规模，从实证研究的角度得出2013—2020年我国民间借贷规模呈现扩大趋势的结论，并且该扩大趋势构成我国系统性金融风险的重大隐患。[⑥] 对于民间借贷如何规制的问题上目前有很多研究成果。在利率管制模式的选择上，部分学者使用实证研究的方法进行量化分析进而提出规制路径与方法，例如程金华对浙江省一定数量的判决书进行量化研究，认为应当废止银行同类贷款利率的四倍利率规则，

---

① Jane Cai. Bad Loan Rate Adds to Woes in Wenzhou. *South China Morning Post*, 5 November 2011.

② 江曙霞：《中国"地下金融"》，福建人民出版社2001年版，第40页。

③ Joseph E. Stiglitz and Andrew Weiss. Credit Rationing in Market with Imperfect Information, *the American Economic Review*, Vol. 71, 1981.

④ 周耿、阮东喆、范从来：《信息不对称下信贷市场的惜贷与挤出效应》，《金融论坛》2021年第1期，第25页。

⑤ 高晋康：《民间金融法制化的界限与路径选择》，《中国法学》2008年第4期，第36页。

⑥ 刘佳丽、马庆：《我国影子银行对系统性金融风险影响的实证研究——基于2013—2020年省际面板数据》，《吉林大学社会科学学报》2021年第6期，第113—114页。

并设立一种新的分类管制的民间借贷利率规则。① 部分学者使用法教义学的方法，对最高法院在各阶段有关民间借贷利率司法解释进行梳理，提出相应的解决方法。姚海放针对最高法院新出的有关"一年期LPR的四倍"利率规则，指出民间借贷利率应当遵循市场动态调整规律，而不该设置一个规则上限。② 孟睿偲、张江洪认为应当废止"一年期LPR的四倍"利率规则，因为该标准导致民间借贷关系缺乏应有的稳定性，可能出现民间借贷利率低于银行利率的现象。③ 也有部分学者使用案例研究方法。在民间借贷的刑法规制上，张远煌使用实证研究的方法，对中国裁判文书网所公布的判决书进行统计分析，并在2014—2020年，发布有关企业家刑事风险分析报告，综合其报告，我们可以看出非法吸收公众存款罪是民营企业家触犯最多的罪名。大多数学者运用法教义学方法，通过限缩解释减少该罪的适用。④ 总的来说，目前有关刑法规制方面的研究目的还是限缩有关罪症的构成要件，并明确各罪名与合法的民间借贷行为的界限。还有不少学者从法经济学视角、金融治理现代化视角以及协同治理等新颖视角对民间借贷进行新规制路径研究，例如余艳清从金融治理现代化的视角展研究，认为未来的民间金融规制应该致力于革新规制理念、完善规制体系以及对规制工具进行法治化转型。⑤ 靳文辉提出在金融风险治理中，政府、社会和市场三种治理机制要协同适用。⑥

## 二、现有研究不足

目前有关民间借贷的研究有其明显的不足之处，例如运用社会学解决法律问题是有限的，最后还是要靠社会规则解决问题；量化实证研究方法本身也有其缺陷。虽然司法与行政协同治理、金融治理现代化的视角较为新颖，但目前在法学领域有关研究成果较少，研究成果的应用价值也比较有限，有探讨的空间。此外，现有研究有不少集中于立法领域，虽对研究民间借贷大有裨益且必不可少，但立法时间成本较高，因此司法领域的研究更为重要。

---

① 程金华：《四倍利率规则的司法实践与重构——用实证研究解决规范问题的学术尝试》，《中外法学》2015年第3期，第684—716页。

② 姚海放：《论民间借贷利率的法律调整》，《社会科学》2021年第4期，第105—117页。

③ 孟睿偲、张江洪：《借贷债权应有平等的司法保护——以民间借贷司法解释为样本》，《河北法学》2021年第11期，第133—142页。

④ 卢勤忠：《民营企业的刑事合规及刑事法风险防范探析》，《法学论坛》2020年第7期，第127—137页。

⑤ 余艳清：《新时代国家治理视野下的民间金融规制转型》，《税务与经济》2021年第6期，第99页。

⑥ 靳文辉：《金融风险的协同治理及法治实现》，《法学家》2021年第4期，第31—43页。

## 第二节 民间借贷的司法态度演变与司法抑制表现

随着市场经济的发展，司法机关的界定发生了从狭义民间借贷向广义民间借贷的转变。[①] 两者的区别在于是否承认企业之间相互借贷行为的合法性。20世纪末，司法机关严格奉行民间借贷的狭义概念。[②] 市场经济发展繁荣的同时也造成了海量的资金需求缺口，导致司法机关对企业间借贷态度松动的转变，从出台司法解释肯定“名为垫资，实为企业间借贷”合同的效力，[③]到承认企业间借贷合同中债权人的利息请求权，[④]再到各地高级法院甚至最高法院提出有条件承认企业间借贷效力的观点。[⑤] 最高法院于2015年9月1日发布《关于审理民间借贷案件适用法律若干问题的规定》(简称《民间借贷规定》)，正式将企业间借贷纳入民间借贷的范畴，标志着民间借贷的广义概念开始被司法机关采纳。通过以上的梳理可见，司法机关对民间借贷的界定呈现渐进放松的趋势，并且以司法解释的形式确认了企业间借贷的合法性。这种规制范式转变的背后有其合理性。第一，确认企业间借贷的合法性是顺应经济发展的需要，提高资金的使用效率，促进经济体制改革和金融体制改革；第二，企业间借贷是金融体制不够完备造成的必然结果，法律抑制不仅不能消除该现象，而且会倒逼其转向地下发展，进一步加剧乱象；第三，由于否认企业借贷合同效力没有合法依据，规制过程中滋生了大量自由裁量行为，企业间借贷合法化有利于遏制权力滥用，实现对民营企业的产权平等保护。

司法机关对民间借贷态度的转变理应使中小企业的融资渠道得到极大丰富。然而司法界定上呈现出的包容态度却未能在具体的审判实践中得到体现和

---

① 所谓狭义民间借贷是指自然人之间、自然人与非金融机构法人或其他组织之间的借贷关系；广义民间借贷，是指自然人、非金融机构法人、其他组织相互之间的借贷关系。

② 最高法院于1991—1999年之间接连发布了《关于人民法院审理借贷案件的若干意见》《关于对企业借贷合同借款方逾期不归还借款的应如何处理的批复》《关于如何确认公民与企业之间借贷行为效力问题的批复》三个司法解释，将民间借贷限定为公民之间、公民与法人之间，以及公民与其他组织之间的借贷关系，认定企业间借贷无效。

③ 参见最高人民法院2004年颁布的《关于审理建设工程施工合同纠纷案件适用法律问题的解释》。

④ 参见江苏省高级人民法院2009年颁布的《关于当前宏观经济形势下依法妥善审理非金融机构借贷合同纠纷若干问题的意见》。

⑤ 参见浙江省高级人民法院2009年出台的《关于为中小企业创业创新发展提供司法保障的指导意见》，以及最高人民法院2013年出台的《商事审判中需要注意的几个法律适用问题》。

发展，司法活动不仅没有起到保护中小企业融资行为的作用，而且在一定程度上约束了中小企业的融资与发展。1992 年后我国金融监管进入“强化监管到适度监管再到强化监管”的周期，2013 年后已趋严。[①] 这种趋严的司法抑制主要表现在以下方面：一是金融监管法律法规的不当适用导致借贷合同的效力屡遭否定，中小企业参与民间借贷的积极性下降；二是非法集资类罪名的扩张适用，使民营企业家面临过重的刑事风险；三是对借贷利率的不合理限制，使中小企业的融资需求无法得到满足。

## 一、金融法规取代民事规范成为否定合同效力的主要依据

通过在中国裁判文书网上检索企业间借贷纠纷案件，笔者发现不少各地、各级司法机关在判断企业间借贷合同效力时仍然主要依据金融监管法律法规。[②] 金融监管法律法规在企业间借贷合同纠纷中展现出的活力可见一斑，金融司法监管化的趋势较为明显。然而，《银行业监督管理法》与《非法金融取缔办法》禁止的是未经批准擅自从事银行业金融机构业务活动与金融业务活动的行为。企业之间的自有闲置资金临时调剂行为既不构成“银行业金融机构业务活动”，也不构成“金融业务活动”。第一，银行贷款面向的是广泛而不特定的社会大众，与此相区别，民间借贷行为通常是针对特定对象实施的，放贷人和借贷人之间往往存在某种形式的联系，例如两公司之间因此前发生的业务往来而存在信任等。第二，金融贷款行为指的是金融机构在其存续过程中连续不断开展的业务行为，是具有营利性和反复性的商事行为。[③] 发生在企业之间的民间借贷并不具有营利性和反复性，与金融贷款行为有着本质上的区分，法律规制手段完全不同。只有法律、行政法规的强制性规定才能否定合同的效力，因此，《贷款通则》作为法律效力位阶较低的部门规章显然不是否定合同效力的合法依据。司法实践选择大量援引金融监管规则，却不尊重当事人意思自治的私法规则，这种法律适用理念有失偏颇。企业产权制度是社会主义市场经济发展的根本，允许对自己的财

---

① 李有、沈伟：《金融司法的安全和效率周期之困——以“职业放贷人”司法审判为切入》，《中国法律评论》2020 年第 5 期，第 87 页。

② 《银行业监督管理法》第 19 条规定：“未经国务院银行业监督管理机构批准，任何单位或者个人不得设立银行业金融机构或者从事银行业金融机构的业务活动。”

国务院《非法金融机构和非法金融业务活动取缔办法》第 5 条第 1 款规定：“未经中国人民银行批准，任何单位和个人不得擅自设立金融机构或者擅自从事金融业务活动。”

《贷款通则》第 61 条规定：“企业之间不得违反国家规定办理借贷或者变相借贷融资业务。”

③ 岳彩申：《民间借贷规制的重点及立法建议》，《中国法学》2011 年第 5 期，第 84 页。

产进行自由支配和使用，使各种产权主体之间的产权关系明晰，对企业而言是一种有效的激励机制。这种资金自主权包括自主筹资权、自主投资权、资金调动权以及利润分配和支配权。[①] 只要企业间借贷行为不悖于法律、行政法规的效力性强制规定，司法机关就不应当干涉，这是企业依法享有的资金自主权。而司法实践中过度依赖金融法律法规的行为实质上严重侵害了中小企业资金自主权，产权界定不清，必然使企业失去参与市场的积极性与活力，也会导致政府大量寻租行为的产生，不符合市场经济运行的客观要求。

## 二、中小企业面临的刑事责任风险加剧

2016—2020 年，民营企业家犯罪数量和涉案人数同步呈现增长态势，民营企业面临较大的刑事风险，这 4 年中民营企业在犯罪频次上显著高于国企，民营企业犯罪 7 578 次，国企 1 374 次。此外，民营企业家犯罪数量最多的犯罪类型是非法吸收公众存款罪，共 1 494 件，占犯罪总数的 19.7%。[②] 相比企业间借贷行为，中小企业向自然人借贷更易被定性为“非法集资”。非法集资犯罪被喻为悬在融资的民营企业和民营企业家头顶而随时掉落的“达摩克利斯之剑”。[③] 2016 年，非法吸收公众存款案 8 200 余件，占全国检察机关公诉部门受理非法集资案件总数的 86.32%。[④] 由此可以看出，非法吸收公众存款罪在我国非法集资罪名体系中占有重要地位，对于难以判断是合法的民间融资行为还是非法集资行为，司法实践选择将其纳入非法吸收公众存款罪的规制范围，呈现非法集资泛滥化的现象。非法吸收公众存款罪作为非法集资罪名体系中“常发”“频发”“高发”性犯罪，时常徘徊于民间借贷或者企业不法融资之间。

### (一) 非法集资刑事责任的扩张适用

根据张远煌在 2016—2020 年对企业家刑事风险的数据统计，民营企业家 2016 年犯罪总频次为 1 716 次，其中触犯非法吸收公众存款罪 232 次，占民营企业家犯罪总频次的 13.5%，仅次于虚开增值税专用发票、用于骗取出口退税、抵押税款发票罪(16.3%)。[⑤] 民营企业家 2017 年触犯非法吸收公众存款罪达 414

---

① 解沧所：《对“两则”中有关企业理财自主权问题之浅见》，《现代企业》1995 年第 12 期，第 28 页。

② 刘菁婉、张克：《民营企业家犯罪分析与防范研究——基于 2016—2020 年刑事风险统计数据的分析》，《辽宁公安司法管理干部学院学报》2021 年第 4 期，第 1—2 页。

③ 郭华：《非法集资犯罪的司法扩张与刑法修正案的省察——基于〈刑法修正案(十一)(草案)〉对非法吸收公众存款罪、集资诈骗罪修改的展开》，《法治研究》2020 年第 6 期，第 25 页。

④ 张远煌：《2016 中国企业家刑事风险分析报告》，《河南警察学院学报》2017 年第 4 期，第 59 页。

⑤ 张远煌：《2016 中国企业家刑事风险分析报告》，《河南警察学院学报》2017 年第 4 期，第 21 页。

次，而当年民营企业家犯罪总频次才 2 106 次，因此，该罪成为民营企业家触犯最多的罪名，占犯罪总频次的 19.7%。[①] 2018 年，民营企业家触犯最多的罪名依然是非法吸收公众存款罪，共计 693 次，占民营企业家犯罪总频次的 27.2%。[②] 2020 年，非法吸收公众存款罪以共计 645 次，仍居民营企业家犯罪榜首，占民营企业家犯罪总频次的 21.49%。[③] 以上数据表明，民营企业家犯罪行为中非法吸收公众存款罪所占比重呈高发态势，扩张适用非法吸收公众存款罪导致该罪的“口袋化”趋势。有学者认为该罪“口袋化”趋势的根本症结在于，司法机关力图将融资准入的既有监管逻辑和标准直接延展至民间借贷等非正规金融市场。[④] 该罪名适用范围的扩张具体表现在以下方面。

1. 社会性认定失当

借贷对象的多少被司法机关当作社会性的判断标准。若面向多数人借贷为非法集资，反之则为合法民间借贷。中小企业进行民间借贷时与每一个出借人的法律关系均属于民法上的合同法律关系，即使企业因经营亏损而无法还款，也只会构成民事违约，并不构成刑事违法。在每一个借贷合同都合法的前提下，几十个合法的合同合并在一起便有了刑事违法性，这显然是不合逻辑的。所以，刑事违法性的存在并不在于合同数量的多少，而在于单个的合同行为具有民事违法性，例如借款人存在提供虚假资料或进行虚假宣传等欺诈行为。[⑤]

2. 忽视集资用途差异

民营企业集资不仅局限于直接融资行为，而且也可能用于间接融资。以资本、货币经营为目的的间接融资行为属于我国商业银行的业务范围，[⑥]这种间接融资行为对国内金融安全影响巨大，监管部门禁止未经许可的市场主体从事该行为实属防范金融风险之必须，刑事立法上设置非法吸收公众存款罪也正是为了规制此类行为。但是，“非法”的具体内涵并未被该罪具体条款充分揭示，司法实践常以维护金融管理秩序的名义对该罪不当扩张适用。[⑦] 司法实践中践行的

① 北京师范大学中国企业家犯罪预防研究中心课题组：《2017 中国企业家刑事风险报告》，《河南警察学院学报》2018 年第 4 期，第 42 页。

② 张远煌：《企业家刑事风险分析报告(2014—2018)》，《河南警察学院学报》2019 年第 4 期，第 29 页。

③ 张远煌：《企业家刑事风险分析报告(2020)》，《河南警察学院学报》2020 年第 4 期，第 21—22 页。

④ 许晓童：《非法吸收公众存款罪“口袋化”的体系症结与限缩路径》，《学海》2021 年第 5 期，第 173 页。

⑤ 魏东、田馨睿：《论非法吸收公众存款罪的保守解释——侧重以〈网络借贷信息中介机构业务活动管理暂行办法〉为参照》，《河南财经政法大学学报》2017 年第 3 期，第 117 页。

⑥ 张明玖、李树：《民间借贷行为规制的偏失与矫正——以非法集资规制为例》，《社会科学家》2017 年第 8 期，第 119 页。

⑦ 郝艳兵：《互联网金融时代下的金融风险及其刑事规制——以非法吸收公众存款罪为分析重点》，《当代法学》2018 年第 3 期，第 46 页。

入罪标准呈现结果主义倾向，只要未经批准，集资数额或给公众造成的经济损失达到一定的标准就一律认定为犯罪，而对集资用途不加区分，也不考察集资需求的合理性。从刑法解释的实质思维理解，只有当民营企业集资用于货币资本的经营，构成本罪方为合适。[①] 若将集资款用于生产经营活动，即使因为固有风险造成的经营亏损无法归还款项，此时的社会危害性并不大，不宜定罪。

3. 法定刑的提升与无限额制罚金刑的设定

为了回应P2P网络借贷平台不断爆雷现象，《刑法修正案（十一）》[②]在《刑法》第176条的“非法吸收公众存款罪”中增设了一档“数额特别巨大或者有其他特别严重情节”的加重法定刑，使该罪的法定最高刑由10年有期徒刑提升至15年有期徒刑，同时将限额制罚金刑修改为无限额制罚金刑，进一步加大了打击力度。但这种适用的扩张和刑罚力度的加大体现了重刑主义的倾向，不免有为了回应社会公众的热点关切而造成的情绪性立法之嫌，忽视了刑法谦抑性的本质。[③] 非法吸收公众存款罪法定刑的提升加剧了民营企业的融资风险，有悖国家鼓励和促进中小企业发展的目标。

在司法实践中，由于融资行为很容易就被纳入非法吸收公众存款罪规制，先撇开严苛的法定刑不说，无限额的罚金就能使大批本有可能渡过短暂困难期的企业破产倒闭，这显然不是本次刑法修正的目的。刘宪权认为本次修正案中法定刑的提升虽回应了网络借贷平台相关案件的频发与遭受财产损失群众的呼声，却忽视了保护企业产权的基本精神。[④] 尽管本次修正案新增从宽条款，对能够及时退赔的可以从宽处罚，但相较于2010年最高人民法院的司法解释，[⑤]此

① 卢勤忠：《民营企业的刑事合规及刑事法风险防范探析》，《法学论坛》2020年第7期，第130页。

② 《刑法修正案（十一）》将刑法第176条修改为：“非法吸收公众存款或者变相吸收公众存款，扰乱金融秩序的，处三年以下有期徒刑或者拘役，并处或者单处罚金；数额巨大或者有其他严重情节的，处三年以上十年以下有期徒刑，并处罚金；数额特别巨大或者有其他特别严重情节的，处十年以上有期徒刑，并处罚金。单位犯前款罪的，对单位判处罚金，并对其直接负责的主管人员和其他直接责任人员，依照前款的规定处罚。有前两款行为，在提起公诉前积极退赃退赔，减少损害结果发生的，可以从轻或者减轻处罚。”原《刑法》第176条：“非法吸收公众存款或者变相吸收公众存款，扰乱金融秩序的，处三年以下有期徒刑或者拘役，并处或者单处二万元以上二十万元以下罚金；数额巨大或者有其他严重情节的，处三年以上十年以下有期徒刑，并处五万元以上五十万元以下罚金。单位犯前款罪的，对单位判处罚金，并对其直接负责的主管人员和其他直接责任人员，依照前款的规定处罚。”

③ 韩轶：《刑法更新应坚守谦抑性本质——以〈刑法修正案（十一）（草案）〉为视角》，《法治研究》2020年第5期，第51页。

④ 刘宪权、陆一敏：《〈刑法修正案（十一）〉的解读与反思》，《苏州大学学报（哲学社会科学版）》2021年第1期，第39页。

⑤ 《关于审理非法集资刑事案件具体应用法律若干问题的解释》第3条：“……非法吸收或者变相吸收公众存款，主要用于正常的生产经营活动，能够及时清退所吸收资金，可以免予刑事处罚；情节显著轻微的，不作为犯罪处理。”

次修正案更倾向于重刑主义。

(二) 非法集资犯罪扩张适用对中小企业的侵害

根据刘菁婉等基于2016—2020年刑事风险统计数据,非法吸收公众存款罪以1494件成为民营企业家在4年中犯罪数量最多的类型犯罪,占犯罪总数的19.7%;国有企业家犯罪涉及罪名排在前三位的分别是受贿罪、贪污罪和挪用公款罪,其中受贿罪481起,占35%。① 国企企业家高发的犯罪类型通常与受贿、贪污、挪用公款等具有权力特征的犯罪类型相关联。历年数据表明,非法吸收公众存款罪在实践中无疑已成为民营企业家的罪名"代名词"。受"重公权轻私权"观念的影响,金融抑制表现为厉行资格审查,通过对民营企业的融资与经营资质设置门槛的方式寻求金融安全,但这种资格准入式歧视受到刑法的强力保护,中小企业家们面临巨大的刑事风险。2018年,国家统计年鉴和北京师范大学中国企业家犯罪预防研究中心的数据显示,民营企业家平均面临的刑事风险概率已达国有企业家的3.5倍。② 刑事司法一反其"克制"美德,通过扩张适用、过度介入市场经济活动的自由,破坏了民营企业的产权,同时侵害了民营企业家合法的人身与财产权利,这种变相歧视不符合刑法罪行法定的原则。在金融创新方面,司法机关过度适用刑法也容易扼杀民营企业的创新性,例如股权众筹的网络属性及其"草根金融""普惠金融"的定位决定了其无论如何都很难回避"公开发行"的诘问。③

非法集资类犯罪所要保护的首要法益是我国的金融交易秩序,然而对各类集资行为一概严惩,不仅无法抑制非法集资犯罪的高发,而且还使得企业家背负沉重的刑事法律风险,陷入进退两难之地。在中小企业因资金短缺陷入经营困难的情况下,摆在企业经营者面前的只有两条路:要么立刻倒闭,要么冒险集资。此时如果企业家选择民间借贷市场集资,很容易因触犯刑法而锒铛入狱,故许多人只能寄希望于地下钱庄等非法金融机构。他们并非不知道向非法金融机构借款的危害,而是与犯罪处刑相比,只好"两害相权取其轻"。非法金融机构的顺势而生更是加大了金融监管的难度,其高利率性、潜在的暴力性等对负贷企业的生存、企业家的生命财产安全也更具威胁。

---

① 刘菁婉、张克:《民营企业家犯罪分析与防范研究——基于2016—2020年刑事风险统计数据的分析》,《辽宁公安司法管理干部学院学报》2021年第4期,第3页。

② 张远煌:《企业家犯罪的基本态势、主要成因与对策思考》,《法制日报》2019年5月8日,第11版。

③ 卢勤忠:《民营企业的刑事合规及刑事法风险防范探析》,《法学论坛》2020年第7期,第131页。

## 三、借贷利率司法规则对中小企业的抑制

### (一) 中小企业借贷利率的司法规范和现实情况

我国司法机关对不同主体的借贷行为均适用相同的利率规则。最高人民法院于1991年颁布《借贷意见》,将民间借贷的利率上限确定为“银行同类贷款利率的四倍”,形成“四倍利率规则”。最高人民法院于2015年6月发布《民间借贷规定》,设定年利率24%、36%为合法利率与无效利率两个上限,中间区间则为自然债务,形成了“两线三区利率规则”。[①] 最高人民法院于2020年8月出台修改《关于审理民间借贷案件适用法律若干问题的规定》的决定(简称《新民间借贷规定》),重新确定“一年期贷款市场报价利率的四倍”,即“一年期LPR的四倍”。此外,借贷利率的上限被划分为三个不同的时期和区间,分别是2019年8月20日前、2019年8月20日—2020年8月19日、2020年8月20日后,其中,第二区间没有标明适用什么利率,第一、三区间分别适用原告起诉时、民间借贷成立时的1年期LPR 4倍利率,然而,这两个区间内在逻辑和导向结果截然不同。[②] 2021年1月,最高人民法院对《新民间借贷规定》作出二次修正,[③]以2020年8月20日为界点分为两区间。由此,民间借贷的利率重新回归到以一定的倍数作为认定依据,但1年期LPR 4倍利率规则,在形式上大幅降低了民间借贷的利率水平。

肖凯等人以上海金融法院2018年8月—2019年10月审结的涉民营企业融资纠纷案件为样本进行案例研究,总结归纳了民营企业融资案件呈现出融资成本高等其他特点,并提出应完善民间借贷利率规制的法律供给,降低民间借贷利率水平的建议。[④] 这从侧面反映“一年期LPR的四倍”利率规则出台前利率规则在实践中发挥的效力不尽如人意,不仅无法震慑高利贷行为,而且导致一些狡猾的债权人通过各种其他形式收取利息,进行法律规避,甚至为暴力催债提供了空间。

---

① 根据该规定,本章将高利率民间借贷的范围限定为年利率超过24%的民间借贷行为。

② 孟睿偲、张江洪:《借贷债权应有平等的司法保护——以民间借贷司法解释为样本》,《河北法学》2021年第11期,第136页。

③ 最高人民法院于2021年12月23日通过《〈最高人民法院关于在民事审判工作中适用《中华人民共和国工会法》若干问题的解释〉等二十七件民事类司法解释的决定》,纠正了该错误。

④ 上海金融法院课题组:《金融司法服务保障民营企业健康发展研究——以民营企业融资纠纷案件为视角》,《上海法学研究》2021年第8卷,第148—160页。

(二) 中小企业借贷约定较高利率的合理性

利率的高低本质上是借贷供需关系平衡的结果,[①]体现了出借人对借款人违约风险的评估。由于民间借贷的高风险性,高利率的约定正是对高风险的合理补偿机制。由于在小微借贷市场中利率与风险梯次性呈正相关,因此,民间借贷利率水平必然高于银行业金融机构和非存类金融组织。[②] 此外,有调查显示,在银行借贷中贷款利率与借期呈正相关,而在民间借贷中借款利率与借期呈负相关。[③] 短期借贷作为应急性策略成为民间借贷的经常项,对于借款方来说,向民间借贷市场寻求帮助是其理性选择的结果,虽然短期资金短缺,但却有一定的利润预期,因此约定较高利率对借款人来说是可接受的结果。对于贷款方来说,约定较高利率是外化由于短期借贷从而产生外部成本的结果,借款人短时间内频繁的借款与还款导致部分时间资金的闲置,出借人需要花时间寻找其他借款人。

(三) 利率上限非市场化对中小企业的侵害

"一年期 LPR 的四倍"与"两线三区"标准相比,民间借贷利率大幅降低。最高人民法院此次修改民间借贷司法解释的目的是规范与保护民间借贷,统筹推进常态化疫情防控和经济社会良性健康发展。[④] 在最高人民法院 2020 年 8 月 20 日举行的新闻发布会上,最高人民法院审委会专职委员贺小荣表示:"大幅度降低民间借贷利率的司法保护上限,主要基于降低中小微企业的融资成本、确保民间借贷平稳健康发展以及推动利率市场化改革的必然要求。"[⑤]但也有观点认为"以 LPR 取代确定的 24%数字"体现了利率市场化的方向,但四倍仍然体现了刚性管制的意味。[⑥] 实证研究发现,"一年期 LPR 的四倍"利率规则是较为严厉的司法态度取向、较为单一的方法和较为陡峭的变幅体现,会起到减少小微金

---

① 沈伟:《中国的影子银行风险及规制工具选择》,《中国法学》2014 年第 4 期;沈伟:《银行的影子:以银行法为中心的影子银行分析框架》,《清华法学》2017 年第 6 期。

② 刘克崮、崔长彬、高慧、刘红灿、赵丽娜、赵莎莎:《关于民间借贷利率司法保护上限新规的调研(上)》,《当代金融家》2020 年第 12 期,第 20 页。

③ 程金华:《四倍利率规则的司法实践与重构——用实证研究解决规范问题的学术尝试》,《中外法学》2015 年第 3 期。

④ 郑学林、刘敏、张纯、唐倩:《新民间借贷司法解释的理解与适用》,《人民司法》2021 年第 4 期,第 26 页。

⑤ 《最高法院发布新修订的〈关于审理民间借贷案件适用法律若干问题的规定〉》(附全文),https://www.thepaper.cn/newsDetail_forward_8812207,最后访问日期:2022 年 1 月 21 日。

⑥ 姚海放:《论民间借贷利率的法律调整》,《社会科学》2021 年第 4 期,第 109 页。

融供给并加剧小微经济体融资难的反效果。[①] 广东省和浙江省的小额贷款公司纷纷表示新规的出台使其多数业务暂停，年利率上限的降低压缩了利润空间，大部分小贷公司可能要关门。[②]

新规出台后，除了倒闭现象外，放贷人的观望态度会导致资金供给不足，民间借贷利率短期内不跌反涨。[③] 人为限定低利率可能导致出借人惜贷，金融市场的有效供给下降，进而影响经济发展。[④] 利率的下调导致一部分借贷人退出民间借贷市场，而甘于冒法律风险的借贷人依然调高利率，将民间借贷转入地下，进而导致融资难的局面加剧。无论是“四倍利率规则”“两线三区利率规则”，或“LPR 四倍利率规则”均采用了“一刀切”模式，未充分考虑中小企业借贷约定较高利率的合理性和普遍性。综上，此次民间借贷利率的下调还有待实践的检验。

## 第三节　司法抑制倾向产生的根本原因

民间借贷司法实践表现出对中小企业的金融抑制倾向，根本原因在于我国司法活动为金融监管所主导。张伟健从比较法的视角出发，首先援引“麦克米伦融资缺口难题”，指出中小企业融资难的主要原因是信息不对称和中小企业脆弱的信用能力，但中小企业融资难在中国的国情下并不是市场选择的结果，而可以归结于中国金融的高度国家所有权控制治理结构。[⑤] 因此，解决所有市场主体的身份保护问题成了关键。金融监管部门的政策和规定成为司法活动的主要依据，主要表现为对借贷市场准入门槛拔高、民间借贷市场刑法扩张打击、民间借贷利率上限管制三方面的抑制性规制。

---

① 刘克崮、崔长彬、高慧、刘红灿、赵丽娜、赵莎莎：《关于民间借贷利率司法保护上限新规的调研(上)》，《当代金融家》2020 年第 12 期，第 20 页。

② 联合调研组由中国普惠金融促进会筹备小组、中国中小企业协会普惠金融促进工作委员会学术指导小组、财政部财政科学研究院、河北金融学院绿色普惠金融研究中心、中国中小企业协会普惠金融促进工作委员会研究部、新华社经济研究中心、河北金融学院、中国中小企业协会普惠金融促进工作委员会等部门组成。刘克崮、崔长彬、高慧、刘红灿、赵丽娜、赵莎莎：《关于民间借贷利率司法保护上限新规的调研(上)》，《当代金融家》2020 年第 12 期，第 20 页。

③ 陈一良：《民间借贷合法利率下调至 15.4%——新规之下小贷公司何去何从》，http://www.ceweekly.cn/2020/0901/311079.shtml，最后访问日期：2021 年 12 月 14 日。

④ 姚海放：《论民间借贷利率的法律调整》，《社会科学》2021 年第 4 期，第 110 页。

⑤ 张建伟：《法律、民间金融与麦克米伦“融资缺口”治理——中国经验及其法律与金融含义》，《北京大学学报(哲学社会科学版)》2013 年第 1 期，第 134 页。

尽管金融抑制确实在某些历史时期促进了经济增长，但进入 21 世纪后，金融抑制政策反而抑制了经济的发展，这是由于金融抑制政策的边际效应递减，[①]市场竞争的正向效果无以展现。司法实践若在市场环境已经完全不同的情况下继续依赖金融抑制必然陷入困境。

## 一、对企业间借贷的金融管制思维

有学者曾详细论述法律法规或部门规章不应当作为否定企业间借贷合同效力的法律依据，[②]司法解释也已经确立了企业间借贷的合法地位，但由于金融管制思维的主导作用，援引金融法律法规来否定企业间借贷行为的效力现象依然存在。追根溯源，禁止企业间借贷本是政府行政权的产物。[③] 在经济体制转型期，为响应国家发展计划，维护金融市场安全稳定，司法机关须遵循该顶层设计，在司法实践中严格否定企业间借贷合同的效力，[④]这就是司法机关随后出台否定企业间借贷合同效力的一系列司法解释的大背景。[⑤] 以中国人民银行为代表的金融监管部门认为"企业间的借贷活动会扰乱正常的金融秩序，干扰国家信贷政策、计划的贯彻执行，削弱国家对投资规模的监控，造成经济秩序的紊乱"。[⑥]审判实践处理企业间借贷纠纷时大量援引金融监管规则来否定借贷合同效力，显然是受金融监管部门对此顾虑和担忧的影响。

司法机关如果一直不能挣脱"企业间不得借贷"的固有思维，必然与现代市场经济脱节，违反市场主体平等保护的民法基本原则。[⑦] 民营企业得不到正规融资渠道的救济，也必然游走于借贷市场的灰色空间。

---

① Yiping Huang and Xun Wang. Does Financial Repression Inhibit or Facilitate Economic Growth? A Case Study of Chinese Reform Experience. *Oxford Bulletin of Economics and Statistics*, Vol. 73, No. 6, 2011, pp.833 - 855.

② 龙翼飞、杨建文：《企业间借贷合同的效力认定及责任承担》，《现代法学》2008 年第 2 期，第 53—61 页；岳彩申：《民间借贷规制的重点及立法建议》，《中国法学》2011 年第 5 期，第 88 页。

③ 1977 年 7 月中国人民银行发布《国营工业贷款办法》规定："企业之间不得相互借贷。"1981 年 4 月，中国人民银行《关于加强工商信贷管理的若干规定》第 10 条重申了这一规定。1984 年 3 月，中国工商银行颁布《关于国营工商企业流动资金管理暂行办法》，其中第 8 条规定："不准企业之间相互借贷，收取利息。"1996 年又出台《贷款通则》及《非法金融取缔办法》。最高司法机关曾于 1998 年就企业间借贷合同效力问题向中国人民银行发函"请示"，得到的答复为："借贷属于金融业务，因此非金融机构的企业之间不得相互借贷"。

④ 汪君：《企业间借贷合同效力认定研究》，《法律科学(西北政法大学学报)》2018 年第 3 期，第 176 页。

⑤ 例如 1990 年的《关于审理联营合同纠纷案件若干问题的解答》；1996 年的《关于企业相互借贷的合同出借方尚未取得约定利息人民法院应该如何裁决问题的解答》；1996 年的《关于对企业借贷合同借款方逾期不归还借款的应如何处理的批复》。

⑥ 《中国人民银行关于对企业间借贷问题的答复》，银条法〔1998〕13 号。

⑦ 贾清林：《金融危机背景下中国民间借贷二元化法律认定探析》，《学理论》2010 年第 27 期，第 143 页。

## 二、利率上限设计中的行政干预

4 倍利率规则（包括新增的 LPR 4 倍利率）和两线三区利率规则是我国利率管制的主要规则类型。以“四倍”作为民间借贷的利率上限标准数值有诸多说法。有人认为，该标准“缺乏有力的实证支撑，更像是对‘白毛女’式弱势群体的抽象道德关怀”；[①]有学者认为，在 20 世纪 50 年代准备起草《民法典》时，就有了将民间借贷利率与银行利率挂钩的思路。[②] 江平教授曾提过《民法通则》起草者在制定民间借贷利率规则的时候是存疑的，当时银行的回答是超出银行利率 4 倍的民间借贷行为就属于高利贷。[③] 可以看出，“四倍”可以追溯到中国人民银行关于如何判断是否属于高利贷的规定，但直到《民法典》出台，才将高利贷纳入法律的规制范围，之前一直由司法解释进行规制。

2015 年，4 倍利率规则被“两线三区”利率规则取代。而“两线三区”利率规则的制定参考了从古至今的民间借贷利率变化，中国人民银行历年颁布的贷款基准利率在 2%—12%的空间上下浮动，大多数是 5%—8%，司法解释最后选取中间的 6%，又结合传统 4 倍的含义确定了新的利率标准。[④]

2020 年 8 月，LPR 4 倍利率规则代替了“两线三区”利率规则，《新民间借贷规定》将人民银行发布的贷款基准利率作为参照标准，但仍未充分说明 4 倍数值与经济规律和市场需求之间的契合性。[⑤] 可见，中国人民银行贷款基准利率 4 倍的思维逻辑一直贯穿于我国利率规则的制定。周琼认为，中国的小额贷款到目前为止积极作用更大，和墨西哥等国相比，中国在社会主义建设初期和改革开放之初，采取了压低居民存款利率、以低利率为工业部门融通资金的金融抑制政策，在工业化任务基本完成后，再推行利率市场化，发展小微贷款、普惠金融，是一条顺序正确的路径。[⑥] 因此，实现利率市场化与去行政化才是未来民间借贷利率规则设计的方向。

---

① 廖振中、高晋康：《我国民间借贷利率管制法治进路的检讨与选择》，《现代法学》2012 年第 2 期，第 74 页。

② 何勤华、李秀清、陈颐：《新中国民法典草案总览》（上册），法律出版社 2003 年版，第 506 页。

③ 盛洪、江平等：《专家谈地下金融》，《银行家》2004 年第 3 期，第 125 页。

④ 王峰：《最高院：民间借贷年利率超过 36%部分无效》，《21 世纪经济报道》2015 年 8 月 7 日，第 1 版。

⑤ 李有、沈伟：《民间借贷司法审判的“监管化”省思——基于不完备法律理论的视角》，《银行家》2021 年第 1 期，第 141 页。

⑥ 周琼：《〈全球小额贷款的兴衰：发展，债务和幻灭〉读书笔记》，https://zhou-qiong.blog.caixin.com/，最后访问日期：2022 年 2 月 3 日。

## 三、非法集资刑事司法的行政渊源

“非法集资”的出现是我国金融市场发展的结果。经济体制转型和资源的有限性导致不同所有制经济主体之间竞争异常激烈。在改革初期，各种形式的借贷渠道纷纷涌现。以温州方兴钱庄的开办为标志，各种私人钱庄、排会、抬会等形式的民间融资渠道兴起。[①] 此时“非法集资”的概念尚未在法律中形成。后来我国以国有银行为主体、各类金融机构并存的金融体系初步形成，它们之间各司其职、分工协作。正规金融机构不断强化对金融市场的垄断地位的同时，非正规金融机构也争取到了生存和发展的空间自由，其更为宽松的借款条件使银行面临着更为激烈的竞争，[②]民间借贷因此如火如荼。在此背景下，金融监管部门接连对民间资金融通活动进行规制。[③] 因此，司法严格限缩中小企业合法民间借贷的范围，控制非正规金融市场的资金融通活动，成为特定金融形势下的一种必然选择。[④]

最高人民法院为了响应金融政策，陆续发布司法解释对民间借贷进行规制。最高人民法院于 1996 年发布的司法解释[⑤]标志着“非法集资”刑法概念的正式出现，但该表述实际上延续了《取缔通知》中的有关定义。至此，中小企业的民间融资活动在行政和司法双重打压下夹缝生存。可见，司法机关对“非法集资”的定义及构成要件的规定，均受到中国人民银行基于金融行政专业术语的观点影响，但当时是基于特殊的金融环境背景，如果将这种原则性和概括性概念直接移植到当下的司法语境，必然会造成中小企业合法借贷与非法融资界限的模糊。即使是合法的融资也会面临着受刑法规制的高风险，而高风险交易又寻求高利息回报，高利贷现象更是泛滥，陷入“规制—逃避规制—再规制”的死循环，反而加重了规制负担。

---

① 常宇豪：《民间借贷法律规制三十年进程与衍变》，《南方金融》2017 年第 2 期，第 72 页。

② 何小勇：《我国金融体制改革视域下非法集资犯罪刑事规制的演变》，《政治与法律》2016 年第 4 期，第 53 页。

③ 中国人民银行于 1993 年发布《关于集中信贷资金保证当前经济发展重点需要意见的通知》，提出要坚决制止和纠正非法集资行为。1999 年出台《关于取缔非法金融机构和非法金融业务活动中有关问题的通知》，从金融行政专业的角度描述“非法集资”，并归纳出四点特征：未经依法批准、承诺还本付息、集资对象不特定、非法集资行为被合法形式所掩盖。

④ 林毅夫、蔡昉、李周：《中国的奇迹：发展战略与经济改革》，上海三联书店 1999 年版，第 218—221 页。

⑤ 最高人民法院于 2010 年以司法解释的形式规定了非法吸收公众存款罪的构成要件和特征，实质上遵循并延续了《取缔通知》中的行政认定标准。最高人民法院仅对《关于审理非法集资刑事案件具体应用法律若干问题的解释》中的规定进行了整理，将其直接转变为我国刑事法律中非法集资犯罪的一般认定标准。

## 第四节　中小企业纾困的司法赋权

司法审判被金融监管主导是民间借贷市场的陷入司法抑制困境的根本原因，民营企业民间借贷活动也因此受到影响。此外，新冠疫情的暴发也加剧了民间金融短期和长期借贷市场的风险，[①]中小企业生存举步维艰。赋权兼有“权力”与“权利”的双重意思，侧重于弱势群体对资源的获取能力以及内在效应感。[②] 普惠金融赋权沿着提高金融覆盖率、金融可达性和可负担性路径，为贫困者创业增收创造金融条件，[③]保障金融弱势主体金融需求，促进金融体系和谐与可持续发展。[④] 司法领域作为对金融活动有所影响的利益攸关方，亟须打破金融监管对民间借贷长期以来的金融抑制政策，进行相应的金融赋权，从而实现司法对中小企业的有效保护。

### 一、构建金融司法和金融监管协同治理机制

金融创新、金融监管、金融司法的关系往往遁入“加强—放松—再加强—再放松”的无限往复之中而难觅平衡点。[⑤] 金融监管和金融司法间的界限因权力的博弈而处于动态调整中，如何平衡二者间的关系对我国金融市场的风险防范和秩序稳定至关重要。

协同治理是指充分利用金融监管和司法各自的独特优势和功能，强调地位平等，强化之间的沟通与协调，共同抵御金融风险。[⑥] 2017 年，最高人民法院在《关于进一步加强金融审判工作的若干意见》第 25 条[⑦]明确提出要加强金融司

---

① 邱韵洁、虞涛、程仲鸣：《新冠疫情冲击、期限结构与民间借贷风险——基于温州的微观调查数据》，《当代金融研究》2021 年第 4 期，第 75 页。

② 孙奎立：《“赋权”理论及其本土化社会工作实践制约因素分析》，《东岳论丛》2015 年第 8 期，第 91—92 页。

③ 程惠霞：《普惠金融发展新路径：赋权与使能双驱动》，《华南农业大学学报（社会科学版）》2020 年第 5 期，第 23—24 页。

④ 李长健、孙富博：《普惠金融、赋权转向及制度实践——以金融发展权为视角》，《世界农业》2018 年第 3 期，第 9 页。

⑤ 宣頔：《金融契约与金融法：互动原理与建构意义》，《云南财经大学学报》2015 年第 2 期，第 101 页。

⑥ 鲁篱：《论金融司法与金融监管协同治理机制》，《中国法学》2021 年第 2 期，第 201 页。

⑦ 《关于进一步加强金融审判工作的若干意见》第 25 条：“加强与金融监管机构的协调配合，推动完善金融法治体系。探索建立人民法院与金融监管机构之间的沟通机制，定期通报涉及金融风险防范与金融安全的重要案件情况，强化金融监管和金融审判的衔接配合，推动形成统一完善的金融法治体系。”

法与金融监管的沟通和衔接；2019年出台的《全国法院民商事审判工作会议纪要》（简称《九民纪要》）第73条[①]也明确了金融监管规则在不与法律和规范性文件相抵触时，也可以参照适用。这些文件的出台表明了近年来最高人民法院对金融司法和金融监管一改过去分立而治理，转向协同推进的态度。

基于风险社会的大背景和金融风险的特殊性，金融司法与金融监管分立式治理已过时。[②] 而现代金融市场所蕴含的风险复杂且不可避免，金融风险治理需要一套多元主体参与、协同互动的治理策略。[③] 同时面对日新月异的现代金融交易和纷争，传统民商法规则体系已经呈现出一定程度的规制困境，金融监管规则有更强的专业性、及时性、针对性功能优势，[④]并且金融司法与金融监管有服务于"防范和化解金融市场风险"共同目标的共性，提升金融风险防范需要金融司法与金融监管部门发挥各自优势并协调联动。[⑤] 从法经济学的角度出发，不完备法律理论指出，由于人类理性的有限性，法律具有内在的不完备性，进而导致剩余的立法权和执法权，监管部门与法院一样都是其分配对象，其最优分配取决于对导致损害的行为进行标准化的能力和此种行为产生的预期损害和外部性的大小。[⑥] 协同治理机制恰好是合理配置剩余立法权的最佳方案。民间借贷初始兴起时，面临着不健全的金融体制和匮乏的金融法制，此时司法机关不得不作为金融监管部门的意志贯彻者。如今，金融环境和经济结构的变化使得司法机关应该保持其原始的中立与谦抑性。然而，如今金融司法审判被质疑出现了监管化的趋势，根源是金融规制权力配置的困境，需要通过协调金融监管与金融司法的权力配置才能走出困境。[⑦]

以司法尊重金融监管规则为基本原则，强化法院与金融监管部门的沟通和协调，并通过合同监管实施金融治理，最后以协同金融违法行为责任追究作为提高协同治理绩效的重要保障。[⑧] 以司法居中裁判原则和比例原则为着眼点，审

---

① 《九民纪要》第73条："相关部门在部门规章、规范性文件中对高风险等级金融产品的推介、销售，以及为金融消费者参与高风险等级投资活动提供服务作出的监管规定，与法律和国务院发布的规范性文件的规定不相抵触的，可以参照适用。"

② 鲁篱：《论金融司法与金融监管协同治理机制》，《中国法学》2021年第2期，第198—200页。

③ 靳文辉：《金融风险的协同治理及法治实现》，《法学家》2021年第4期，第32页。

④ 鲁篱：《论金融司法与金融监管协同治理机制》，《中国法学》2021年第2期，第193—194页。

⑤ 周荃：《金融领域中监管与司法的博弈与融合》，《法律适用》2020年第8期，第34—37页。

⑥ 吴敬琏：《比较》第3辑，中信出版社2003年版，第114—128页。

⑦ 李有、沈伟：《民间借贷司法审判的"监管化"省思——基于不完备法律理论的视角》，《银行家》2021年第1期，第138页。

⑧ 鲁篱：《论金融司法与金融监管协同治理机制》，《中国法学》2021年第2期，第201—205页。

慎认定金融交易行为效力，将行政责任转化为民事责任，解决金融风险的新问题。[①] 最高人民法院规制经济具有“规则治理”的意义，这表明最高人民法院不再仅是一个审判案件的法院，同时也是公共政策制定的法院。[②] 因此，司法机关一定要在审判活动中运用创造性思维来推动民间借贷相关法律法规的发展和变革，重视个案判决的导向性，充分利用判决的引导作用实现对中小企业保护的助推效果。2022年4月19日，最高人民法院发布人民法院助力中小微企业发展的15个典型案例和创新机制，以帮助中小企业渡过疫情难关。[③] 实现个案判决对中小企业的保护，既需要加强个案判决中的说理成分，又要校正对民间借贷纠纷的认识和裁判逻辑。“指导性案例是实践意义上的法律渊源”是国内学者们的“弱共识”，[④]已成为成文法的必要补充，具有参照适用的效力。法院在司法实践中，可通过多发布指导性案例并阐明裁判要点，实现对各级人民法院的个案裁判的示范指导作用。

金融监管机构也应该落实“竞争中性”，将其工作重心从国有企业转移到面临更大融资困难的中小民营企业上，以加强中小企业在金融领域的平等地位。[⑤] 在民间借贷领域，只有加强司法与金融监管职能履行过程的协调与司法与金融监管政策制定程序的协调，才能从根本上避免出现政策竞争和相互消解的后果。[⑥] 面对当前司法监管化的趋势，既不能以金融监管马首是瞻，也不能分立而治。只有发挥金融司法和金融监管的优势集成，推进司法与金融监管部门的协同治理，才能共同抵御金融风险。

## 二、尊重意思自治，实行浮动利率管理

虽然借贷双方在微观具体交易层面上可能存在利益冲突，但在宏观层面则是利益兼容的，降低利率和减轻风险的双方诉求可以统一于借贷市场的有序运

---

① 周荃：《金融领域中监管与司法的博弈与融合》，《法律适用》2020年第8期，第31页。

② 侯猛：《最高人民法院的功能定位——以其规制经济的司法过程切入》，《清华法学》第7辑，清华大学出版社2006年版，第21页。

③ 《最高法发布人民法院助力中小微企业发展典型案例和创新机制》，https://www.chinacourt.org/article/detail/2022/04/id/6642346.shtml，最后访问日期：2022年4月19日。

④ 孙跃：《指导性案例何以作为法律渊源？——兼反思我国法源理论与法源实践之关系》，《南大法学》2021年第1期，第154页。

⑤ 沈伟、靳思远：《〈民法典〉视角下意思自治原则与司法抑制现实之间的张力——以民间借贷利率司法规制为线索》，《上海商学院学报》2020年第4期，第63页。

⑥ 苏盼：《司法政策与监管政策的竞争——基于信用卡纠纷裁判的观察》，《财经法学》2020年第1期，第158—160页。

作和规模扩张。法律的功能就在于此，这种法律底层的合约结构意味着，法律效力更为深厚的基础是当事人的合意及其相互牵制，而国家强制力量通常只发挥杠杆作用或“偶尔露峥嵘”。① 从政府对利率进行管控的过程中可以看出，民间借贷法律自由价值与秩序价值之间存在冲突的对抗，但不管是利率自由还是利率管制，自由价值和秩序价值的冲突问题都没有被妥善解决，资金从实体经济外流才是民间借贷危机的真正原因。② 处理民间借贷纠纷只有恪守意思自治原则，才能充分发挥民间借贷在融通资金、激活市场方面的积极作用。③

最高人民法院也一直在不懈努力和尝试制定民间借贷利率规则，从“四倍利率规则”到“两线三区利率规则”，再到“LPR 四倍利率规则”。然而现有利率规则的调整不仅没有很好地解决法律关系的不确定性，而且并不符合利率市场化的改革方向。根本的问题不在于具体数值上到底应该确定为多少，而在于这种规制模式是在用正规金融的逻辑来监管民间借贷，在利率问题上二者的逻辑全然不同，甚至相悖，它们之间的差异性、相反性和互补性使得现有的民间借贷利率规则对中小企业产生了事实上的抑制效果。④ 专业技术能力的缺乏加上市场瞬息万变的现实，使得最高人民法院设计利率规则的尝试变得吃力而不讨好。理想的利率标准应该顺应利率市场化的改革方向，但利率市场化并不意味着完全取消对利率的管制，而是要保护当事人在公平的前提下对利率享有自由议价权。具有恶性的并不是高利率本身，而是高利率形成过程中可能存在的违背公平正义的情形，所以法院参与规制的也不应该是作为民间借贷合同主要内容之一的“利率”，而是作为民事合同缔结前提的“平等”和“自由”。

此外，民间借贷利率问题不仅是一个法律规范问题，而且是深入一个国家社会、经济、政治的最深处的市场结构和交易关系，因此对民间借贷利率规则的建构一定要紧密联系其背后的社会经济关系，并对相关社会现象进行充分的事实研究。德国学者曾指出，从法学角度一般性地给出一个利率过高的标准是不可能的，“因为利息与货币的紧缺程度密切相关”。⑤ 与其绞尽脑汁地通过司法解

---

① 桑本谦：《民间借贷的风险控制 一个制度变迁的视角》，《中外法学》2021 年第 6 期，第 1482 页。
② 马治国、李鑫：《规范我国民间借贷市场的价值选择》，《湖北大学学报(哲学社会科学版)》2021 年第 6 期，第 155—158 页。
③ 郑学林、刘敏、张纯、唐倩：《新民间借贷司法解释的理解与适用》，《人民司法》2021 年第 4 期，第 28 页。
④ 程金华：《四倍利率规则的司法实践与重构——利用实证研究解决规范问题的学术尝试》，《中外法学》2015 年第 3 期，第 712 页。
⑤ ［德］迪特尔 · 梅迪库斯：《德国债法总论》，杜景林、卢谌译，法律出版社 2004 年版，第 539 页。

释设计一个法定利率来规制民间借贷市场，不如由各级司法机关在充分调查研究的基础上发现一个合适的市场利率，并以司法解释的形式确立一种动态的、浮动的利率规则来指导民间借贷行为。

具体而言，首先，区分不同类型的民间借贷并对其利率司法保护上限区别对待。赵竞竞通过问卷调查分析了浙江省近800户家庭的数据，认为应当对民间借贷的属性进行区分，商事性民间借贷应单独规制。[①] 对于生活消费贷来说，设定1年期LPR的4倍司法保护上限，可以帮助消费者有效遏制过度消费；对于生产经营贷来说，借贷人的行为普遍是对自身经营进行理性评估后的决策，且民间借贷资金主要用来保障小微企业和生产个体的存续经营，其整体加权融资成本实际上不会高于单笔民间借贷成本。刘克崮等人利用实证研究的方法，调研了各类放贷组织定价区间示例及温州民间借贷利率情况，认为由于各地经济金融发展水平不均衡，应当给予各地省级高级法院一定的浮动权，自主设定本省份4倍LPR基础上的上浮区间，但最高不能超过一定的比例。[②]

其次，可以考虑由最高人民法院统一建立一个民间借贷案件数据收集平台，各级法院将受理的民间借贷案件按照不同类别设定进行分类登记，分类标准可以包括：当事人类型（例如法人、自然人、合伙组织等）、借款期限、借款用途、借款利息等。借助大数据分析，形成民间借贷市场自发形成的利率规律，划定最高利率参考数值，例如年利率24%（具体数值需要一定的事实研究）。这样就形成了"一年期LPR的四倍+上限"动态的、灵活的、浮动的合理利率规则。

再次，在个案审判中，若当事人经过平等协商，基于自由的意思表示订立民间借贷合同，且关于利率的约定不超过最高利率参考数值，则原则上约定有效。裁判者需要做的是结合当事人身份、缔约过程、借款用途、借款金额、借款期限等情节，综合判断合同是否违背公平正义与意思自治，进而确定限制利率的必要性和程度。

## 三、完善刑事立法，平等保护民营企业产权

非法集资罪的扩张适用增加了民营企业家的刑事责任风险来源，给民营企业的发展造成了严重的阻碍，因此，厘清罪与非罪的界限是消除司法对民营企业

---

① 赵竞竞：《我国民间借贷利率影响因素及规范路径——基于浙江787户家庭的调查数据》，《中国流通经济》2019年第3期，第121—128页。

② 刘克崮、崔长彬、高慧、刘红灿、赵丽娜、赵莎莎：《关于民间借贷利率司法保护上限新规的调研（下）》，《当代金融家》2021年第1期，第28页。

抑制效应的关键一环，进而平等保护民营企业产权。

首先，要通过司法解释对非法吸收公众存款罪的规定进行明确化和规范化。司法机关一定要坚持刑法的谦抑性原则，兼顾体系性解释和目的解释方法，严格控制扩张解释的幅度，指导各级法院正确理解和适用相关刑法规定，从而减轻民营企业家刑事法律风险。规范适用该罪规定的关键在于校正对"公众"和"存款"这两个概念的理解。所谓"公众"可以从身份不特定和数量众多两个方面进行把握。在身份上，《非法集资问题解释》将集资对象是否具有亲友身份或者限于单位内部作为不特定性的判断依据，这种判断依据存在明显的问题：第一，以亲友关系掩盖市场关系，与现代工商业社会人与人之间的真实关系大相径庭。第二，亲友的内涵和外延都具有很大的不确定性，认定犯罪的难度和随意性也随之增加，例如战友、教友等是否属于亲友。因此，"公众"的刑法界定标准还应具体案例具体分析，要参考平时的经济往来是否密切等其他标准判断，不应简单地被亲友身份束缚。在数量上，"公众"无疑要具有广泛性。对于"公众"的认定要同时满足身份和数量两个标准，缺一不可。另外司法解释还应当注意根据集资主体的差异来区分行为对象认定上的尺度，即当集资主体为中小企业时，其行为对象不特定和多数的标准应当宽于自然人集资的情况。"存款"概念的明晰有利于本罪的认定，根据文义解释的原则，其与"贷款"为相对的概念，需要明确资金的来源和资金的用途，存款在金融学上表现为存款人基于存入银行的资金而获取收益的经济活动，因此存款与资金又不是完全等同。这就要求司法机关处理非法吸收公众存款案件时，若某笔资金不可能与金融机构建立起存款法律关系，则要果断排除非法吸收公众存款罪的可能性。①

其次，是资金去向和用途的考察。从刑法对非法集资常规形态和异化形态的规定上看，作为后续环节的资本运营是"存款"的必要内容。结合目的解释与体系解释的方法，非法吸收公众存款罪规制的行为并非单纯的吸收社会公众资金，还应当包含用吸收的资金进行货币资本运营。虽然《非法集资问题的解释》也作出了例外规定，②但是这种表述仅将吸收的资金用于生产经营这一事项作为可自由裁量、需实质解释的违法性要素，而非刚性的出罪要素。因此，能否及时清退资金在司法实践中成为判断刑事违法性的决定性依据。适度的风险本就

① 王新：《非法吸收公众存款罪的规范适用》，《法学》2019 年第 5 期，第 113 页。

② 《非法集资问题的解释》第 6 条："……非法吸收或者变相吸收公众存款，主要用于正常的生产经营活动，能够在提起公诉前清退所吸收资金，可以免予刑事处罚。"

是市场经济活力的体现，并非市场经济中的任何风险都需要借助刑法防控。① 在不存在欺诈与胁迫的情形下，集资人基于生产经营需要进行的直接融资具备基本的正当性，不论其是否能够按期偿还借款，都不应以犯罪论处，仅需承担违约的民事赔偿责任，否则会打击经济主体创新、创业的热情。

## 第五节 结 语

司法实践表明，司法监管化是我国长期奉行金融抑制政策的产物，金融监管政策和金融法规成为民间借贷市场司法应对的主要依据。金融司法审判实践经常借助监管规则否定借贷合同效力，刑法不合理地扩张非法吸收公众存款罪等非法集资类罪名体系的适用，规制中小企业向自然人借贷行为。民间借贷利率上限的设定虽然经历了从“银行同类贷款利率的四倍”到“两线三区利率规则”，再到“一年期 LPR 四倍利率”的演变，但一直坚持利率四倍的逻辑不变。

为了使民间借贷市场对中小企业的融资发挥更积极的作用，需要构建司法与监管协同的金融风险治理机制的构建，司法保持其“中立性”与“独立性”，监管也要落实“竞争中性”，实现金融监管与金融司法之间权力的合理配置和协同发展。民间借贷本是一种民事法律行为，其效力的认定以及责任的承担等都应当首先以《民法典》等民事法律规范为依据加以判断。民间借贷应确立“一年期 LPR 的四倍＋上限”动态的、灵活的、浮动的合理利率规则，并充分尊重当事人的意思表示，实现自由价值和秩序价值的动态平衡。刑法要严守谦抑性原则，通过司法解释完善刑事立法，平等保护民营企业产权。

---

① 莫洪宪、尚勇：《产权保护视角下非法集资行为刑事规制的教义学重塑》，《河南财经政法大学学报》2020 年第 2 期，第 96 页。

# 第二章

# 民间借贷司法审判的"监管化"省思

## ——基于不完备法律理论的视角*

金融司法审判近年来被质疑出现监管化的趋势，主要表现为法院将金融监管的部门规章直接作为司法裁判依据、[①]对金融交易合同的"穿透式审查"突破商事交易意思自治和商事外观主义原则、[②]裁判尺度和逻辑随监管政策呈现周期性交替[③]等。司法的监管化趋势在根源上是金融规制权力配置的困境。协调金融监管与金融司法的关系，明晰两类权力的分工与边界，对稳定市场预期、完善市场交易规则具有重要意义。

本章以民间借贷为例，梳理司法介入民间借贷的规制立场、社会背景和演变逻辑，以不完备法律理论（Incomplete Law Theory）[④]为分析框架透视我国金融市场权力配置中存在的若干问题，并提出可能的改良方案。

## 第一节　民间借贷的司法规制：演变和背景

最高人民法院至今共制定过三部民间借贷司法解释，分别是1991年的《关于人民法院审理借贷案件的若干意见》（简称《借贷意见》）、2015年的《关于审理民间借贷案件适用法律若干问题的规定》（简称《借贷规定》）和2020年修订的《关于审理民间借贷案件适用法律若干问题的规定》（简称《新借贷规定》）。这三部司法解释被广泛应用于司法实践，对民间借贷行业和交易行为产生了深远的

---

* 本章作者：李有、沈伟。

① 周荃：《金融领域中监管与司法的博弈与融合》，《法律适用》2020年第8期，第32—33页。

② 雷继平：《司法监管化对资管市场发展的影响》，《金融法苑》2018年第2期，第38页。

③ 黄韬：《"金融安全"的司法表达》，《法学家》2020年第4期，第81页。

④ Katharina Pistor & Chenggang Xu. Incomplete Law. *New York University Journal of International Law and Politics*, Vol. 35, 2002, pp.931－1014.

规制效应。其中，主体资格和利率上限是影响民间借贷合同效力核心的两个因素。表 2-1 梳理了三部司法解释对这两个核心问题规制立场的演变。

**表 2-1 民间借贷司法解释的规制立场演变(1991—2020 年)**

| 司法解释 | 主体资格 | 利率上限 |
| --- | --- | --- |
| 《借贷意见》 | 仅承认公民之间、公民与法人和公民与其他组织之间借贷合同的效力 | 各类费用最高不得超过银行同类贷款利率的 4 倍 |
| 《借贷规定》 | 有条件地承认法人之间、其他组织之间及其相互之间的借贷合同效力 | 各类费用总计超过年利率 24% 的部分，不予支持 |
| 《新借贷规定》 | 新增导致借贷合同无效的情形，明令禁止"职业放贷"行为 | 各类费用总计超过合同成立时一年期贷款市场报价利率四倍的部分，不予支持 |

司法解释对民间借贷核心问题的规制立场经历了明显的由严苛至适度宽松、再趋紧的过程。在主体资格方面，《借贷意见》虽未直接禁止企业间借贷，但结合合同期其他的司法规范性文件，不难得出企业间借贷严格无效的结论。[①]直到 2015 年《借贷规定》第 11 条才首次有条件地开放了企业间借贷，承认企业间为生产、经营需要而订立的借贷合同效力。同时，关于以"职业放贷人"为借款人的合同效力，最高人民法院倡导司法"遵行法无明文规定不禁止的原则"，不做简单的无效处理。[②] 但是，2020 年《新借贷规定》第 14 条第 3 项则在原《借贷规定》第 14 条的基础上新增了与"职业放贷人"相关的情形——人民法院应当认定"未依法取得放贷资格的出借人，以营利为目的向社会不特定对象提供借款的"借贷合同无效。在利率上限方面，《借贷意见》确立了"四倍利率规则"，即约定利率不得超过银行同类贷款利率的 4 倍。根据中国人民银行公布的一年期利率，4 倍上限的数值大约在年利率 21%—25%。[③]《借贷规定》确立了更加灵活和宽

① 例如，1990 年《最高人民法院关于审理联营合同纠纷案件若干问题的解答》："企业法人、事业法人之间，明为联营，实为借贷的合同，违反了有关金融法规，应当确认合同无效"；1996 年《最高人民法院关于对企业借贷合同借款方逾期不归还借款的应如何处理的批复》："企业借贷合同违反有关金融法规，属无效合同。"

② 杜万华、杨临萍、韩延斌、王林清、于蒙：《解读〈最高人民法院关于审理民间借贷案件适用法律若干问题的规定〉》，杜万华：《民事法律文件解读》(2015 年第 9 辑)，人民法院出版社 2015 年版。

③ 岳彩申：《民间借贷规制的重点及立法建议》，《中国法学》2011 年第 5 期，第 90 页。

松的"两线三区"规则——将利率规制分为年利率24%以下的"自由议定区"、36%以上的"无效区"和24%—36%的"保护已经支付利息区"。[①] 这一适度宽松、被视为符合市场规律的规则广受欢迎，但并未持续很久。2020年出台的《新借贷规定》将民间借贷利率的司法保护上限调整至合同成立时一年期贷款市场报价利率4倍。以中国人民银行2020年9月21日发布的利率3.85%为例，其4倍数值为15.4%，相较24%确有大幅度下降，[②]民间借贷利率上限的大幅下调引发了各类市场主体的担忧。潜在债权人的预期收益显著下降，资金供给动力不足；持牌金融机构则急于厘清新政是否对其产生约束。[③] 不少观点认为，一年期贷款市场报价利率的4倍过低，尚不足以覆盖持牌金融机构最高的利率区间，反而可能缩减市场资金供应、助长地下金融。[④] 总之，趋紧化的规制倾向贯穿《新借贷规定》，但其实际促成的经济效果仍未可知。

除了上述司法解释之外，法院近年来对民间借贷的趋严化规制还体现在其他司法规范性文件和个案审理中。例如，最高法院于2017年发布《关于进一步加强金融审判工作的若干意见》，要求对以金融创新为名的交易采取"穿透式审查"，[⑤]多地高级法院也联合行政机关共同制定"职业放贷人"名录，对以名录成员为原告的民间借贷效力不予认可。[⑥] 这些变化引起了学界对司法"监管化"的批评。表2-2将三份司法解释置于宏观的政策导向和监管规则中进行考察，试图厘清司法立场动态演变的外部环境。其中，政策导向以五次全国金融工作会议的要点进行透视和梳理。

如果将金融安全和金融效率作为金融规制目标，那么，五次全国金融工作会议反映了我国从以金融安全为本到逐步凸显金融效率，再回归强化维护金融安全的过程。首先，20世纪90年代，我国商业银行不良贷款率高，金融混业经营暴

---

① 《最高人民法院关于审理民间借贷案件适用法律若干问题的规定》第26条。

② 《2020年9月21日全国银行间同业拆借中心受权公布贷款市场报价利率(LPR)公告》，http://www.pbc.gov.cn/zhengcehuobisi/125207/125213/125440/3876551/4099243/index.html，最后访问日期：2020年9月23日。

③ 《拆解民间借贷利率成本：资金与获客成本占大头，行业洗牌在即》，https://page.om.qq.com/page/O310oDWru2IhkBjkfk0vg5eg0，最后访问日期：2020年9月23日。

④ 周琼：《利率上限，法律规定能否解决经济问题》，http://zhou-qiong.blog.caixin.com/archives/233293，最后访问日期：2020年9月23日。

⑤ 《关于进一步加强金融审判工作的若干意见》指出："对以金融创新为名掩盖金融风险、规避金融监管、进行制度套利的金融违规行为，要以其实际构成的法律关系确定其效力和各方的权利义务。"

⑥ 例如，《河南省高级人民法院关于严格依法审理民间借贷案件的通知》："出借人通过向社会不特定对象提供资金以赚取高额利息，出借行为具有反复性、经常性，借款目的具有营业性，未经批准，擅自从事经常性的贷款业务，属于从事非法金融业务行为，所签的民间借贷合同因违反强制性规定，应认定无效。"

表 2-2　民间借贷司法解释演变的政策和监管环境

| 金融工作会议 | | | 同期监管规则 | 司法解释 |
|---|---|---|---|---|
| 年份 | 会议要点 | 政策导向 | | |
| 1997 | 化解不良贷款的金融风险，基本实现全国金融秩序明显好转 | 以金融安全为本 | 《贷款通则》 | 《借贷意见》 |
| 2002 | 把银行办成现代化金融企业；将农村信用社社改革提到重要位置 | 逐步凸显金融效率，兼顾金融安全 | 《关于小额贷款公司试点的指导意见》<br>《消费金融公司试点管理办法》 | 《借贷规定》 |
| 2007 | 深化国有商业银行改革；大力发展资本市场；完善农村金融体系 | | | |
| 2012 | 加强和改进金融监管；抑制资本脱实向虚 | | | |
| 2017 | 回归金融服务实体经济；坚决防范系统性金融风险 | 强化维护金融安全 | 《关于立即暂停批设网络小额贷款公司的通知》<br>《关于规范整顿“现金贷”业务的通知》<br>《关于规范民间借贷行为　维护经济金融秩序有关事项的通知》 | 《新借贷规定》 |

露出乱集资、乱设金融机构和乱办金融业务等“三乱问题”，对金融市场稳定造成冲击。因此，1997 年第一次全国金融会议传递出化解风险、恢复秩序的信号。[①] 其次，21 世纪后，建立现代化金融市场与监管体制的需求愈加强烈，我国金融体系逐渐从单一的金融生态向多元共生的金融生态发展。[②] 2002 年，第二次全国金融工作会议提出“必须把银行办成现代金融企业”。2007 年，第三次全国金融工作会议提出大力发展资本市场、推进国有银行改革。在此影响下，创业板于 2009 年正式上市，四大国有银行于 2010 年全部完成股份制改革。2008 年全球金融危机之后，增强市场流动性、提升金融效率进一步成为监管层的重要任务。

① 戴相龙：《回顾 1997 年全国金融工作会议》，《中国金融》2010 年第 19 期，第 1—4 页。

② 唐松：《新中国金融改革 70 年的历史轨迹、实践逻辑与基本方略——推进新时代金融供给侧改革，构建强国现代金融体系》，《金融经济学研究》2019 年第 6 期，第 6—7 页。

自2012年起，我国GDP增速开始回落，经济发展进入新常态。第四次金融工作会议一方面继续推进金融领域的市场化改革；另一方面，强调“防止虚拟经济过度自我循环和膨胀”。总体来看，这三次会议都释放了促进市场交易、提升金融效率的信号，主要政策导向是凸显金融效率、兼顾金融安全。[①] 再次，随着2015年后互联网金融风险的逐渐暴露，“套路贷”“校园贷”等恶性事件频发，2017年的第五次全国金融工作会议又回归对金融安全的强化维护。会议将防范系统性金融风险提升到特殊重要的位置，维护金融安全成为主要的政策导向。[②]

民间借贷司法解释的规制力度摇摆可以说是宏观政策导向在金融安全和金融效率之间徘徊抉择的产物和宏观金融政策的具体映射。[③] 法院如果侧重金融安全，就会对金融创新交易的合同、结构和交易安排的效力持否定态度，将金融监管部门规章的禁止性规则作为否定合同效力的直接或者上位法依据；如果偏重金融效率，则表现为更支持金融创新交易、支持企业融资和交易自由。宏观政策导向的演变同时影响着监管规则和司法规则。1996年，中国人民银行《贷款通则》第61条严格禁止企业间借贷。进入21世纪，《关于小额贷款公司试点的指导意见》《消费金融公司试点管理办法》等开始改变打压式的规制手段，引导地下金融“去影子化”发展，[④]为市场注入多元化资金供给，增加流动性。随着政策导向在2017年后的趋紧，《关于规范整顿“现金贷”业务的通知》《关于规范民间借贷行为 维护经济金融秩序有关事项的通知》等对民间借贷的利率上限和主体准入资格再次收紧，并为同样趋紧的司法规则背书。[⑤]

由此可见，民间借贷的司法规制表面上呼应监管动态，实质上是与行政监管部门共同回应国家宏观调控的政策导向。达玛什卡教授认为，司法本身具备两副“面孔”：纠纷解决和政策实施。[⑥] 在一个具备能动主义潜质的国家，司法往往超越纠纷解决本身，其最终目的是将政策贯彻到法官审理的案件之中。此时，司

---

① 《历次全国金融工作会议回眸》，《中国金融家》2017第8期，第47页。

② 范俊林：《刹车金融业无序扩张——第五次金融工作会议解读》，《农村金融研究》2017年第8期，第4—5页。

③ 李有、沈伟：《金融司法的安全与效力周期之困——以“职业放贷人”司法审判为切入》，《中国法律评论》2020年第5期，第86页。

④ 沈伟：《地下借贷市场去影子化：法与金融的视角》，《政法论丛》2020年第4期，第80页。

⑤ 《关于规范整顿“现金贷”业务的通知》指出：“各类机构以利率和各种费用形式对借款人收取的综合资金成本应符合最高人民法院关于民间借贷利率的规定。”《关于规范民间借贷行为 维护经济金融秩序有关事项的通知》指出：“民间借贷发生纠纷，应当按照《最高人民法院关于审理民间借贷案件适用法律若干问题的规定》处理。”

⑥ ［美］米尔伊安·R.达玛什卡：《司法和国家权力的多种面孔——比较视野中的法律程序》，郑戈译，中国政法大学出版社2004年版，第116页。

法权与行政权发生融合，司法审判开始带有行政色彩。① 从这个意义上看，司法监管化的发生或许并非由政策传导至监管再传导至司法的线性过程，而是法院和行政监管部门作为国家治理体系的组成部分，共同参与和实施公共政策的一个面向和途径。此种面相更多地体现了司法相对于行政的依附或合作，但实际上，司法与行政也可能因规制理念冲突、规制技术差异等原因呈现出冲突或竞争等其他侧面。② 在我国政法体制下，无论是法院还是行政机关，在合理限度内继续保持政策实施者的身份都有着现实需求。因此，化解司法监管化困境的核心在于如何通过有效的权力配置来化解司法所面临的公共政策约束与审判独立之间的张力。③

## 第二节 不完备法律理论视阈下的司法权配置

关于金融市场中监管部门和法院的权力配置方案，不完备的法律理论提供了富有价值的理论框架。法律无法先见地对所有情况作出准确无误的规定，因此具有内生的不完备性，将产生剩余立法权。法院和监管部门都是剩余立法权和执法权潜在的甚至是竞争性的分配对象。有效的配置方案需要考察“外部性”和“标准化”两个标准。外部性是指某种行为可能造成损害的程度；标准化是指对该行为和预期损害进行准确描述的能力。简言之，当行为可能产生极大的负外部性，但是可以合理成本实现标准化时，将剩余立法权和执法权授予特定的行政部门进行监管而非由法院通过个案解释法律，将是一种更具效率的权力配置格局。④ 由于金融交易具有很强的外部性，又相对易于被标准化，金融市场就属于上述场域中的典型。

关于我国民间借贷主体资格和利率上限这两个核心问题，法律的不完备性

① ［美］米尔伊安·R.达玛什卡：《司法和国家权力的多种面孔——比较视野中的法律程序》，郑戈译，中国政法大学出版社 2004 年版，第 109—115 页。

② 李有、程金华：《行政、司法与金融规制冲突——对金融借款利率上限的实证研究》，《交大法学》2020 年第 3 期，第 121—142 页；苏盼：《司法政策与监管政策的竞争——基于信用卡纠纷裁判的观察》，《财经法学》2020 年第 1 期，第 145—160 页。

③ 沈伟：《地方保护主义的司法抑制之困：中央化司法控制进路的实证研究——以执行涉外仲裁裁决内部报告制度为切入视角》，《当代法学》2019 年第 4 期，第 60—78 页。

④ Katharina Pistor & Chenggang Xu. Incomplete Law. *New York University Journal of International Law and Politics*, Vol. 35, 2002, pp.931, 951 - 957.

主要体现在《民法典》和《银行业监督管理法》的相关条款中。《民法典》第 680 条规定：“禁止高利放贷，借款的利率不得违反国家有关规定。”《银行业监督管理法》第 19 条规定：“未经国务院银行业监督管理机构批准，任何单位和个人不得从事银行业金融机构的业务活动。”其中，由什么部门来制定“国家有关规定”以及如何解释“银行业金融机构的业务活动”，都涉及如何分配剩余立法权的问题。就外部性而言，我国民间借贷在长期金融抑制的传统下形成了庞大的地下贷款市场，该市场也可能是我国影子银行系统中最脆弱和最“灰色”的部门，[①]因此被视为金融稳定的最大风险。[②] 就标准化而言，借款用途、地域、时长等因素都可能影响民间借贷交易的内在逻辑和外生风险，[③]法院在专业知识结构和信息更新方面相较于行政机构处于劣势，[④]对利率规制和主体资格准入等问题的标准化成本可能更高。虽然《新借贷规定》将人民银行发布的贷款基准利率作为参照标准，但仍未充分说明四倍数值与经济规律和市场需求之间的契合性。此外，除了主体资格和利率上限，由信息不对称导致的借款成本不透明、公权力救济不足引发的暴力催债等都是亟须监管部门介入解决的顽疾。因此，依据不完备法律理论，更优的权力配置模式应当由监管部门依据其专业能力对民间借贷市场的主体准入、担保机制、利率监控、救济规范等关键环节作出更加细致的规则，全面审慎地回应民间借贷所带来的经济社会问题。

我国的现实状况并非如此，法院在事实上行使了由民间借贷立法不完备所形成的剩余立法权。一个可能的解释是，在我国的合同法框架下，监管部门对民间借贷的“标准化”规制既需要制定监管规则，又需要通过立法程序将其主张上升为法律或行政法规，才能由法院在个案判断合同效力时使用。因此，由司法直接创制规则或通过个案间接执行低位阶的监管规则似乎可以成为一种节省立法成本的选择。但是，这种选择很可能以牺牲个案公正和司法稳定性为代价。在这个意义上，司法审判的“监管化”不仅是司法对行政监管的依附，而且会“喧宾夺主”——将原本尚未完成的立法程序或规则创制提前完成。此种权力分配格局既与司法本身需要保持审判独立的属性不符，又压抑了监管部门发挥专业能力，实施更加科学规制方案的可能。

---

① 沈伟：《中国的影子银行风险及规制工具选择》，《中国法学》2014 年第 4 期，第 151—177 页。
② 沈伟：《地下借贷市场去影子化：法与金融的视角》，《政法论丛》2020 年第 4 期，第 79 页。
③ 程金华：《四倍利率规则的司法实践与重构——利用实证研究解决规范问题的学术尝试》，《中外法学》2015 年第 3 期，第 685 页。
④ 陈若英：《超脱或应对——法院与市场规制部门的竞争》，《北大法律评论》2013 年第 1 辑，第 50 页。

## 第三节 结 语

我国中小企业资金需求与正规金融体系贷款供给不足的矛盾决定了对民间借贷的规制将是一个长期课题。虽然金融监管可以通过科学的评估因时制宜地调整监管方案，但金融司法需要保持相对中立和稳定。只有如此，市场主体才能呈现明晰的交易规则、降低交易成本，避免陷入“一管就死，一放就乱”的怪圈。司法的“监管化”趋势是法院与行政机关共同执行公共政策时所呈现的一种面向和途径，其困境在根源上是权力配置的难题，需要行政权和司法权的共同作用方能化解。

首先，中国人民银行、银保监会等中央监管部门可以更加有所作为，将民间借贷中凸显商事交易特征、涉及大额资金流动或职业放贷主体，以及可能影响金融秩序的交易纳入金融监管范畴。规制重点应着眼于两方面：一是防范因资金来源不清、对象不特定而产生的系统性金融风险；二是防范因放贷方约定高利、暴力催债等行为可能引发的公共安全风险。监管部门应尽快完善《非存款类放贷组织条例》等规则，并明确贷款人出借的资金必须限于自有资金，借款人须被限定在特定范围之内，同时更加注重保护债务人利益。

其次，地方政府应加强对小额贷款公司、典当行公司等非银行类金融机构的监管，化解此类机构在民间金融与正规金融间“灰色地带”游离的困境。[①] 必要时，可依法制定与地方市场需求更加契合的规则，例如大额交易备案制度、利率监控与动态调整机制、机构设立最低资本要求等。监管部门可加强对交易频率、交易模式的定期审查，并将行政执法中排查出的可疑主体信息供地方法院参考，为后者依法裁判创造更加适宜的环境。

再次，法院应进一步回归本身属性，构建中性司法。在规则制定上，以不介入行政监管为原则，进一步明晰各类监管规则和司法规则的适用位阶；在具体案件中，可加强论证说理，特别是对无效合同所违反的公共利益进行严格厘定，避免用摇摆的政策动向代替法律解释。只有如此，才能逐步化解公共政策约束与审判独立之间的张力。

---

① 沈伟：《中国的影子银行风险及规制工具选择》，《中国法学》2014 年第 4 期，第 173 页。

# 第三章

# 地下借贷市场去影子化：法与金融的视角*

## 第一节　问题的由来

国家以各种手段约束民间借贷主要的目的是维护以央企为中心的金融秩序，其治理目的越过了金融的自生自发性，尤其在刑事领域。从最高检察院工作报告的数据来看，对金融类犯罪的起诉量逐年增加。最高法院在《关于办理非法放贷刑事案件若干问题的意见》中将利率超过36%高利贷行为纳入刑法的规制范围，对民间融资行为的抑制力度进一步增强。对此，理论界对民间融资利率的探讨包括民间融资利率是否应当彻底市场化？如果无法市场化，应当如何对其进行合理的管理？

在短期内直接实行民间融资市场化的不确定风险较高，对金融秩序的影响具有不确定性，在完成我国金融体系的自洽性搭建之前，难以一蹴而就地实现金融自由化。所以，在既有法律框架下，不当然否定民间融资合法性，通过法院事后审查融资交易利率合理性，同时考量市场对利率的影响因素，是折中的做法。

代表性的做法之一：通过类型化民间融资行为，将其三分为以集资为目的集资交易型借贷、收取高额利息为目的的房贷型借贷、基于双方意思自治的充分合意型借贷。根据双方当事人的交易目的和信息对称情况，判断该交易是否能得到法律支持。[①]

作法之二：以社会科学法学的方法论，将民间融资利率作为因变量，将案件中涉及的诸事实要素作为因变量，以多元线性回归方程计算诸因素对于融资利

---

*　本章作者：沈伟。

①　刘勇：《利率规制：从“法定”到“市场”——兼评最高人民法院司法解释的相关规定》，《内蒙古社会科学(汉文版)》2016年第3期，第104—108页。

率的影响，从而寻找出最适合当地经济情形、双方当事人资金情况的合理融资利率。例如，程金华教授提出了旨在解决4倍利率时期的问题的利率计算方法，其方法将市场因素纳入法院事后考量融资合法性的要素，具有一定参考意义。其根据1 421份裁判文书考量以下变量的权重：合理利率＝a＋w1×借贷双方类型＋w2×借贷金额＋w3×是否多次借贷＋w4×借贷期限类型＋w4×约定利率数值＋w4×担保情况＋w4×借款用途＋w4×交易发生地区＋w4×法院类型＋w4×保护利息方式＋e。[①]

因此，金融体系的完整性应源于自下而上的自生自发性，构建出金融主体的平等地位是达成这一完整性的前提。但在政策主导的金融抑制背景下，只能在监管中尽可能多地将市场因素纳入决策的考量，不能一概而论，否则将使金融市场的发展不具有可持续性。

非正式借贷市场或者地下借贷市场，是由私人放债者、放高利贷者或典当行组成的市场，它为家庭或企业家提供额外的资金来源。但这些融资机构并没有获得监管机构的许可或者监督，这使它们有别于正规的贷款机构。对银行来说，由于家庭和小企业存在交易成本高、收入不稳定以及偿债能力低等特点，因此为它们提供贷款是一项高风险、高成本的业务。而且，由于缺乏足够的担保或信用信息，向这些借款人的贷款可能涉及较高的违约风险。然而，这些借款人对获得资本的强烈需求维持了非正式贷款市场的需求面，这种需求面深化了市场细分并推高了利率。一些新兴亚洲经济体的非正式贷款部门很大，例如在印度，民间借贷市场规模相当于GDP的36％，而正规银行业规模相当于GDP的52％；在泰国，正式和非正式贷款部门规模相当于GDP的118％和47％。[②]

本章重点介绍非正式（或地下）贷款市场。非正式贷款市场通过服务低端市场，对传统的金融体系加以补充，同时，这也加剧了潜在的摧毁金融市场的风险。本章的其余部分如下：第二节着重分析地下贷款和非正式贷款的基本概念及其经济正当性。第三节探讨地下贷款市场所涉及的风险性质以及政府应对这些风险的反应。第四、五节重点介绍政府对地下贷款市场频繁违约造成的失控危机的两个新反应。第六节简要陈述中国向私人投资者开放金融市场的相关问题。

---

① 程金华：《四倍利率规则的司法实践与重构——利用实证研究解决规范问题的学术尝试》，《中外法学》2015年第3期，第684—716页。

② Apanard Prabha & Minoli Ratnatunga. Underground Lending: Submerging Emerging Asia? April 2014, p.6.

第七节是结论。

## 第二节　地下贷款：从概念到现实

### 一、地下借款和非正式借贷（民间借贷）的概念

地下借贷、非正式借贷和非法借贷是不同的概念，但都可以归入非正式金融的范围。非正式贷款与正式借贷相对，正式借贷市场主要由接受存款和授信的银行组成。从法律上讲，地下借贷与非正式借贷不完全相同，但这两个概念有重叠。在本章中，地下借贷和非正式借贷这两个术语可以互换使用。

除了地下借贷，非正式金融还包括一些信用担保公司、小额贷款公司、信托公司、租赁公司，所有这些公司都具有发放贷款的功能。正式金融和非正式金融之间的区别主要在于三个方面：首先，银行在中国受到严格监管，而非正式金融机构则是准监管甚至是不受监管的，其主要由银行监管机构以外的一些政府机构监控，换句话说，这些非正式金融实体根本不在银行业监管范围之中。其次，非正式金融机构不允许接受存款，这与银行有所区别，这可能解释了为什么它们被排除在银行监管制度之外，因为它们无法接收公众的储蓄存款，因此，只能作为常规的企业而不是银行或金融机构受到监管。再次，在贷款发放方面，非正式信贷机构受到法律严格限制，其确定的贷款利率不得超过中国人民银行规定的基准利率的四倍，这一利率限制主要用于控制非正式借贷部门的潜在风险。

地下借贷市场把中国大量的储户与无法从传统金融机构获得贷款的小型借款人联系起来，而且这些小型借款人最终很可能需要支付极高的贷款年利率。由于非正式融资机构不被视为正规银行，因此非正式贷款市场也没有成为国家或国际金融监管改革努力的对象。然而，这并不表示非正式贷款市场的风险很小或者说不存在系统性风险。实际情况是，在中国，非正式贷款的风险正在加剧，同时，政府也在加大努力规范高风险的出借人，给过度繁荣的信贷市场降温，借此使借款人远离非正式的资金出借方。由于监管的缺乏以及宏观经济环境的不确定性，地下贷款市场很可能是中国影子银行系统中最脆弱的部门，因此被视为中国金融稳定的最大风险。

地下借贷可分为灰色和黑色两种形式的融资。灰色借贷市场，包括大量的小额信贷公司、[1]信托、投资公司、当铺以及信用担保公司，这在经济上可能有利于一些创新活动和资金不足的市场参与者。在提供以银行为中心的金融系统的金融服务方面，灰色借贷市场也发挥了一定的填补缺口的作用。[2] 这种缺口填补功能证明了影子银行存在的正当性，这可以看作是对金融排斥的市场反应。另外，黑色借贷市场只有不利的影响。然而，在灰色和黑色借贷市场之间没有明确的界限。例如，一些中国的信用担保机构已经超出了预期的业务范围，并在实际上成为银行，接受存款和提供贷款；一些投资经纪人和私人基金经理也利用其资本提供非法商业及个人贷款；典当行也可以为个人和公司提供一些银行服务。[3]

由于银行以某种方式参与信用链（或金融再中介链）的上游或下游，因此银行也并非没有灰色和黑色融资市场的风险。一些寻求进入中国金融市场的外国投资者也被信用担保机构吸引，从而转变为金融中介机构。当企业在互惠贷款担保网络中面临债务挑战时，该业务的银行贷款担保或者由该企业提供的担保可能面临风险。当然，黑色贷款市场可能比灰色贷款市场离银行系统更远，并且只会对银行造成有限的系统性风险。

## 二、中国的现实

从技术上来说，由于大多数非正式借贷通过私人谈判和签约执行，因此地下借贷市场的规模是难以准确估计的，而且非正式借贷也没有正式报告或者存档制度，中国人民银行、财政部或中国银保监会也没有公布关于非正式借贷的官方统计数据。有时候，有些报纸报道引用官员的意见时，可能会披露一些相关信息，这些信息使我们得以窥见地下贷款市场的不完整面貌。

中国人民银行和私营部门分析师估计地下信贷市场的规模为 2 万亿元—4 万亿元（325 亿美元—6 500 亿美元），[4]占总贷款的 7%。[5] 在一些地区，非正式

---

① Ling Wang. Microfinance Play Seeks Macro Boost. The Standard, 5 January 2015, http://www.thestandard.com.hk/news_detail.asp? art_id=152860&con_type=3.

② William Vlcek. From Road Town to Shanghai: Situating the Caribbean in Global Capital Flows to China. *British Journal of Politics and International Relations*, Vol. 16, 2014, pp.539 - 540; World Bank. *Enterprise Survey China*, 2012.

③ Michael F. Martin. China's Banking System: Issues for Congress. 20 February, 2012, p.6.

④ BBC. China to Control Shadow Banking and Private Lending. 19 October, 2011.

⑤ Zhao Hongmei & Koh Gui Qing. China's Runaway Bosses Spotlight Underground Loan Market. 29 September 2011, http://www.reuters.com/article/2011/09/29/china-economy-runaway- （转下页）

借贷的规模已超过银行的贷款规模。[①]据估计，这种非正式借贷规模每年约6 300亿美元（甚至2.6万亿美元），[②]相当于中国GDP的10%，[③]而正式借贷市场规模相当于2012年我国GDP的135%。比较而言，中国的地下借贷市场比印度（占印度GDP的26%）和泰国（占泰国GDP的47%）[④]小。中国的地下借贷规模在2011年占整个影子银行部门的33%。[⑤] 由于地下贷款人是中国影子银行体系中最不透明的市场参与者，因此，相比分析影子银行的其他主要资金来源而言，对地下贷款人最初资金来源的评估是最聪明的猜测。西南财经大学中国家庭金融调查研究中心发布了对超过2.8万多个家庭的调查，中国近一半的家庭参与了民间借贷。数据显示，中国西部地区约49%的家庭参与民间借贷，中国中部约46%，中国东部约38%。西部地区近32万户家庭2013年的高利贷达1 000亿元。[⑥] 在这份报告中，2013年中国家庭民间金融市场规模为5.28万亿元，相比2011年的4.47万亿元，规模上升18%。另外，根据穆迪发布的中国影子银行季度监测报告，截至2018年年底，中国广义影子银行规模为61.3万亿元，其中财务公司贷款为3.2万亿元，民间借贷规模为3.4万亿元，其他例如小额贷款、典当行贷款、P2P网络贷款等合计为6.3万亿元。[⑦]

2008年，为应对国际金融危机，中央政府出台“四万亿计划”来刺激经济，之后，政府又尝试收紧货币政策来抑制信贷规模过快增长，减轻通货膨胀，给过热的经济降温。在经济低迷时期，信贷紧缩打击了中国750万家的非国有小型和中型企业。国有银行在继续支持国有部门的同时削减了提供给这些私营部门本来就微小的贷款。许多资金不足的企业在全球需求萎缩和政府信贷紧缩的环境下无法从银行获得借款，其中一些公司不得不转向汇集了个人和企业资金的中

---

（接上页）bosses-idUSL3E7KS1B120110929. In March 2010, PBOC estimated that the underground lending market was worth 2.4 trillion yuan, or 5.6% of China's total lending.

① Joe McDonald. China's Unofficial Lending Falters, Savers Protest. http://www.businessweek.com/ap/financialnews/D9T11K7O0.htm.

② Sunanda Sen. Finance in China After WTO. *Economic and Political Weekly*, Vol. 40, No. 6, 2005, pp.565 - 571.

③ David Barboza. In cooling China, Loan Sharks Come Knocking. *New York Times*, 13 October 2011 (citing UBS's estimation), http://www.nytimes.com/2011/10/14/business/global/as-chinas-economy-cools-loan-sharks-come-knocking.html? _r=0.

④ Milken Institute. Underground Lending: Submerging Emerging Asia? April 2014, p.7.

⑤ Mao Junhua & Luo Jing. An Analysis of China's Underground Lending. *Capital Markets* No. 11, 2011.

⑥ Chen Yang. Wenzhou to Legalize Private Loans. *Global Times*, 18 February 2014, http://www.globaltimes.cn/content/843104.shtml.

⑦ MOODY'S INVESTORS SERVICE:《中国影子银行季度监测报告》，2019年3月.

国地下借贷市场。

中小企业和农民通常很难从大型国有银行获得贷款，因此只能向这些非正式的借贷机构贷款，然而国有企业则很容易就能获得国有银行的资金。大型国有企业能够以7.2%的利率从国有商业银行获得75%以上的贷款，[①]而一年期基准利率为6.56%，然后通过诸如融资公司之类的第三方公司，国有企业又能够以更高的利率(36%—60%)，将资金出借给中小企业。[②] 中小企业被国家银行体系严重边缘化，2011年，只有19%的银行贷款用于小型企业，而贷款总额从2010年下降6%，至7.5万亿元(1.2万亿美元)。[③] 2013年，在23.2%的银行贷款之中，4.7%的短期流动资金贷款用于中小企业。[④] 世界银行的调查证实，在2011—2013年，只有25%的中小企业获得银行信贷，高达90%的资金是通过内部融资方式取得。[⑤] 根据相关数据，金融机构对小微企业贷款余额增速从2017年末以来逐步下滑，截至2018年三季度，小微企业贷款增速降至9.83%，而同期金融机构各项贷款余额增速达到13.2%。[⑥] 显然，小微企业融资难、融资贵的问题依然存在。

由于中小企业从国有银行借款的结构性限制，它们被迫诉诸非银行信贷。地下贷款公司为中小企业提供了1/3的贷款，给农民提供了55%的贷款。[⑦] 在这种背景下，非正式贷款规模一直在增长，而国家则试图减少合法的贷款来给经济降温。非正式借贷的普及反映了对中国银行业的另一种融资来源的广泛渴望。

企业家和私营企业在贷款时面临多重障碍，这是发达经济体和新兴经济体

---

① Chris Leung. It's Far From Enough to Only Adjust Stock Structure of SOEs, http://money.163.com/14/0811/15/A3CI99HS00254TFQ.html.

② Olivia Chung. China Squeeze Drives Boom in "Black" Banks. *Asia Times*, 26 August 2011, http://www.atimes.com/atimes/China_Business/MH26Cb02.html.

③ Joe McDonald. China's Unofficial Lending Falters, Savers Protest. http://www.businessweek.com/ap/financialnews/D9T11K7O0.htm.

④ CBRC. CBRC Vice Chairman Yan Qingmin Attended Small- And Micro-Sized Financial Service Sub-forum of Boao Forum for Asia. http://www.cbrc.gov.cn/Chinese/home/docView/C1B3D38F6C61440B024B7FABEAD15A57.html.

⑤ 通常的观点是，只有10%的中小企业能够从传统银行取得贷款，而它们却承担着中国65%的就业，贡献了GDP的60%。Milken Institute. Underground Lending: Submerging Emerging Asia? April 2014, p.13.

⑥ 任泽平等：《如何解决民营和中小企业融资难融资贵》，http://data.eastmoney.com/report/zw_macresearch.jshtml? encodeUrl=NRtCvi0wGhO4b2L4mLOyvQErv32U9jlBL086GnxK3Jg=，最后访问日期：2019年1月18日。

⑦ Chinese Lenders: Black Market Banking. *The Economist*, http://www.economist.com/node/9622318.

长期存在的结构性特征。[①] 研究表明，不管是发达国家还是发展中国家，在融资方面，中小企业比大型企业要受到更多的限制。[②] 为中小企业服务是一个高风险、高成本的银行业务，因为这样的借款人没有稳定的收入和可靠的偿债能力。小额、短期和无担保贷款并不能证明贷款从正规银行流向中小企业的经济正当性。借款人通常没有足够的抵押资产和信贷信息，这不仅增加了对它们发放贷款的违约风险，而且增加了银行的交易成本。小型企业无法满足银行制定的贷款标准，因此它们更倾向于选择非正式贷款，因为其贷款审批流程更直接。中小企业融资难的问题在中国非常严重，中国的中小企业比中国的大公司和其他亚洲国家的同行更受限于金融资源。[③] 世界银行的调查表明，中国的中小企业平均有 12%的营运资本来自银行贷款，而马来西亚是 21%、印度尼西亚是 24%、韩国是 26%、菲律宾是 28%。[④]

在中国，这种对中小企业融资的结构性偏见不仅具有经济逻辑，而且揭示了政治优先性的原则。与中小企业相比，国有企业和大企业通常与政府有更密切的联系，政府为其银行信贷提供隐性的保证或补贴。其内在逻辑是，由于进入正规借贷市场的渠道有限，中小企业对地下贷款市场的依赖程度越来越高，金融排斥加剧了资金供给与需求之间的不平衡。每 10 万成年人拥有的商业银行分行和自动柜员机数量是判断正式融资渠道是否缺乏的两个主要指标。在中国，每 10 万成年人只有 8 个商业银行分行，低于全球平均的 19 个和 G7 国家的 35 个；每 10 万成年人只有 38 个 ATM，低于全球 43 个，G7 为 135 个。[⑤] 截至 2018 年，中国每 10 万成年人拥有的商业银行分行数量已经增加到 8.5 个，每 10 万人拥有的 ATM 机数量也增加到 96.82 个。[⑥] 与其他亚洲国家相比，中国的小额信贷

① OECD. Financing SMEs and Entrepreneurs, 2014, p.35.

② Allen N. Berger & Gregory F. Udell. The Economics of Small Business Finance: The Roles of Private Equity and Debt Markets in the Financial Growth Cycle. *Journal of Banking and Finance*, Vol. 22, 1998, p.613; Thorsten Beck & Asli Demirguc-Kunt. Small and Medium-Size Enterprises: Access to Finance as A Growth Constraint. *Journal of Banking and Finance*, Vol. 30, 2006, p.2931.

③ Justin Yifu Lin and Yongjun Li. Promoting the Growth of Medium and Small-sized Enterprises through the Development of Medium and Small-sized Financial Institutions. *Economic Research Journal*, Vol. 1, 2001, p.11; Hongshui Xu. Financing Gap and Minimization of Transaction Cost: Why SMEs Have Problems in Financing and How to Improve the Policy. *Journal of Financial Research*, No.11, 2001.

④ David Dollar, et al. Improving the Investment Climate in China, Investment Climate Assessment. http://info.worldbank.org/etools/docs/library/113671/madagascar/english/china_climate.pdf.

⑤ IMF. Financial Access Survey, 2014.

⑥ 参见国际货币基金组织官方网站，http://data.imf.org/? sk＝E5DCAB7E-A5CA-4892-A6EA-598B5463A34C&sId＝1460043522778。

渗透率较小，这可以通过小额信贷机构积极借款人的数量得到验证。2011 年，中国只有 57 万名活跃借款人，远低于印度的 2 649 万名以及孟加拉国的 2 088 万名，只是略高于印度尼西亚的 46 万名。[①]

地下借贷的普及与其为投资者带来的更高回报密切相关。在存款人满心期待他们的钱能够带来更高回报的前提下，一个繁荣的地下借贷市场逐渐蓬勃发展起来。高达 90%的地下贷款用于金融市场的投机交易。[②] 中国地下贷款机构提供的贷款利率通常为每月 10%，甚至更高。[③] 有些机构提供的年利率高达 100%、180%[④]，甚至 200%。[⑤] 中国银行提供的商业贷款利率在 7%—8%。中国的一年期存款利率为 3.5%，不仅低于中国人民银行 2011 年设定的 4%通货膨胀目标，而且低于实际通胀率。不过，为降低企业融资成本，中国人民银行决定于 2015 年 6 月 28 日起下调金融机构人民币贷款和存款基准利率，其中，金融机构一年期贷款基准利率下调 0.25 个百分点，至 4.85%；一年期存款基准利率下调 0.25 个百分点至 2%。[⑥] 由于需要为确保还款而付出高昂的管理成本，以及地下借贷更高的违约率，因此地下借贷的利率较高可能是合理的。非正式贷款人不受正规银行利率下调的压力，因为其需求端有中小企业的融资需求所保证。

大多数地下借贷业务不是真正非法或者被禁止的，在有利率上限的地区，提供高于上限利率的地下贷款会被禁止。一个对市场进入施加严格限制的封闭金融市场，同样也会禁止地下借贷交易，因为地下借贷系统游离于传统银行部门之外，不受监管的批准和监督。这些恰恰是中国的限制。过度规模的地下借贷市场阻碍了一个国家的经济发展。融资难被认为是制约发展中经济体企业活动的主要因素之一，[⑦]也是经济增长和发展的障碍。实证研究证实了缺乏信贷渠道

---

① Nan Zhang & Perry Wong. Sustainable Microfinance in Asia: Landscape, Challenges and Strategies. January, 2014, p.11.

② Chinese Lenders: Black Market Banking. *The Economist*, http://www.economist.com/node/9622318.

③ Michael F. Martin. China's Banking System: Issues for Congress. 20 February, 2012, p.6.

④ Ma Guangyuan. What Do We Have For Wenzhou's Rescue. *China-US Focus*, 16 November, 2011.

⑤ China's Economy: Bamboo Capitalism. *The Economist*, 10 March 2011.

⑥ 《中国人民银行决定下调存贷款基准利率并降低存款准备金率》，2015 年 10 月 23 日，http://www.pbc.gov.cn/zhengcehuobisi/125207/125213/125440/125835/2968725/index.html，最后访问日期：2022 年 3 月 1 日。

⑦ Thorsten Beck & Asli Demirguc-Kunt. Small and Medium-Size Enterprises: Access to Finance as a Growth Constraint. *Journal of Banking and Finance*, 2006, pp.2931 - 2943.

和贫困之间的相关性。[①] 正如其所证实的，正规融资在提高生产力和经济增长方面发挥着更大的作用。[②] 高利率、高的借款成本和债务的强制措施导致更多的家庭债务和大规模的社会破坏，因此，社会风险和影响成为非正式借贷市场的主要关注点。

## 三、失控的危机

私人借贷热潮引发了温州的经济泡沫以及“失控插曲”。温州，被称为中国的企业家之都；温州以其冒险的商人和强大的企业活动及地下银行业而闻名，被认为是中国中小企业和私营企业健康发展的领头羊。中国人民银行的一项调查显示，在温州，60％的地方企业和 89％的家庭以某种形式从地下银行贷款。[③]

2008 年开始的全球金融危机导致海外订单下降，原材料成本上升，人民币升值。需求疲软和劳动力成本的猛增拖累了许多中小企业。繁荣的地下银行体系开始断裂，暴露了中国经济的新断裂线。惊人的利率——超过中国基准贷款利率的 15 倍，已经把一些公司推向极限。

从 2011 年开始，官方媒体报道有 9 位温州小企业老板因为意识到无法偿还企业贷款而先后“跑路”。温州企业倒闭带来了一系列的企业家“跑路”，他们每月需要向非正规贷款人支付高达 7％的利息才能维持他们的业务。[④] 还有一群中国企业家为逃避偿还贷款已经躲藏起来。[⑤] 这使得温州民间借贷纠纷的诉讼数量从 2007 年的 2 896 起增加到 2012 年的 19 446 起。[⑥] 失控的危机凸显了对私营企业的信贷紧缩，以及中国庞大且不断增长的民间借贷市场高利率带来的风险。

---

① Patrick Honohan. Cross-Country Variation in Household Access to Financial Services. *Journal of Banking and Finance*, Vol. 32, No. 11, 2008, pp.2493 - 2500.

② Meghana Ayyagari, Asli Demirguc-Kunt & Vojislav Maksimovic. Formal Versus Informal Finance: Evidence from China. *Review of Financial Studies*, Vol. 23, No. 8, 2010, pp.3048 - 3097.

③ Michael F. Martin. China's Banking System: Issues for Congress. 20 February 2012, p.6.

④ Bloomberg. Private Lending "Legal" in Wenzhou. South China Morning Post, 3 March 2014, http://www.scmp.com/business/banking-finance/article/1438786/private-lending-legal-wenzhou.

⑤ Zhao Hongmei & Koh Gui Qing. China's Runaway Bosses Spotlight Underground Loan Market. Reuters, 29 September 2011, http://www.reuters.com/article/2011/09/29/china-economy-runaway-bosses-idUSL3E7KS1B120110929.

⑥ Chen Yang. Wenzhou to Legalize Private Loans. Global Times, 18 February 2014, http://www.globaltimes.cn/content/843104.shtml.

## 第三节 风险性质与政策回应

### 一、相关的风险是什么?

违约的风险是真实存在的。即使不违约,中小企业的贷款也存在较高的延期偿还的风险。把钱贷给企业比把钱投入给负回报的银行更有利可图。非正式贷款的利率可能是银行贷款利率的多倍,这会使家庭和企业家陷入债务和掠夺性贷款行为的循环中。借款者无法支付如此之高的利率,在这个债务周期结束时违约的概率非常高。

投机性民间借贷处于银行体系之外,这种借贷通常嵌入在冗长的信用链中,即使它们不一定用于为投机业务提供资金。政府总是传递出温和的信号——国内的中小企业并没有大规模破产,也并未面临严重的信贷紧缩危机。然而,民间借贷可能产生各种风险,例如信用风险和系统性风险。一家小公司面临的信贷危机可能通过"债务三角形"影响其同业,即缺乏现金的公司延迟向其供应商付款,导致供应商遭受现金流问题,反过来可能影响其他更高层的供应链。对于这个特定的公司,风险是信用风险但涉及运营风险管理。换言之,业务流程的管理[①]可以影响失败事件发生的概率,[②]即使信用风险是外生的,[③]而操作风险是内生的。在更大的图景中,风险主要是地下借贷违约可能触发的"多米诺骨牌"效应,威胁更广泛的金融体系。另外,除了风险回报的考虑,企业的信用风险很容易转变为整个金融体系的系统性风险。

银行并不是完全独立的,储户不愿把钱放进银行,引发了"存款战"。通过将资本定位和引入地下借贷市场,银行被认为是地下借贷市场的一部分,[④]因此地下银行的崩溃很可能会蔓延到正规的银行体系。由于人民币和外币汇率的差

① 巴塞尔协议Ⅱ列出了七种事件类型,其中一种称为客户、产品和业务实践。巴塞尔协议Ⅲ集中于其他风险和额外的资本要求,而不涉及操作风险。

② Michael Power. The Invention of Operational Risk. *Review of International Political Economy*, Vol. 12, 2015, p.577.

③ Réne Doff. Why Operational Risk Modelling Creates Inverse Incentives. *Journal of Financial Regulation*, Vol. 1, No.2, 2015, pp.284, 286-287.

④ Zhang Bing, Zheng Fei & Zhao Jingting. Cash Crash for Wenzhou's Private Loan Network. *Caixin*, 11 October, 2011.

异，中国存在两个货币市场，地下银行被认为是中国海外资本非法流动的主要渠道。

就政府而言，国家首要关心的仍然是社会稳定。金融稳定是总体社会目标的一个重要组成部分。不断上升的违约率加剧了社会的紧张局势，导致社会问题和犯罪活动频发。社会不稳定性的风险在于，由于没有像银行财政救助计划或内部救济一样的资金集中池，一旦违约风险上升到较大规模，政府无法有效地介入地下借贷市场。[①] 其他风险是，如果在正规银行体系之外发生大规模贷款，但中央银行却无法实施有效的货币政策。因此，政府和金融监管机构将更难以操纵经济杠杆，例如财政刺激和控制通货膨胀。如果出现财政或经济危机，风险将变为现实。

缺乏平衡的金融部门本身就会对经济增长构成风险。市场不是形成利率和其他贷款条件的决定性因素。金融市场中存在的利率上限或者下限以及其他限制性规定，使银行无法对贷款进行定价，反映出风险与收益之间的平衡，进而导致资源配置效率降低。影子银行资产规模接近正规银行资产规模的这种现状本身就会对金融市场构成风险，并显示出这种扭曲的严重性，减轻这种风险的战略是通过市场导向的方法平衡扭曲的金融部门。

## 二、政府态度和市场形势

自 2002 年以来，中国财政部和国家外汇管理局一直在打击地下银行。中国关闭的 500 多家地下银行，涉及超过 100 宗案件和 200 亿元违法资金。[②] 据新华社报道，2016 年，全国公安机关共破获地下钱庄重大案件 380 余起，抓获犯罪嫌疑人 800 余名，打掉作案窝点 500 余个，涉案交易总金额逾 9 000 亿元人民币。[③] 习近平总书记在 2018 年民营企业座谈会上指出，要优先解决民营企业特别是中小企业融资难甚至融不到资的问题，同时逐步降低融资成本，大力支持民营企业发展壮大。[④] 在过去的 10 年，政府允许地下借贷的增长，显然是将地下借贷视

① 在特殊失败的情况下，内部救济优于财政救助，但仍然可能带来风险。Emilios Avgouleas and Charles Goodhart. Critical Reflections on Bank Bail-ins. *Journal of Financial Regulation*, Vol. 1, No. 1, 2015, pp.3 - 29.

② Xinhua. China Shuts Down 500 Underground Banks in 8 Years: Ministry. 22 November 2010.

③ 《一笔 40 万汇款牵出数千亿元大案》，2017 年 2 月 27 日，http://news.sina.com.cn/c/2017-02-27/doc-ifyavrsx5211709.shtml，最后访问日期：2022 年 3 月 10 日。

④ 《习近平：在民营企业座谈会上的讲话》，2018 年 11 月 1 日，http://www.xinhuanet.com//2018-11/01/c_1123649488.htm，最后访问日期：2022 年 3 月 10 日。

为支持企业家的一个必要措施。

仅浙江省就有大约 240 万家产值超过 150 万元的非国有公司，并且有大量为现金紧张的小企业提供服务的地下银行，尽管利率每月高达 10%，但是仍然有大约 80%的浙江中小企业从地下银行贷款为企业筹集资金。每年大约 6 000 亿元人民币流经该省的地下银行系统。① 2011 年，温州市地下借贷市场规模为 1 100 亿元，占全市银行贷款的 20%。② 为了规范发展民间融资，2012 年 4 月 26 日，全国首家民间借贷服务中心在温州鹿城揭牌营业，根据温州民间借贷服务网公布最新数据，截至 2019 年 10 月，民间借贷服务中心累计备案笔数达到 78 731 笔，备案金额达到 695.42 亿元。③ 温州民间借贷服务中心的建立，对于防范化解金融风险，促进民间借贷的阳光化、规范化、合法化，解决民营中小企业融资难问题发挥了一定的作用。

地下借贷市场往往使家庭和企业家陷入高利率和掠夺性贷款行为的债务循环中，引发社会问题和犯罪活动。2011 年 1 月—4 月，中央政府实行货币紧缩政策，导致浙江有 7 300 多家公司被迫关闭。④ 涉及地下借贷纠纷的民事案件数量在 2008 年后大幅上升，由 2008 年的 488 301 宗增至 2012 年的 747 809 宗。2012 年，待审的地下借贷纠纷案件约占一审民事案件的 10.22%，占贷款协议纠纷案件的 48%。⑤

## 三、非法集资罪:“吴英案”

吴英，曾被称为中国最成功的女企业家之一。2005—2007 年，吴英共筹集 7.7 亿元人民币(1.2 亿美元)，于 2012 年被判处无期徒刑。

吴英于 2007 年 2 月被捕，在被指控挪用从 11 个人手中募集的近 3.8 亿元资金之前，吴英已经被关押了 2 年。最初，吴英被控非法集资罪，最高刑罚为

① 实证研究表明，向私营企业提供资金的银行融资最多的是沿海地区(23.3%)和西南地区(26%)，这些地区具有利于获得正式的外部融资渠道的投资环境。Meghana Ayyagari, Asli Demirguc-Kunt & Vojislav Maksimovic. Formal Versus Informal Finance: Evidence from China. *Review of Financial Studies*, Vol. 23, No.8, 2010, pp.3048-3097.这表明，与中国其他被调查地区相比，温州可能并不是拥有大量非正式贷款最糟糕的地方。

② Wu Guolian. An Investigation into the Current Underground Lending Market. *Zhejiang Finance* No. 8, 2011.

③ 参见温州民间借贷服务网，http://www.wzmjjddj.com/.

④ China Squeeze Drives Boom in “Black” Banks. *Asia Times*, http://www.atimes.com/atimes/China_Business/MH26Cb02.html.

⑤ Tong Ji. An Analysis of Underground Lending Case Data in Recent Five Years in Court Nationwide. *Legal Daily*, 19 February, 2014, p.9.

15 年有期徒刑，并将在区级法院审理。随着调查的进行，吴英被指控集资诈骗。尽管吴英声称她所借的钱都是用于投资而不是用于个人使用，但是浙江省金华市中级人民法院仍然于 2009 年以诈骗罪和非法集资罪判处吴英死刑。吴英提出上诉，要求二审。2009 年 4 月 7 日，浙江省高级法院法官在金华市中级人民法院第二审判室主持上诉听证会。在上诉中，她请求将自己以较轻的“非法吸收公众存款罪”定罪。

该案件引发了关于非法筹资和民间融资的灰色地带的讨论。民间融资是非法的，有两个罪行可以被指控：一是根据《刑法》第 192 条的集资诈骗罪；二是根据《刑法》第 176 条的非法吸收公众存款罪。第二种犯罪的最高刑期只有 10 年。非法集资包括以下主要内容：① 未经有关部门依法批准或者借用合法经营的形式吸收资金；② 通过媒体、推介会、传单、手机短信等途径向社会公开宣传；③ 承诺在一定期限内以货币、实物、股权等方式还本付息或者给付回报；④ 向社会公众即社会不特定对象吸收资金。[①] 只要满足以上要素，非法集资犯罪可以以其他形式出现。[②] 在这 4 个要素中，从公众中募集资金是最重要的条件，说明非法集资犯罪可能给金融体系带来的损害规模。

吴英的集资活动显然违反了刑法。但是，关于非法集资的法律本身是有争议的，其不仅受到公众的批评，而且也受到学界质疑。正如政府所倡导的，刑法旨在规范对社会产生重大影响的金融市场并以金融稳定的最佳利率保护金融部门。刑事责任意味着对犯罪行为的威慑。但是，如果死刑判决的唯一目的是阻止犯罪，而这类罪行对金融部门的影响不如那些应受死刑的罪行严重，那么，死刑可能过于苛刻。

国有企业可以从（国有）银行借款，而私营企业常常在一个非正式的贷款市场上自谋生路；吴英在非正式借贷市场的成功是一个例子，企业家必须围绕一个支持国有企业的银行体系。[③] 这些非官方融资渠道的存在是困扰本国金融体系的症结所在。法律规定的非法集资罪不仅对私营企业设定了严格的上限，而且

---

① The Supreme People's Court's Interpretations on the Specific Application of Laws in the Trial of Criminal Cases of Illegal Fundraising, No.18, 2010.

② 执法的其他伪装目标行为包括欺诈发行股票、债券罪（《刑法》第 160 条）；擅自设立金融机构罪（《刑法》第 174 条）；擅自发行股票、公司、企业债券罪（《刑法》第 179 条）；组织、领导传销活动罪（《刑法》第 224 条）和非法经营罪（《刑法》第 225 条）。

③ 有人认为，由于私营部门的快速增长和不友好的商业环境，私人经济行为者必须成功地实现开展业务所需的政治谈判。Kellee S. Tsai. *Back-Alley Banking: Private Entrepreneurs in China*. Ithaca and London: Cornell University Press, 2002, p.246.

限制了私营企业的发展和整个私人金融部门的发展。法律直接否定了社会的需要。“吴英案”引发了公众对经济体制不公平的争论，这表明中国的金融体系对中小企业支持的严重不足。

## 四、对“非法集资”的理解：金融抑制与金融自由化

对国有银行部门进行更强或更有利的保护有助于政府获得比较便宜的资金，这是金融抑制的明显例子，以政策、法律或法规等强制力量的使用支持大量的政府政策。[①] 金融抑制由一系列政治法律政策、措施和规则组成，将消费资本的利益从个人转移到国家，从而确保更低的融资成本。这些措施为国有企业或政策导向的行业提供信贷津贴。如果没有金融抑制和偶然获得的廉价资金，急剧增长的公共债务和低效率的国有部门可能恶化得更快。金融抑制的副产品包括弱势的私营部门、垄断性银行部门和不健康的消费者金融体系。因此，金融体系不是基于市场的，因为银行无法正确地定价贷款，并受到政府干预的严重影响。金融抑制是一种影子税，通过政策而不是市场本身重新分配资本和财政资源。没有看不见的手的信贷配置是低效的，[②]其增加了金融系统的不稳定性和不确定性。[③] 金融抑制对于金融消费者来说是不可见的，即使它对消费者的影响与直接税相同。

金融抑制作为金融市场的发展模式或治理框架，在第二次世界大战后曾经在发达国家中流行，这些国家试图获得更便宜的资金以减少战争债务。[④] 如今，金融抑制更多地在发展中国家出现，而大多数发达国家将金融发展战略转向金融市场自由化或自由化金融体系。[⑤] 金融抑制有多种形式。[⑥] 发达国家可能通

---

① Carmen M. Reinhart & Kenneth S. Rogoff. A Decade of Debt. *NBER Working Paper*, No. 16827, 2011, http://www.nber.org/papers/w16827.

② Ronald I. McKinnon. *Money and Capital in Economic Development*. Washington DC: Brookings Institution, 1973; Apanard P. Angkinand, Wanvimol Sawangngoenyang & Clas Wihlborg. Financial Liberalization and Banking Crises: Cross-Country Analysis. *International Review of Finance*, Vol. 10, No. 2, 2010, pp.263 - 292.

③ Apanard P. Angkinand, Wanvimol Sawangngoenyang & Clas Wihlborg. Financial Liberalization and Banking Crises: Cross-Country Analysis. *International Review of Finance*, Vol. 10, No. 2, 2010, pp.263 - 292.

④ Seppo Honkapohja. Lessons from the Financial Liberalization in the Nordic Countries in the 1980s, in Wing Thye Woo, Yingli Pan, Jeffrey David Sachs & Junhui Qian. *Financial Systems at the Crossroads: Lessons for China*. Singapore: World Scientific Publishing, 2014.

⑤ 有人指出，发达经济体的自由化一直没有中断，成熟的金融市场受到的管制整体上比新兴经济体受到的更少。Graciela L. Kaminsky and Sergio L. Schmukler. Short-Run Pain, Long-Run Gain: The Effects of Financial Liberalization. *NBER Working Paper* No. 9787, 2003, http://www.nber.org/papers/w9787.

⑥ David O. Beim & Charles W. Calomiris. *Emerging Financial Markets*. New York: (转下页)

过对金融市场的参与者施加一些限制来实施轻微的金融抑制。全球金融危机后，发达国家的金融抑制手段开始复苏，政府对利率有明确或隐性的上限，对跨境资本流动进行更严格的监管，且国内投资者更多地向政府提供直接贷款。这些措施的目的是减少债务延期风险，抑制不断增长的利息支出。发展中国家往往广泛实行金融抑制。[①] 典型的措施包括市场准入限制、跨境资本流动限制、存款利息上限、强制购买政府债券、借贷市场上有助于银行或国有企业垄断地位的政策。

中国对信贷、利率、汇率、资本流动和市场进入实行控制。信贷控制要求国有贷款人根据强制性配额或优惠政策向借款人发放贷款，以实现更广泛的经济、社会和政治目标。由于使用或依靠经济标准以外的配额或政策来分配信贷，正规贷款人更有可能累积不良贷款，并遭受不良的经济后果。在中国，信贷控制反映在政策贷款中，其往往追求政策目标而不是经济收益。中国的利率管制是以存款利率上限的形式制定的，其目的是限制借款成本。然而，银行收取了较高的贷款利率以保证利润率，从而降低了金融市场的竞争。由于存贷款利率由中央银行设定的基准利率指导和确定，因此信贷定价缺乏透明度，并且无法反映市场价格。

通过抑制手段使利率低于市场利率，存款人的储蓄通过银行转移，资助国有企业（包括国有银行）和一些政策性行业。[②] 五大国有银行的总利润从 2005 年的 1 210 亿元（194 亿美元）增长到 2011 年的 6 740 亿元（约 1 080 亿美元）。[③] 2018 年，五大行净利润合计 10 088 亿元，平均每天盈利 27.64 亿元；2018 年五大行净利润合计同比增长 4.66%，增幅比 2017 年提高 0.5 个百分点。近年来，五大行净利润不断增加，但是同比增幅上升率不及 2005—2011 年。私营部门和国有企业的经济贡献形成鲜明对比。私营公司占中国总就业人数的 70%，全国私营企业就业人数从 2012 年的 1.13 亿人增长至 2017 年的近 2 亿人，累计增加了

---

（接上页）McGraw-Hill 2001.该书列出了六个方面来将管辖区定义为受压制或开放的管辖区：银行存款的利率上限、高银行准备金要求、政府信贷和银行信贷的方向、政府对银行的所有权和微观管理、对外资银行和国内非银行的限制进入以及对资本流动的限制。

① Carmen M. Reinhart & Kenneth S. Rogoff. A Decade of Debt. *NBER Working Paper*, No. 16827, 2011, http://www/nber.org/papers/w16827.

② Michael Pettis. *Avoiding the Fall: China's Economic Restructuring*. Washington DC: Carnegie Endowment for International Peace, 2013; Nicholas Lardy. *China's Unfinished Economic Revolution*. Washington DC: The Brookings Institution, 1998.

③ Luo Jun & Sheridan Prasso. Testimony before the US-China Economic and Security Review Commission: China's Banking System and Access to Credit, 7 March 2013, http://www.uscc.gov/sites/default/files/3.7.13_Sheridan%20Prasso_Written%20Testimony.pdf.

8 586 万人，按照目前连续多年的增长趋势，2018 年就业人数轻松超过 2 亿人。[①] 截至 2017 年年底，我国民营企业的数量超过 2 700 万家，个体工商户超过了 6 500万户，注册资本超过 165 万亿元，民营经济占 GDP 的比重超过了 60%（GDP 占比超过 60%，总量上升，但是同期增长率趋缓）。相比之下，国有企业占国内生产总值的 2/5，雇用了 1/10 的中国劳动力。[②] 依赖国家支持和廉价资本，国有企业的资本回报率远低于私营企业。自全球金融危机爆发以来，国有企业（不包括银行）实际上没有盈利增长，而私营部门的利润增长率则是两位数，[③]平均增长率达到 18%。2014 年国有企业的平均资产回报率为 4.6%，而私营企业的平均资产回报率为 9.1%。[④] 2018 年国有企业净资产收益率有所回落，1—12月，国有企业净资产收益率 3.9%，增长 0.1 个百分点，其中中央企业 5.6%，增长 0.2 个百分点；地方国有企业 2.7%，增长 0.1 个百分点。截至 2018 年 11月，民营工业企业每 100 元资产可以取得 138 元收入，而国有企业只能取得 63 元收入，民营企业的资产回报率仍然高于国有企业。由于收入和资本成本不匹配，显然国有企业阻碍了增长，[⑤]这表明国有企业在资本配置和利用方面效率低下。

在金融抑制的制度下，金融部门不是为满足消费者的需要而设计的。相反，金融部门特别是银行部门被用作政府的政治法律工具，以牺牲金融消费者为代价追求更广泛的政治、经济和政策目标。虽然金融抑制使中国保持了快速的经济增长和社会和谐，但由于目前的互补制度结构支持的是一个受到高度财政压力的政权结构，因此金融市场自由化和改革更加困难。结构变化可能导致严重的财务损失，并且由于路径依赖性而遇到过高的转换成本。此外，金融市场自由化可能被某些金融抑制的受益者阻止。政府应制定商业法，加强银行监管，以减少对私营企业不必要的法律限制，并允许更大的金融和企业自由。

---

① Some statistics claim that China's SMEs absorb 80% of urban employment. Luo Jun & Sheridan Prasso. Testimony before the US — China Economic and Security Review Commission: China's Banking System and Access to Credit, 7 March 2013, http://www.uscc.gov/sites/default/files/3.7.13_Sheridan%20Prasso_Written%20Testimony.pdf.

② Chinese SOEs: Hope and Experience. *Financial Times*, 15 September 2015, p.14.

③ Chinese SOEs: Hope and Experience. *Financial Times*, 15 September 2015, p.14.

④ Gabriel Wildau. Beijing's Overhaul of State Groups Faces Compromise. *Financial Times*, 15 September 2015, p.6.

⑤ Nicholas Lardy. China's Rise is a Credit to Private Enterprise Not State Control. *Financial Times*, 16 September 2014.

## 第四节　对失控危机的监管反应：温州民间借贷法规

为了应对温州的经济危机，避免温州的经济萧条在中国其他地区出现，我国政府于2012年启动了一项试点计划——向温州的私营企业提供更多资金。温州是华东商业中心，充斥着柜下贷款人。中央政府批准了一个试点项目，允许温州的私人贷款机构注册为在国家批准下运作的私利贷款主体。

出台温州民间借贷法规，使之前导致当地金融危机的地下贷款合法化。《温州民间融资管理条例》(简称《条例》)于2013年11月在浙江省人民代表大会第十二届常务委员会第六次会议上通过，是中国第一部民间借贷的地方性法规，目的是将地下贷款转化为能为法律接受的信贷，使难以获得银行贷款的中小企业受益。《条例》自2014年3月1日起生效，包括7章和50个条款，规定了常规私人融资业务、风险控制措施和法律责任。

《条例》实质上使地下借贷市场合法化，使其成为正式金融机构的一部分。这一举措反映了国家和地方当局努力提高民间借贷的透明度，并阻止了监管套利。温州的金融改革强调了中央政府对中小企业困境的重视态度，而在过去几年的信贷狂潮里政府对此一直持观望态度。这是中国第一部将灰色市场贷款变为可为法律接受的信贷的地方性法规，其在支持中小企业的现金需求的同时降低了金融风险。

2009年中国实施4万亿元人民币经济刺激计划后，民间融资发展极为迅速，2011年中国采取紧缩性货币政策后，民间融资更为广泛。众多的中小企业转向地下贷款筹集资金。在温州，89%的家庭和57%的公司参与民间融资，总资金估计在1 100亿元。[①] 2012年，在温州提起了近26 000件涉及私人贷款的诉讼，几乎是2011年同类诉讼案件数量的6倍，争议总额约为75亿美元。[②] 民间借贷违约在2011年开始飙升，而且从2013年年初的0.37%上升至2013年年底的4.31%。[③]《条例》不仅使40万当地中小企业的民间融资渠道合法化，在温

① Chen Yang. Wenzhou to Legalize Private Loans. *Global Times*, 18 February 2014, http://www.globaltimes.cn/content/843104.shtml.

② Regulating China's Shadow Banking System Isn't Easy. *Bloomberg News*, 25 April 2013.

③ Wenzhou Banks' NPL Ratio Hit 28-month High. Paper Says, *EJI Insight*, 3 December 2013.

州获得融资，而且帮助个人投资者获得了投资回报。

民间借贷在商业模式和贷款模式方面具有高度的异构型、透明性和多样性。从技术上讲，这类影子银行很难监测或监管。《关于加强影子银行业务若干问题的通知》将民间借贷部门分为两类：一是地下融资大多不受监管；二是小额贷款公司、典当店和融资租赁公司，这些小额信贷公司的监管需要改进。例如，不允许这些微型金融公司通过非法手段吸收存款、放高利贷和收取贷款。[①] 允许小额贷款公司运用自有资金进行贷款，并且可以从商业银行获得融资，[②]而典当行和融资租赁公司不被视为金融机构，其业务范围受到严格管制。[③] 此外，典当店不得增加杠杆（即自行融资），融资租赁公司不得转贷银行贷款和相关资产。[④]

## 一、主要目标

民间借贷条例适用的策略是通过将地下贷款公司转换为为中小企业提供服务的地方银行，使民间借贷市场正规化。民间借贷条例的主要目标是引导民间借贷的监管措施，使民间借贷健康发展。通过将私人贷款人置于监管范围之下，有助于防止和消除私人贷款的风险，抑制系统性风险，并使经济和社会发展中的资金得到更好的配置。

## 二、民间融资的定义

条例所称的民间融资，是指自然人、非金融机构的企业法人和其他组织之间，通过民间借贷、定向债券融资、定向集合资金等方式，进行民间资金融通的活动。

## 三、贷款人的类型

需要资金的企业可以从民间资金管理企业、民间融资信息服务企业（从事资金撮合、理财产品推介）和民间融资行业服务机构（与私人借贷管控相关的政府资源）这三类中介机构借贷资金，但它们不是中国其他地方正规金融系统的一部分。

民间资金管理企业的注册资本不得低于 5 000 万元人民币，并需要以货币

---

① Circular No. 107, Article 3(5).
② Circular No. 107, Article 3(5).
③ Circular No. 107, Article 3(5).
④ Circular No. 107, Article 3(5).

资金支付。[①] 该注册资本要求与银行的资本准备金具有相同的功能。这样做的目的是提升储户对企业的信心，从而形成一个安全网，防止企业被其他银行挤兑而倒闭；缺点是交易成本的增加和建立这样一个基金的准入限制。5 000 万元的注册资本为小投资者参与该业务设置了阻碍。当然，这里的假设是，较大的民间资金管理企业不可能对消费者进行欺诈或者为失信背德行为。此外，较大的民间资金管理企业可能更有力地应对系统性风险，但也可能容易在市场上形成垄断地位。自由竞争有助于降低价格或利率。拥有选择权的理性消费者将为他们的项目做出最好的和最有价值的选择。

温州的贷款服务机构于 2012 年出现，当时国务院批准了一系列广泛的金融改革，允许温州作为民间借贷自由化的试点。在私有经济强劲发展的推动下，温州已经形成一个巨大的地下贷款产业。目前在温州有 7 家这样的服务中心。截至 2013 年 12 月 12 日，已注册私人资本 70 亿元，未偿还贷款 25 亿元。这些机构记录了单笔贷款超过 300 万元的个人贷款和总额超过 1 000 万元的集体贷款。温州还有 11 家民间资本管理公司，专门提供从私募到项目投资的金融服务。截至 2013 年 12 月，它们已经指导了用于 618 个商业项目的 20 亿元的民间资本投资。[②] 自 2012 年开始，温州贷款服务机构数量逐年增长，目前温州地区金融信息服务企业数量已有 79 家，其中 94%的企业在 2012 年之后成立。

地方金融管理部门的公务员被禁止参与民间融资活动，这有助于防止寻租行为造成的权力滥用现象。鉴于公务员可能拥有的资源，如果他们被允许进入民间贷款市场，他们将能够将这些资源转化为利润，这对其他市场参与者不公平。

贷款人需要建立一个机密信息保护系统，避免民间融资中当事人的商业秘密和个人隐私的泄露。[③] 信息保护和信息安全为民间融资所必须。贷款人会收集各方的敏感数据。这项要求应该不局限于机密信息安全网络系统的建立，更应该强制所有参加私人贷款的企业统一适用这项最新的安全网络系统。然而，值得注意的是，私人信息的传播不是影子银行客户的普遍问题。

当企业开展定向债券融资或者进行定向集合资金募集的资质不合格时，地方金融管理部门有权对其筹集的资金处以不低于 1%但不超过 5%的罚款，并可

---

① Wenzhou Private Financing Regulations, Article 6.

② Wenzhou Opens Door to Private Lending. *The Standard*, 28 February 2014, http://www.thestandard.com.hk/breaking_news_detail.asp? id=46831&icid=a&d_str=20140228.

③ Wenzhou Private Financing Regulations, Article 11.

以命令其退还已募集资金。[①] 退款比罚款好，因为罚款可能是消费者的间接成本。如果基金募集者想要确保回报，那么潜在的罚款可能会提高成本。

## 四、强制性备案要求

民间资金管理企业应当在公司注册之日起15日内，持营业执照副本向温州市地方金融管理部门备案。[②]

进行私人债券融资的企业或进行私募筹资的私营基金管理企业，应向温州市地方金融管理部门申请登记，[③]融资完成后20日内以书面形式向登记机关报告财务状况。[④] 如果单笔贷款超过300万元(494 400美元)，[⑤]累计贷款超过1 000万元，[⑥]或者贷款涉及超过30人，[⑦]则《条例》要求借款人向当地金融管理部门或民间融资行业服务机构备案。《条例》还鼓励贷款人备案民间借贷合同，法院或仲裁机构在办理与民间融资活动相关的案件时，民间融资备案的材料被视为效力较高的证据和判断民间融资活动是否合法的重要依据。[⑧]

民间借贷的强制性注册具有双重效果。它确保了借款人的私人贷款活动能够被监管，以加强信息披露。它通过解决影子银行部门中贷款人和借款人之间存在的信息不对称，从而提高贷款的安全性。这种信息共享规则试图暴露交易双方的隐私，然后贷款人可以通过借款人的完整信用信息来优化其贷款决策，这是中国发展信用信息共享计划的有益步骤。以此类推，《关于加强影子银行业务若干问题的通知》要求建立覆盖机构和个人的信用检查系统。[⑨]

政府将审查民间融资以检查其资金是否合法，且必须与当地工商行政管理局、税务局和公安局分享信息，以防止潜在的欺诈行为并保护各方的利益。政府通过检查金融信息的准确性和完整性来解决信息不对称问题。值得注意的是，程序要求可能很烦琐。另一个措施是随机审查一份以信息真实为前提的完整报告。

地方金融管理部门监督民间投资，并命令民间贷款人建立企业政府系统、行

---

① Wenzhou Private Financing Regulations, Article 42.
② Wenzhou Private Financing Regulations, Article 6.
③ Wenzhou Private Financing Regulations, Article 26.
④ Wenzhou Private Financing Regulations, Article 26.
⑤ Wenzhou Private Financing Regulations, Article 14.
⑥ Wenzhou Private Financing Regulations, Article 14.
⑦ Wenzhou Private Financing Regulations, Article 14.
⑧ Wenzhou Private Financing Regulations, Article 17.
⑨ Circular No. 107, Article 5(3).

为准则、信息披露制度、信贷档案制度和风险控制制度。[①] 地方金融管理部门有权监督私营债券融资企业和私募基金管理企业履行信息披露义务的情况。[②] 这是为了促进风险披露，确保投资者充分了解风险，并且确保所有披露的信息是准确的。[③]

定向债券融资企业和定向集合资金管理人不履行事先登记义务的，由地方金融管理部门责令其改正，对尚未募集到资金的，处 5 万元以上 10 万元以下的罚款；对已募集到资金的，处所募集资金 1%以上 5%以下的罚款。[④]

定向债券融资企业和定向集合资金管理人提供虚假备案材料的，由地方金融管理部门责令限期改正；逾期不改正的，予以处罚。[⑤]

定向债券融资企业和定向集合资金管理人不按约定履行信息披露义务或者披露的信息有虚假记载、误导性陈述、重大遗漏的，由地方金融管理部门责令改正，并处 1 万元以上 10 万元以下的罚款；情节严重的，处 10 万元以上 20 万元以下的罚款。[⑥] 更高的罚款会阻止机构为不法行为，从而保护消费者的利益，同时消除民间贷款行业的风险。

温州建立了一个管理民间融资活动的行政制度。它由金融管理局、金融仲裁机构、金融公安刑侦队和法院组成。

## 五、贷款实践

只要公司满足运行良好、有偿还本金和利息的能力、融资期限超过一年，而且最重要的是，融资后资产负债率低于 70%等，[⑦]公司就可以以非公开方式，向不超过 200 名的合格投资者发行债券，每次发行[⑧]可超过 1 年或更长时间，票面利率可超过 3 倍的官方基准贷款利率。这些要求设置的高门槛使更少的公司可以进入民间债券市场。这种对私人债券融资和筹资资格限制的副作用是限制信贷的需求和增加借款人的信贷成本。投资者具有资格的绝对事实意味着他们被推定为具有财务理性，并足以做出明智的投资决定。在这里，合格投资者指具有

---

① Wenzhou Private Financing Regulations, Article 28 - 29.
② Wenzhou Private Financing Regulations, Article 27.
③ Wenzhou Private Financing Regulations, Article 27.
④ Wenzhou Private Financing Regulations, Article 43.
⑤ Wenzhou Private Financing Regulations, Article 43.
⑥ Wenzhou Private Financing Regulations, Article 44.
⑦ Wenzhou Private Financing Regulations, Article 20.
⑧ Wenzhou Private Financing Regulations, Article 19.

相应的风险识别和承担能力，拥有自有金融资产超过30万元的自然人和净资产超过100万元的企业或者其他组织。[①] 这些规定以资金限制投资者，可能会妨碍潜在投资者投资债券或基金，同时抬高信贷价格和强制债券提供更高的回报。

民间资金管理公司被允许从事私募筹款，前提条件是该公司要有持续盈利能力，并有2 000万元人民币以上的净资产，其中至少有20%必须为注册资本。[②] 此外，该私募基金管理公司可筹集的资金总额有资产负债率的限制，即本公司净资产的8倍。[③] 持续的盈利能力、一定的净资产、注册资本比率、资产负债率上限等要求可以降低风险，保护这些公司免受违约的严重影响，因为更多的金融资源，可以确保财务的稳健性和稳定性。然而，基于机会成本，虽然为企业设置资金上限是成本高昂的，但是这可以防止庞氏骗局泛滥（例如传销或融资类犯罪）的风险。此外，这些要求限制了对金融系统的信贷供应。

此外，企业筹集的所有资金由温州市辖区内由国家法律规定的金融机构托管。[④] 定向集合资金管理人在其募集的每期资金中的出资比例应当不少于10%。民间募集资金应当用于筹集时确定的生产经营项目。项目闲置资金经持有2/3以上资金份额的合格投资者同意，可以用于温州市辖区内不超过6个月的短期民间借贷，但其数额不得超过该期定向集合资金总额的30%。[⑤] 这是一个旨在保护消费者的家长式管理措施。

在自然人之间和在自然人与非金融企业或其他组织之间的贷款是为了满足生产和经营的需要或非金融企业之间的临时贷款时，必须签署书面合同。温州市地方金融管理部门可以制定民间借贷合同样本，供民间借贷相关方使用。[⑥] 政府当局宣传样本合同（样板合同）[⑦]不仅是降低交易成本的好方法，而且更重要的是可以规范民间借贷。[⑧] 虽然这个要求提高了透明度，但它可能扼杀创新。政府或监管机构无法通过强求各方签订书面合同来监管贷款。

任何贷款人只能以自有资金进行借贷，[⑨]不得“以变相形式吸收他人资金或

---

① Wenzhou Private Financing Regulations, Article 24.
② Wenzhou Private Financing Regulations, Article 22.
③ Wenzhou Private Financing Regulations, Article 23.
④ Wenzhou Private Financing Regulations, Article 23.
⑤ Wenzhou Private Financing Regulations, Article 23.
⑥ Wenzhou Private Financing Regulations, Article 12.
⑦ Wenzhou Private Financing Regulations, Article 12.
⑧ Wenzhou Private Financing Regulations, Article 12.
⑨ Wenzhou Private Financing Regulations, Article 12.

者套取金融机构信贷资金转贷牟利进行贷款”。[①] 这一要求是为了减少杠杆作用，减少这些机构相互交织和依靠的方式。

贷款利息不得提前从本金中扣除。如果事先从本金中扣除利息，贷款应退还，其利息应根据实际贷款金额计算。这些规则是为了避免一些非法集资活动。

## 六、贷款利率

与初步草案不同，《条例》没有规定民间借贷的利率上限。该条例规定了利率违约规则，在不违反国家法规的前提下，民间借贷利率可根据借款人和贷款人之间的谈判设定。[②] 这确立了一个良好的先例，承认市场导向的利率形成机制的重要性，政府或监管机构的做法证明了自身拥有能与市场竞争，甚至超越市场的能力。目前，民间借贷利率的上限是基准官方贷款利率的 4 倍。由于小企业往往无法获得银行贷款，且国有银行更倾向于向地方政府信贷支持的大型国有企业提供贷款，因此温州和中国许多其他地方的民间借贷蓬勃发展。考虑到中国的影子银行体系的出现是金融市场摆脱限制信贷流动的严格监管的愿望的体现，该条例对市场而不是对国家或监管机构授予了相当的控制权，这是一个具有积极意义的变化。

民间资金管理企业和民间融资信息服务企业不得对民间融资的任何一方承诺回报。[③] 这项规定试图消除保证固定回报的做法并减少部分投资者的风险行为。然而，在非正规贷款正规化的情况下，贷款人可能会误认为其贷款有隐性担保的回报。

## 七、责任

定向债券融资企业和定向集合资金管理人不按约定履行信息披露义务或者披露的信息有虚假记载、误导性陈述、重大遗漏的，由地方金融管理部门责令改正，并处 1 万元以上 10 万元以下的罚款；情节严重的，处 2 万元以上 20 万元以下的罚款。[④]

小型企业愿意减少投资，使其合规以避免更高的惩罚。相比之下，大型企业愿意支付这些小额罚款来摆脱误导性陈述或重大遗漏的束缚，因为它们从这些

---

① Wenzhou Private Financing Regulations, Article 12.
② Wenzhou Private Financing Regulations, Article 13.
③ Wenzhou Private Financing Regulations, Article 10.
④ Wenzhou Private Financing Regulations, Article 44.

失信背德行为中产生的收入将超过这些较小的罚款。提高罚款可以阻止更多机构的不法行为,从而保护国家和消费者的利益,同时消除民间借贷行业的风险。

定向集合资金及其收益应当独立于管理人的自有财产。非定向集合资金财产本身应当承担的债务,不得对定向集合资金财产强制执行。各期定向集合资金财产实行独立核算,各自承担风险,[1]此规定要求企业创建独立的资金来遏制债务。这为消费者提供了保护,使消费者不必承担未经投资者允许的投资所负的企业债务。

《条例》明确禁止一些非银行机构公开或以变相形式提供非法民间贷款,特别是从事担保、投资咨询、典当、寄售等活动的机构。[2] 这种限制的好处是控制影子银行动态结构的复杂性,并且为未来解决中国信贷问题的实用性和创新性方案预留一些发展空间。违反上述规定者将受到调查,处以高达 20 万元人民币的罚款,没收违法所得和其他刑事处罚。[3]企业非法开展定向债券融资或定向集合资金融资等非法活动,将导致"对已募集到资金的百分之一以上百分之五以下的罚款,并有可能被责令退还所募资金"。[4] 这种罚款更像一种税收,将潜在的资金募集人和债券融资人排除在外。民间借贷双方未履行备案义务以及未能向当地金融管理部门披露所需信息的,将被处以高达 10 万元人民币的罚款。[5] 这些规定旨在鼓励以可控方式进行民间借贷,清除一些困扰国内金融体系的高风险投资,并提供更高的透明度和政府监督以维持金融安全。

民间融资行业服务机构泄露或者违法提供民间借贷备案信息的,由地方金融管理部门责令改正,可以处 1 万元以上 10 万元以下的罚款;情节严重的,处 10 万元以上 20 万元以下的罚款,对直接负责的主管人员和其他直接责任人员处 1 万元以上 5 万元以下的罚款;有违法所得的,没收违法所得。[6]

民间融资活动当事人和从事担保、投资咨询、典当、寄售等活动的机构吸收公众存款或以变相形式吸收公众存款的,或者违法发放贷款的,由地方金融管理部门责令改正,并处 5 万元以上 10 万元以下的罚款;情节严重的,并处 5 万元以上 20 万元以下的罚款。有违法所得的,没收违法所得。[7]

---

① Wenzhou Private Financing Regulations, Article 44.
② Wenzhou Private Financing Regulations, Article 44.
③ Wenzhou Private Financing Regulations, Articles 35, 40 & 46.
④ Wenzhou Private Financing Regulations, Article 42.
⑤ Wenzhou Private Financing Regulations, Articles 41, 43 & 44.
⑥ Wenzhou Private Financing Regulations, Article 45.
⑦ Wenzhou Private Financing Regulations, Article 46.

## 八、地方政府的角色

地方金融管理部门需要监测、统计、分析、管理、监督检查民间融资，[1]负责指导金融机构建立风险控制管理系统。[2] 地方金融管理部门拥有相当广泛的权力，以确保贷款主体遵守《条例》的风险预防规定，特别是在调查潜在违规行为[3]以及监督履行披露义务的能力方面。[4]

民间融资行业服务机构工作人员不得利用其职位便利参与民间融资，定向集合资金管理人和民间融资信息服务企业从业人员利用职务便利在本单位牟取不正当利益的，由地方金融管理部门予以警告，责令改正，没收违法所得，并处 1 万元以上 10 万元以下的罚款。[5]

## 九、《条例》的实验性质和更深层次的改革

通常情况下，《条例》和类似规定揭示了鼓励金融和信贷市场发展和限制之间不稳定的紧张关系。显然，《条例》旨在使以前的地下贷款机构合法化，从而允许其监管，同时建立一种注册、披露和义务系统，提高政府和民间借贷人之间，以及贷款人和借款人之间的透明度和规则。前者使监督更容易，而后者减少了危险的投资和借款。这说明政府可以采取许多行动来遏制风险，但最明显的缺陷是政府未能使利率自由化和市场化，而这可能是遏制非法贷款最简单和最有效的方法。该方法可以有效增加正规银行的使用，并减少广泛的监管套利。

在我国统一、集中治理模式下，不能忽视《条例》的地方性实验性质。该《条例》鼓励地下借贷，而不是完全消除它，同时修复温州金融机构的低效率。《条例》中提出的解决方案是正式化影子市场，向私营部门提供融资渠道，并向封闭的金融市场注入更多的竞争元素。该条例很可能在规范民间借贷方面发挥积极作用。然而，它并非一个全面的解决方案。虽然《条例》试图解决与地下贷款有关问题，但它不可能完全解决诸如面临融资困境的小公司的问题。商业银行政府政策的转变将大大减少对地下贷款的需求。显然，更深层次的金融改革是必要的。

---

① Wenzhou Private Financing Regulations, Article 28.
② Wenzhou Private Financing Regulations, Article 29.
③ Wenzhou Private Financing Regulations, Article 35.
④ Wenzhou Private Financing Regulations, Article 27.
⑤ Wenzhou Private Financing Regulations, Article 47.

## 第五节 四倍利率规则和民间借贷规则

个人和公司之间的民间借贷活动不仅受到政府的行政监管，而且我国法律亦以渐进方式处理与借贷相关的利率问题。

### 一、当事人意思自治原则

20 世纪 80 年代，我国最高人民法院规定："双方约定不计利息的借贷关系，按双方约定处理。如债务人故意长期拖欠，债权人要求补偿利息的，处理时可参照国家银行借贷率计算利息。有息借贷，其利率可以适当高于国家银行贷款利率。但对于乘人之危、牟取暴利的借贷关系，不予保护。"①最后一句话表明高利息的贷款被视为一种应当被禁止的剥削形式。目前尚不清楚的是，法院如何认定利率水平是属于"适当高于"银行贷款的利率，还是属于"极高"的利率。

### 二、合同法下的贷款利息

我国《合同法》第 12 章"借款合同"规定了贷款利息：借款人应当按照约定的期限支付利息，②借款人未按照约定的期限返还借款的，应当按照约定或者国家有关规定支付逾期利息。③

自然人之间的借款合同约定支付利息的，借款的利率不得违反国家有关限制借款利率的规定。④ 自然人之间的借款合同对支付利息没有约定或者约定不明确的，视为不支付利息。⑤

除借款合同外，委托合同也有相应的利息规定。根据委托合同的相关规定：委托人应当预付处理委托事务的费用，受托人为处理委托事务垫付的必要费用，委托人应当偿还该费用及其利息。⑥ 然而，《合同法》没有规定如何计算利率。因此，利率计算将适用国家的有关规定。

---

① Supreme People's Court's Opinions on the Implementation and Enforcement of Some Civil Policies and Laws, 30 August 1984, Article 69.

② PRC Contract Law, Article 205.

③ PRC Contract Law, Article 207.

④ PRC Contract Law, Article 211.

⑤ PRC Contract Law, Article 211.

⑥ PRC Contract Law, Article 398.

另一个例子是消费者合同。根据《消费者权益保护法》，经营者以预收款方式提供商品或服务的，应当按照约定提供。未按照约定提供的，消费者有权要求其退回预付款，并承担预付款的利息。[①] 这里，利息赔付规定实质上是为了保护消费者，保障其权益。然而，《消费者权益保护法》并未规定何时开始计算利息，而《联合国国际货物销售合同公约》（简称《销售公约》）中的相关规定或许可以适用，即如果卖方有义务归还价款，他必须同时从支付价款之日起支付价款利息。[②] 我国法院可以运用这一国际公约来填补《合同法》及《消费者权益保护法》中关于利息计算的空缺。

## 三、《担保法》规定的利息

利息也受《担保法》的约束。在借贷、买卖、货物运输、加工承揽等经济活动中，债权人需要以担保方式保障其债权实现的，可以依《担保法》的规定设定担保。担保方式为：保证、抵押、质押、留置和定金。[③] 除定金外，其他 4 种担保方式的范围皆包括主债权及利息，以及其他的相关费用。

## 四、利息计算

原则上，办理借贷业务的金融机构贷款的利率，应当按照中国人民银行规定的贷款利率的上下限确定。[④] 而就逾期利率的偿付，在没有当事人协议的情况下，法院可以参考中国人民银行确定的融资机构贷款逾期还款的利率。法院可以根据中国人民银行做出的决定来调整利率。[⑤]

《合同法》颁布后，通过参照中国人民银行的贷款利率，我国法院在计算利率方面更为一致。

与《销售公约》不同，《合同法》不将利息作为对因违约造成的包括利润损失在内的损害的补救。《销售公约》第 78 条规定：如果一方当事人没有支付价款或任何其他拖欠金额，另一方当事人有权对这些款额收取利息，但不妨碍要求按照第 74 条规定可以取得的损害赔偿。[⑥]由于中国是《销售公约》的缔约方，《销售

---

① PRC Consumer Protection Law, Article 53.
② CISG, Article 84(1).
③ PRC Security Law, Article 2.
④ PRC Contract Law, Article 204.
⑤ Supreme People's Court's Reply on How to Calculate Late Repayment Penalty, issued in 1999 and revised in 2000.
⑥ CISG, Article 78.

公约》是中国的法律渊源，当国内法与《销售公约》相冲突时，可以选择适用《销售公约》。

## 五、司法解释

最高人民法院于2009年2月发布了《合同法》司法解释二，并于2009年5月13日生效，其中第21条规定："债务人除主债务之外还应当支付利息和费用，当其给付不足以清偿全部债务时，并且当事人没有约定的，人民法院应当按照下列顺序抵充：(一) 实现债权的有关费用；(二) 利息；(三) 主债务。"[①]明确规定了支付利息的义务独立于罚款或损害赔偿，而不考虑过失或损失证明。可以合理假设，对不履行非货币性义务的损害赔偿的利息可以得到偿付。然而，此司法解释仍然未规定判定利息的计算方法。

不过，在民间借贷司法解释出台之前，有关于民间借贷利率的一个基本的准则得到了广泛的适用，民间借贷的利率可以适当高于银行的利率，各地人民法院可根据本地区的实际情况具体掌握，但最高不得超过银行同类贷款利率的4倍(包含利率本数)。超出此限度的，超出部分的利息不予保护。[②]

## 六、《民间借贷司法解释》——相关司法行动

2015年8月6日，《最高人民法院关于审理民间借贷案件适用法律若干问题的规定》(简称《民间借贷司法解释》)出台，其是在这样的背景下出台的：一是银行体系不能完全满足中小企业日益增长的融资需求；二是各种替代融资解决方案(包括在该司法解释中规定的在线P2P网络提供的资金)方兴未艾。

《民间借贷司法解释》为管理非银行实体开展的、数量不断增加的贷款活动提供了一个法律框架，为投资者和贷款人提供了新的机会和结构选择，其借贷司法解释适用于自然人、法人和其他组织之间的贷款活动，但不包括金融机构提供的贷款。[③] 本节的重点侧重于《民间借贷司法解释》的规定——这些规定改变了公司间贷款的法律制度，以及聚焦这种变化如何影响中国公司融资交易的结构。

### (一) 主要变化

在民间借贷司法解释生效之前，法律不允许中国公司直接进行企业借贷活

① Judicial Interpretation of Contract Law II, Article 21.

② Supreme People's Court's Opinions on handling Loan Cases, Article 6.

③ Private Lending Regulations, Article 1.

动。1996 年中国人民银行颁布的《贷款通则》第 61 条禁止任何直接或事实上的企业借贷融资业务。最高人民法院在 1996 年 9 月 23 日的答复中确认，任何企业借贷合同均无效。鉴于这些法律限制，希望向其他中国公司借款或贷款的中国公司将需要与国内银行签订委托贷款协议，国内银行作为两家中国公司之间的融资渠道，并通过这些业务收取相关费用。

基于《民间借贷司法解释》，这一情况发生了变化。除了有限的例外情况，为生产或经营目的而订立的民间借贷合同也是有效的，并会得到法院的承认。[①]也就是说，如果贷款人（非金融机构）经常进行贷款业务，或者贷款活动成为其主要收入来源，则民间贷款协议的有效性仍然可能受到质疑，因为在这种情况下贷款人签订的民间借贷合同并非用于生产或经营目的，这表明非金融机构贷款人只能发放临时贷款。

根据《民间借贷司法解释》的规定：利息、违约利息和其他费用是可以被收取的。一般来说，借贷双方约定的利率未超过年利率 24%的民间贷款会得到法院的支持。[②] 具体规则如下：借贷双方约定的利率超过年利率 36%，超过部分的利息约定无效。借款人请求出借人返还已支付的超过年利率 36%部分利息的，人民法院应予支持（见图 3－1）。[③]

借贷双方对前期借款本息结算后将利息计入后期借款本金，并重新出具债权凭证，如果前期利率没有超过年利率 24%，重新出具的债权凭证载明的金额可认定为后期借款本金；超过部分的利息不能计入后期借款本金。约定的利率超过年利率 24%，当事人主张超过部分的利息不能计入后期借款本金的，人民法院应予支持。[④]

借款人在借款期间届满后应当支付的本息之和，不能超过最初借款本金与以最初借款本金为基数，以年利率 24%计算的整个借款期间的利息之和。出借人请求借款人支付超过部分的，人民法院不予支持。[⑤]

借贷双方对逾期利率有约定的，从其约定，但以不超过年利率 24%为限。未约定逾期利率或者约定不明的，人民法院可以区分不同情况处理。

（1）既未约定借期内的利率，也未约定逾期利率，出借人主张借款人自逾期

① Private Lending Regulations, Article 11.
② Private Lending Regulations, Article 26.
③ Private Lending Regulations, Article 26.
④ Private Lending Regulations, Article 28.
⑤ Private Lending Regulations, Article 28.

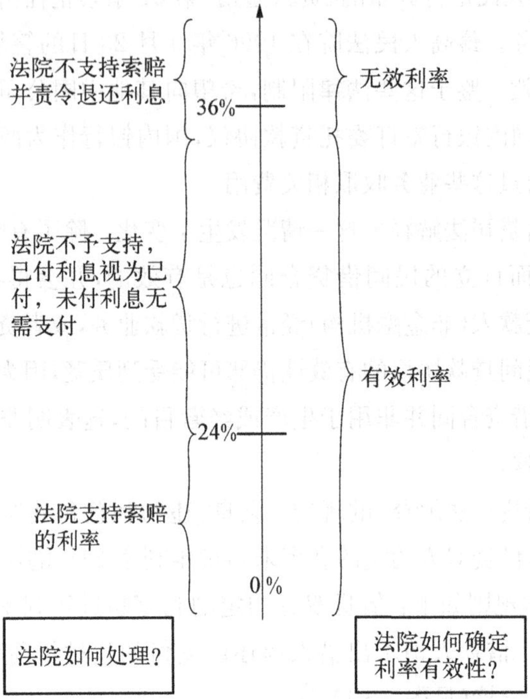


**图 3-1　最高人民法院关于利率的司法解释**

还款之日起按照年利率6%支付资金占用期间利息的，人民法院应予支持。

(2) 约定了借期内的利率但未约定逾期利率，出借人主张借款人自逾期还款之日起按照借期内的利率支付资金占用期间利息的，人民法院应予支持。①出借人与借款人既约定了逾期利率，又约定了违约金或者其他费用，出借人可以选择主张逾期利息、违约金或者其他费用，也可以一并主张，但总计超过年利率24%的部分，人民法院不予支持。②

没有约定利息但借款人自愿支付，或者超过约定的利率自愿支付利息或违约金，且没有损害国家、集体和第三人利益，借款人又以不当得利为由要求出借人返还的，人民法院不予支持，但借款人要求返还超过年利率36%部分的利息除外。③

① Private Lending Regulations, Article 29.
② Private Lending Regulations, Article 30.
③ Private Lending Regulations, Article 31.

具有下列情形之一，人民法院应当认定民间借贷合同无效：[①]① 套取金融机构信贷资金又高利转贷给借款人，且借款人事先知道或者应当知道的；② 以向其他企业借贷或者向本单位职工集资取得的资金又转贷给借款人牟利，且借款人事先知道或者应当知道的；③ 出借人事先知道或者应当知道借款人借款用于违法犯罪活动仍然提供借款的；④ 违背社会公序良俗的；⑤ 其他违反法律、行政法规效力性、强制性规定的。

（二）现实意义

1. 合理化资金安排

在民间借贷合同合法化之前，作为替代融资安排，中国公司可以通过股权或通过订立某些“准”贷款协议（例如联合开发协议或现金集合库）来获得资金，以便解决其资本需求。中国公司之间的一些资金安排可以登记为应收账款和应付账款。通常这些应收账款和应付账款没有记录，其中一些资金安排旨在实现贷款的商业效应，但在中国法律的框架下可能存在一些不确定性。

《民间借贷司法解释》为民间借贷的运作提供了一个法律框架，为当事人提供了法律保护和商业确定性。在公司间资金安排的情形中，如果将现金可偿性看作信贷的关键部分，那么该解释也在切实地保障民间融资结构的可融性。

2. 使担保和从属安排成为可能

对民间借贷行为的法律认可，将使得任何记录在案的民间借贷得以保证或转让，或者能就此类负债进行从属安排。

3. 精简资金流

在结构性贷款交易中，贷款人通常需要密切监控资金占用媒介人与最终使用贷款的任何公司之间的资金流动。没有第三方委托银行作为中介的直接性民间借贷增强了贷款人监测其债务的能力，消除了委托贷款银行的任何信用和执行风险，并节省了交易时间和成本。这些安排连同将任一担保或从属安排与民间借贷联合实施的可能性，使得中国公司在结构性融资方面有了更多的选择。

4. 资本化的灵活性

外商投资企业（FIE）的资本化可以通过股权或债务的方式进行。就中外合资企业而言，一方面，由于民间借贷的限制，国内合资方使用直接债务的方

---

① Private Lending Regulations, Article 14.

式注入资本在法律上不可行。另一方面,额外股权的注入需要获得监管部门的批准,这可能需要花费不少时间。根据《民间借贷司法解释》,中国国内合资方可以选择向 FIE 出借民间贷款,而无需经过任何批准,以解决 FIE 一方的任何紧急资金需求。同样,对于国内企业,由其股东提供直接贷款将是一个更加简化的过程,因为任何增资只需通过修改公司章程、协议,以及向有关部门备案即可。

如果中国发起人对另一家中国公司已经付出超出资金承诺的成本,或是已经完成对其承诺,则以债务形式提供资金的灵活性将是有益的,这在房地产金融或项目融资交易中很常见。由于民间贷款是可行的,发起人可以在相关承诺正在被执行的情况下,通过债务方式迅速向项目公司提供资金。

民间贷款结构为中国公司之间的融资安排提供了更多的选择。对于任何在中国拥有多个子公司的国内或跨国集团而言,通过民间贷款可以使集团在内部流动性方面具有更大的灵活性,而无需与银行建立现金池。

(三) 对跨境贷款和担保的影响

《民间借贷司法解释》没有规定其是否适用于跨境民间贷款。可以合理预期的是,在有关部门颁布任何新规则之前,目前由国家外汇管理局和中国人民银行管理的跨境贷款法律制度不受影响。例如,一家中国公司(金融机构除外)不得根据现行国家外汇管理条例将其借入的外债收益转换为人民币,以转贷给另一家国内公司。因此,仅根据该规定,中国公司不能通过民间贷款将外债的收益转移到其在岸的最终经营公司。同样,中国公司向离岸公司(不是其境外子公司)发行的民间贷款额度超出了《国家外汇管理局关于进一步改进和调整直接投资外汇管理政策的通知》所允许的范围。

既然中国公司能够以民间贷款质押其有利于境内贷款人的应收账款,也就没有理由认为中国公司不能根据民间贷款协议质押其有利于离岸贷款人的应收账款,或者认为这种质押在国家外汇管理局不具有可注册性(如果根据"内保外贷"制度需要注册的话)。

(四) 非法高利放贷入刑

1. 非法高利贷入刑的背景

对于民间借贷法律纠纷,我国法院往往采用民事审判的方式处理。而就民间借贷利率的设置,民间借贷司法解释通过 24%及 36%的年利率红线设置,划定了民间借贷的有效利率区间,超过年利率 36%部分的利息约定无效。此外,在我国的刑法体系中，以转贷牟利为目的，套取金融机构信贷资金高利转贷他人，违法所得数额较大的，构成高利转贷罪。[①] 自 2019 年 10 月 21 日起，以打击黑恶势力非法放贷为目标的《关于办理非法放贷刑事案件若干问题的意见》(简称《意见》)正式实施。这是由最高人民法院、最高人民检察院、公安部和司法部联合发布的，首次规定了出借人以超过 36%的实际年利率实施的非法放贷行为可能以非法经营罪论处。在我国刑法中，非法经营罪包含了 4 种形态，而按照立法原意，非法高利放贷可能适用其中的第四种形态，也就是兜底条款："其他严重扰乱市场秩序的非法经营行为。"[②]不难看出，《意见》之所以将超过年利率 36%的高利贷入刑，其出发点正是为了维护市场秩序。

市场秩序的维护既有道德原因，也有经济原因。从道德原因上看，近年来，中国境内套路贷、校园贷等多种形式的非法高利放贷事件频发，其中暴力催债致人死亡的事件并不鲜见。这一系列社会现象及事件引起了公众极大的关注和愤慨，亦引起中国立法及行政司法机关的高度关注。事实上，将高利贷入刑在中国民间及官方也早有讨论，在 2015 年"两会"期间便有人大代表提议将高利贷入刑，其目标直指社会秩序、治安秩序以及经济秩序的稳定。[③] 而随着中国于 2018 年 1 月起在全国各地"扫黑除恶"专项运动的开展，国内检察机关对非法高利放贷、欺行霸市、强揽工程、插手民间纠纷等行为的打击和起诉力度都得到空前的加强。仅在 2019 年前三季度中，检察机关就有关非法高利放贷的行为起诉了 16 422 人，同比上升 344.1%。[④]

从经济原因来看，自 2016 年起，中国金融市场开始着手进行去杠杆、降成本等经济任务，引导金融为实体经济服务。而高利贷的盛行将会导致资本脱实向虚，向金融领域聚集，形成借贷资本对资产定价权的垄断，不断抬高实体民营企业的融资成本。[⑤] 中国统计局发布的数据显示：2019 年 1 月—9 月全国规模以上工业企业利润下降了 2.1%，[⑥]2018 年规模以上服务业企业营业利润增长率则

① PRC Criminal Law, Article 175.

② PRC Criminal Law, Article 225.

③ 李晓健：《高利贷是否应该入刑》，《民主与法制时报》2017 年 4 月 13 日，第 6 版。

④ 中华人民共和国最高人民检察院：《今年 1 至 9 月全国检查机关起诉影响非公经济发展案件 14203 人，同比上升 39.7%》，https://www.spp.gov.cn/spp/zdgz/201911/t20191112_437983.shtml，最后访问日期：2020 年 6 月 1 日。

⑤ 陈晓枫、周鹏：《高利贷治理之史鉴》，《法学评论》2019 年第 4 期，第 150—163 页。

⑥ 国家统计局：《2019 年 1—9 月份全国规模以上工业企业利润下降 2.1%》，https://www.stats.gov.cn/tjsj/zxfb/201910/t20191025_1705454.html，最后访问日期：2020 年 6 月 1 日。

为5.7%。[①] 因此，超过年利率36%的资金成本率远高于规模以上企业盈利水平，破坏了社会经济秩序以及利益分配格局，[②]成了国家重点打击的对象。

2. 需担责的情形

并非所有超过36%年利率的放贷行为都要承担刑事责任。根据《意见》的相关条文，只有在“违反国家规定，未经监管部门批准，或者超越经营范围，以营利为目的，经常性地向社会不特定对象发放贷款，扰乱金融市场秩序，情节严重的”，[③]年利率超过36%的贷款才应承担刑事责任。在判断某放贷行为是否构成“高利贷犯罪”这一犯罪形态时，有两个构成要件非常重要：①“经常性地向社会不特定对象发放贷款”，即2年内向不特定多人（包括单位和个人）以借款或其他名义出借资金10次以上；②“情节严重”，即个人非法放贷数额累计在200万元以上的，单位非法放贷数额累计在1 000万元以上的；个人违法所得数额累计在80万元以上的，单位违法所得数额累计在400万元以上的；个人非法放贷对象累计在50人以上的，单位非法放贷对象累计在150人以上的；造成借款人或者其近亲属自杀、死亡或者精神失常等严重后果的等情况。[④]

3. 围绕36%入刑的争议

正如前文所述，《意见》的出台及实施有助于遏制掠夺性贷款给社会及民生带来的破坏。以中小企业为例，借款人若是以超过年利率36%的成本借款，事实上是一种饮鸩止渴的行为，并不利于企业的正常发展，但将非法放贷入刑也有可能会对民营的中小企业造成更大的融资难题。

由于民间借贷活动游离于监管之外，合法借贷与非法放贷之间的界限并不易区分。民间高利贷虽可能产生不良的社会后果，但亦有其存在的合理意义，是意思自治及市场经济的产物。[⑤]《意见》虽能规范民间借贷市场环境，但以刑事手段介入商事主体的交易活动可能会造成“寒蝉效应”，导致出借人为规避未来潜在的法律风险而不愿出借资金，这可能导致急需资金的中小企业再度走入地下，被迫接受掠夺性贷款。此外，应当注意的是，高利贷入刑虽可被界定为“扰乱市场秩序”的一种样态，但可能并不构成非法经营罪的非法性要件，因其并不违

---

① 国家统计局：《2018年经济运行保持在合理区间，发展的主要预期目标较好完成》，https://www.stats.gov.cn/tjsj/zxfb/201901/t20190121_1645752.html，最后访问日期：2020年6月1日。

② 陈晓枫、周鹏：《高利贷治理之史鉴》，《法学评论》2019年第4期，第150—163页。

③ 《关于办理非法放贷刑事案件若干问题的意见》第1条。

④ 《关于办理非法放贷刑事案件若干问题的意见》第2条。

⑤ 邱兴隆：《民间高利贷的泛刑化分析》，《现代法学》2012年第1期，第112—124页。

反现有法律框架下的相关法规，[①]不宜将无效性直接认定为非法性。

（五）总结

《民间借贷司法解释》承认民间借贷的存在和必要性，并为中国公司提供了更多的融资选择。对民间借贷的明确认可为中国公司管理其现金流和资本结构提供了更大的灵活性。由于民间贷款协议的合法性首次被中国司法机构承认，故民间借贷司法解释对于在岸融资市场的发展显得尤为重要。而针对非法高利贷入刑，以及检察机关对非法民间借贷活动的打击力度加强等现象，公检法机关对非法民间借贷活动的规范有所收紧，但这些举措更多是为了“扫黑除恶”，并不代表着中国扭转了金融自由化的改革方向。

## 第六节　私人银行和金融创新

依靠四大国有银行或其他国有银行来解决中小企业的财务不足问题并不是一个真正有效的解决方案。国有银行在县区级的贷款能力相当低，无法完全满足地方中小企业的资本需求。[②] 此外，国有银行与中小企业没有天然的亲密关系。因此，针对该问题的解决方案应当着眼于对供给侧的强化，例如可以设立更专业的中小型银行来支持中小企业的发展。这些小银行在为中小企业提供融资时有更大的信息优势。[③]

我国有两种类型的民营银行：12 家中国股份制商业银行；在数量上不断增长的外资银行。其中，中国民生银行是中国最大的，同时也是中国第一家股份制商业银行。在中国市场上，有外商独资银行、外资合资银行和外商独资金融公司。大量的外资银行选择在中国开设本国银行的分行。然而，外资银行机构的市场份额很小，截至 2017 年年末，外资银行资产规模为 3.243 8 万亿元，占中国银行业总资产的 1.3%。[④]

山东禹城农商银行是原中国银监会批准的第一家民营银行，此举被视作旨

---

① 邱兴隆：《民间高利贷的泛刑化分析》，《现代法学》2012 年第 1 期，第 112—124 页。

② Yanzhong Wang. Financing Difficulties and Structural Characteristics of SMEs in China. *China & World Economy*, No. 12, 2004, pp.34, 45.

③ Justin Yifu Lin and Yongjun Li. Promoting the Growth of Medium and Small-sized Enterprises through the Development of Medium and Small-sized Financial Institutions. *Economic Research Journal*, No. 1, 2001, p.11.

④ 数据来源：中国人民银行网站。

在向私人投资者开放中国金融部门的改革。该银行的最大股东是在深圳上市的宝林宝生物有限公司。宝林宝是位于山东的一家民营企业，是该农村商业银行的第一大股东，股权比例为 8.21%。该行的其他四大股东也是民营企业。

根据于 2013 年通过的《关于全面深化金融改革的决定》：中国允许具备条件的民间资本依法发起设立中小型银行等金融机构，以开拓这一为国家所主导的行业，包括空调制造商格力电器公司、家电零售商苏宁和个人电脑制造商联想在内的 20 多家上市公司对银行业务表示了兴趣。对私人设立银行的批准是中国金融政策进一步开放的体现。

包括网上银行在内的影子银行的迅速发展，事实上推动了利率自由化。允许银行在利率上进行竞争将提高贷款利率，因为银行将被迫通过提高存款利率来吸引客户；反过来，这也会促使银行对贷款收取更高利率。开放中国的银行市场是另一个政策选择。尚福林（时任原中国银监会负责人）在 2014 年 3 月 11 日就中国"金融改革与发展"答中外记者提问的时候表示，政府将允许在天津、上海、浙江和广东等较富裕地区设立民营银行，使这些贷款人能够为现金拮据的小型和私营企业提供融资。

同时，金融创新的持续推进改变了中国创业、金融和创新的景象。阿里巴巴集团在保持其在中国网络购物行业的主导地位的同时，通过其子公司蚂蚁金服积极地向小企业发放贷款，并从储户处取得存款。阿里巴巴与基金经理合作，已经超出了其通常的电子商务和短信业务，进入货币市场基金的世界。蚂蚁金服 2018 年发布的融资文件显示：蚂蚁金服的财富管理业务于该年管理着 2.2 万亿元人民币的资产，是世界上最大的消费者财富管理平台。其中，余额宝管理着 1.5万亿元人民币，是世界上最大的货币市场资金。蚂蚁金服的用户超过 6.22 亿元，而支付宝的用户数量超过 5.2 亿。① 另外，麦肯锡的数据显示：截至 2018 年年初，腾讯在自己的资产负债表外也管理着 600 亿美元的资产。② 阿里巴巴和腾讯在中国 2018 年 705 亿美元的风险投资交易额中占比达到 40%—50%。③ 阿里巴巴和腾讯是中国公司踏入中国金融业并为之提供新的金融产品的两个突出代表。

---

① Sang Xiaoni. Ant Financial extends dominance in Chinese online finance. *Financial Times*, 17 May 2018.

② Sang Xiaoni. How Alibaba & Tencent became Asia's biggest dealmaker. *Financial Times*, 2 April 2018.

③ 《中国风投去年领跑全球，交易额创 705 亿美元记录》，《证券日报》2019 年 2 月 11 日。

科技公司也试图打入中国的出租车市场。阿里巴巴、百度和腾讯正在开发移动支付，类似于最初在欧洲开发的系统：消费者能够通过他们的手机支付商品，价款会支付到对应的银行账户，或者支付到电话运营商的计费系统。[①] 2013年，腾讯在微信中添加了电子支付功能。2014年，腾讯开始允许用户将他们的储蓄投资在货币市场基金上。[②] 阿里巴巴亦通过其支付宝电子支付平台扩展其提供的移动支付和金融服务。2018年，中国网约车移动出行整体市场交易规模达2 824.97亿元。

对这些互联网公司来说，战利品不仅是收获了庞大的出租车用户，而且它鼓励用户广泛地使用在线支付系统，因为这是它们最有利可图的移动业务之一。阿里巴巴的出租车应用程序允许智能手机用户通过支付宝钱包访问出租车服务。乘客通过扫描驾驶员手机上的二维码来支付乘车费用，价款金额会自动地从乘客的支付宝账户中扣除。然而，上海市政府于2014年2月26日发布通知：限制在城市使用出租车应用程序，并禁止在高峰时段使用。上海政府限制出租车应用程序的使用是因为该应用程序允许溢价收费的营销功能扰乱了公平的市场秩序。北京也采取了类似的步骤，理由是应用程序可能会不当干扰出租车服务。

帮助用户在智能手机上呼叫和支付的出租车应用程序，已经成为互联网公司为争夺利润丰厚的移动支付市场的主导地位而进行的代理人战争的战场。出租车应用程序是中国互联网服务市场的下一个热点，竞争对手寻求赢得超过8亿的智能手机消费者和利用他们赚取巨额收入。由腾讯和阿里巴巴等互联网团体支持的应用程序为用户提供补贴，旨在夺取更大的市场份额。在全球范围内，出租车应用程序引发了科技创业公司和监管机构之间的争论，一个主要的关注是应用程序收取的高价和对不使用它们的出租车司机的生计的影响。出于种种原因，例如巴黎，禁止或限制了应用程序的覆盖面。对于像阿里巴巴和腾讯这样的互联网公司来说，这两家公司都有类似于Paypal的支付网络，出租车应用程序使它们在移动商务市场中占据了更大的份额。截至2018年，中国每年的移动支付市场规模达16万亿美元，其中阿里巴巴和腾讯运营的两家支付平台占据了90%的份额。[③]

---

① Carol Power. Bank-Telecom Alliance Trend Said on Way to U.S. *American Banker*, Vol. 166, No. 81, 2001, p.10.

② Juro Osawa and Paul Mozur. Marketing Costs Hit Tencent. *Wall Street Journal*, 20 March 2014, B7.

③ Tang Wenlan and Ju Fei. China's Ant Financial shows cashless is king. *Financial Times*, 23 April 2018.

## 第七节 初步结论和政策途径

资金的可用性对中小企业和贫困家庭非常重要,因为信贷的获得可以帮助其提高生产、创新和扩大企业规模的能力,从而提高生产力和增加收入。从长期来看,如实地跨国研究所证明的,信贷的可用性可能保护中小企业免于金融脆弱性的威胁,并刺激整体经济和社会的发展。① 信贷的力量在于其能内在地使社区中的各个成员之间更加均匀和有效地分配收入机会。平等获得金融融资的重要性已得到世界范围内的普遍承认。确保融资的可获得性被认为是促进实现联合国千年发展目标的催化剂,②并与世贸组织在多哈回合谈判中关于国际贸易自由化的立场有紧密联系。③

法律和金融文献中的主导观点是:非正式金融机构对正式金融体系起到补充作用;非正式金融体系因其监测和执行机制的不兼容性而无法取代正式金融体系。在法与金融的文献研究中,中国常常被作为"正规金融体系及其对经济发展的贡献"这一命题的反例。④ 正如实证工作所证实的那样,尽管中国民营企业受到的法律保护较弱、获得融资的机会较少,但是替代融资及相关治理机制却能支撑其快速发展。⑤ 然而,一些实证研究的结果表明:经济上依赖非正规外部融资的公司不会比能接受到正规银行融资的公司有更快的经济增长速度,或具有更高的生产率。⑥ 这表明非正规融资在促进经济增长方面不能有效地取代正规融资渠道。更广泛的政策意义是,非正式融资不应被用作解决私营部门在中国

---

① Thorsten Beck, Asli Demirgüç-Kunt & Ross Levine. Finance, Inequality and Poverty: Cross-Country Evidence. NBER Working Paper No. 10979, 2004, http://www.nber.org/papers/w10979.

② All the country members of the United Nations in 2000 signed up to a set of Millennium Development Goals (General Assembly Resolution 55/2), http://www. un. org/millenniumgoals/; UN Human Development Report. Millennium Development Goals: A Compact Among Nations to End Human Poverty, 2003.

③ UN. Doha Declaration on Financing for Development: Outcome Document for the Follow-up International Conference on Financing for Development to Review the Implementation of the Monetary Consensus, 2008, www.un.org/esa/ffd/doha/documents/Doha_Declaration _FFD.pdf.

④ Franklin Allen, Jun Qian and Meijun Qian. Law, Finance and Economic Growth in China. *Journal of Financial Economics*, 2005, p.77, pp.57 - 116.

⑤ Katherine Connor Linton. Access to Capital in China: Competitive Conditions for Foreign and Domestic Firms. *Journal of International Commerce and Economics*, ssrn.com/abstract=1031223.

⑥ Meghana Ayyagari, Asli Demirguc-Kunt & Vojislav Maksimovic. Formal Versus Informal Finance: Evidence from China. *Review of Financial Studies*, Vol. 23, No. 8, 2010, pp.3048 - 3097.

面临的融资缺口问题的最终解决方案。此外，作为最少受监管的影子银行部门的一部分，非正规融资市场本身会涉及和引发各种潜在的风险。

一些基于市场的方法已经被提出，用以减轻非正规借贷的负面影响：① 增加获得正规资金来源的渠道，包括收取较低利率的小额信贷机构，使其运作可持续；② 降低服务目标人群的成本；③ 提高金融备案的可获得性，以降低正规银行机构在服务目标人群时所需的成本；④ 通过对贷款的广告总成本进行标准化控制，提高正规贷款提供者之间的透明度和竞争，以便更容易地比较不同贷款提供者的优劣势，突出正规贷款人索取的利率与非正规贷款人索取的利率之间的差额；⑤ 增加竞争，将利率降低到市场利率水平；⑥ 减少对利率控制的限制，使正规贷款人在提供更小、无担保、更短期或更高风险的贷款时能够做到成本回收。

这些政策是为了解决诸多中小企业无法获得正规渠道资金的现状而制定的。通过立法措施使地下借贷市场部分正式化，允许私人投资者设立商业银行、开放利率等也是针对这一现状而提出的解决方案。这些政策举措不仅对解决中小企业融资难题具有重大的意义，而且有助于纠正长期存在于地下借贷市场中的一些负面影响。然而，这些政策的效力可能会受到以下几个方面的影响：问题的严重程度、政府的作用，以及金融系统的复杂程度。例如，正规化地下贷款企业可能会增加其行政成本和监测成本，这会对借款人和贷款人都产生负面影响，降低利率将缩小贷款人的利润率，导致贷款人削减贷款规模，从而将再次迫使借款人进入地下借贷市场。

如果没有适当的政策行动，这些对民营企业的负面影响可能会导致严重的经济困境和意想不到的政治动荡。解决问题的相关政策应更多地着眼于金融市场的供应方，力求在市场上投放更多的正式资金。一些市场经济方法也可以用来帮助增加正式资金的市场供应量。小额融资便是一个很好的解决方案，因为它可以带来广泛的信贷。孟加拉国的跨社区资源建设和乡村银行便是很好的例子。[①] 政府支持或公共资助是小额信贷企业运行的必要条件。在更大的背景下，中国需要将金融市场从抑制的市场转变为自由市场。在抑制型的金融市场中，由于银行的信用控制和利率控制，国有部门、大型企业、受青睐行业和拥有良好关系的客户群更有可能以更有利的条件，即以较低的利率获得更多的正规银行贷款。相比之下，小公司和初创公司将必须支付更高的利率或在贷款交易中

---

① https://www.smu.edu.sg/perspectives/2012/06/26/tale-two-ngos-bangladeshs-grameen-bank-and-brac.

接受较为不利的条件。通过放松金融控制和强化市场竞争，可以调整或重新平衡两者之间的差距。

在可预见的未来，由于以下事实，中国的非正规贷款市场可能继续增长：① 市场上的非正规金融资金处于供不应求的状态；② 解决供需不平衡的方案没有立竿见影的效果。考虑到金融抑制的功能，以及金融机构不良贷款和地方政府债务的庞大规模，在面临潜在债务炸弹的情况下，为了缓解对不断增长的债务的偿付压力，保持现状可能有意义。即使是较弱形式的金融抑制，也可用于维持或推动消费者进行存款，以此作为稳定和较便宜的收入和资金来源，这对于保持中国经济的增长和发展具有重要意义。在不破坏经济稳定和社会和谐的情况下处理债务问题，可能需要中国继续实施其不透明的金融抑制政策，并将之作为能在最大限度上降低经济放缓的负面影响的首选办法，而不是突然转向金融市场自由战略。然而，从长远来看，中国需要改革其金融抑制体制，因其与现代消费金融业不相容。实证研究揭示了国家金融体制与经济发展背后的联系：金融资源越集中的国家，其贫困程度往往越高。[①] 抑制型的治理结构往往更偏袒经济活动中的一部分成员，而融资的可获得性却可以被用作改善不平衡治理结构的一种手段。资金渠道的扩大可以通过资本市场的开放，以及进一步深化现有的金融改革等手段来实现。深化金融市场改革需要一个有效的制度结构，而中国目前还没有这种结构。中国需要一个自上而下的改革，以建立一个自由的、自下而上的消费金融制度，这不仅能为公民带来更多的经济利益，而且还能保障公民的经济和政治权利。

① Stijn Claessens and Enrico Perotti. The Links between Finance and Inequality: Channels and Evidence, World Bank Report, https://openknowledge.worldbank.org/handle/10986/9227.

# 第四章

# 涉嫌诈骗合同效力的司法认定及其进路

## ——基于法解释学的解构*

## 第一节 问题与路径

诈骗类刑事案件是我国侵犯财产型案件的主要组成部分。[①] 国家统计局的年度统计，我国公安机关 2014 年立案的诈骗刑事案件为 785 306 起。[②] 诈骗类刑事案件的高发给与之相关的民事案件的审判带来诸多挑战，其中之一便是合同一方通过不正当手段订立合同而涉嫌诈骗罪时，应如何有效认定合同的效力。[③]

最高人民法院于 1998 年出台了《关于在审理经济纠纷案件中涉及经济犯罪嫌疑若干问题的规定》(简称 1998 年《规定》)，首次对涉及经济犯罪的民事纠纷案件处理作出详尽规定，成为民刑交叉案件问题频繁出现于司法和学术争论之中的发端。笔者对 1998 年至今最高人民法院与各高级人民法院与此问题有关的判例进行了检索与梳理，发现此类案件在审判实践中的法律适用差异颇大。部分法院判决认为刑事上的否定评价不构成对民事效力的绝对否定，应依民事法律规范对此类合同效力进行认定，这类判决采用的是区分主义方法。相对的观点认为此类合同因涉及欺诈违法行为而当然无效，采取的是无效主义方法。

具体而言，1998 年《规定》以“法律事实”“法律关系”是否相同为判断标准，

---

* 本章作者：沈伟、单逍越。

① 本章所指诈骗类刑事案件既包括涉嫌普通诈骗罪的案件，也包括涉嫌合同诈骗罪与金融诈骗罪的案件。若无特别说明，本章中的“诈骗罪”均泛指上述三种诈骗类犯罪。

② 国家统计局官网(国家数据)：http://data.stats.gov.cn/search.htm? s=诈骗，最后访问日期：2016 年 7 月 17 日。

③ 广义上，涉嫌诈骗的民事合同还包括合同双方为了欺诈他人而签订的一系列合同行为与诈骗行为，这些行为之间存在牵连关系，但不相竞合。由于其效力在实践中并无争议，缺乏讨论价值，因而本章的讨论对象仅限于文中所指。

确定涉嫌合同诈骗案件是刑民分开审理还是先刑后民审理。但1998年《规定》欠缺明确性及操作性，实践中法官对案件的“法律事实”“法律关系”是否相同，理解认识不一致，司法裁判相当混乱。[①] 司法实践主要有“先刑后民”“刑民并行”“先民后刑”三种处理模式。

## 一、先刑后民

有学者认为，一起案件同时涉及刑事与民事两个诉讼时，一般应采取刑事诉讼程序优先原则，原因在于：一是许多案件依法进入了刑事诉讼后，没有必要再进入民事诉讼，因为我国的刑事诉讼能够部分地处理民事诉讼所要解决的问题。二是《刑事诉讼法》规定了附带民事诉讼程序，由于犯罪行为而使被害人遭受经济损失的，在刑事诉讼过程中，除对犯罪分子依法定罪量刑外，应根据情况判处犯罪分子赔偿经济损失。三是在确实涉嫌犯罪的情况下，先进行民事诉讼程序，可能不能对犯罪嫌疑人采取强制措施。犯罪嫌疑人在民事诉讼过程中可能逃跑或者发生其他危险，会对之后的刑事诉讼程序造成妨碍。[②]

在现代诉讼程序刑民分离的背景下，刑事和民事诉讼程序之间存在着程序技术上的差异，对于同一案件，刑事裁判与民事裁判之间可能不相一致，甚至相互矛盾。[③] 先刑后民可避免刑民裁判冲突：一是刑事诉讼的证明标准高于民事诉讼。有罪判决的证明标准为“案件事实清楚，证据确实充分”；民事诉讼则采取证据占明显优势的标准。二是举证能力上刑事诉讼强于民事诉讼。民事诉讼通过当事人举证，而刑事诉讼由公诉机关承担举证责任，可利用更加先进且具有强制力的侦查手段，以便查清事实真相。[④]

然而，也有学者历数“先刑后民”的种种弊端，将机械适用“先刑后民”原则的弊端归纳为三点：一是“先刑后民”容易被某些司法机关恶意利用，成为干涉经济纠纷的一个借口；二是“先刑后民”容易被当事人恶意利用，以达到“以刑止民”的目的；三是“先刑后民”容易使司法资源成为某些当事人实现个人目的的手段。[⑤]

---

① 林智远：《论涉嫌合同诈骗案件之诉讼方式选择》，《海峡法学》2011年第4期。

② 张明楷：《程序上的刑民关系》，《人民法院报》2006年5月24日，第B01版。

③ 万毅：《“先刑后民”原则的实践困境及其理论破解》，《上海交通大学学报(哲学社会科学版)》2007年第2期。

④ 林智远：《论涉嫌合同诈骗案件之诉讼方式选择》，《海峡法学》2011年第4期。

⑤ 陈兴良、胡建生、朱平等：《“先刑后民”司法原则问题研究》，《北京市政法干部管理学院学报》2004年第2期。

## 二、刑民并行

涉嫌合同诈骗案件可以分为两种类型：一是竞合型合同诈骗案件，即刑事责任与民事责任均由同一法律事实引起，并由同一主体承担，表现为主体与对象同一。二是牵连型合同诈骗案件，即刑事责任与民事责任是由有牵连的法律事实引起，承担刑民责任的主体不同，主要表现为对象同一。涉嫌合同诈骗案件的现行诉讼机制可以是：牵连型合同诈骗案件刑民分开审理，民案或中止诉讼，或作出实体判决；竞合型合同诈骗案件一律先刑后民，民案或驳回起诉，或移送侦查机关，待刑案审结后，当事人经追缴退赔仍不能弥补损失的，另行提起民事诉讼。

有学者在重构涉嫌合同诈骗案件程序协调机制时，指出法院应当严格审查，适当限缩民案中止审理的情形，以有效解决牵连型合同诈骗案件大量中止审理的弊端。中止审理大致有两种情形：一是受害人主动申请中止审理。如果受害人权衡利弊后，认为撤销合同更有利，则可以基于自己的利益判断提起撤销合同之诉。此时，行为人是否构成合同诈骗罪，影响受害人是否具有合同撤销权，民事诉讼中止。二是法院经审查认为确有必要中止审理。实践中应以实质影响因素作为是否中止审理的判断标准，通常限于民事责任主体认定受刑案影响的情形，例如犯罪嫌疑人冒用他人名义签订合同，而受害人起诉被冒用人承担合同责任的，刑事审判将影响责任主体认定，民案应当中止审理。①

竞合型合同诈骗案件应与牵连型合同诈骗案件一致，抛弃以前一律先刑后民的做法，建立以刑民并行为原则、适当情形下民事案件中止诉讼的诉讼机制。具体建构如下：① 确立刑民并行的原则。牵连型合同诈骗案件与竞合型合同诈骗案件均实行刑民案件分开审理，体现刑民并行的处理方式。竞合型合同诈骗案件，应当坚持“刑民并行”原则，民案与刑案分开审理，民事诉讼不再受刑事诉讼的制约。当事人提起民事诉讼要求处理合同纠纷的，如果发现该纠纷涉嫌合同诈骗，民事诉讼原则上继续进行，法院不再驳回起诉，但应将犯罪嫌疑线索、材料移送侦查机关。② 例外情形下民事案件中止诉讼。主要包括受害人主动申请中止诉讼和法院经审查认为确有必要中止诉讼两种情形。②

---

① 林智远：《论涉嫌合同诈骗案件之诉讼方式选择》，《海峡法学》2011 年第 4 期。

② 王林清、刘高：《民刑交叉中合同效力的认定及诉讼程序的构建：以最高人民法院相关司法解释为视角》，《法学家》2015 年第 2 期。

## 三、先民后刑

尽管“先刑后民”原则有种种弊端，学界甚至也有提出以“先民后刑”作为处理刑民程序冲突的原则。但从刑民责任的相互关系、两大程序的价值与功能以及司法实践情况来看，“先民后刑”矫枉过正。从司法实践来看，适用“先民后刑”模式处理的案件主要有两类：一是涉及确权问题的案件；二是涉及专业性较强的知识产权、股权类案件。合同诈骗类的案件很少按照“先民后刑”的程序处理。

为了试图量化司法实践中的这一分歧，笔者以“合同”“涉嫌诈骗”“无效”这一关键词组合在北大法宝案例库中进行检索，并对案由为“合同、无因管理、不当得利”的案件进行初步统计。表4-1中“样本案件”是指涉及对合同一方涉嫌诈骗的合同效力进行认定的案件。

**表4-1 “无效主义”与“区分主义”方法的案例分布**

| 法院＼类别 | (剔除重复案件后的)搜索结果（案件数） | 样本（案件数） | “无效主义”（案件数） | “区分主义”（案件数） |
| --- | --- | --- | --- | --- |
| 最高人民法院 | 29 | 10 | **3(30%)** | 7 |
| 高级人民法院 | 183 | 53 | **20(37.7%)** | 33 |

除了以上关键词组合，笔者还以“合同”“诈骗罪”“效力”“无效”“刑事犯罪”等关键词进行随机组合对近18年以来的案例进行了多次检索。综观检索结果，大体可归纳出以下三条规律：第一，最高人民法院采“无效主义”进路的裁决虽然不在少数，但比例明显低于高级人民法院。第二，采“无效主义”进路的裁决，逾25%的案件引用1998年《规定》第11条，直接裁定驳回原告的起诉。第三，“无效主义”认定违“法”合同无效时，所引用的“法”主要是合同法第52条第(三)项“以合法形式掩盖非法目的”和第(五)项“违反法律、行政法规的强制性规定”。据此可以判定，该类案件之所以会出现同案不同判的情况，主要是因为法院在这两项法律规定的适用上产生了分歧。虽然最高人民法院于2015年出台的《关于审理民间借贷案件适用法律若干问题的规定》(简称《民间借贷规定》)第13条已就民刑交叉的合同效力问题

明确了司法取向，[①]即涉嫌刑事犯罪的民事合同不当然无效，但这一规定仍存在两点欠缺：一是此条仅适用于涉及刑事犯罪的民间借贷案件的审理，但对其他类型的民事案件应当如何处理未作规定，适用范围较为有限。[②] 二是更为现实的问题是，涉嫌刑事犯罪的民事合同效力认定的问题在理论界与实务界已被争论多年，扭转司法实践中大量存在的无效主义方法，仅凭此条规定，未免略显单薄。[③] 以上两点归根结底都指向同一个问题——这一司法取向缺乏对所有类型的民事合同都具有普适意义的指引。

相似案件得出不同的裁判结果反映出法律适用的差异和分歧。法律适用是裁判者运用其认为合适的解释方法对现有的法律规范进行解释，并将解释的结论加诸案件评判的过程。对法律文本进行释义、认真对待法律词语所追求的是法的安定性和可预期性，[④]目的是避免歧义，从而更好地适用法律。[⑤] 正如日本学者所言，即使一份判决中不存在任何涉及价值判断的命题，纯粹用三段论以认定的事实和依据的法规得出结论，其判决的结果也至少倾向于一定的方法，在一定程度上保护某种利益或价值，而排斥其他种类的利益或价值。[⑥] 因此，解释主体价值观念的不同和解释方法的多样性时常会使裁判者陷入难以从诸多解释中挑选出最为恰当解释的困境，毕竟没有哪个解释者能够完全摆脱自身的既有成见或偏见。[⑦]

目前，中国法学研究的风向发生了转变，由政策定向的法学、经立法定向的法学转向司法定向的法学。[⑧] 笔者认为这样的转型既是对实然层面的客观描述，也是在应然层面的呼吁倡导。在实然层面，法学研究正在逐步摒弃脱离司法

---

① 该条规定："借款人或者出借人的借贷行为涉嫌犯罪，或者已经生效的判决认定构成犯罪，当事人提起民事诉讼的，民间借贷合同并不当然无效。"

② 可能有人认为《民间借贷规定》施行后，涉嫌刑事犯罪的民事合同效力认定的争议已然消除，法院只需比照第 13 条的规定，认定涉嫌刑事犯罪的民事合同不当然无效即可。但事实上，此《规定》颁布后仍有大量判决依旧坚持"无效主义"。另外，本章所引用的案例及裁判文书未经特殊说明，均出自北大法宝数据库。

③ 尤其是在涉嫌诈骗类犯罪的场合，极易让人产生"由于合同是一方用以实施犯罪的手段，属于以合法形式掩盖非法目的，因而无效"的错觉。

④ 雷磊：《法教义学的基本立场》，《中外法学》2015 年第 1 期。

⑤ [德] 伽达默尔：《真理与方法——哲学诠释学的基本特征》，洪汉鼎译，商务印书馆 2007 年版，第 448 页。

⑥ [日] 星野英一：《现代民法基本问题》，段匡等译，上海三联书店 2012 年版，第 215 页。

⑦ 这里的成见或偏见并不是我们通常所指固有的、扭曲的看法与态度，而是在我们对任何事物或制度作出解释前都会依据的"理解前结构"。

⑧ 舒国滢等：《法学方法论问题研究》，中国政法大学出版社 2007 年版，第 14 页。舒国滢在另一篇文章中指出，司法定向的法学就是要将更多的精力投向司法，为司法的统一性、安定性和公正性找到技术支撑与解释根据，也可以将其理解为从纯知法学走向实践法学。详见舒国滢：《并非有一种值得期待的宣言——我们时代的法学为什么需要重视方法》，《现代法学》2006 年第 5 期。

和抽象的纯理论研究；在应然层面，法学研究逐渐以指导司法、为法律适用提供更为有力的解释论为导向。有鉴于此，笔者将以经筛选的最高人民法院、各高级人民法院的司法判例为样本，以对《合同法》第52条第（三）项、第（五）项进行释义为路径，力图完成“涉嫌诈骗类犯罪的合同并非当然无效”命题的正当性解构和证成，①以期在现行法律体系框架内寻求公正解决此类案件裁判的最佳答案，②为今后的司法审判提供一定的方法论支撑。

## 第二节 解释实体法的前提：对两个程序性问题的再认知

目前学界对于法解释学的运用大多集中于实体法领域，而忽略了对程序法的解释。对程序性事项进行解释与实体法解释的思路和价值往往是共通的。甚至可以说，不论是在理论研究上还是在司法实务中，“几乎所有的程序问题也是实体问题”。③ 具体而言，在涉及诈骗罪的民事合同有效性案件中，法院在许多案件中以“先刑后民”和“1998年规定第十一条”为理由裁定驳回起诉，直接影响了该类案件裁判的实质结果。因此，此处讨论的程序性问题既是前置性问题，也与后文实质规则讨论密切相关。

### 一、“先刑后民”的处理原则

我国传统法律观念认为，国家权力与社会秩序的位阶要远远高于个人权利。④ 这是“先刑后民”理念的源头。随着市场经济体制的日趋成熟和公民维权意识的增强，私权观念逐步渗透到社会治理层面，成为现代法治国家追求的精神内核之一。当个人权益保护（这里尤指民事经济性权益）与国家利益、社会秩序

① 有学者认为，如果站在法教义学的立场上解读司法裁判，可以将一次完整的裁判过程概括为两句话：一是“从规范中来”；二是“到规范中去”。前一个“规范”指的是法律规范，即法律条文本身的规定，后一个“规范”则是指对案件的理性思考结果应在法律框架内且合乎公正性。之所以强调立足于规范、回归到规范，是因为法教义学或者说法解释学的最终任务是为法律规范的适用提供指引，从而约束法律裁判、避免恣意裁判、避免法外因素的影响。参见张翔：《形式法治与法教义学》，《法学研究》2012年第6期。

② 程金华：《四倍利率规则的司法实践与重构——利用实证研究解决规范问题的学术尝试》，《中外法学》2015年第3期。

③ 陈杭平：《〈民诉法解释〉的程序规范解释论研究》，《华东政法大学学报》2015年第6期。

④ 任喜荣：《伦理刑法传统与刑法民族性》，《法制与社会发展》2002年第1期。

的维护不存在直接冲突时，二者可以且应该受到及时与平等的保护。换言之，如果公民的个人诉求不构成对国家行使公权力的阻碍，就不应适用“先刑后民”的处理方式，而应以“民刑并行”为民刑交叉案件的原则性处理方式。

根据《民事诉讼法》第150条的规定，若案件A的审理需要以案件B的审理结果为依据而案件B尚未审结的，应中止案件A的诉讼。另外，《民间借贷规定》第7条规定，若认定民间借贷案件基本事实须以刑事案件审理结果为依据，而刑事案件仍在审理中的，人民法院应中止诉讼。有学者认为这是我国法律对“先刑后民”原则的再确认。[①] 笔者认为，这一论断有失偏颇。根据该规定，按照先刑后民的程序进行处理需符合一个前提，即民事审判的进行必须以刑事审理结果为依据，而现实中刑事审判结果会对民事审判造成实质性影响的案件并不多见，只有在少数法律有明文规定的情况下才必然适用“先刑后民”原则。遍寻我国法律关于合同效力的规定，没有一条将合同效力的认定与刑事罪名或者刑事责任的认定相挂钩，因此从理论上而言，认定合同是否有效并不有赖于刑事审判的结果才可作出。[②]

事实上，审判实践中还存在着一些需要运用“先民后刑”方式进行处理的案件。例如，涉及知识产权侵权的刑事案件，由于知识产权权利人对侵权行为性质与危害程度更为敏感，其在民事程序中对侵权行为进行举证，相较公诉机关也更为便捷高效，因而此类案件实行“先民后刑”的审理方式往往更加合适。[③]

“先刑后民”和“先民后刑”都是“民刑并行”原则的例外。在合同一方当事人涉嫌诈骗的民事纠纷案件中，一方面，从法律精神内核的角度来看，民事审判追求的是对合同相对方的权利保护与利益衡平，刑事审判则强调对犯有诈骗罪一方的打击，保护相对方法益，两者并不冲突；另一方面，民事上对此类合同效力的认定一般不会阻碍国家刑事审判权的行使，此时采取民事审判程序与刑事审判程序并行的处理方式并无不妥。

## 二、“裁定驳回起诉”的适用

1998年《规定》第11条规定：“人民法院作为经济纠纷受理的案件，经审理

① 穆远征：《民刑交叉案件财产保全规则的衔接与完善》，《湘潭大学学报(哲学社会科学版)》2014年第4期。

② 浙江省高级人民法院于2009年9月30日作出的(2009)浙商提字第40号判决：陈生常诉合肥建工集团公司、合肥建工集团公司温州分公司租赁合同纠纷案。

③ 黄娟：《知识产权刑民交叉案件解决之“先民后刑”思路：选择理由与实施机制》，《暨南学报(哲学社会科学版)》2011年第2期。

认为不属经济纠纷而有经济犯罪嫌疑的，应当裁定驳回起诉，将有关材料移送公安机关或检察机关。”1998年《规定》共有12条规定，其中法院援引此条的次数远远超过援引其他法条次数的总和，[①]这一现象并非偶然。

在审判实践中，“经审理认为不属于经济纠纷而有经济犯罪嫌疑的”通常被解读为一旦有经济犯罪嫌疑，就不属于经济纠纷。[②] 最高人民法院(2014)民申字第441号裁定书[③]就这样表述：“本院二审根据1998年《规定》第11条的规定，认定本案不属于人民法院受理民事诉讼的范围。”在(2013)民四终字第22号裁定书中，最高人民法院也援引该条，以一方构成集资诈骗罪得出“本案不属于人民法院受理民事诉讼的范围”的结论。[④] 浙江省高级人民法院也以触犯合同诈骗罪而认为“讼争法律关系不再属于人民法院受理民事诉讼的范围”。[⑤] 这一裁判思路背后的逻辑是，将1998年《规定》第11条作为大前提，将案件涉嫌诈骗罪作为小前提，推断出该案不属于民事诉讼的受理范围。这一逻辑显然有误。

首先，对两者关系的正确理解是适用本条规定的关键。笔者比较认同最高人民法院在(2013)民二终字第39号判决中对本条的释义：“驳回起诉将有关材料移送公安机关或检察机关需要具备两个条件，一是经审理人民法院认为该案件不属经济纠纷，二是该案件存在涉及经济犯罪的嫌疑。这两个条件相对独立、缺一不可……不能以有经济犯罪嫌疑，就必然得出本案不属于经济纠纷的结论。”[⑥]因此，该条规定中“不属于经济纠纷案件”和“有经济犯罪嫌疑”是并列的两个条件，不存在因果关系，理应分开进行判断，不能以有经济犯罪嫌疑就推断出其不属于经济纠纷的结论。

其次，是否属于法院受理案件的范围(即是否属于经济纠纷案件)应根据是否属于《民事诉讼法》第3条规定的民事诉讼案件的受理范围进行判断，而上述裁判以1998年《规定》作为判断的大前提是没有法律依据的。所以，法院在司法审判中应当审慎适用该条文，不可重刑轻民，更不能以刑废民。法院若要据此裁

---

① 北大法宝数据库中相关统计数据显示，截至2016年3月11日，援引《规定》第11条的案例与裁判文书约为1773篇，而援引另外11条的案例与裁判文书总和约893篇，仅占第11条的一半。

② 叶名怡：《涉合同诈骗的民法规制》，《中国法学》2012年第1期。

③ 最高人民法院于2014年6月4日作出的(2014)民申字第441号裁定：黄木兴与四川中南明大置业投资有限公司等借款合同纠纷申请案。

④ 最高人民法院于2013年11月28日作出的(2013)民四终字第22号裁定：四川中南明大置业投资有限公司等与黄木兴借款合同纠纷上诉案。

⑤ 浙江省高级人民法院于2013年3月5日作出的(2013)浙民再申字第2号裁定：浙江洪海建筑设备租赁有限公司诉浙江鼎盛交通建设有限公司租赁合同纠纷再审案。

⑥ 最高人民法院于2013年9月30日作出的(2013)民二终字第39号判决：中国农业发展银行灯塔市支行与辽阳罕王湖农业集团有限公司等借款合同纠纷上诉案。

定驳回某个民事案件的起诉，必须同时符合：① 该案件的当事人有经济犯罪之嫌。② 由于经济犯罪危害程度较为严重，若将该案作为一般民事经济纠纷加以处理，可能会与刑事审判结果相冲突。只有以上两点同时成立并得以证明，该条的适用才得以成立。

## 第三节　何谓“以合法形式掩盖非法目的”

将“以合法形式掩盖非法目的”作为合同无效的情形单独列举是我国特有的立法，在其他国家并不多见。[①] “以合法形式掩盖非法目的”与直接违反法律强制性规定的最大区别在于，其阻却生效要件隐藏于合法形式的外衣下，无法直接识别，需要倚赖解释论才能准确适用。

### 一、文义解释下的误读

综观我国司法实践，将涉嫌诈骗的民事合同认定为“以合法形式掩盖非法目的”的判决屡见不鲜。法院判决思路是将诈骗行为人与相对人之间订立合同的行为定义为“合法形式”，将行为人内心骗取他人财物、获取非法利益的动机定义为“非法目的”，从而由“合法形式＋非法目的”推导出“以合法形式掩盖非法目的”的判定。这样的文义释义看似严丝合缝，但却忽略了结论的合理性。假设以上推导成立，那么对于一般民事欺诈行为就可做如下认定：双方当事人之间订立契约的行为是“合法形式”，欺诈行为人内心骗取相对人财产利益的立约动机是“非法目的”。再套用此推导过程即可得出一般民事欺诈行为都属于“以合法形式掩盖非法目的”的荒谬结论，因为世界上不可能存在一份从效力上来说既可撤销、又同时当然无效的合同。因此上述单凭文义解释得出的结论并不符合体系解释，也有悖于一般法理。

这一错误解释之所以在审判实践中频繁出现，原因在于，但凡面临不同解释方法的选择时，我们似乎已习惯于诉诸这样一套规则：在没有更强烈理由的情况下，文义解释优先于语境解释或体系解释，体系解释优先于法意解释或目的解

① 梅夏英、邹启钊：《法律规避行为：以合法形式掩盖非法目的——解释与评析》，《中国社会科学院研究生院学报》2013 年第 4 期。

释，目的解释优先于历史解释等其他解释方法。[①] 这在法律解释学中被称为解释方法的元规则。有学者如此形容它的重要性：法律解释学只有发展出一套关于何种情况下选择何种解释方法的元规则，才真正具有方法论意义。[②] 也有观点认为，各种法律解释方法的位阶问题以及在何种条件下适用何种法律解释方法的问题是目前法律解释领域亟待研究的两大问题，[③]因为只有明确法律解释方法的选择规则，才能使法律解释具有可操作性，从而为司法实践提供理论指南。[④]

细究上述解释规则，不同解释方法的选择和适用实质上是以解释方法所蕴含的法律价值为导向的——文义解释保证的是法的安定性与可预测性，体系解释体现的是法的和谐统一性，法意解释或目的解释则强调法的正义价值。另外，解释规则还是一套从简单到复杂、从低时间成本投入到高时间成本投入、从法内释义逐步走向法外寻根的规则位阶体系。文义解释的优先级之所以最高，是因为对于解释者而言，对法律文本作出字面解释最简便易行、最节省解释者所需付出的成本，解释结果的认可性可能也最高，引起争议的可能性也最低，而体系解释方法次之，目的解释方法再次。从法律价值以及法律解释的成本收益和可确定性角度来看，这一解释规则有其合理性。

但是，解释规则体系的合理性必须建立在这样的假设之上：现有法律规定是有生命力的，能够反映社会的共同价值判断，并且与既有法律体系相契合。[⑤] 然而，在个案裁判中存在着这样两个事实：一是在特定条件或语境下，为了维护法的安定性价值而机械地根据文义去裁判，有可能会作出与其他价值严重背离的裁判结果。此时，不同法律价值的位序便会呈现出一种不确定性，[⑥]需要由裁判者在诸多价值中寻求平衡。二是文义解释因仅考虑字义要素而忽略法意要素、历史要素、目的要素等其他法律解释要素而得出不合理的结论。[⑦] 于是，英

① 梁慧星：《民法解释学》，法律出版社 2009 年版，第 247—248 页；D. Neil MacCormick and Robert S. Summers. Interpretation and Justification, in D. Neil MacCormick and Robert S. Summers (ed.). *Interpreting Statutes: A Comparative Study*, pp.531 - 532.

② 桑本谦：《法律解释的困境》，《法学研究》2004 年第 5 期。

③ 陈金钊等：《中国法律方法论研究报告》，北京大学出版社 2012 年版，第 26 页。

④ 李亚东：《我们需要什么样的法律解释学——法律解释规则理论研究》，《法学论坛》2015 年第 4 期。

⑤ 许德风：《法教义学的应用》，《中外法学》2013 年第 5 期。

⑥ 陈金钊：《法治与法律方法》，山东人民出版社 2003 年版，第 226 页。

⑦ 拉伦茨在萨维尼法律解释“四要素说”的基础上提出了法律解释的“五要素说”，认为应以“字义”（字义要素）、“法律的意义脉络”（法意要素）、“历史上立法者之规定意向、目标及规范想法”（历史要素）、“客观的目的论标准”（目的要素）以及“合宪性解释的要求”（合宪性要素）这五个要素作为法律解释的标准。

美法系才提出"黄金规则"，将之作为"文义解释优先规则"的补充规则。根据"黄金规则"，若按照法律文本的字面意思或其最惯用的意义进行解释，所得出的结论是极为不合理的或者令人难以信服的，又或难以想象该解释结论是符合立法者初衷的，[①]那么就应在文义的合理范围内变通采用其他解释方法，以求实现个案正义。

有鉴于此，本章所涉法律条文的解释，均力求在各种可能的解释方法中寻求最为合理的解释结论，并且符合萨维尼对于法律解释所提出的基本要求，即各法律解释要素协调运作，而非基于个人主观意识对于解释方法进行肆意选择。[②]

## 二、"合法形式""非法目的"与"掩盖"的解读

学界对"以合法形式掩盖非法目的"的解释有不同学说。部分学者采"隐藏行为说"，认为"以合法形式掩盖非法目的"，即"行为人利用一个合法的民事行为掩盖一个非法的民事行为"。[③] 一些学者根据"规避法律行为说"，认为"以合法形式掩盖非法目的"是指"通过不直接违反禁止性规定的手段，在实质上实现法律所禁止的内容的行为"。[④] 下文中对于"合法形式""非法目的""掩盖"三个核心词义的剖析都将建立在这一基本定义之上。

首先，"合法形式"是指某一法律行为在形式上是合法的。所谓合法，就是该法律行为在客观上能够满足法律行为成立并生效的要件。换言之，若仅仅看合同行为的形式要件，该合同应是有效的。涉嫌诈骗的民事合同在客观上而言，合同双方均有订立平等主体之间民事契约的真实意思。当然，这里的真实仅指外观上的真实性，即使一方当事人涉嫌诈骗，其订立契约这一行为目标的表达并不会受到内心欺诈动机的影响。[⑤]

其次，对"非法目的"的识别。通常语境下，非法指行为违反法律、行政法规的强制性规定。按照体系解释，《合同法》第 52 条的"非法目的"中的非法应当排除第(一)(二)(四)项等直接违法的情形，[⑥]即涉嫌诈骗的民事合同，应当直接归

---

① 陈弘毅：《当代西方法律解释学初探》，《中国法学》1997 年第 3 期。"黄金规则"是英美法系极为重要的法解释规则，它使得法律解释结论能够在恰当的法律解释要素的指引下完成，而非一概遵循文义解释。

② ［德］萨维尼：《当代罗马法体系》(第一卷)，朱虎译，中国法制出版社 2010 年版，第 167 页。

③ 马强：《合同法总则》，法律出版社 2007 年版，第 58 页。

④ 梁慧星：《中国民法典草案建议稿附理由：总则篇》，法律出版社 2004 年版，第 148 页。

⑤ 最高人民法院于 2015 年 6 月 8 日作出的(2015)民申字第 956 号裁决：上海闽路润贸易有限公司与上海钢翼贸易有限公司买卖合同纠纷案。

⑥ 刘艳红、施建辉：《不动产贷款诈骗犯罪刑民交叉问题探讨》，《华东政法大学学报》第 2015 年第 4 期。

于第(一)项“一方以欺诈、胁迫的手段订立合同”。至于究竟是属于可撤销还是无效合同还需结合该项后半句,看其是否损害国家利益来进行判断。因此,民事上的欺诈动机或刑事上的诈骗目的都不应被解释为“非法目的”,否则会与《合同法》第 52 条第(一)项相重合,不符合体系解释,此为上述列举的法院判决未挖掘的深义之一。

最后,“掩盖”的隐含含义。精准理解“掩盖”,需要厘清实施“掩盖”行为的主体究竟是诈骗行为人一方还是合同双方。如果是合同一方当事人实施此种“掩盖”行为,而相对人并不知晓,则几乎与欺诈无异,又一次与体系解释相冲突。尽管条文中无明文表述,“掩盖”行为实际上要求双方有共同实施的合意。这一解释已在诸多判决中得到了印证。这里的合意可能存在两种情形:一是双方合谋下的行为;二是虽然双方均知情,但只有一方当事人获益而另一方只能选择被动接受的合同行为,例如为了规避《劳动法》上对于无固定期限劳动合同的规定,用人单位有意在用工即将满 10 年时与劳动者终止劳动关系,而后又重新与之建立劳动关系。① 从本条的立法目的而言,将合同直接归于无效应该是对均为“知情者”的合同双方的惩罚,缺乏双方合意的“掩盖”行为不应被认定为“以合法形式掩盖非法目的”的法律行为,此为上述判决未察觉的深义之二。

## 第四节　何谓“违反法律、行政法规的强制性规定”

《合同法》第 52 条第(五)项将当然无效的违法合同中的“法”界定为“强制性规定”。我国《合同法解释(二)》又将其范围限缩至“效力性强制性规定”。公法领域存在着大量的强制性规范,如果不对该条的外延通过法律解释进一步限缩,会有大量公法规范披着强制性规范的外衣佯装成民事规范,进入私法领域调整

---

① 梅夏英、邹启钊:《法律规避行为:以合法形式掩盖非法目的——解释与评析》,《中国社会科学院研究生院学报》2013 年第 4 期。在认定刑事上构成诈骗罪,行为人签订的民商事合同是否有效时,一种观点认为应当以合同相对人或其工作人员参与犯罪与否为标准进行划分。合同相对人或其工作人员参与犯罪构成犯罪的,对该单位与合同相对人之间签订的合同应当认定无效;合同相对人或其工作人员没有参与犯罪的,对该单位与合同相对人之间签订的合同不因行为人构成刑事犯罪而认定无效。宋晓明、张雪楳:《民商事审判若干疑难问题——民刑交叉案件》,《人民法院报》2006 年 8 月 23 日。

合同效力。私法自治的空间便会随着国家管制强度的增减而上下波动，[①]进入一种极为不稳定的状态。

## 一、现有判例中的逻辑偏差

在(2011)民申字第1559号判决中，最高人民法院认为触犯了《中华人民共和国刑法》的行为就是《合同法》第52条第(五)项所指“违反法律、行政法规的强制性规定”的行为，因而当事人一方构成合同诈骗罪的，合同因违反法律而无效；[②]审判实践中有大量判决认为一方用欺诈方式签订合同、涉嫌诈骗罪的，合同因违法而当然无效。[③]

结合上述判决与学界观点，触犯诈骗罪的合同因违法而当然无效这一命题共出现了三种论证方式，详见图4-1。

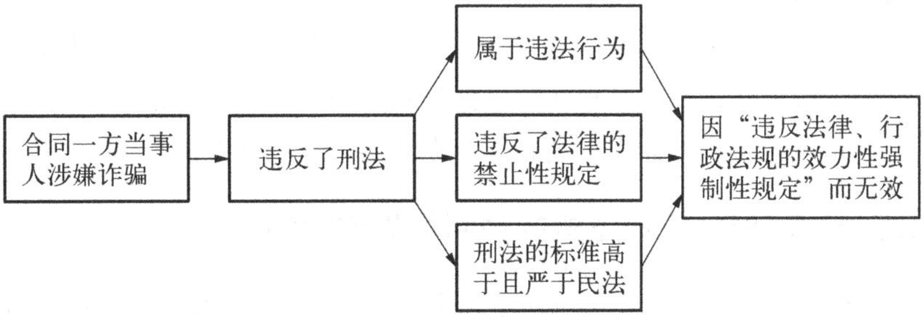


**图4-1　“触犯诈骗罪的合同因违法而当然无效”的三种论证逻辑**[④]

这三种论证逻辑在推导的最后一步存在瑕疵。第一种明显扩大了法律、行政法规的强制性规定的外延。第二种将禁止性规定都认为是效力性强制性规定，扩大了效力性强制性规范的外延。禁止性规范中还包括取缔性规范或管理性规范。第三种认为刑事审判中对于诈骗行为认定的标准更高是有一定道理

① 苏永钦：《私法自治中的国家强制——从功能法的角度看民事规范的类型与立法释法方向》，《中外法学》2001年第1期。

② 最高人民法院于2011年12月12日作出(2011)民申字第1559号判决：湛江龙福企业有限公司与杨志军借款合同纠纷案。

③ 例如最高人民法院(2001)经终字第260号判决、江苏省高级人民法院(2004)苏民二再终字第03号判决、最高人民法院(2014)民提字第35号判决、河南省高级人民法院豫法民二终字第156号判决，其中后两者最终认定涉案合同有效，但其判决逻辑是，只有合同涉及诈骗犯罪时才应以违法而被判定无效。

④ 除前述判决外，理论上也有支持该判决思路的学者。第一、二种论证逻辑，参见程宏：《刑民交叉案件中合同效力的认定》，《学术探索》2010年第2期；第三种论证逻辑，参见李全锁：《刑民交叉案件法律规制路径之反思与重构——以涉嫌刑事犯罪的民间借贷案件为例》，《法律适用》2013年第7期。

的，但是只能据此推论出当合同一方当事人被刑事判决认定构成诈骗罪时，一般情况下也符合民事上欺诈的构成要件，却无法得出刑事上给予否定评价时，民事上也必须给予否定评价的结论。该推论将民法上的无效法律行为与刑法中的违法行为混为一谈。民事规范与刑事规范的评价体系其实是相互独立的，其相互独立性在下文的正当性证成部分会有所详述。

以上逻辑偏差主要是由解释者内心固有观念造成的，几乎所有法律解释者在对法律进行解释时都无法避开价值判断。[①] 在大多数人眼里，违反了刑法的合同是违法合同，违法合同当然无效是毋庸置疑的，因此许多法官在作出判决前就已经对此结论形成了内心确信。这样一来，在已经有了结论的情况下，为了使裁决看起来更有说服力，法官需从现有法律条文中找到能够连接案件事实与内心结论的桥梁。正如菲特丽丝所言，法官为了使最终裁决能够被接受，他们不得不阐明其解释，即必须证立那种关系法律规则解释的判决。[②] 在这种结果主导的判决模式下，《合同法》第 52 条第(五)项就被裁判者当成可以证立其裁决的桥梁，而这种先得出结论再去寻求法律依据的裁判模式存在循环论证的缺陷，并不可取，尤其是在其本身就因固有观念而存在错误认识的情况下。

## 二、"违反法律、行政法规的强制性规定"释义

虽然条文未明确规定，但"违反法律、行政法规的强制性规定"的规制对象应当仅指合同内容违法，而不包括合同一方当事人订立合同的手段或动机违法。否则，甲通过限制乙的人身自由而要求乙与之建立合同关系的行为，也会因手段违法而归于无效。但是，根据《合同法》关于胁迫行为的规定，此类合同应为可撤销合同。从目的论角度出发，对该条文进行历史性考察，便不难理解这一释义。

根据 1900 年《德国民法典》第 134 条："法律不另有规定的，违反法定禁止的法律行为无效。"[③]当时的德国正处在由工业社会向现代社会过渡的巨变阶段，经济社会交易中的大量不公呼唤国家功能的扩张。公权力膨胀在法律领域最突出的体现是第 134 条。[④] 该条文最初是作为公法规范进入私法领域的通道而出现的，旨在让公权力进入私法领域以调整社会的不公平现象。而后，随着公法领

① 梁慧星：《民法解释学》，法律出版社 2009 年版，第 185 页。
② [荷] 伊芙琳·T.菲特丽丝：《司法裁决之证立理论概览》，张其山等译，商务印书馆 2005 年版，第 2 页。
③ 《德国民法典》，陈卫佐译，法律出版社 2010 年版，第 49 页。
④ 刘玉杰：《论违反强制性规定的法律行为效力——来自德国法的实践与启示》，《兰州学刊》2008 年第 11 期。

域强制性规定的不断增加，如果将违反公法中禁止性规定的行为都一味判定为无效，本应由个人意志支配的领域就会被国家强制力所统治。这不仅有悖于私法自治的精神，而且还会对市场经济活动形成阻滞。为此，学界普遍赞同不能简单机械地理解该条文，应将其作为一种“解释性规范”，[①]因为它本身并没有独立的规范内涵，需要通过理解具体强制性规范的内在价值、立法目的以及相关法益来确定合同的效力。[②] 可见，对其他规范内在价值的衡量是裁判者判断是否适用此条文的核心，而刑法设立诈骗罪的内在价值是借助刑事制裁的手段以保护民事交易安全、维护社会秩序，这与在一定条件下肯定合同的效力并不矛盾。

此外，从我国对无效合同的立法旨意来看，《合同法解释(二)》第 14 条对“强制性规定”的限缩解释，实质上构成了《合同法》第 52 条第(五)项的但书，即“违反法律、行政法规的强制性规定的合同并非当然无效，除非其违反的是效力性强制性规定”。有学者将效力性强制性规定分为两类法律规范：一是法律法规明确规定违反该规定将导致合同无效或不成立的法律规范；二是法律法规中虽没有明确规定违反该规定无效，但若使合同继续有效将损害国家利益和社会公共利益的法律规范。[③] 加之《合同法》第 52 条其他项所体现出的法意，[④]有无损害国家利益或社会公共利益才是判定合同是否无效最本质的因素。此处，国家利益是指国家在整体上的利益，具体包括政治利益、经济利益和安全利益，[⑤]是指不特定的社会成员所享有的利益。因此，尽管一方以诈骗的手段订立合同具有一定的违法性，不符合社会秩序，但它的违法程度与恶意串通损害国家利益、直接违反社会公共利益等行为相比，毕竟是间接且十分轻微的，其所侵害的对象一般也仅包括合同相对方的利益，而不会危及国家利益或社会公共利益。与国家利益和社会公共利益不同，个人利益受到侵害在这里体现为善意相对方利益(例如契约自由、意思表示真实等)的减损，所扭曲的往往是合同正义，[⑥]所涉及的也主要是合同当事人之间利益分配的问题。[⑦] 此时由相对方进行自力救济，即赋予相对方是否撤销合同的选择权，就能够使被侵害的权利恢复完满状态，而没有

---

① 苏永钦：《私法自治中的经济理性》，中国人民大学出版社 2004 年版，第 35 页。

② 孙鹏：《论违反强制性规定行为之效力——兼析〈中华人民共和国合同法〉第 52 条第 5 项的理解与适用》，《法商研究》2006 年第 5 期。

③ 王利明：《论无效合同的判断标准》，《法律适用》2012 年第 7 期。

④ 例如恶意串通损害国家、集体或者第三人利益，损害社会公共利益等。

⑤ 王利明：《合同法研究》(第一卷)，中国人民大学出版社 2002 年版，第 643 页。

⑥ 合同正义(la Justice Contractuelle)：如果缔约系自由意志下之同意接收，则推定合同是正义的，因为有理由认为个人对其自身利益最敏感并有足够智识去处置。

⑦ 崔建远：《合同法》，法律出版社 2003 年版，第 77 页。

必要让国家公权力介入来调整此种不公。

一言以蔽之，一方当事人涉嫌诈骗罪的合同，在合同内容不损害国家利益或者社会公共利益的情况下，不应以诈骗人订立契约的手段违法而认定合同"违反法律、行政法规的强制性规定"。在司法审判中，这一观点已经为许多法院所采纳，[①]最高人民法院公报案例(2015)民申字第956号裁决表明，在判定合同效力时，不能仅因合同一方实施了涉嫌犯罪的行为而认定合同无效。此时，仍应根据《合同法》等法律、行政法规判断合同效力，以保护合同中无过错一方的合法权益，维护交易安全和交易秩序。若合同约定本身不存在无效事由，一方实施的涉嫌犯罪的行为不应影响合同效力。[②]

## 第五节 解释结论的正当性证成——以公正为尺度

法律解释不应仅是一项发现法律是什么的活动。法律解释最重要的任务是在得出解释结论后对这个结论的证立。[③] 最后，我们要回到"涉嫌诈骗类犯罪的合同并非当然无效"这一命题上来，跳出法律解释技术的框架，以证明解释方法选择的正确性以及该命题作为解释结论的正当性。

### 一、法理考证

"涉嫌诈骗类犯罪的合同并非当然无效"这一命题反映的实质是刑法规范与民法规范之间的复杂关系，表明"涉嫌诈骗类刑事犯罪"是"民事合同无效"的非充分条件，两者在逻辑外延上并无必然联系，其法理根据有二。

一是民法与刑法属于两个完全独立的规范体系，相互独立性在涉嫌诈骗的民刑交叉案件中主要体现在三个方面：首先，就其立法目的与保护对象而言，民

① 最高人民法院于2015年11月20日作出的(2015)民二终字第335号判决：中国铁路物资沈阳有限公司与天津市长芦盐业总公司买卖合同纠纷上诉案；类似判决还有最高人民法院(2005)民二终字第242号判决、最高人民法院(2001)民二终字第179号判决。

② 上海闽路润贸易有限公司与上海钢翼贸易有限公司买卖合同纠纷案，《最高人民法院公报》2016年第1期。类似判决还有最高人民法院(2012)民二终字第73号判决，另外，江苏省高级人民法院(2013)苏商再提字第0032号判决也认为不应以一方当事人行为的内在动机判定合同无效。

③ ［德］阿列克西：《法律论证理论——作为法律证立理论的理性论辩理论》，舒国滢译，中国法制出版社2002年版，第290页。

法体系中之所以规定欺诈行为，是为了通过赋予被欺诈人撤销权来维护合同相对方的合同利益与缔约自由，而刑法设立诈骗罪，主要目的是运用国家公权力对实施不法行为的一方加以制裁，以达到“改造、限制、惩罚和与预防”的目的，[①]出于维护社会稳定和公共秩序的需要。其次，就评价对象而言，刑法给予否定评价的是欺诈方订立合同时所为的虚构事实或者隐瞒真相的违法行为，而民法评价的是该合同是否建立在双方意思自治基础上的契约及其内容是否合法，两者的评价对象与评价标准不相一致。再次，当事人所需承担的义务因法律性质的不同而不同。刑法是典型的公法，刑法意义上的可为或不可为均产生于他人之命令，而民法作为典型的私法，民事合同双方的义务产生于契约中所反映的合意和义务人的自我服从，[②]因此“刑事法律规范与民事法律规范具有不同的立法目的，对行为人的行为在刑法上的评价不能取代对该行为在民法上的处理”。[③] 不论刑法对一方签订合同的行为或手段作何种评价，民法都应在民事法律规范的范畴内对该合同的效力作出独立评价。

有鉴于此，在判定诈骗罪与民事欺诈时，应当秉持区分评价的原则，《民通意见》第 68 条规定了民事欺诈的判断标准，一方当事人故意告知对方虚假情况或隐瞒真实情况，使对方陷入错误认知而作出错误意思表示的，可认定为欺诈。那么，当一方构成诈骗罪的民事合同符合“故意”“告知对方虚假情况或隐瞒真实情况”以及“诱使对方作出错误意思表示”这三个构成要件时，则应认定其在民法维度上构成欺诈，依《合同法》第 54 条作为可撤销的民事合同来处理。

二是刑法规范本身具有实质从属性，这是从违法性判断角度而言的，意为适用刑法规范进行的判断（违法性判断）不能与适用民法规范、行政法规范的判断相冲突。[④] 在此意义上，民法规范和行政法规范等是作为刑法规范的前规范而存在的，它们以规定公民权利义务的方式、在刑法之先就已确认了基础性社会关系，而后由刑法在其已确认好的社会关系基础上，对侵害权利或未履行义务的人施以制裁。此时，刑法规范处于保护性法律规范的地位，它不对社会关系中的权利义务直接进行规定，而是民法规范、行政法规范强有力的后盾。刑法规范的实质从属性决定了它无法调整基本社会关系中的权利义务，因此合同效力也不能

---

① Arnold H. Loewy. *Criminal Law*. China: Law Press, 2004, pp.2 - 8.

② ［德］拉德布鲁赫：《法学导论》，米健译，商务印书馆 2013 年版，第 86 页。

③ 最高人民法院于 2012 年 12 月 17 日作出的(2012)民提字第 36 号判决：西安银行股份有限公司兴庆南路支行与山东东营胜利农村合作银行票据回购纠纷案。

④ 时延安：《刑法规范的结构、属性及其在解释论上的意义》，《中国法学》2011 年第 2 期。

跃过民法、行政法的范畴而直接由刑法进行调整。在判断民事法律关系的场合，刑法应当保持适当的谦抑性，以保证国家公权力能够真正扮演好守夜人的角色。

法释义学也偏向于认定基于诈骗行为而签订的合同为可撤销合同。首先，《合同法》第52条规定的“国家利益”特指当事人签订具体合同时所损害的具体的国家利益，而不是泛指包括管理秩序在内的整体性的国家利益。[①]《合同法》第52条第5项规定的“违反法律、行政法规的强制性规定”，是指合同内容以及合同内容所体现的法律关系违反法律、行政法规的强制性规定，而不应当扩大理解为包括签订合同的手段。刑法上的侵犯国家利益是整体性的国家利益。两者有所差别。其次，从社会效果上看，将以诈骗犯罪行为签订的民商事合同认定为可变更、可撤销合同，更有利于保护被欺诈方的合法权益。对于被欺诈方而言，可撤销合同可赋予其选择权，当合同有效时，可以要求对方承担返还财产责任之外的继续履行、赔偿损失、支付违约金、双倍返还定金等多种责任形式。[②]将因欺诈而订立的合同定性为可撤销的合同，由此产生的对受害人的各种保护措施和作用是简单确认合同无效所不可能具有的。

欺诈行为与因欺诈行为而订立的合同应严格区分，以便合理解释此类合同的效力。[③]第一，欺诈行为本身是单方违法行为，而因欺诈订立的合同属于双方的行为，应充分考虑被欺诈方的意志及其利益保护的问题。第二，欺诈行为并不必然导致因欺诈而订立的合同的产生，因欺诈而订立的合同还要有被欺诈一方因被欺诈而陷入错误并作出意思表示。第三，由于欺诈人和被欺诈人的意志及利益不同，被欺诈人因欺诈而作出意思表示并由此订立的合同并非完全体现欺诈人的意思，例如当合同履行对被欺诈人有利时。法律使因欺诈而订立的合同有效，在许多情况下使欺诈人受到合同约束，使其承担不履行或不完全履行合同所产生的违约责任，将会使欺诈一方承受比在合同确认无效情况下更大的不利

---

① 宋晓明、张雪楳：《民商事审判若干疑难问题——民刑交叉案件》，《人民法院报》2006年8月23日。在涉嫌诈骗合同中，行为人的主观目的是直接侵害对方的私益，没有形成民事法律关系的真实意思，既没有想与对方发生民事法律行为，也不期望产生民事法律行为的法律效果。合同作为民事法律行为的一种，当然要以双方一致的真实意思表示为基础，没有这一基础，合同就不为合同。因此，涉嫌诈骗合同行为本身没有当事人双方一致的真实意思的基础，不应具有合同的效力。雷新勇：《涉经济犯罪的合同效力问题：兼论刑民交织案件的处理》，《人民司法（应用）》2014年第7期。

② 何帆：《刑民交叉案件审理的基本思路》，中国法制出版社2007年版，第223—232页。

③ 沈芳君：《构成非法吸收公众存款罪的民间借贷及其担保合同效力》，《人民司法》2010年第22期。持无效说观点的司法案件认为，虽然合同效力应由民事法律规范，合同诈骗罪应由刑事法律调整，但是在刑事判决认定自然人或单位犯合同诈骗罪的情形下，如果民事判决认定相关的合同有效，法律逻辑上明显存在矛盾。此时的合同行为不再是普通的民事行为，而是犯罪行为构成的一部分。违反刑事法律的规定，损害的不仅是当事人的利益，而且必然损害国家利益，合同在民事审理中应认定为无效。

益。将因欺诈而订立的合同作为可撤销的合同对待，是民法意思自治原则以及合同自由原则的必然要求。我国法律将重大误解列入可撤销合同的范畴，而重大误解与因欺诈而订立的合同，在表意人发生认识错误且基于此错误认识而作出意思表示方面是相同的，只不过后者的错误通常是因其自身原因造成的。第四，从不同效力合同的功能来看，将因欺诈而订立的合同作为无效合同处理，并不利于充分保护被欺诈一方的利益；反之，确认此类无效对受害人的保护作用，完全可以通过撤销合同的办法达到。将因欺诈而订立的合同视为可撤销的合同，由此产生的对受害人的各种保护措施和作用是简单的确认合同无效的办法所不可能具有的。在许多情况下使合同有效并由欺诈人承担合同的履行责任和其他违约责任，对欺诈人会形成有效制裁。①

## 二、解释结论的正当性

裁判形成的过程实质是法官释法的过程。但凡涉及解释的过程，都不可避免地带有个人主观色彩。为了避免判决的肆意性与不可预见性，法律解释方法及其适用也须有明确的标准。伽达默尔将这一标准概括为“任何一个深入到全部具体情况里的人都能够承担这种公正的权衡”。有学者将“公正的权衡”定义为“一种合乎理性的、具有普适性的价值判断标准”，也有学者将此标准诠释为解释结论应符合公正性、道德性与可接受性。② 这一诠释正与德国法学方法论中对于司法判决考量的两重标准——规范考量和后果考量不谋而合。

规范考量强调的是法律规范适用结果是否公平公正，即结果的公正性；后果考量则强调应对判决造成的社会后果加以考虑，③即道德性与可接受性。合道德性要求法官在判决中所适用的价值符合社会所公认的政治理想和价值观念，④可接受性要求法官所作的判决能够为人们所接受、为社会一般价值所认同，两者最终追求的都是使判决尽可能符合社会的一般价值标准，以达到最佳的社会效果。⑤

---

① 王利明：《无效抑或撤销——对因欺诈而订立的合同的再思考》，《法学研究》1997 年第 2 期。

② 范进学：《法理学问题》，上海三联书店 2013 年版，第 283 页。

③ ［德］卡尔·拉伦茨：《法学方法论》，陈爱娥译，商务印书馆 2003 年版，第 110 页。

④ 严存生：《法治社会的“法”与“治”》，《比较法研究》2005 年第 6 期。

⑤ 美国学者比德曼提出了衡量司法价值的七条指导性原则，他认为法官所作判决中所倡导的价值应遵循：① 不能与基本的法律价值相抵触；② 在现实中能够得到当事人或其他社会成员普遍认同与支持；③ 有合理的基本依据；④ 符合作为社会根基而存在的社会价值；⑤ 不应是法官的偏见、私利与不义；⑥ 裁判背后逻辑与价值能够为理性大众所理解，且经得起推敲；⑦ 应考虑判决的直接与间接后果。笔者认为，其中①④⑤讲的是判决的合道德性；②⑥⑦指的是判决的社会可接受性。Paul L. Biderman. of Vulcans and Values: Judicial Decision: Making and Implications for Judicial Education. *Juv. & Fam. Ct. J.* Vol. 47, 1996, p.77.

如果借助某种法律解释方法所得出的结论符合公正性、道德性与可接受性，那么这一判决及其对法律解释方法的选择就是正当的。

首先，认定“涉嫌诈骗类犯罪的合同并非当然无效”符合公正性。裁判是否公正往往体现在责任承担方面。刑事审判中的追赃与民事审判中的赔偿责任的立足点是不同的，刑事追赃立足于使犯罪分子丧失其既得利益并且承担惩罚成本。实践中，刑事犯罪所造成损失的受害人要获得赔偿非常困难，获得相当赔偿的比例非常低。① 追究民事责任更多的是为了保护相对人（受害人）的利益不受损，刑事判决确定的追赃数额及限度无法用于确定民事责任的划分。② 因此，刑事上已经确定的退还数额可以作为民事赔偿责任的补充而存在，但不可成为其替代。只有这样，民事责任才不会因是否涉及刑事犯罪或刑事审判结果的不同而受到影响，同样为欺诈所影响的相对人才能得到平等保护。

另外，在刑事法律关系与民事法律关系的主体不完全竞合时，这一命题尤能保证结果的公正性。这里主要包括两种情形：一是当实施诈骗的一方当事人存在代理关系时，③合同涉及三方主体，即代理人（诈骗人）、被代理人（对诈骗不知情）与相对人（受害人）。合同有效时，相对人可以主张由被代理人继续履行或者承担违约责任，而若合同被认定无效时，刑法仅仅评价代理人对相对人所实施的诈骗行为，相对人所获得的利益补偿也仅来自对代理人的追赃，这就相当于完全剥夺了受害人的合同利益，对于合同相对方而言是有失公允的。二是当涉案债权债务关系中存在担保时，“无效主义”者认为担保合同应当随着主合同的无效而归于无效，④即使此时认定担保人对此存在过错，其所需承担的责任也以债务人不能清偿的 1/3 为上限，这无疑会使担保制度中保护债权人的立法意图完全落空，对合同相对人亦不公平。还有不可忽略的一点是，刑事审判一般比民事审判更为耗时。现实中，诈骗人在实施了诈骗行为后极有可能迅速转移或处分其财产，再加以冗长的审判期间，若只依赖刑事审判给受害人以经济性救济，恐导致对受害人合法利益的保护最终无法实现。

其次，认定“涉嫌诈骗类犯罪的合同并非当然无效”符合道德性与可接受性。当合同被确认无效后，欺诈行为人只需返还财产、将财产状态恢复至合同签订前

---

① 汤维建、张自合：《刑民交叉案件中的财产保全》，《法律适用》2009 年第 2 期。

② 浙江省高级人民法院于 2011 年 6 月 14 日作出的（2011）浙商提字第 33 号判决：浙江悦达建设有限公司与郑金福民间借贷纠纷再审案。

③ 这里的代理关系既包括有权代理，也包括表见代理。

④ 参见最高人民法院（2013）民申字第 774 号裁定、浙江省高级人民法院（2014）浙商提字 113 号判决。

即可，无需对相对人原有的履行利益承担任何民事责任；而当合同有效时，相对人还可以要求对方承担继续履行、赔偿损失、双倍返还定金、支付违约金等违约责任。换言之，实施欺诈行为的一方当事人在合同无效的情况下所需承担的责任反而更小。若违法者可以利用合同无效减轻其所需承担的民事责任，那么合同无效制度会被欺诈行为人所滥用。在民事维度，"涉嫌刑事犯罪"反倒成了违法者的保护伞和背信弃义的正当理由，这也是无法为一般社会价值所接纳的。

## 第六节　结　　语

没有哪种法律解释是绝对正确的，也不存在绝对正当的解释结论与裁判结果。司法中的所谓"解释"究其根本来看不是一个解释的问题，而是一种判断，司法的根本目的并不在于搞清楚文字的含义是什么，而在于判定什么样的决定比较好且能为社会接受。[①] 因为法律不应该是与整个社会背景和文化背景相脱离的某种存在，而是我们鲜活社会中不可分割的一个侧面。现代法治社会对司法裁判及其联系的法律解释所提出的要求不再是依法裁判这么简单，而是要求裁判者在依据法律的同时，还要能够证明其所选择的是正确的法律规范、所运用的是恰当的解释方法、所得出的是正当的解释结论。

司法活动中的裁判者习惯于某些固有观念，但类似于"违法合同当然无效"这样的先验性判断应该逐步淡出裁判者的视野。民法与刑法有各自独立的价值追求和社会分工，也有足以自恰的制度范畴和逻辑体系，将一方涉嫌诈骗的合同一概认定为无效合同，实质上是在试图套用刑法逻辑解决民法范畴的问题，可能会让法律解释偏离既有轨道，与合理答案渐行渐远。

---

① 苏力：《解释的难题：对几种法律文本解释方法的追问》，《中国社会科学》1997 年第 4 期。

# 第五章

# 破产止息规则下保证责任从属性原则之惑及疑解

## ——相反的认识路径*

## 第一节 问题的提出

### 一、止息规则是否适用于保证人问题

《企业破产法》第46条第2款规定:“附利息的债权自破产申请受理时起停止计息”。依据本规定,当债务人被法院裁定受理破产时起,债权人对其附利息债权应当停止计息(破产止息规则)。但是,本款并未明确该规则的效力是否及于债务人的保证人。司法实践对此形成两种观点:肯定说(肯定此种情形下保证责任的从属性)认为保证责任的从属性原则是其本质属性,保证责任范围应以主债务人实际承担的责任范围为限。[①] 与之相对,否定说(否定此种情形下保证责任的从属性)认为破产止息规则是破产法作出的特殊性安排,调整对象为破产债务人与其债权人之间的法律关系,保证人不得援引本条。

利息问题关系破产法所调整的核心法律关系,即债权债务关系,并且与申报债权的数额息息相关。[②] 尽管学者对此问题的分析路径并不相同,但殊途同归:保证债权不应停止计息。

---

* 本章作者:沈伟、吕启民。

① 参见最高人民法院(2010)民二终字第132号判决书。另外,江苏省高级人民法院(2016)苏执监175号执行通知书、辽宁省高级人民法院(2015)辽民二终字第00321号判决书、四川省高级人民法院(2015)川民终字第896号判决书均采类似观点。一些中级人民法院和基层人民法院也持同样观点,例如,青海省西宁市中级人民法院(2018)青01民初338号判决书、山东省沂源县人民法院(2018)鲁0323民初1842号判决书、安徽省合肥市中级人民法院(2017)皖01民终7791号判决书等。

② 贺丹:《企业拯救导向下债权破产止息规则的检讨》,《法学》2017年第5期,第88—96页。

沿着主债权未实际减少这一路径，有学者认为，《破产法》第 46 条的规定不影响债权人在未获清偿的情况下向保证人主张这一部分利息，因为这并不意味着主债务的减少，“并不因此减轻保证人的责任，因为债权人如果不参加破产程序而直接向保证人追偿时，保证人本应该依法承担全部保证责任”。[①] 还有学者认为债权人在债务人破产时享有选择权，若不选择参加破产程序而直接向保证人主张保证责任，则破产止息规则并不适用于主债权，因此主债权未发生变化，保证人应当按照担保法规定承担全部保证责任。[②] 笔者认为，破产止息规则的适用并不取决于债权人是否选择向债务人申报债权，而是自债务人的破产申请被人民法院裁定受理时起当然适用。

也有学者认为，破产法与其他普通民商事法律规范在调整同一关系时发生了分裂。主债权有破产债权和一般债权之分，后者以前者为实现途径，前者是后者依破产程序转化的结果。[③] 若将此类利息作为劣后债权处理会使二者在数额上统一，形成对此利息请求权的法律依据。[④] 但是现阶段我国《企业破产法》并未规定劣后债权，有关劣后债权的规定出现在最高人民法院印发的《全国法院破产审判工作会议纪要》(以下简称《会议纪要》)中。[⑤] 学者认为《会议纪要》规定的“劣后债权”限于“破产受理前产生的民事惩罚性赔偿金、行政罚款、刑事罚金等惩罚性债权”，至多可以拓展至“针对债务人企业在破产案件受理前的违法事实作出的惩罚性债权”。[⑥] 可见，破产受理后的利息不在此列。

另有学者在此基础上进一步将一般债权概念化为实体上的主债权，形成实体上的主债权和破产债权之分。该观点认为破产止息规则并不导致该利息债权在实体上消灭，其作用是确定债权人申报破产债权的数额，实体上的主债权仍继续计息，而保证责任从属性应当表现在其从属于实体上的主债权，因此对保证人

---

① 许德风：《破产法论：解释与功能比较的视角》，北京大学出版社 2015 年版，第 346—347 页。

② 王欣新：《试论破产案件中的保证责任问题》，《法学家》1998 年第 2 期，第 31—36 页。

③ 齐树洁：《破产法研究》，厦门大学出版社 2005 年版，第 312 页。

④ 于焕超：《破产程序中债权人对保证人的利息请求权分析》，《金融法苑》2016 年第 11 期，第 40—44 页。

⑤ 参见《最高人民法院印发〈全国法院破产审判工作会议纪要〉的通知》(法〔2018〕53 号)，《会议纪要》第 28 点：“对于法律没有明确规定清偿顺序的债权，人民法院可以按照人身损害赔偿债权优先于财产性债权、私法债权优先于公法债权、补偿性债权优先于惩罚性债权的原则合理确定清偿顺序。因债务人侵权行为造成的人身损害赔偿，可以参照企业破产法第 113 条第 1 款第 1 项规定的顺序清偿，但其中涉及的惩罚性赔偿除外。破产财产依照企业破产法第 113 条规定的顺序清偿后仍有剩余的，可依次用于清偿破产受理前产生的民事惩罚性赔偿金、行政罚款、刑事罚金等惩罚性债权。”

⑥ 王欣新：《论破产程序中劣后债权的清偿》，《人民法院报》2018 年 7 月 4 日，第 7 版。

不适用破产止息规则。[①]

笔者认为该分析路径有待商榷，如果破产受理日后的利息债权仍系债权人依法享有的债权，而法律却规定债权人对该债权无请求权，岂非自相矛盾？须知债权的核心是请求权，[②]且破产止息规则属于强制性豁免债务履行义务的规定，[③]在这个意义上，所谓实体上的主债权已经被削减为破产债权。保证责任的从属性包括消灭的从属性——全部消灭或者部分消灭。[④] 所以，在不否认保证债权从属性的基础上，不能推出主债权停止计息而保证债权仍要计息的结论。

沿着限制保证责任从属性的路径，有学者指出债务人进入破产程序后保证债权不应当停止计息的四大理由：一是在破产程序中不适用主债务减免从债务随之减免的原则，保证债权的计息问题也应在此基础上处理；二是剥夺债权人对保证人原已经依法享有的权利，必须有法律规定为依据；三是在主债务人破产时，对保证人不停止计息，并未使其原有法律地位更为不利；四是保证人超过债务人承担的利息责任存在救济渠道。[⑤]

对第三点理由，笔者有不同意见。在主债务人未破产的情况下，保证人承担保证责任（包括清偿前的利息）后，有权向债务人追偿。[⑥] 在主债务人破产的情况下，保证人在破产程序终结前已承担保证责任的，其向债务人的求偿权以债权人已申报债权在破产程序中应得清偿部分为限。[⑦] 债权人申报的债权不包括破产受理后的利息。[⑧] 如果保证人对破产受理后的利息仍然承担保证责任的话，则保证人无法就该利息向债务人主张求偿权。显然，若不对保证人停止计息，事实上加重了其法律义务与责任，损害了其对该利息的求偿权。

所以，论证破产止息规则效力是否及于保证人的关键在于此规定是否可以突破保证责任的从属性。笔者亦认为此规定应当突破保证责任从属性。

---

① 易名洋：《主债务人破产程序中债权人债权保证研究》，《海南金融》2018 年第 8 期，第 41—50 页。

② 王利明：《债法总则研究（第二版）》，中国人民大学出版社 2018 年版，第 23—25 页。

③ 田力、赵金阁：《破产与担保交叉法律适用问题研究——以民事诉讼案件为视角》，赵万一：《供给侧结构性改革背景下的中国破产法》，华中科技大学出版社 2018 年版，第 76—83 页。

④ 郭明瑞、房绍坤、张平华：《担保法》（第五版），中国人民大学出版社 2017 年版，第 27—28 页。

⑤ 王欣新：《论债务人进入破产程序后其保证债权应否停止计息》，https：//mp. weixin. qq. com/s/FmQ1JqAFhs5ahnWWahsVPw，最后访问日期：2022 年 5 月 1 日。

⑥ 《中华人民共和国担保法》第 31 条。

⑦ 《最高人民法院印发〈全国法院破产审判工作会议纪要〉的通知》第 31 点："保证人的清偿责任和求偿权的限制。破产程序终结前，已向债权人承担了保证责任的保证人，可以要求债务人向其转付已申报债权的债权人在破产程序中应得清偿部分。破产程序终结后，债权人就破产程序中未受清偿部分要求保证人承担保证责任的，应在破产程序终结后六个月内提出。保证人承担保证责任后，不得再向和解或重整后的债务人行使求偿权。"

⑧ 《中华人民共和国企业破产法》第 46 条。

## 二、比较法视野下的破产止息规则

上述学者的观点实际上体现了国际上主流立法在债务人适用破产止息规则后对该利息的处理思路。世界上主要法域较为普遍的做法是，破产受理后的利息不属于破产债权（或者属于劣后债权），但可以在申报破产债权时一并申报，并可以后于普通破产债权而受偿。因此，国外主流破产止息规则并未免除债务人对该利息的责任，故不存在该规则是否适用于保证人的问题。

英国破产法将破产人分为个人破产人和公司破产人，个人破产人又分为消费性债务人、非法人企业的经营者以及为破产公司承担保证义务的个人，其中破产公司的保证人将在保证数额内承担无限责任。[①] 破产财产在偿付一般债权人之后的剩余部分将用于清偿优先债务和普通债务产生的利息，该利息将按官方利率予以支付。[②] 破产债务人根据破产法的规定不必完全履行其债务，但保证人承担保证责任的范围并不受主债务人破产的影响，[③]保证人对利息是否承担保证责任取决于保证合同中的利息条款如何约定。[④] 美国《破产法》第726条规定了各类债权的清偿顺位，担保债权之外的债权从破产申请日开始按法定利率计算的利息位于最后顺位受偿。[⑤]

德国《破产法》第39条规定，破产债权人债权自破产程序开始时起继续产生的利息后于破产债权人的其他债权受偿。[⑥] 日本《破产法》第97、99条规定，破产程序开始后对于利息的请求权包括在破产债权之中，并且劣后于其他的破产债权。[⑦]

与我国对破产申请受理之日起的利息采取“一刀切”的立法不同，以上主要国家的立法均承认债权人对破产受理后的利息请求权，故在这些国家题设命题不具有讨论价值。法国《商法典》第六卷第L631—14条规定司法重整程序中保证人不得援引第L622—28条规定的“停止计息”规则。[⑧] 法国法的这一规定是

---

① ［英］菲奥娜·托米：《英国公司和个人破产法（第二版）》，汤维建、刘静译，北京大学出版社2010年版，第29页。

② ［英］菲奥娜·托米：《英国公司和个人破产法（第二版）》，汤维建、刘静译，北京大学出版社2010年版，第411页。

③ 费安玲：《比较担保法——以德国、法国、瑞士、意大利、英国和中国担保法为研究对象》，中国政法大学出版社2004年版，第126—127页。

④ 蔡永民：《比较担保法》，北京大学出版社2004年版，第36—37页。

⑤ 刘明尧：《破产债权制度研究》，中国社会科学出版社2018年版，第166页。

⑥ 李飞：《当代外国破产法》，中国法制出版社2006年版，第27页。

⑦ 李飞：《当代外国破产法》，中国法制出版社2006年版，第753—754页。

⑧ 《法国商法典》（中册），罗结珍译，北京大学出版社2015年版，第751、834页。

破产止息规则突破保证责任从属性的明证。本章的研究目的正是通过必要性和可行性两个维度论证破产止息规则应当突破保证责任从属性。诚然,学者提出希望我国破产法引入劣后债权制度,将该利息归入劣后债权受偿这一建议,亦可以解决破产止息规则与保证责任从属性之间的矛盾。笔者认为,若能在商法逻辑下论证保证责任从属性可以被约定事由所突破这一命题,未尝不是解决破产止息规则是否适用于保证人这一问题的创新性思路。更为关键的是,这一论证思路可以进一步厘清民事保证与独立保证在价值选择方面的差异,为我国《民法典》允许独立保证提供有力支持。

## 三、允许独立保证问题

实践中,在保证合同中添加“独立性条款”可以很好解决上述问题。所谓“独立性条款”,即约定保证合同为“独立、持续有效、不可撤销和无条件的”,“也不因授信申请人欺诈、重组、停业、解散、清算、破产、合并(兼并)、分立、改制等任何变化而变化”。[①] 法院在判断此类条款是否有效时也注意到,虽然此类条款违背了保证责任的从属性原则,但符合《担保法》第 5 条和第 21 条“但书”的法律规定。

然而,以合同约定限制保证合同从属性的实践做法,或称国内独立保证合同实践,在《民法典合同编(草案)(二次审议稿)》(以下简称《合同二审稿》)框架下可能会失去其法律规范基础。《合同二审稿》第 472 条第 1 款规定,保证合同是主债权债务合同的从合同,主债权债务合同无效,保证合同无效,但是法律另有规定的除外。与之相对应的是现行《担保法》第 5 条的规定,担保合同是主合同的从合同,主合同无效,担保合同无效。担保合同另有约定的,按照约定。因此,《合同二审稿》在保证合同效力从属性上的规定严于现行《担保法》的规定,是效力性强制规定,这意味着上文提到的限制保证合同效力上的从属性约定可能是无效的。

在学术界要求我国《民法典》保证制度应当包括独立保证和一般从属性保证的背景下,[②]有学者进一步提出独立保证合同典型化的问题。[③] 关于独立保证合

① 参见甘肃省高级人民法院(2017)甘民终 323 号判决书。

② 李昊、邓辉:《论保证合同入典及其立法完善》,《法治研究》2017 年第 6 期,第 61—75 页;徐同远:《民法典合同编草案中保证制度的完善》,《北京航空航天大学学报(社会科学版)》2019 年第 2 期,第 8—18 页。

③ 刘斌:《论民法典分则中人的担保之体系重构》,《当代法学》2018 年第 5 期,第 27—37 页;高圣平:《论独立保证的典型化与类型化》,《武汉大学学报(哲学社会科学版)》2016 年第 1 期,第 90—103 页。

同入典以及其具体制度设计，学者早有论述，在此不做赘述。本章所关注的问题是，从破产止息规则应用角度观察国内独立保证合同的存在意义，以从侧面支持学者对我国《民法典》保证制度设计的建议：在从属性保证合同之外增加独立保证合同，仅在商事领域适用。

随着《民法典》的正式施行，立法机关并未对独立保证合同留有空间。最高人民法院关于适用《中华人民共和国民法典》担保制度的解释（以下简称《担保制度司法解释》）第2、3条也彻底否定了除金融机构开立独立保函以外的独立保证合同的效力，当事人在保证合同中约定的担保责任范围超出债务人应当承担的责任范围的部分，法院也不予支持。

从商法学理而言，商事担保是指商人以营利为目的提供的或为商行为提供的担保，法律另有规定的除外。[①] 商事担保与民事担保的区别在于商事性：保证是商人为他的商业上的需要做出的，或者是因保证人对被担保的债务有财产性利益而做出的。[②] 就保证而言，民事主体之间仅能采用从属性保证，商事主体之间不仅能采用从属性保证，而且可以采用独立保证。

"独立担保"产生于20世纪50年代以后的商业实践，在不同法域中有不同的表现形式，例如履约保函、见索即付保函、银行保函等。[③] 根据最高人民法院在2016年11月公布的《最高人民法院关于审理独立保函纠纷案件若干问题的规定》（以下简称《独立保函司法解释》）第1条的规定，独立保函是指银行或非银行金融机构作为开立人，以书面形式向受益人出具的，同意在受益人请求付款并提交符合保函要求的单据时，向其支付特定款项或在保函最高金额内付款的承诺。两相比较，"独立担保"是上位概念，"独立保函"是"独立担保"的一种形式。有学者指出，"独立担保"本质上仍在人的担保范畴之内，严格来讲应当叫作"独立保证"，但是"独立担保"不仅包括保证，而且包括其他衍生类型，例如见索即付等，二者不可混淆。[④] 本章所称的"独立保证"是"独立担保"的下位概念。所以，纵向来看，"独立担保"之下包括"独立保函""独立保证"以及其他衍生类型；横向来看，从属性保证与"独立担保"相对应，二者的区别在于是否严格遵从保证合同从属性原则。这些概念之间的关系如图5-1所示。

---

① 周林彬、王爽：《商事担保概念初探》，《法学》2013年第3期，第3—10页。
② 蔡永民：《比较担保法》，北京大学出版社2004年版，第10—11页。
③ 刘斌：《独立担保：一个概念的界定》，《清华法学》2016年第10期，第127—141页。
④ 刘斌：《独立担保：一个概念的界定》，《清华法学》2016年第10期，第127—141页。

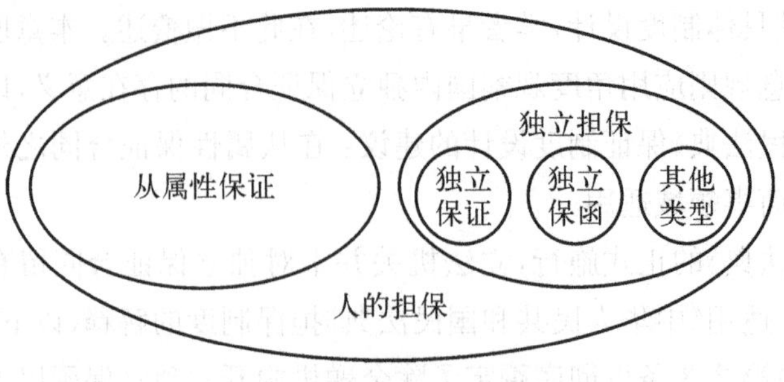


图 5-1 概念关系示意

## 第二节 司法实践的类别化：实证的视角

### 一、司法判案进路的类别化

笔者收集到 398 个相关案例，[1]其中支持停止计息效力及于保证人的判决有 346 例，除原告主动变更诉讼请求放弃该利息的 24 例，法院裁判停止计息效力及于保证人的案例有 322 例；作出相反裁判的案例仅为 49 例；另有 3 例法院认为应当对保证人暂停计息，待主债务人破产程序终结后，再计算债务人破产受理之日起至债务实际清偿之日止的利息，该部分利息由保证人承担保证责任，详情如表 5-1 所示。

表 5-1 司法判例类别化分析

| 观 点 | 止息效力及于保证人 | | 暂停计息[2] | 止息效力不及于保证人 |
|---|---|---|---|---|
| | 肯定保证责任从属性 | 债权人主动放弃 | | 理由见表 5-2 |
| 案例数(件) | 322 | 24 | 3 | 49 |

① 收集方法为北大法宝案例搜索，案由为保证合同纠纷，引用法条为《破产法》第 46 条，共收集到 50 例，最后访问日期 2019 年 4 月 20 日。Alpha 案例搜索，全文检索《破产法》第 46 条，案由为保证合同纠纷，共收集到案例 457 例，排除与北大法宝检索重复案例 24 例，排除无关案例 85 例(所谓无关是指利息计算并非案件争议点，当事人双方均未就此问题提出诉请或答辩)，有效案例 348 例，最后访问日期 2019 年 5 月 7 日。

② 参见黑龙江省牡丹江市中级人民法院(2018)黑 10 民初 184 号判决书，“我国破产法规定，附利息的债权自破产申请受理时停止计息。被告汇丰公司于 2017 年 9 月 4 日进入破产重整程序，原告对被告汇丰公司的债权也于该日停止计息。2017 年 9 月 4 日(重整申请裁定受理之日)以后的利息是否需要继续计算，需视被告汇丰公司破产重整程序进行情况而定，目前尚无法确认。原告可在被告汇丰公司破产重整程序终结后，就该部分诉讼请求另行主张权利。”另见河南省高级人民法院(2011)豫法民二终字第 88 号判决书、河南省郑州市中级人民法院(2010)郑民四初字第 64 号判决书。

相较于肯定性判决较为统一的说理(如图 5－2 所示),否定性判决的说理各不相同,具体如表 5－2 所示。

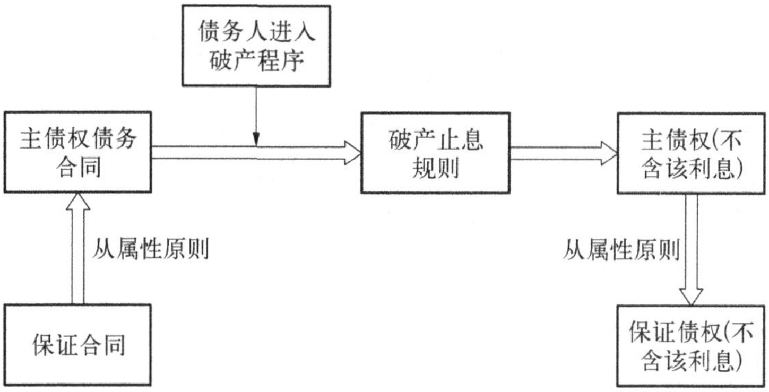


**图 5－2　肯定性判决裁判逻辑流程**

**表 5－2　否定性判决的裁判理由类别化分析**

| 序　号 | 裁 判 理 由 | 判决数量[①]<br>(件) |
| --- | --- | --- |
| 1 | 法律目的说 | 23 |
| 2 | 适用主体说 | 15 |
| 3 | 主债权破产债权二分说 | 12 |
| 4 | 保证责任未加重说 | 4 |
| 5 | 保证范围不受影响说 | 4 |
| 6 | 商事主体说 | 2 |
| 7 | 公平原则说 | 1 |
| 8 | 从属性限制说 | 1 |

各裁判理由具体内容如表 5－3 所示。

① 因一些案例中裁判理由不止一条,所以此表数量之和超过 49。

表 5-3 否定性判决主要观点和内容

| 序号 | 类 别 | 内 容 |
|---|---|---|
| 1 | 法律目的说 | 破产止息不具有减轻保证人责任的目的；而设立担保的目的在于确保债权受偿① |
| 2 | 适用主体说 | 破产止息适用于保证人无明确法律依据② |
| 3 | 主债权破产债权二分说 | 主债权不应限于破产债权，保证债权应从属于主债权，不应仅限于破产债权③ |
| 4 | 保证责任未加重说 | 对保证人不停止计息未加重其承担的责任④ |

① 参见浙江省杭州市下城区人民法院(2016)浙0103民初7776号、(2016)浙0103民初8603号、(2018)浙0103民初2498号、(2017)浙0103民初1366号、(2018)浙0103民初1681号、(2018)浙0103民初5603号、(2018)浙0103民初1617号、(2018)浙0103民初1683号、(2018)浙0103民初2658号、(2018)浙0103民初1613号、(2018)浙0103民初3882号、(2018)浙0103民初5600号、(2018)浙0103民初5604号、(2018)浙0103民初2501号判决书；广东省深圳市中级人民法院(2017)粤03民初2137号判决书；江苏省无锡市中级人民法院(2018)苏02民终4007号、(2018)苏02民终4030号判决书；浙江省杭州市西湖区人民法院(2017)浙0106民初12253号判决书；江苏省淮安市中级人民法院(2017)苏08民终1404号判决书；浙江省杭州市萧山区人民法院(2017)浙0109民再1号判决书；江苏省镇江市中级人民法院(2018)苏11民终3502号判决书；浙江省杭州市江干区人民法院(2017)浙0104民初2777号判决书；广东省深圳市罗湖区人民法院(2018)粤0303民初21275号判决书。

② 参见上海市高级人民法院(2018)沪民终381号判决书、广东省高级人民法院(2017)粤执复344号裁定书、浙江省杭州市萧山区人民法院(2017)浙0109民再1号判决书、浙江省慈溪市人民法院(2017)浙0282初6237号判决书、最高人民法院(2017)最高法民申4595号裁定书、甘肃省高级人民法院(2017)甘民终323号判决书、最高人民法院(2016)最高法民终96号判决书、浙江省杭州市中级人民法院(2011)浙杭商终字第595号判决书、江苏省无锡市滨湖区人民法院(2016)苏0211民初267号判决书、江苏省南京市中级人民法院(2018)苏01民终6804号判决书、广东省深圳市罗湖区人民法院(2018)粤0303民初21275号判决书、浙江省奉化市人民法院(2017)浙0213民初1726号判决书、浙江省杭州市中级人民法院(2017)浙01民终7399号判决书、江苏省无锡市滨湖区人民法院(2016)苏0211民初263号判决书、北京市第一中级人民法院(2015)一中民(商)初字第2629号判决书。

③ 参见广东省高级人民法院(2017)粤执复344号裁定书、北京市高级人民法院(2016)京民终45号判决书、山东省威海市中级人民法院(2017)鲁10民初103号判决书、江苏省镇江市中级人民法院(2018)苏11民终3502号判决书、重庆市永川区人民法院(2016)渝0118民初1907号判决书、山东省威海市中级人民法院(2018)鲁10民初76号判决书、重庆市高级人民法院(2015)渝高法民终字第00536号判决书、江苏省镇江市润州区人民法院(2017)苏1111民初3000号判决书、广东省深圳市中级人民法院(2017)粤03民初2137号判决书、浙江省杭州市西湖区人民法院(2017)浙0106民初12253号判决书、广东省深圳市中级人民法院(2017)粤03民初1040号判决书、浙江省杭州市下城区人民法院(2017)浙0103民初1361号判决书。

④ 参见广东省高级人民法院(2017)粤执复344号裁定书、浙江省杭州市萧山区人民法院(2017)浙0109民再1号判决书。前者法庭认为担保人承担的担保责任超过债权人在破产程序中申报的债权并不影响担保人行使求偿权，而于2018年3月4日最高人民法院印发的《会议纪要》第31点已经明确限制了保证人的此种求偿权。后者法庭认为保证人的保证责任范围按照合同约定确定，没有超出保证人在签订合同时对其责任承担的预期，而保证人在签订合同时对其承担保证责任后向主债务人享有求偿权是其预期的一部分，但在主债务人破产的情形下，若不否认此时保证责任从属性被止息规则所突破，保证责任范围应当随主债务减少而减少，则对其超出主债权人承担范围的利息的求偿权受限制就是超出预期的，因而其责任实际上是加重的。另见江苏省淮安市中级人民法院(2017)苏08民终1404号判决书、北京市第一中级人民法院(2015)一中民(商)初字第2629号判决书。

续 表

| 序号 | 类 别 | 内 容 |
|---|---|---|
| 5 | 保证范围不受影响说 | 保证人的保证责任由保证合同约定，不受主债务人进入破产程序的影响① |
| 6 | 商事主体说 | 保证人作为理性商事主体，应当对其提供保证所带来的法律后果有充分的预判，故其应当承担该部分保证责任② |
| 7 | 公平原则说 | 主债务人进入破产，不影响保证人的保证范围，否则对债权人显失公平③ |
| 8 | 从属性限制说 | 破产程序中保证责任从属性受到限制，保证责任不随破产债权而减少④ |

以上裁判理由中，除甘肃省高级人民法院明确“保证责任从属性受到限制”，北京市高级人民法院和北京市第一中级人民法院对于案涉保证具有商事性的模糊肯定值得认可之外，其他理由均存在不妥之处，具体分析详见表 5－4。

**表 5－4 否定性判决所持不同裁判理由的缺陷**

| 序号 | 类 别 | 缺 陷 |
|---|---|---|
| 1 | 法律目的说 | 此二者均存在逻辑错误，肯定性裁判逻辑如图 5－1，破产止息规则并非直接适用于保证人，保证责任从属性原则也不违反《担保法》目的 |
| 2 | 适用主体说 | |
| 3 | 主债权破产债权二分说 | 主债权已削减为破产债权，保证责任从属性包括消灭的从属性（前文已有论证） |

① 参见浙江省瑞安市人民法院（2014）温瑞商初字第 3 号判决书、山东省威海市中级人民法院（2017）鲁 10 民初 103 号判决书、浙江省杭州市中级人民法院（2016）浙 01 民初 430 号判决书、浙江省瑞安市人民法院（2013）温瑞商初字第 2649 号判决书。

② 参见北京市高级人民法院（2016）京民终 45 号判决书、北京市第一中级人民法院（2015）一中民（商）初字第 2629 号判决书。

③ 参见重庆市北碚区人民法院（2016）渝 0109 民初 7787 号判决书。

④ 参见甘肃省高级人民法院（2017）甘民终 323 号判决书。《中华人民共和国破产法》第 46 条第 2 款“附利息的债权自破产申请受理时停止计息”的规定，仅适用于主债务人，对保证人并无约束力，也不适用于保证债权。破产程序中保证责任从属性受到限制，保证责任不随破产债权而减少。破产法只是解决主债务人破产后，公平清理债权债务的问题，并不能影响保证人固有责任的承担。债务停止计息是《破产法》的规定，但从债权人实现债权的角度来看，保证人始终负有全面履行偿还债务的承诺，而建新公司破产重整本身就是刘某某所要担保的风险。该案中保证合同具有独立条款，法院确认了独立条款的有效性，但未说明保证责任从属性受到的限制是否来自合同约定。

续 表

| 序号 | 类　别 | 缺　陷 |
|---|---|---|
| 4 | 保证责任未加重说 | 保证人对该利息丧失求偿权是对其责任的加重(前文已有论证) |
| 5 | 保证范围不受影响说 | 未说明不受影响的理由,即保证责任从属性为何被突破 |
| 6 | 商事主体说 | 商事主体之间的保证亦受《担保法》规制,法院对其从属性的限制说理缺乏法律依据 |
| 7 | 公平原则说 | 主观性强,例如有法院判决恰恰与之相反① |

此外,广东省高级人民法院和四川省高级人民法院分别发布关于破产止息规则效力是否及于保证人的参考意见,要求本辖区各级法院参照处理该问题,意见和具体理由见表5-5。

**表5-5　广东省高级人民法院及四川省高级人民法院处理意见解读**

| 序号 | 法院名称 | 文件名称 | 意　见 | 理由类别 |
|---|---|---|---|---|
| 1 | 广东省高级人民法院 | 《广东省高级人民法院执行局关于执行程序法律适用若干问题的参考意见》② | “停止计息”的规定,仅适用于进入破产程序的主债务人,不适用于担保债权 | 适用主体说;<br>主债权破产债权二分说;<br>法律目的说;<br>风险说 |

① 参见辽宁省高级人民法院(2015)辽民二终字第00321号判决书。法官在判决书中写道:“担保的范围不应超过主债务人沈阳桥梁厂应履行债务的范围,否则对保证人是极其不公平的”。

② 广东省高级人民法院于2018年8月1日发布,文件指出:“停止计息”的规定,仅适用于进入破产程序的主债务人,不适用于担保债权。担保责任范围应为基于担保合同产生的担保债权,不应仅限于破产程序中债权人申报的对主债务人的破产债权。理由主要有两点:一是《中华人民共和国企业破产法》规范的是破产债务人与债权人的破产法律关系,除非破产法有特别规定,担保人对破产债务人的担保责任应当适用担保法律规定,不受破产法调整。《中华人民共和国企业破产法》第46条第2款关于破产债权在破产申请受理后停止计息的规定,是对破产债权数额的限制,并不能因此推导出破产受理之后的利息债权的消灭,该债权实质上仍然存在,只不过无法在破产程序中得到保护。二是担保制度的目的和功能就是为了预防债务人不能清偿的风险,以期在债务人不能清偿时债权人能从担保人处获得救济。债务人破产本身就是担保人所要承担的担保风险,除非当事人在担保合同中明确约定主债务人破产情形下减轻或者免除担保责任,否则担保人即应对担保合同项下的全部债务承担担保责任。如果打破当事人的约定,把担保责任限定在破产债权范围,亦与担保制度的目的和当事人的初衷相违背。

续　表

| 序号 | 法院名称 | 文件名称 | 意　　见 | 理由类别 |
| --- | --- | --- | --- | --- |
| 2 | 四川省高级人民法院 | 《四川省高级人民法院关于审理破产案件若干问题的解答》[①] | 破产案件受理后，主债务所产生的利息仍然可以向保证人主张 | 法律目的说；<br>适用主体说；<br>保证责任未加重说；<br>商业风险说 |

两省高级人民法院的观点基本上综合了前述司法观点。值得一提的是，广东省高级人民法院认为债务人破产本身就是担保人所要承担的担保风险（风险说），四川省高级人民法院进一步指出保证人对该利息的承担是“应当预见及承担的商业风险”（商业风险说）。这意味着两省高级人民法院亦发现破产案件所涉保证和普通民事保证之间在风险承担上有差异。

## 二、影响判决因素的类别化

### （一）立法疏漏

《破产法》规定破产止息规则主要是因为我国破产法认为破产债权是指债权人在债务人破产申请受理时享有的债权，而破产受理后发生的利息不在此列。法律既然已规定对债务人免除该利息的偿还义务，却对负有连带清偿责任的保证人是否免除该义务未置一喙，实属不妥，是立法疏漏之一。在将保证责任从属性原则奉为圭臬的司法实务界，前述肯定性判决亦无可厚非。

虽然前述否定性判决的说理多有不足之处（见表5－4），但它们的出现体现了法律实质公平的价值取向。在认识到债务人破产实际上是保证人应当担保的风险之一的基础上，[②]法院判决保证人对该利息承担保证责任是债权人设立保证担保的应有之义。四川省高级人民法院进而将该风险界定为“商业风险”，[③]是法律解释和适用的更大进步。在我国民事领域和商事领域都广泛使用的《担

① 四川省高级人民法院2019年3月20日发布，文件指出：破产案件受理后，主债务所产生的利息仍然可以向保证人主张。破产法停止计息的规定并非为减轻主债务人的责任，而是出于维护全体债权人公平受偿的价值考虑，保护的对象是全体债权人，而非保证人；保证人承担破产程序受理之后的利息，属于保证人应当预见及承担的正常的商业风险，且主债务停止计息并未损害保证人原有权益或不当加重其责任。对于连带责任保证人，债权人享有直接主张全部债权的权利，不能因为债权人参加了破产申报程序，而减轻保证人的责任。

② 《广东省高级人民法院执行局关于执行程序法律适用若干问题的参考意见》。

③ 四川省高级人民法院关于审理破产案件若干问题的解答。

保法》及其司法解释并未区分民事担保和商事担保，更未提及商事担保具有的“商业风险”，使广东省和四川省高级人民法院的参考意见没有坚实的法律规范支持，是立法疏漏之二。

(二) 民商裁判逻辑不同

司法判案进路的类别化表明，形成前述“同案不同判”的司法困境的原因在于法官严格适用保证责任从属性原则裁判案件，忽视了此类案件的商事属性，用民事法律的逻辑来裁判商事案件。法律对不同性质的法律关系采取不同程度的保护措施是实质公平的含义之一。

民商分立体系下对民事担保与商事担保进行区分规制的逻辑原理有两个方面：一是民事交易与商事交易的差异导致二者交易安全的内容不同；二是交易安全内容不同，导致民事担保制度与商事担保制度承载的价值观与保护关怀不同。[①] 具言之，民事交易的目的在于满足自然人等非商事主体的民事主体自我生存之必须，而商事交易的目的是建立合理利用有限资源的市场运行机制和社会经济秩序。[②] 因此，民事交易的交易安全体现在对所有权的优先保护上，而商事交易的交易安全体现在交易本身的便捷有效上。民事担保制度体现出一种“法律父爱主义”，[③]强调法律对民事担保的强制性干预；而商事担保则表现为一种“法律自由主义”，强调在物权法定要求之外的契约自由、意思自治精神。[④]

在我国“民商合一”立法体例下，法院裁判案件时对民事和商事法律关系更应注意区分保护，否则将彻底混淆民事法律行为与商事法律行为的界限，使追求实质公平的法律价值沦为空谈。

(三) 破产债权性质

现行《破产法》对破产债权作了简易区分，按下列顺序分配破产财产：(一) 破产人所欠职工工资和医疗、伤残补助、抚恤费用，所欠的应当划入职工个人账户的基本养老保险、基本医疗保险费用，以及法律、行政法规规定应当支付给职工的补偿金(简称职工债权)；(二) 破产人欠缴的除前项规定以外的社会保险费用和破产人所欠税款(简称税收债权)；(三) 普通破产债权。[⑤]《会议纪要》又补充

① 曾大鹏：《商事担保立法理念的重塑》，《法学》2013 年第 3 期，第 10—17 页。
② 顾功耘：《商法教程》，上海人民出版社、北京大学出版社 2006 年版，第 11—12 页。
③ 孙笑侠、郭春镇：《法律父爱主义在中国的适用》，《中国社会科学》2006 年第 1 期，第 47—58 页。
④ 曾大鹏：《商事担保立法理念的重塑》，《法学》2013 年第 3 期，第 10—17 页。
⑤ 《企业破产法》第 113 条。

规定因债务人侵权行为造成的人身损害赔偿，可以参照企业破产法第 113 条第 1 款第 1 项规定的顺序清偿，但其中涉及的惩罚性赔偿除外。破产财产依照《企业破产法》第 113 条规定的顺序清偿后仍有剩余的，可依次用于清偿破产受理前产生的民事惩罚性赔偿金、行政罚款、刑事罚金等惩罚性债权（简称惩罚性债权）。

破产债权的实质仍然是基于合同、侵权行为、无因管理、不当得利或者其他法律原因而发生的债权。[①] 我国破产法规定的破产债权可以依照其产生原因划分为：基于劳动合同产生的职工债权；基于法律规定产生的税收债权；基于侵权行为产生的侵权债权；基于合同产生的普通破产债权。这样的分类方式显然未区分不同性质的合同之债，笔者认为合同之债至少应当分为消费合同与商业合同两类，前者如合同一方为自身消费需要所订立的合同，具有典型的民事性质；后者如合同双方因生产经营需要所订立的合同，具有典型的商事性质。例如，债务人购买办公用品用于日常办公，这样的合同是民事交易合同；而债务人购买原材料用于生产销售，这样的合同则是商事交易合同。本章所讨论的附利息的债权，其产生的法律基础都是具有融资性质的合同，例如商业贷款合同。这些合同显然属于商事交易合同，保证人对其提供保证自始属于商业行为，而非民事行为，法院应当区分保护。

（四）自然人保证人的迷惑性

不可否认，在此类保证合同纠纷案件中存在保证人是自然人的情况，给法院在区分此类案件的性质属于民事案件抑或商事案件时带来困难。在“中国外贸金融租赁有限公司与乐山电力股份有限公司保证合同纠纷”案中，[②]保证人仅为乐山电力股份有限公司（简称乐山电力）。北京市第一中级人民法院在判决中写道：乐山电力是理性的商事主体，其在提供保证时应当对保证可能带来的法律后果有充分的预判。而若是存在自然人保证人，其提供保证的行为是民事行为还是商事行为，法院确实很难判断。鉴于我国法律并未区分民事保证与商事保证，而此类纠纷又多有自然人保证人的存在，法院认定此类纠纷属于商事纠纷的难度更大，这也导致在前述采“商事主体说”的案例仅有两例（见表 5－2）。

---

① 刘明尧：《破产债权制度研究》，中国社会科学出版社 2018 年版，第 16 页。
② 参见北京市第一中级人民法院（2015）一中民（商）初字第 2629 号判决书。

# 第三节 破产止息规则突破保证责任从属性的必要性分析

## 一、保证责任从属性并非绝对不可突破

在解决破产止息规则突破保证责任从属性这一问题之前，需要解决的前提性问题是，保证责任的从属性是否绝对不可突破？

首先，保证责任的从属性是学理特征，《担保法》上并无明文规定，最高人民法院法官亦认为保证合同从属性无对应的法律条文。[①] 有学者指出，从属性并不当然构成保证合同的本质属性，只是在当事人没有相反约定时的补充规范，不具有强行法属性。[②] 其次，《担保法》体现保证责任从属性的规定并非强制性规定，而是体现了一定的"意思自治"——允许当事人约定突破保证责任的从属性。《担保法》第 5 条规定了担保合同在效力上的从属性；第 21 条规定了保证责任的范围具有从属性；第 22 条规定了债权移转上的从属性。但是，《担保法》第 5、21 及 22 条最后均规定："保证合同另有约定的，按照约定"。有学者认为，对第 5 条"但书"的准确理解应当是法律授权当事人可作出与前文"基本涵义"不同甚至相反的约定，且当事人应依约履行合同。[③] 最后，从成立的角度看，对未来债务的保证突破了保证责任的从属性。[④] 不仅如此，在破产程序中保证债务的从属性受到的限制还表现在：保证人对债权人未获清偿的部分仍需承担责任(《破产法》第 124 条)，"债权人对债务人的保证人和其他连带债务人所享有的权利，不受重整计划的影响"(《破产法》第 92 条第 3 款)，以及在破产和解程序中，债权人免除债务人部分债务的，其效力不及于保证人(《破产法》第 101 条)。[⑤]

《最高人民法院关于适用〈中华人民共和国担保法〉若干问题的解释》第 10 条规定："主合同解除后，担保人对债务人应当承担的民事责任仍应承担担保责

① 刘贵祥、刘敏、高晓力：《跟单信用证下持有提单的开证行享有何种权利?》，《法制与经济》2016 年第 2 期，第 62—63 页。

② 高圣平：《金融担保创新的法律规制研究》，法律出版社 2017 年版，第 19 页。

③ 李国安：《国际融资担保的创新与借鉴》，北京大学出版社 2005 年版，第 57 页。

④ 费安玲：《比较担保法——以德国、法国、瑞士、意大利、英国和中国担保法为研究对象》，中国政法大学出版社 2004 年版，第 20 页。

⑤ 许德风：《破产法论：解释与功能比较的视角》，北京大学出版社 2015 年版，第 344—345 页。

任。但是，担保合同另有约定的除外”。合同解除后，担保人承担的担保责任，其范围以债务人责任范围和担保人担保合同约定的担保范围为限。因此，即便主合同解除，亦并不影响保证人的保证责任，其仍应对债务人应当承担的民事责任承担保证责任。[①] 可见保证责任从属性原则并不绝对。

比较法上，保证责任的从属性也存在例外规定。《德国民法典》规定，即使主债务有瑕疵，除非该瑕疵是由于保证人的行为能力所造成的，否则保证人不能主张因主债务有瑕疵而产生的抗辩权，仍然需要承担完整的保证责任。《法国民法典》第 2012 条在设立保证制度时，其“但书”限制类保证人不得援用主债务人个人性质的抗辩权。《意大利民法典》第 1939、1945 条规定对于无行为能力者的债务提供保证的，保证人不得提起关于无行为能力的抗辩。《瑞士债法》第 492 条第 3 款规定仅当保证人明知其为之提供保证的是无行为能力者时，保证人不得提起关于无行为能力的抗辩。[②]

## 二、破产止息规则突破保证责任从属性的法理基础

有学者通过历史研究的方法指出，我国破产法停止计息规则最早出现在清朝《破产律》中，其法律移植的对象是日德。[③] 彼时立法者对此规则的设计存在这样一个假设前提：债务人资产已经不足以清偿全部债权人的债权，债务人经营停止，破产程序的意义仅在于对债权人公平清偿。[④] 在此假设下，债务人财产尚不足以清偿债权人本金，更毋论破产程序开始后的利息。

比较研究可见，日德等国家在破产法价值取向上逐渐向企业拯救导向演变，并因此改变了其破产止息规则的立法。现今德国、日本、英国及美国的破产法对于破产程序开始后的利息清偿问题，都采取了认可但劣后清偿的立法模式。这样既可以保证破产程序的公平、高效，也可以保证债务人在债务清偿之后仍有剩余财产时债务人与债权人利益的平衡。

在我国“前《企业破产法》时代”（1986 年《企业破产法（试行）》——2006 年《企业破产法》颁布），停止计息规则的适用也仅限于清算程序。我国现行破产法实际上将停止计息制度的适用范围扩大至包括清算、重整、和解程序是一种“规

---

① 参见(2016)京民终 45 号判决书。

② 费安玲：《比较担保法——以德国、法国、瑞士、意大利、英国和中国担保法为研究对象》，中国政法大学出版社 2004 年版，第 30 页。

③ 李秀清：《中国近代民商法的嚆矢——清末移植外国民商法述评》，《法商研究》2001 年第 6 期，第 126—140 页。

④ 贺丹：《企业拯救导向下债权破产止息规则的检讨》，《法学》2017 年第 5 期，第 88—96 页。

则错配”。[1]

“利息不过是为了享用有价值的物品而必须支付的价格或租金”。[2]“所谓利息，乃是在一特定时期以内，放弃周转灵活性之报酬”。[3] 法律对利息的保护重在本金脱离债权人的期间，即使债务人并未在此期间利用该本金获利，也应当向债权人支付利息。[4] 在目前我国的法律规范体系下，破产法免除了破产债务人对该部分利息的责任，但若由债权人承担该利息的损失，不仅于法无据，而且不符合法律保护正当利息的价值。市场经济是一种信用经济，信用的存在是为了对抗市场经济本身的潜在风险，规避交易的时差性。同时，这种由借贷所带来的交易的时差性正是以信用为基础，并由利息维持其等价性的。[5] 我国《破产法》在保护破产企业的同时不可损害市场的信用体系，是为破产止息规则应当突破保证责任从属性的法理基础。

## 三、保证人承担风险的正当性

债务人破产导致债权得不到有效及时完整的清偿，主要是由于债务人经营上的失策。根据最高人民法院发布的《全国法院审理破产典型案例》，[6]10 起典型案例中 8 起是由于债务人经营不善导致其最终破产，[7]仅 2 起是由于历史原因或宏观经济原因导致其破产。[8] 破产止息规则实际上是对债务人应当承担责任

---

① 贺丹：《企业拯救导向下债权破产止息规则的检讨》，《法学》2017 年第 5 期，第 88—96 页。

② [法]让·巴蒂斯特·萨伊：《政治经济学概论》，赵康英等译，华夏出版社 2014 年版，第 319 页。

③ [英]约翰·梅纳德·凯恩斯：《就业利息和货币通论》，陆梦龙译，中国社会科学出版社 2009 年版，第 168 页。

④ 贺丹：《企业拯救导向下债权破产止息规则的检讨》，《法学》2017 年第 5 期，第 88—96 页。

⑤ 王闯：《让与担保法律制度研究》，法律出版社 2000 年版，第 4—5 页。

⑥ 全国企业破产重整案件信息网，http://pccz.court.gov.cn/pcajxxw/pcdxal/dxalxq?id=B784F57BB44802F0F362DC2BE96D8462，最后访问日期：2021 年 3 月 1 日。

⑦ 浙江南方石化工业有限公司等三家公司破产清算案，受三家公司互保及行业周期影响，出现债务危机；松晖实业（深圳）有限公司执行转破产清算案，因经营不善等原因停业；重庆钢铁股份有限公司破产重整案，因企业丧失盈利能力而亏损；江苏省纺织工业（集团）进出口有限公司等 6 家公司破产重整案，在国际油价大跌的背景下，因委托方违法及自身经营管理等原因，导致负债高企；云南煤化工集团有限公司等 5 家公司破产重整案，因集团内部股权关系复杂，债权呈现“自下而上，债务总额越来越大，偿债资源越来越少”的趋势，又因经营亏损导致债务高达 650 亿元，最终导致企业破产；庄吉集团有限公司等四家公司破产重整案，企业长期经营服装业务，但因盲目扩张，投资了并不熟悉的造船行业，不仅导致投入造船业的巨额资金血本无归，而且引发了债务人的银行信用危机；福建安溪铁观音集团股份有限公司及其关联企业破产重整案，虽然存在国家宏观经济下行等不利因素，但是主要受担保链断裂等因素影响，企业陷入资金和经营困境；桂林广维文华旅游文化产业有限公司破产重整案，企业为股东及其关联控制人代偿或担保债务涉及总额超过 15 亿元，导致不能清偿到期债务且资不抵债。

⑧ 北京理工中兴科技股份有限公司破产重整案，“两网”（STAQ 系统和 NET 系统）系统停止运行后，“两网”公司普遍存在经营困难、股份流动性差等问题，案涉公司就存在这样的问题；中顺汽车控股有限公司破产重整案，企业受 2008 年全球金融危机和市场竞争加剧等因素影响，陷入困境。

的部分免除。在破产法的语境下，该利息的损失由债权人自己承担还是由负连带责任的保证人承担，实际上是一个风险负担的问题。“在价值取向多元的社会里，讨论者由于社会阅历、教育背景以及个人偏好的不同，而持守不同的价值取向，讨论价值判断问题难免‘众口难调’，价值判断问题就成了困扰人类智慧的难解之题”。[①] 破产止息规则突破保证责任从属性体现了商法上的价值。

对保证人不停止计息有利于提高偿债效率。破产重整案件中债权人从申报债权到债权得到一定比例的清偿，中间通常需经历较长时间。债权人可以依法向负有连带责任的保证人主张其承担保证责任。如果对保证人亦停止计息，保证人便缺乏积极履行保证责任的动力，甚至可能将债权人拖入保证合同纠纷诉讼的泥淖；即使债权人胜诉，进入执行程序后保证人仍有机会拖延履行保证义务。相反，如果打破保证责任从属性，主张破产止息规则不适用于保证人，保证人不积极履行保证义务会导致利息持续进入保证责任的范围（但不会超过原主合同约定的范围），这对保证人积极主动履行保证义务具有促进作用。

从宏观角度看，偿债效率最终会影响经济运行效率。银行等金融机构、民间借贷公司等债权人快速收回贷款以后可以再贷款，有利于社会经济快速发展。若由债权人承担利息损失，则必然导致债权人在后续发放贷款时采取更加谨慎的策略，一些急需贷款的中小企业将更难获取贷款，整体上看，无疑会拖累社会经济的发展。

对保证人不停止计息，体现了维持交易安全原则。本章讨论所涉及的保证属于商事交易行为，与一般民事行为的区别之一就在于商事行为后果承担上采取严格责任主义，是保障交易安全的重要举措。[②] 对于破产债务人为融资需要而向银行等金融机构贷款而形成的债务（金融债务）而言，由这些金融机构承担利息损失的风险无异于加重它们自身已经承担的较为集中的金融风险，增加社会系统性金融风险。因此对于这类债权的保证人，应当将其视为商事保证人，承担比一般民事保证人更严格的保证责任。

反观保证人方面，借款合同属于在一定期间内对他人之物进行使用收益的合同，[③]与之不同，保证合同属于风险合同。[④] 在题设语境下，债权人与债务人之

---

① 王轶：《民法价值判断问题的实体性论证规则——以中国民法学的学术实践为背景》，《中国社会科学》2004 年第 6 期，第 104—116 页。

② 覃有土：《商法学》（第六版），中国政法大学出版社 2015 年版，第 9—12 页。

③ 陈自强：《民法讲义Ⅱ——契约之内容与消灭》，法律出版社 2004 年版，第 152—153 页。

④ 徐同远：《民法典合同编草案中保证制度的完善》，《北京航空航天大学学报（社会科学版）》2019 年第 2 期，第 8—18 页。

间的商业贷款合同、融资租赁合同、经营性合同等主债权债务合同均属于商事合同，虽然本身具有商业风险，但是债权人正是为了规避此类风险，才寻求保证人对其债权的保证。固然承担利息损失是对其财产自由的限制，但保证人可以通过提前清偿来规避损失。[①] 若保证人是公司，承担利息损失对内可以激励公司优化经营策略，对外则展现了公司积极承担责任的良好形象，商业信誉价值不言而喻。

## 第四节　破产止息规则突破保证责任从属性的可行性分析

### 一、独立保函实践的启示

我国于1995年颁布的《担保法》，限于当时商事活动方兴未艾，民法色彩浓厚，商法色彩不足。[②] 随着商事实践的丰富，传统的从属性担保存在诸多弊端，[③]一些性质上属于商事担保的担保业务，受制于民事担保的规范本体，在法律适用上有削足适履之嫌。[④] 我国《担保法》第5条第1款规定："担保合同是主合同的从合同，主合同无效，担保合同无效。担保合同另有约定的，按照约定。"对于本条"但书"如何理解，学界形成了大致两种观点：一是认为"但书"是对担保合同的从属性进行约定；[⑤]二是认为"但书"仅能对担保合同的效力从属性作出约定。[⑥] 面对实践中不断增多的独立保函纠纷案件，为统一审判标准，最高人民法院公布了《独立保函司法解释》，并且该解释第23条改变了最高人民法院否认国内独立保函的多数立场，承认了国内独立保函的合法地位。[⑦] 这与大陆法系国家的法律实践相似，法国和德国作为传统大陆法系国家，《民法典》仅规定了具有

---

① 王欣新：《论债务人进入破产程序后其保证债权应否停止计息》，https://mp.weixin.qq.com/s/FmQ1JqAFhs5ahnWWahsVPw，最后访问日期：2022年5月1日。

② 范健：《商事担保的构成与责任特殊性》，《法学》2013年第3期，第17—21页。

③ 刘斌：《独立担保：一个概念的界定》，《清华法学》2016年第10期，第127—141页。

④ 刘斌：《独立担保的商事法理构造——兼论民法典视野下的独立担保制度建构》，《环球法律评论》2016年第2期，第98—115页。

⑤ 曹士兵：《中国担保制度与担保方法》，中国法制出版社2017年版，第37页。

⑥ 刘斌：《论民法典分则中人的担保之体系重构》，《当代法学》2018年第5期，第27—37页。

⑦ 刘斌：《独立担保的独立性：法理内涵与制度效力——兼评最高人民法院独立保函司法解释》，《比较法研究》2017年第5期，第26—44页。

从属性的保证合同，二者对独立担保表现出明显的抵触，甚至冲突，但随着商事实践的发展，独立担保合同（Guarantie）获得德国法院的认可，法国最高法院亦于1982年承认该种担保合同是合理的。[①]

所谓商事关系是指在商业管理、商品流通和商业服务等商务活动中发生的社会关系。[②] 在破产法律关系中，债权人、债务人以及保证人之间具有浓厚的商业色彩，如前文所言，仅适用于民事担保的规范难免有削足适履之虞。从法教义学的角度看，《独立保函司法解释》认为独立保函作为商业担保业务，只能由银行或非银行金融机构开具。该司法解释从根本上排除了本章所讨论的保证合同适用独立保函的可能性，但以上的讨论并非毫无意义，法律科学一直在反复尝试，从单一的法律现象归纳出法律的概念，而且毫无疑问的是，原则上有可能通过对单一的法律现象的比较，得出以所有法律现象为基础的一般概念。[③]

沿着学者们对《担保法》第5条的分析路径，笔者将对《担保法》第21条第1款进行分析。该条规定："保证担保的范围包括主债权及利息、违约金、损害赔偿金和实现债权的费用。保证合同另有约定的，按照约定。"本款的"但书"应如何理解，可以分为广义和狭义两种。从广义的解释来看，应认为保证合同可以约定保证担保的范围，包括但不限于主债权及利息、违约金、损害赔偿金和实现债权的费用，即约定保证担保范围可以小于、等于、大于给定范围。从狭义的解释来看，应认为保证合同仅可以在主债权及利息、违约金、损害赔偿金和实现债权的费用这个范围内约定保证责任，即约定保证担保范围应当小于等于给定范围。此处应当采广义的解释，理由如下：在我国《担保法》体系中，保证分为一般保证和最高额保证，一般保证具有典型的从属性，在一般情况下，保证应随其所担保的债务的成立而成立；[④]而最高额保证的一个特征是其设定时，其担保的对象一般是将来发生的债务，但也可以包括已经发生的债务。因此，最高额保证合同约定的担保范围有可能大于主债权范围，而《担保法》第21条处于第三节保证范围之下，从体系上看，第21条的规定是对一般保证和最高额保证的概括规定。如果对《担保法》第21条采取狭义的解释，显然将此情况排除在外，有违法律体系的统一性。因此当事人约定保证责任成立上和范围上不受主债务人破产影响，法院应当认可这种约定的有效性。

---

① 郭德香：《国际银行独立担保法律问题研究》，法律出版社2013年版，第121—123页。
② 王英萍：《商法教程》，上海交通大学出版社2017年版，第1页。
③ ［德］拉德布鲁赫：《法哲学》，王朴译，法律出版社2013年版，第34页。
④ 王水云：《最高额保证研究》，《重庆大学学报（社会科学版）》2004年第6期，第141—142页。

## 二、保证责任从属性约定排除的可行性

债法领域强调意思自治，凭借当事人合意形成的保证合同，无论其采取何种形式，均为当事人之自治安排。[①] 在实践中，根据保证合同与主合同的主从性，一份标准借款合同及其保证合同[②]通常这样约定：在借款合同约定本金，利率及计息、结息方式，罚息，复利；在保证合同中，双方写明合同目的是“确保债权人与(债务人)签订的(主合同名称及编号)的履行，保证人愿为债权人按主合同与债务人形成的债权提供保证担保”。合同第2条约定保证范围，“保证担保的范围包括本合同项下借款本金、利息、罚息、复利、违约金、损害赔偿金、按《民事诉讼法》有关规定确定由借款人和担保人承担的迟延履行债务利息和迟延履行金以及贷款人实现债权的一切费用”。这种约定方式使保证范围具有指示性，从保证合同本身的约定中无法明确保证人承担的利息、罚息、复利、违约金、损害赔偿金等计算方式，必须按图索骥地从主合同中寻找相应的条款。这种约定方式在债务人未破产时并无不妥；而当债务人破产时，此种合同约定方式无疑存在破产受理日后的利息不纳入保证范围的风险。

将主合同的利率、计息方式、罚息、复利、违约金、损害赔偿金等条款誊抄至保证合同，再辅以“独立性条款”，或许可以破解这个难题。例如，最高人民法院在“邹立欢诉林少华保证合同纠纷案”[③]中默认了独立保证的有效性。甘肃省高级人民法院在“刘建民等诉招商银行股份有限公司兰州分行等借款合同纠纷案”[④]中认为，“招商银行兰州分行与刘建民2015年1月28日签订的《最高额不可撤销担保书》第5条约定：‘本担保书是独立、持续有效、不可撤销和无条件的，……也不因授信申请人欺诈、重组、停业、解散、清算、破产、合并(兼并)、分立、改制等任何变化而变化，……’《最高额抵押合同》第4条约定：‘本合同是独立及无条件的，……也不因乙方(或授信申请人)的欺诈、重组、停业、解散、清算、破产、合并(兼并)、分立、改制等任何变化而发生任何改变……’。招行兰州分行与刘建民签订的《最高额不可撤销担保书》和《最高额抵押合同》为双方真实意思表示，内容不违反法律禁止性规定，已经排除了主债务人破产时，保证人及抵押人对主债务人宣告破产时停止支付利息的约定，对双方当事人均有约束力。”杭州市下城区人民法院在“恒丰银行股份有限公司杭州分行诉浙江九花新合纤有

---

① 刘斌：《论民法典分则中人的担保之体系重构》，《当代法学》2018年第5期，第27—37页。

② 以2012年版《中国农业银行股份有限公司流动资金借款合同》格式合同及其《保证合同》为例。

③ 最高人民法院(2017)最高法民申4595号裁定书。

④ 甘肃省高级人民法院(2017)甘民终323号判决书。

限公司等保证合同纠纷案”[①]中认为，“两份《最高额保证合同》均约定，下列任一事件发生时，债权人可以直接向保证人主张主合同项下全部债权：……(2) 债务人、保证人被宣告破产或被撤销；(3) 债权人认为可以实现债权的其他情形。《最高额保证合同》系当事人的真实意思表示，合同内容不违反法律、行政法规的强制性规定，应依法确认有效。……保证人的责任范围还是应该按照保证合同的约定进行确定。”以上三个案例，法院均确认保证合同中约定独立性有效，肯定了当事人之间约定限制保证责任从属性的有效性。但要注意的是，约定限制并非绝对排除保证责任从属性，保证责任范围仍然不能超过主合同约定的数额，对从属性的限制体现在保证人不得引用主债务人因其破产等其他原因所获得的对债权人的抗辩权。

## 第五节　保证制度的完善：允许独立保证

笔者在探索题设问题答案的过程中发现，过分纠结于保证责任从属性原则的病灶实质在于长久以来我国担保法制度设计和规则设定上的“民商不分”。在前《民法典》时代，《担保法》涵盖了物的担保与人的担保，既横跨物权法与债法，又兼有民事担保与商事担保，[②]僵化的从属性担保使得往来频繁的商事主体耗费了巨大的经济成本。[③]《担保法》未能反映在现代商事活动中普遍存在的商主体和商行为区别于传统民事主体和民事行为的特殊性。[④] 虽然一些法院已经注意到破产止息规则突破保证责任从属性是商事保证行为的正当风险，[⑤]但我国当时的法律规范尚未对此作出规定。在目前民商合一成为“立法者就我国民法典编纂大成的严格共识”的背景下，[⑥]《民法典》并未充分考虑商事担保的制度设计，应当允许独立保证与从属性保证共同组成我国的保证制度。在适用方面，民

---

① 杭州市下城区人民法院(2016)浙0103民初7776号判决书。
② 刘斌：《论民法典分则中人的担保之体系重构》，《当代法学》2018年第5期，第27—37页
③ 陶金鹏：《民商事法律体系中的独立性担保制度》，高祥：《独立担保法律制度问题研究》，中国政法大学出版社2015年版，第1—46页。
④ 范健：《商事担保的构成与责任特殊性》，《法学》2013年第3期，第17—21页。
⑤ 参见北京市高级人民法院(2016)京民终45号判决书、北京市第一中级人民法院(2015)一中民(商)初字第2629号判决书、广东省高级人民法院2018年8月1日发布的《广东省高级人民法院执行局关于执行程序法律适用若干问题的参考意见》、四川省高级人民法院2019年3月20日发布的《四川省高级人民法院关于审理破产案件若干问题的解答》。
⑥ 许中缘：《我国〈民法总则〉对民商合一体例的立法创新》，《法学》2017年第7期，第56—67页。

事交易中仅能适用后者，而在商事交易中二者均可适用。

笔者认为，我国允许独立保证应当分为两步：第一步为“由外及内”。在2000年最高人民法院颁布《担保法》司法解释之前，对于独立担保的适用范围问题就引起重大争议。一种观点认为因独立担保责任的严格而只能适用于国际性商事交易活动，而另一种观点则认为独立担保不应限定在涉外经济活动中。司法解释最终采纳了前者观点，“对独立担保不予规定的方式来体现如下态度：独立担保只能适用于涉外经济、贸易、金融等国际性的商事交易活动中”。① 这实际上造成了在该领域法律规定“内外有别”的状态，②“其理由既不充分，对意思自治的限制也缺乏正当性基础”。③ 独立担保诞生的原因在于商事活动要求交易更便捷、更安全的本质，这一原则放之四海而皆准，不因其是否涉外而有所不同。若不承认独立保证在国内经济活动中的适用，会严重限制当事人在商事活动中的契约自由。④ 2016年后，最高人民法院颁布的《独立保函司法解释》第23条肯定了独立保函在国内的合法性，完成了独立保函制度的“由外及内”阶段。《民法典》应当继承这一成果，并在适用中进一步将独立保函典型化、概念化。对于突破了从属性之独立保证，可在人的担保框架之下将其与从属性保证并列。⑤ 在国外立法例上，法国《民法典》在经历担保法改革后，在其第四卷第一编列举了三种“人的担保”：保证、独立担保和意图信，前者属于从属于主债务的情形，而后两者属于不从属于主债务的情形，⑥对我国保证制度的完善具有借鉴意义。

独立保证入典的第二步为“由此及彼”。《担保制度司法解释》《独立保函司法解释》规定独立保函的开立人只能是银行或者非银行金融机构，而独立保证的保证人范围不应限于金融机构，应当扩大至所有商主体。允许独立保证旨在保护商主体的意思自治，若保证人仅限于金融机构有违公平。在经济、贸易、金融等商事交易活动中，更具代表性的主体是公司，就现代法律上的人格力而言，公司被普遍地赋予了可以从事任何合法业务，⑦其具备完全的担保能力。法律不

---

① 王闯：《理论争鸣与制度创新——关于最高法院“担保法司法解释”的若干问题》，梁慧星：《民商法论丛》，金桥文化出版社(香港)有限公司2001年版，第410—412页。

② 李昊、邓辉：《论保证合同入典及其立法完善》，《法治研究》2017年第6期，第61—75页

③ 王毅纯：《独立担保法律效力研究——兼论独立担保作为担保的一种类型》，谢进杰：《中山大学法律评论》，广西师范大学出版社2015年版，第107—133页。

④ 高圣平：《金融担保创新的法律规制研究》，法律出版社2017年版，第19页。

⑤ 刘斌：《民法典编纂中商事担保的立法定位》，《华东政法大学学报》2018年第4期，第111—120页。

⑥ 李世刚：《法国担保法改革》，法律出版社2011年版，第58—59页。

⑦ 施天涛：《〈公司法〉第16条的规范目的：如何解读、如何适用?》，《现代法学》2019年第3期，第111—126页。

应剥夺其他商主体从事独立保证业务的权利。

独立保证的特殊性在于打破传统担保的从属性原理，通过强化保证人责任确保主债权的实现，[①]具备传统从属性保证不具备的特征——营利性。有学者指出，以营利为目的的"有偿担保"是商事担保行为属于商行为的典型例证。[②]从商事担保的有偿性出发，更能说明在题设语境下保证人承担利息损失风险的正当性。

法律应该尊重商事交易所固有的价值观，相信商人的理性和创新精神，尊重有利于市场经济发展的好的商事实践，将其类型化后纳入法律规范体系，使我国的商法法律规范更适应现实需求。

## 第六节　结　　语

破产止息规则的效力是否及于债务人的保证人这一命题，肇始于我国《破产法》立法上的模棱两可——立法对主债权在破产受理日后的利息采取"一刀切"的模式，而又未言明如何处理保证债权。在采取"除斥债权"或"劣后债权"立法模式的国家，这一命题并无讨论价值——主债务人对该利息并不免责，无论该规则是否限制保证责任从属性，保证人都无法免责。

我国相关司法判例表明，形成相反判决的根源在于"民商合一"立法体例下，法官囿于民事领域保证合同从属性原则，而忽视了在商事领域不同价值取向下应当对保证责任从属性原则有所限制。不同于学者建议将"劣后债权"引入我国《破产法》的解决方案，笔者认为法律认可当事人在保证合同中作出对从属性原则的限制性约定不失为更便捷的解决方案，合同约定限制保证责任从属性也就有了必要性和可行性。

《担保制度司法解释》并未体现新形势下商事实践对保证合同的要求。独立保证作为承担责任具有直接性和全面性的有偿合同，应当被允许仅在商事领域适用。此种立法模式兼顾了保证合同在民事与商事领域的不同需求，既体现了对民事和商事法律关系保护价值的不同侧重，也是法律尊重契约自由和意思自治精神的重要表现。

---

① 范健：《商事担保的构成与责任特殊性》，《法学》2013 年第 3 期，第 17—21 页。

② 周林彬、王爽：《商事担保概念初探》，《法学》2013 年第 3 期，第 3—10 页。

# 第六章

# 金融司法的安全和效率周期之困

## ——以"职业放贷人"司法审判为切入*

## 第一节 研究议题和切入视角

近年来,民间借贷呈现的职业化趋势正在成为金融监管对象。由北京市、广东省等多地法院发布的调研报告指出,民间借贷案件出现数量显著上升、案件原告类似、系列案件多等特征;各类主体隐性从事经营性放贷十分常见,"职业放贷人"已成为民间借贷主体中不可小觑的组成部分。[①] 为回应社会关注,最高人民法院于 2020 年 8 月发布了新修订的《关于审理民间借贷案件适用法律若干问题的规定》(简称《新借贷规定》),其第 14 条第 3 项在原《借贷规定》第 14 条认定借贷合同无效 5 种情形的基础上新增了一种与"职业放贷人"相关的情形,即"未依法取得放贷资格的出借人,以营利为目的向社会不特定对象提供借款的",人民法院应当认定民间借贷合同无效。

"职业放贷人"一般指从事经营性放贷业务的主体。在我国,此类主体被分为经过行政许可的持牌机构和未经行政许可的民间放贷人。前者包括消费金融公司、小额贷款公司等,以不吸收公众存款为特征,以非自然人形式出现,也被称为非存款类放贷组织;后者既包括自然人、法人和非法人组织,也包括超越经营许可范围发放贷款的非正式金融机构。"职业放贷人"在涉及非法集资、暴力催债等行为时,面临刑法或行政法苛责。实践中,争议最大的就是那些未取得贷款行政许可,但不吸收公众存款、以自有资金从事放贷业务的主体,在签订放贷合

---

* 本章作者:李有、沈伟。

① 北京市房山区人民法院、北京市第一中级人民法院联合课题组:《借贷行为法律治理的二元化区分》,《法律适用》2019 年第 9 期,第 93 页;韩自强、田凯晋:《关于民间借贷呈现职业化特征案件的调研报告》,《法治论坛》第 1 辑,中国法制出版社 2015 年版,第 3—13 页。

同时的法律效力问题。

相较可以吸收存款的金融中介，只贷不存的放贷人属于最低级别的金融市场主体。[①] 有观点主张无须对利用自有剩余资金发放贷款而不吸收公众存款的业务做事前审批，[②]因为商业银行的核心业务是吸收公众存款进行贷款。[③] 只要不吸收公众存款，即使贷款业务风险很大，风险也由放贷人内化承担，不直接影响国家金融安全。[④] 同时，“职业放贷人”大大提高了民间融资的效率，单纯以主体身份不适格判定合同无效缺乏理论依据，侵害了债权人权益。[⑤] 相反观点认为，未经批准的职业放贷行为会形成正规银行之外的“影子银行”市场，扰乱国家对金融市场的监管，削弱国家宏观经济调控的有效性，[⑥]故应对不持牌从事经营性借贷的借款合同效力作出否定性评价。[⑦] 可见，“职业放贷人”处于正规金融与非正规金融之间的灰色地带，是金融监管和金融司法的弹性适用地带，监管边界模糊且法律适用不统一。

安全和效率是金融监管的两种价值取向。强调安全意味着更多规制、更大的交易成本和对金融创新更低的包容度；强调效率则意味着更少规制，更多地支持金融契约、结构和交易安排，促进金融市场公平竞争。[⑧] 国际金融危机“治乱循环”周期和中国金融监管在改革开放后呈现的周期性在一定程度上都是监管者在金融安全和金融效率两大目标之间徘徊和相机抉择的产物。[⑨] 作为金融治理后端的法院在金融司法中扮演了双重角色。一方面，中国法院的金融司法长期被赋予国家公共政策实施者的身份，充当立法规制和行政监管的执行者和支持者，甚至是司法领域的替代者。[⑩] 这样的角色意味着金融司法也会面临对金融安全与效率的权衡困境，呈现出周期性。另一方面，谦抑是司法的基本特征。

---

① 岳彩申：《民间借贷的激励性法律规制》，《中国社会科学》2013 年第 10 期，第 138 页。
② 黄忠：《企业间借贷合同无效论之检讨》，《清华法学》2013 年第 4 期，第 148 页。
③ 彭冰：《商业银行的定义》，《北京大学学报(哲学社会科学版)》2007 年第 1 期，第 116 页。
④ 郭雳：《中国式影子银行的风险溯源与监管创新》，《中国法学》2018 年第 3 期，第 211 页；金明：《非金融机构贷款人融资机制研究》，《当代法学》2013 年第 3 期，第 140 页。
⑤ 李有星：《把握刑民交叉的本质，处理好程序与实体问题》，《法律适用》2019 年第 16 期，第 17—18 页。
⑥ 沈伟：《中国的影子银行风险及规制工具选择》，《中国法学》2014 年第 4 期，第 161—163 页；董淳锷：《企业间借贷的法律规制及其改革——能动司法对法制渐进变革的推动》，《政治与法律》2013 年第 10 期，第 92 页。
⑦ 朱宁宁：《全国人大常委会委员审议民法典合同编草案时建议明确借款类型和利率上限》，《法制日报》2018 年 12 月 28 日，第 2 版。
⑧ 冯果：《金融法的“三足定理”及中国金融法制的变革》，《法学》2011 年第 9 期，第 95 页。
⑨ 邢会强：《金融危机治乱循环与金融法的改进路径——金融法中“三足定理”的提出》，《法学评论》2015 年第 5 期，第 46—48 页。
⑩ 黄韬：《公共政策法院——中国金融法制变迁的司法维度》，法律出版社 2013 年版，第 58 页。

如果金融司法在法律、行政法规不变的背景下对某种政策目标出现周期摇摆，进而带来周期性的“类案不同判”，就无法为市场提供稳定预期。[①] 因此，金融司法面临着公共政策现实约束与审判独立之间的张力。

现有研究大多聚焦某一特定的时期、规则或案例，得出了金融司法更注重安全或效率、司法规制与行政监管更多呈现呼应或冲突的结论。例如，有研究聚焦法院对金融创新的审查，认为中国法院对金融创新的司法审查过于严苛和注重金融安全；[②]但也有研究以企业间借贷和证券市场场外配资为例，指出法院的判决实质上怂恿和助长了影子银行等金融创新产物在我国的发展。[③] 关于司法与金融监管和公共政策之间的关系，有研究发现司法裁判所追求的“社会效果”其实并不恒定，而是随着公共政策的变化而变化；[④]也有研究通过关注最高人民法院对金融借贷利率上限的规制，发现司法政策和监管政策存在发生冲突的可能。[⑤] 总之，选取视角的不同有时会带来相异甚至相反的结论。

法院对合同效力的认定标准往往反映了司法在金融创新与金融风险价值取向之间的偏好。近年来，关于法院在个案中仅因合同违反金融监管部门的规章和政策而否定其效力的问题受到较多关注。[⑥] 本章拟从司法对“职业放贷人”放贷合同的效力切入，考察金融监管导向和法律适用原理之间的互动。对“职业放贷人”的现有研究大多以规范性分析为进路探讨法律适用的方法或原则，[⑦]或是关注刑事违法性及入罪标准，[⑧]关于此类合同效力在行政和司法两个维度的审查及互动还未见系统性梳理。

---

① 沈伟、吕启民：《破产止息规则下保证责任从属性之惑及疑解——兼议独立保证入典》，《上海财经大学学报》2020 年第 1 期，第 128 页。

② 李安安：《祛魅与重构：金融创新的法律困局及其突围——以资本市场为中心的观察》，黄红元、徐明：《证券法苑》第 9 卷，法律出版社 2013 年版，第 607 页。

③ 楼建波：《法院判决对中国影子银行业务的间接激励——金融商法的视角》，《清华法学》2017 年第 6 期，第 49—60 页。

④ 宋亚辉：《公共政策如何进入裁判过程——以最高人民法院的司法解释为例》，《法商研究》2009 年第 6 期，第 114 页。

⑤ 李有、程金华：《行政、司法与金融规制冲突——对金融借款利率上限的实证研究》，《交大法学》2020 年第 3 期，第 121—142 页。

⑥ 雷继平：《司法监管化对资管市场发展的影响》，洪艳蓉：《金融法苑》第 97 辑，中国金融出版社 2018 年版，第 38 页；马荣伟：《金融监管与司法审查的边界》，《中国金融》2018 年第 20 期，第 103—104 页；吴英霞：《金融监管政策作为司法案件裁判依据的争议与方法论回应》，《南方金融》2019 年第 11 期，第 33—43 页。

⑦ 林雅芳：《职业放贷人的法律探析》，《上海金融》2019 年第 2 期，第 85—87 页；黎洋：《职业放贷人法律规制研究——兼评〈非存款类放贷组织条例征求意见稿〉》，《北京建筑大学学报》2017 年第 2 期，第 75—80 页。

⑧ 于佳佳：《刑法对高利贷的“打击点”——以日本法为比照的评析》，《浙江学刊》2020 年第 2 期，第 106—116 页。

## 第二节　金融监管的周期背景

金融市场发展和金融监管取向有一定的周期性。金融周期理论最早可溯源至费雪(Irving Fisher)的"债务—通缩"理论。[①] 金融周期的概念范畴由博里奥(Claudio Borio)于2014年正式提出，主要指由市场参与者自发形成的金融繁荣和萧条更替的现象，其中信贷规模与房地产价格是观察金融周期最重要的两个变量，周期的长度和振幅则很大程度上取决于一国的金融体制。[②] 金融监管的周期性又与金融市场的周期性紧密交织。[③] 新制度经济学认为，金融创新与金融监管如同矛盾的两面，大致遵循"创新—监管—再创新—再监管"的周期循环、交替演进。[④] 达格尔(Jihad Dagher)以政治经济学为分析视角，发现一国的金融监管会随金融市场的变化进行针对性调整，最终呈现周期性特征。[⑤] 由于金融市场具备内在的顺周期特征，因此金融监管应当通过逆周期调节来抑制风险——在市场繁荣时采取紧缩的货币政策遏制泡沫，在危机过后则采取宽松的货币政策，促进信贷扩张。[⑥]《巴塞尔协议Ⅲ》中资本缓冲等逆周期的规制方式就是对《巴塞尔协议Ⅰ》和《巴塞尔协议Ⅱ》中顺周期性资本充足率规定的改良。[⑦]

关于我国金融监管周期的划分，有学者将1992年之后的金融监管分为"强化监管、适度监管和强化监管"三个阶段，分界点分别是2003和2015年，并指出该周期是在促进金融发展与防范金融风险之间维持微妙平衡；[⑧]也有学者从金

---

① Irving Fisher. The Debt-Deflation Theory of Great Depressions. *Econometric*, Vol.1, 1933, p.337.

② Claudio Borio. The Financial Cycle and Macroeconomics: What Have We Learnt? *Journal of Banking & Finance*, Vol.45, 2014, p.182；李逸凡：《金融周期若干重要理论问题研究述评》，《学习与实践》2019年第8期，第47—59页。

③ Brett H. McDonnell. Dampening Financial Regulatory Cycles. *Florida Law Review*, Vol.65, 2013, pp.1597, 1602.

④ Edward J. Kane. Accelerating Inflation, Technological Innovation and the Decreasing Effectiveness of Banking Regulation. *The Journal of Finance*, Vol.36, 1981, p.355.

⑤ Jihad C. Dagher. Regulatory Cycles: Revisiting the Political Economy of Financial Crises. *IMF Working Paper*, Vol. 8, No. 1, 2018, p.9.

⑥ Samuel G. Hanson, Anil K Kashyap & Jeremy C. Stein. A Macroprudential Approach to Financial Regulation. *The Journal of Economic Perspectives*, Vol.25, 2011, p.3, pp.5-8, 17.

⑦ Mathias Dewatripont & Jean Tirole. Macroeconomic Shocks and Banking Regulation. *Journal of Money, Credit and Banking*, Vol.44, 2012, p.237.

⑧ 王博、张少东：《中国的金融结构演进与监管周期》，《南开学报(哲学社会科学版)》2019年第4期，第54页。

融结构变革的角度，认为 1990—2005 年是中国金融"脱媒"的开始，但仍有计划经济的烙印，缺乏金融效率。2005 年启动的股权分置改革激活了资本市场，金融效率由此大幅提升。2013 年后，互联网金融先是带动金融发生第二次"脱媒"，但之后的监管开始回归趋严，使之逐步淘汰整合。①

虽然在具体时间点上有所差异，但对 20 世纪 90 年代之后的划分大致基于历次全国金融工作会议释放的政策信号。我国已经召开了 5 次全国金融工作会议：1997 年的第一次会议在国内外金融秩序混乱的背景下提出强化金融监管，以维护金融安全为本；②2002—2012 年召开的三次会议突出适度监管，通过大力发展资本市场、促进利率市场化和调整监管架构试图兼顾金融安全与效率；③随着互联网金融风险在 2015 年后逐渐暴露，2017 年召开的第五次会议再次回归强化监管的进路，将防范系统性金融风险提升到特殊重要的位置。④ 同年年底召开的中央经济工作会议也将"防范金融风险"列为此后三年的三大攻坚战之首。⑤

与职业放贷相关，从 20 世纪 90 年代起，我国开始对民间融资实施"自上而下"的取缔性、打击性立法与治理运动，1995 年通过的《商业银行法》进一步体现了打击民间融资的立法精神。⑥ 以《商业银行法》出台为起点，结合已有文献的划分及历次全国金融工作会议的召开时间和主题，本节以"职业放贷人"相关规则为对象，将我国金融监管对安全和效率两个目标的侧重总结为三个阶段：1995—2001 年是以金融安全为本的严格禁止期；2002—2016 年是逐步凸显金融效率的适度宽松期；2017 年至今是回归金融安全至上的强化监管期。关于"职业放贷人"的监管规则也呈现出由严苛到松动，再到全面收紧的三个阶段，如表 6-1 所示。

---

① 吴晓求：《改革开放四十年：中国金融的变革与发展》，《经济理论与经济管理》2018 年第 11 期，第 12—17 页。

② 戴相龙：《回顾 1997 年全国金融工作会议》，《中国金融》2010 年第 19—20 期，第 28—31 页。

③ 《历次全国金融工作会议回眸》，《中国金融家》2017 年第 8 期，第 47 页。

④ 范俊林：《刹车金融业无序扩张——第五次金融工作会议解读》，《农村金融研究》2017 年第 8 期，第 4—5 页。

⑤ 李延霞：《防控金融风险　实现良性循环——打好三大攻坚战系列综述之一》，http://www.xinhuanet.com/fortune/2018-01/03/c_1122205791.htm，最后访问日期：2019 年 3 月 5 日。

⑥ 张建伟：《法律、民间金融与麦克米伦"融资缺口"治理——中国经验及其法律与金融含义》，《北京大学学报(哲学社会科学版)》2013 年第 1 期，第 131 页。

**表 6-1　"职业放贷人"监管规则演变(1995 年至今)**

| | 文件名称 | 生效时间(年/月) | 效力层级 | 内容要点 |
|---|---|---|---|---|
| 严格禁止期 | 《商业银行法》 | 1995.7 | 法律 | 未经中国人民银行批准,任何单位和个人不得从事吸收公众存款等商业银行业务 |
| | 《贷款通则》 | 1996.8 | 部门规章 | 企业之间不得违反国家规定办理借贷 |
| | 《非法金融机构和非法金融业务活动取缔办法》 | 1998.7 | 行政法规 | 未经中国人民银行批准,任何单位和个人不得从事擅自发放贷款的金融业务活动 |
| | 《关于以高利贷形式向社会不特定对象出借资金行为法律性质问题的批复》 | 2001.4 | 行政规范性文件 | 非法发放贷款行为是指:未经金融监管部门批准,以营利为目的,向不特定的对象出借资金,以此牟取高额非法收入的行为 |
| 适度宽松期 | 《银行业监督管理法》 | 2007.1 | 法律 | 未经国务院银行业监督管理机构批准,任何单位或者个人不得从事银行业金融机构的业务活动 |
| | 《关于小额贷款公司试点的指导意见》 | 2008.5 | 部门规章 | 试点设立不吸收公众存款、经营小额贷款业务的小额贷款公司,引导资金流向农村和欠发达地区 |
| | 《消费金融公司试点管理办法》 | 2009.7 | 部门规章 | 试点经银监会批准,不吸收公众存款,以小额、分散为原则,为中国境内居民个人提供以消费为目的的贷款的非银行金融机构 |
| | 《国务院办公厅关于加强影子银行监管有关问题的通知》 | 2013.12 | 行政规范性文件 | 典当行和融资租赁公司等非金融机构要严格界定业务范围,融资租赁公司不得转借银行贷款 |
| | 《关于印发互联网金融风险专项整治工作实施方案的通知》 | 2016.1 | 行政规范性文件 | 互联网企业未取得相关金融业务资质不得依托互联网开展相应业务 |

续 表

| | 文件名称 | 生效时间（年/月） | 效力层级 | 内容要点 |
|---|---|---|---|---|
| 强化监管期 | 《关于规范整顿“现金贷”业务的通知》 | 2017.12 | 行政规范性文件 | 未依法取得经营放贷业务资质，任何组织和个人不得经营放贷业务 |
| | 《关于规范民间借贷行为维护经济金融秩序有关事项的通知》 | 2018.4 | 行政规范性文件 | 未经有权机关依法批准，任何单位和个人不得设立从事或者主要从事发放贷款业务的机构或以发放贷款为日常业务活动 |

## 一、严格禁止期：1995—2001年

受20世纪90年代我国商业银行高不良贷款率的影响，1995年通过的《商业银行法》第11条从法律层面明确银行业作为国家特许经营行业的性质。[①] 中国人民银行于1996年发布部门规章《贷款通则》，其第61条明确“企业之间不得违反国家规定办理借贷或者变相借贷融资业务”。在企业间偶发性借贷都被严格禁止的大背景下，更遑论借贷双方均为企业的职业放贷行为。1998年通过的《非法金融机构和非法金融业务活动取缔办法》（以下简称《取缔办法》）首次禁止未经许可发放贷款，其中第3、4条直接将未经中国人民银行批准擅自发放贷款的行为归入非法金融业务活动的范畴。[②] 当借贷双方存在自然人时，中国人民银行在2001年《关于以高利贷形式向社会不特定对象出借资金行为法律性质问题的批复》中表示，违反《取缔办法》的主体“可以是单位亦可以是个人”，只要符合“经常性地向不特定的单位或个人出借资金”的行为特征。可见，第一阶段对“职业放贷人”的监管表现出明显的以金融安全为本的目标。

## 二、适度宽松期：2002—2016年

这是我国金融体系多元发展、从单一的金融生态向多元共生的金融生态环

① 1995年《商业银行法》第11条：“未经中国人民银行批准，任何单位和个人不得从事吸收公众存款等商业银行业务”。但是，关于该条款中的“商业银行业务”是否包含发放贷款尚存在争议。

② 1998年的《非法金融机构和非法金融业务活动取缔办法》第3条：“本办法所称非法金融机构，是指未经中国人民银行批准，擅自设立从事或者主要从事吸收存款、发放贷款、办理结算、票据贴现、资金拆借、信托投资、金融租赁、融资担保、外汇买卖等金融业务活动的机构。”

境进步的重要阶段。[①] 相应地，金融监管也有所放松，在规则制定、业务指引等方面更加注重金融效率的发展。第一条主线是通过政策试点、立法修法等手段引导有条件的"职业放贷人"转化为合法金融主体，实现"去影子化"发展。[②] 2005 年，中国人民银行确定山西等 5 省作为小额信贷的试点地区，我国最早的两家小额贷款公司"日升隆"和"晋源泰"即完全由山西省民间资本设立，推动了农村地区地下金融的正规化转型。[③] 2008 年，原中国银行业监督管理委员会、中国人民银行发布《关于小额贷款公司试点的指导意见》，正式试点设立小额贷款公司。2009 年，原银监会发布《消费金融公司试点管理办法》，首次提出"消费金融"的概念。还有一些规则由于各种原因至今仍未正式出台或被成功修订，例如中国人民银行于 2007 年启动制定的《放贷人条例》、2010 年启动修订的《贷款通则》等。其中，前者于 2014 年被更名为《非存款类放贷组织条例》，2015 年 8 月由国务院法制办正式公开征求意见；后者首次提出"非金融机构贷款人"的概念。从中也可以看到监管层逐渐意识到多元化的资金供给对市场主体的重要性，进而努力为提供民间融资服务的主体争取合法地位，而非一味地打压或取缔。

该阶段的另一条主线是通过与互联网技术的深度融合，提升民间融资服务效率，监管层对互联网金融的包容性监管也侧重追求金融效率。随着信息技术发展，网络小额贷款公司、"现金贷"等提供线上融资服务的主体迅速扩张。这些主体部分是由民间机构取得经营资格转型而来，但更多的是在没有获得相关资质的前提下开展活动。例如，许多 P2P 借贷平台虽名为信息中介，却与资金需求方直接或间接地形成借贷关系；[④]不少资管行业以类似贷款的形式为企业提供信贷支持，在当时一般也不被认为违反强制性规范。[⑤] 根据《国务院关于 2017 年中央决算的报告》，在当年国家审计机关抽查的 60 家"现金贷"机构中，有 40 家无从业资质。[⑥] 可见，在 2017 年前市场中出现了不少未经许可而从事发放贷

---

① 唐松：《新中国金融改革 70 年的历史轨迹、实践逻辑与基本方略——推进新时代金融供给侧改革，构建强国现代金融体系》，《金融经济学研究》2019 年第 6 期，第 6—7 页。

② 沈伟：《地下借贷市场去影子化：法与金融的视角》，《政法论丛》2020 年第 4 期，第 80 页。

③ 王炤坤、陈忠华：《中国民间信贷公司破冰之后路向何方》，http://finance.sina.com.cn/review/20070105/11083220370.shtml? from=wap，最后访问日期：2020 年 1 月 10 日。

④ 黄韬：《中国互联网金融：市场、监管与法律》，《东南大学学报（哲学社会科学版）》2017 年第 4 期，第 85 页。

⑤ 郭雳：《中国式影子银行的风险溯源与监管创新》，《中国法学》2018 年第 3 期，第 219 页。

⑥ 《国务院关于 2017 年中央决算的报告——2018 年 6 月 20 日在第 13 届全国人民代表大会常务委员会第三次会议上》，http://www.npc.gov.cn/zgrdw/npc/xinwen/2018-06/20/content_2056321.htm，最后访问日期：2019 年 3 月 5 日。

款业务的主体。虽然2013年后,《国务院办公厅关于加强影子银行监管有关问题的通知》、中国人民银行等10部委发布的《关于促进互联网金融健康发展的指导意见》等文件反映了监管层逐渐萌生兼顾金融安全的意识,但当时更多采取原则性监管模式,[①]例如提出"互联网企业未取得相关金融业务资质不得依托互联网开展相应业务"等倡导性条款。总体来看,该阶段还是彰显适度凸显金融效率的监管目标,为"职业放贷人"的经营或转型提供了相对宽松的市场环境。

### 三、强化监管期:2017年至今

相对宽松的监管环境激励了高风险的金融活动,金融风险逐步显现:部分职业放贷主体通过提高贷款利率、"砍头息"等方式增加收益,由此催生出"套路贷"等产业,将民间借贷演化为"不断突破底线的放贷行为和收债行为"。[②] 因此,2017年第五次全国金融工作会议召开后,对"职业放贷人"的禁止与清退开始启动。2017年11月,互联网金融风险专项整治工作领导小组发布《关于立即暂停批设网络小额贷款公司的通知》,明确不得再新批设网络(互联网)小额贷款公司。2017年12月,该领导小组又发布《关于规范整顿"现金贷"业务的通知》,指出"设立金融机构、从事金融活动,必须依法接受准入管理。未依法取得经营放贷业务资质,任何组织和个人不得经营放贷业务"。2018年5月,银保监会发布《关于规范民间借贷行为维护经济金融秩序有关事项的通知》,指出"未经有权机关依法批准,任何单位和个人不得设立从事或者主要从事发放贷款业务的机构或以发放贷款为日常业务活动"。后来两部规范都在文义上直接对职业放贷作出禁止性规定,与上一阶段的原则性监管有明显区别,彰显了其强化维护金融安全的监管目标。

虽然"职业放贷人"在一定程度上可能构成行政违法,但由于在不同阶段受到的监管力度不同,故经历了一个由紧至松,再到收紧的周期。但是,公法上的行政违法并不代表私法上的借款合同必然无效。

## 第三节　金融司法的周期表现

与监管周期类似,金融司法在不同阶段也呈现出周期性特征。关于我国的

---

① 许多奇:《互联网金融风险的社会特性与监管创新》,《法学研究》2018年第5期,第27页。

② 韩宝、徐畅行:《多层次借贷市场中职业放贷人法律监管的不足与完善》,《合肥工业大学学报(社会科学版)》2019年第3期,第32—37页。

司法周期，有学者总结为法院行使司法权力的力度时强时弱、手段时紧时松，相同或相近案件的诉讼结果呈现周期性变化，表现为各类“集中整治”和“专项斗争”。[①] 具体到金融案件，鼓励金融创新与防范金融风险的监管政策本身具备周期性交替的特征，当其通过个案影响司法裁判时，就可能导致类案裁判在不同时期呈现不同结果。[②] 因此，在金融安全与金融效率之间寻求平衡并且进行适时调整，仍然是司法周期的主要表现形式。

就民间融资活动的司法规制而言，20 世纪 90 年代对企业间借贷的严格禁止到 2000 年之后有所松动。面对大量涌入法院的借贷纠纷，部分法院开始有限度地承认企业借贷的效力，认为企业之间以自有资金临时调剂的行为不违反法律或社会公共利益。[③] 2008 年国际金融危机导致的市场流动性紧缺使此种趋势进一步显现。特别是 2010 年后，司法对民间金融的态度明显从取缔型的严苛模式转向刚柔并济的模式。[④] 有学者分析了 2011—2014 年浙江省企业间借贷合同被判决有效的比例，发现有逐年上升的趋势，2014 年甚至高达 76.6%。[⑤] 2016 年后则是另一个“分水岭”，金融司法被批评出现审判监管化的趋势，金融司法的裁判尺度受到金融监管部门的政策影响，对以金融创新为名的融资活动实施严苛审查。[⑥] 有学者将其总结为从以合同文义为准的“形式主义”转向从合同目的出发的“实质主义”。[⑦] 这导致新型金融交易被认定为无效合同的比例增加，反映了趋于保守的审查进路。也有研究以某实质经营“职业放贷”业务的网络平台为例，分析了以其为原告的 6 000 余份判决书，发现从 2016—2019 年合同被判决无效的比例逐年上升，上海、浙江等地的比例尤其高。[⑧] 总之，现有研究从不同侧面印证了司法与金融监管相近的周期性规制。结合已有研究，笔者以“职业放贷人”为载体，从具体规则和法律适用出发进一步梳理完整的司法周期表现。

---

① 曾军：《“司法周期”值得关注》，《中国检察官》2006 年第 6 期，第 73 页。
② 黄韬：《“金融安全”的司法表达》，《法学家》2020 年第 4 期，第 81 页。
③ 林晨、金赛波：《民间借贷实用案例解析》，法律出版社 2015 年版，第 96—98 页。
④ 张建伟：《法律、民间金融与麦克米伦“融资缺口”治理——中国经验及其法律与金融含义》，《北京大学学报(哲学社会科学版)》2013 年第 1 期，第 132 页。
⑤ 管斌、张天真：《论我国企业间借贷合同效力的制度变革》，《中国矿业大学学报(社会科学版)》2015 年第 5 期，第 42 页。
⑥ 周荃：《金融领域中监管与司法的博弈与融合》，《法律适用》2020 年第 8 期，第 32 页。
⑦ 雷继平：《司法监管化对资管市场发展的影响》，洪艳蓉：《金融法苑》第 97 辑，中国金融出版社 2018 年版，第 38 页。
⑧ 吴慧琼、李有：《网络平台垫款合同效力司法审查的困境与出路——以“某富宝”平台为例》，陈昶：《上海审判实践》第 1 辑，上海人民出版社 2020 年版，第 247—263 页。需要说明的是，该平台是以金融创新为名的隐性“职业放贷人”，因此在法律性质上尚存争议，但 2017 年后，上海等地区都明确了判决合同无效的裁判尺度。

如果将“法源”限定在法律和行政法规,法院有以下两种路径认定以“职业放贷人”为原告的借款合同无效:一是将《商业银行法》第11条或《银行业监督管理法》第19条[①]作为法律的效力性强制性条款,此时需要将利用自有资金发放贷款的行为解释为“商业银行业务”或“银行业金融机构的业务”;二是将《取缔办法》第4条作为行政法规的效力性强制性规定来认定合同无效。以上两种路径的核心问题在于:第一,在法律适用层面,《商业银行法》第11条、《银行业监督管理法》第19条和《取缔办法》第4条是否属于效力性强制性规定?是否可以直接作为否定合同效力的依据?第二,在法律解释层面,如何界定“商业银行业务”和“银行业金融机构的业务”中必须经许可才能从事的业务?发放贷款是否属于此类业务,其构成要件包括哪些?第三,在程序规则层面,对原告构成“职业放贷人”的举证责任如何分配?理论上,对可能构成无效合同的案件既可以由主张合同无效方负责举证,也可由法官依职权认定合同无效,[②]但前者显然十分不易。

以上三个核心问题为司法裁判带来自由裁量的空间。与金融监管的周期背景相近,金融司法对相关合同效力的审查也表现出从全面无效到逐步有效,再到严格无效的周期性过程,下文将通过司法文件和典型个案两个维度加以说明。司法文件包括司法解释、司法规范性文件和最高人民法院的出版物;典型个案选取由最高人民法院和地方高级人民法院审判的具有典型意义的案例。

## 一、司法文件价值取向的周期表现

20世纪90年代,各类司法文件都对未经许可的资金融通业务呈消极态度。例如,1990年《关于审理联营合同纠纷案件若干问题的解答》[③]和1996年《关于对企业借贷合同借款方逾期不归还借款的应如何处理的批复》[④]都将企业借贷合同认定为违反金融法规而无效。当借贷双方分别为企业和自然人时,1999年《关于如何确认公民与企业之间借贷行为效力问题的批复》也明确企业以借贷名义向社会公众发放贷款的合同无效。

进入第二阶段适度宽松期后,随着金融监管大环境的逐步放松,司法对“职业放贷人”的审查也融入更多对金融效率的考量。首先,司法文件开始有限度地

---

① “未经国务院银行业监督管理机构批准,任何单位和个人不得从事银行业金融机构的业务活动。”

② 朱庆育:《〈合同法〉第52条第5项评注》,《法学家》2016年第3期,第174页。

③ 其第4条第2项规定:“企业法人、事业法人……明为联营,实为借贷的合同,违反了有关金融法规,应当确认合同无效。”

④ 该批复指出,“企业借贷合同违反有关金融法规,属无效合同。”

对之前规定留出空间。例如，2004年最高人民法院《关于审理建设工程施工合同纠纷案件适用法律问题的解释》规定，承包人有权按照当事人对垫资和利息的约定请求返还垫资及利息。这在实质上确认了以垫资为外观的企业借贷的合法性，甚至变更了先前的司法批复。[①] 其次，在规则解释方面，司法倾向于对强制性规定进行限缩解释。例如，2008年国际金融危机爆发后，最高人民法院为稳定市场预期出台了《关于当前形势下审理民商事合同纠纷案件若干问题的指导意见》，指出若强制性规范仅规制"市场准入"资格而非某种类型的合同行为，违反该规定合同不必然无效。[②] 由此，"职业放贷人"未取得发放贷款资格而签订的借款合同也不当然无效。2009年《关于适用〈中华人民共和国合同法〉若干问题的解释(二)》第14条，将强制性规定进一步限缩为效力性强制性规定，收紧对无效合同的认定尺度。一般认为，规定当事人市场准入资格的公法规范在民法上属于管理性而非效力性强制性规定。最后，2015年发布的《关于审理民间借贷案件适用法律若干问题的规定》第11条有条件地放开了企业间借贷的效力；[③]同年，由最高法院法官编著的《民事法律文件解读》针对"职业放贷人"问题进行了明确："在目前法律和行政法规尚不明确的情况下，应遵行法无明文规定不禁止的原则予以判断。对职业放贷人非法集资、吸收公众存款对外放贷，严重损害社会公共利益和管理秩序的，涉嫌刑事犯罪宜由刑法予以规范；如果其民间借贷活动仅涉及行政违法，不涉及严重侵害社会公共利益和扰乱金融管理秩序的，司法上不宜做简单的无效处理。"[④]这说明当时的司法态度并不把发放贷款当然地作为银行业金融机构特许经营业务，从中也可以看出最高人民法院希望金融司法保持谦抑、不轻易否定合同效力的态度。

2017年步入强化监管期后，司法紧随金融安全至上的监管目标，对有争议的合同效力从谨慎介入转向更加积极干预的立场。地方层面，多地开始制定"职业放贷人"的认定标准及名录，例如江苏省高级人民法院将"同一出借人及其实

① 丁海湖、田飞：《当前经济形势下金融审判理念及相关实务问题分析》，《法律适用》2014年第2期，第11页。

② 该意见第16条规定："如果强制性规范规制的是合同行为本身，即只要该合同行为发生即绝对地损害国家利益或者社会公共利益的，人民法院应当认定合同无效。如果强制性规定规制的是当事人的'市场准入'资格而非某种类型的合同行为，或者规制的是某种合同的履行行为而非某类合同行为，人民法院对于此类合同效力的认定，应当慎重把握。"

③ "法人之间、其他组织之间以及它们相互之间为生产、经营需要订立的民间借贷合同，除存在合同法第五十二条、本规定第十四条规定的情形外，当事人主张民间借贷合同有效的，人民法院应予支持。"

④ 杜万华、杨临萍、韩延斌、于蒙等：《解读〈最高人民法院关于审理民间借贷案件适用法律若干问题的规定〉》，杜万华：《民事法律文件解读》第9辑，人民法院出版社2015年版。

际控制的关联关系人作为原告一年内在全省各级法院起诉民间借贷案件5件以上”作为判断标准之一。河南省、江苏省高级人民法院甚至在最高人民法院“定调”之前，就分别于2019年3月和10月将相关合同明确认定为无效。[①] 中央层面，最高人民法院也逐步明确对“职业放贷人”的司法态度，并细化了认定标准。2019年7月发布的《全国法院民商事审判工作会议纪要(征求意见稿)》指出：“要考虑出借行为是否具有经常性、出借资金是否为自有资金等因素综合认定某一出借人是否为职业放贷人，依法认定以高息放贷为业的职业放贷人签订的借贷合同无效。”该规定虽将合同归为无效，但认定标准包括行为“经常性”“高息”和“自有资金”等，相对严格。事实上，超过民间借贷司法解释利率上限标准的费用在司法实践中本就不受保护。2019年11月，《全国法院民商事审判工作会议纪要》(简称《九民纪要》)正式发布，其第53条规定：“未依法取得放贷资格的以民间借贷为业的法人，以及以民间借贷为业的非法人组织或者自然人从事的民间借贷行为，应当依法认定无效”，理由是职业放贷行为违反了《银行业监督管理法》第19条。相比征求意见稿，正式稿放宽了对“职业放贷人”的认定标准，删去“高息”“经常性”“自有资金”等要件，转而采用“以民间借贷为业”这一模糊表述。在此基础上，2020年《新借贷规定》进一步细化，最终确立了借款人主观上“以营利为目的”、客观上“未取得放贷资格”且“向社会不特定对象提供借款”的构成要件，并以司法解释的形式化解了《九民纪要》面临的效力性困境。除了民事层面的规则之外，最高人民法院等四部门在2019年10月联合发布《关于办理非法放贷刑事案件若干问题的意见》，明确职业放贷可能构成非法经营罪，并详细列举了各种情形及情节要求。最高人民法院和各地司法机关在短时间内如此密集地出台与“职业放贷人”相关的管制性、打击性规定，可见司法趋向收紧，对金融安全的思虑加深。

## 二、典型个案的周期表现

在司法文件梳理的基础上，笔者通过“中国裁判文书网”检索典型个案，进一步考察司法规制在法律性质、法律解释和举证责任分配三个核心问题上的周期

① 《河南省高级人民法院关于严格依法审理民间借贷案件的通知》：“出借人通过向社会不特定对象提供资金以赚取高额利息，出借行为具有反复性、经常性，借款目的具有营业性，未经批准，擅自从事经常性的贷款业务，属于从事非法金融业务行为，所签的民间借贷合同因违反强制性规定，应认定无效而下之。”江苏省高级人民法院《关于在扫黑除恶专项斗争中打击与防范“套路贷”虚假诉讼工作指南》：“原告确系职业放贷人或其关联关系人的，其放贷行为违反《中华人民共和国银行业监督管理法》第十九条规定的‘不得设立银行业金融机构或者从事银行业金融机构的业务活动’情形，借贷合同应认定无效。”

表现。表 6－2 选取了 8 个典型案例，其中 4 个由最高人民法院审理、4 个由高级人民法院审理，以此归纳对“职业放贷人”三个阶段司法审查立场的变化。

**表 6－2　与“职业放贷人”相关典型个案**

| 时间 | 法　院 | 案件名称与案号 | 裁判结果 |
| --- | --- | --- | --- |
| 严格禁止期 | 最高人民法院 | 中保财产保险有限公司南海市分公司与合肥联方物资供应有限责任公司等借款担保合同纠纷案，(1998)经终字第 381 号 | 合同无效 |
| | | 山西省中阳兴瑞煤化有限公司与山西省中阳荣欣焦化有限公司债务纠纷案，(2001)民一终字第 23 号 | |
| 适度宽松期 | 江苏省高级人民法院 | 江苏苏浙皖物流集团有限公司与溧阳市盛大农村小额贷款有限公司等借款合同纠纷上诉案，(2013)苏商终字第 0229 号 | 合同有效 |
| | 湖北省高级人民法院 | 湖北宏鑫建设集团有限公司诉武汉金溢典当有限公司案，(2014)鄂武汉中民商初字第 00686 号 | |
| | 山东省高级人民法院 | 淄博公信民间资本管理有限公司与淄博鑫利达工贸有限公司等企业借贷纠纷案，(2016)鲁民终 264 号 | |
| | 最高人民法院 | 天津北方腾飞能源科技有限公司等诉黑龙江龙煤瑞隆能源有限责任公司买卖合同纠纷案，(2015)民二终字第 83 号 | |
| 强化监管期 | 最高人民法院 | 大连高金投资有限公司等与大连德享房地产开发有限公司企业借贷纠纷上诉案，(2017)最高法民终 647 号 | 合同无效 |
| | | 江苏凯顺投资担保有限公司诉建湖县华实房地产开发有限责任公司等民间借贷纠纷案，(2017)最高法民申 3921 号 | |

首先，限于严格禁止期的市场发展和裁判文书公开程度，笔者没有检索到与“职业放贷人”完全契合的案例。[①] 但是同一时期几乎所有司法裁判都支持企业

① 以“非法金融机构和非法金融业务活动取缔办法”“关于如何确定公民与企业之间借贷行为效力问题的批复”“商业银行法”等为关键词检索，未检索到符合要求的案例。

间借贷无效，例如，表 6－2 列举了两个由最高人民法院审理的案例，都以企业间借贷违反金融法规为由判定合同无效。[①] 按照"举轻以明重"的法律原则，司法对"职业放贷人"应当持更加严苛的立场。

其次，在适度宽松期，多地高级人民法院审理的案件都传递出"职业放贷人"借款合同有效的信号。在法律性质方面，江苏省高级人民法院认为《银行业监管法》第 19 条和《取缔办法》为非效力性强制性条款，因此即使原告具备"职业放贷人"的特征，也应由主管部门处罚，不影响合同效力。[②] 在法律解释方面，湖北省高级人民法院认为，"银行业金融机构的业务活动"仅指吸收公众存款业务等活动，"发放贷款或从事贷款业务"并不是银行金融机构的特许业务，因此典当机构超出经营范围对外放贷的合同有效；[③]山东省高级人民法院认为，《银行业监督管理法》和《取缔办法》虽属于法律和行政法规，但并未规定未经国务院银行业监督管理机构批准的单位或个人向他人借款的行为一律无效。[④] 在举证责任方面，在"天津北方腾飞能源科技有限公司等诉黑龙江龙煤瑞隆能源有限责任公司买卖合同纠纷案"中，最高人民法院首先指出"金融借贷方面的管理规定并非合同效力性强制性规定"。当被告提出原告为"职业放贷人"因而合同无效的抗辩时，最高人民法院要求其证明原告"以资金融通为常业"且"以放贷收益作为企业主要利润来源"。显然，这对被告而言十分困难，该案的审理结果仍然是借款合同有效。[⑤]

还有一个侧面佐证该阶段司法相对保持中立和谦抑的例子。《最高人民法院公报》(2011 年第 11 期)的一个案例指出，民间借贷当事人涉嫌或构成非法吸收公众存款罪并不当然影响民间借贷合同效力，理由是单个借款行为引起的民事法律事实与非法吸收公众存款的刑事法律事实之间存在从量变到质变的过程，前者并不违反效力性强制性规定，以后者苛责前者无效会造成实质意义上的不公。[⑥] 在学理上，吸收存款是相比发放贷款更为接近商业银行业务本质的业务，[⑦]因而更有可能成为特许经营业务。若司法对涉嫌非法吸收存款的民间借贷合同效力持宽容的态度，按照"举重以明轻"的法律原则，应在同时期对"职业

① 最高人民法院(1998)经终字第 381 号、(2001)民一终字第 23 号民事判决书。
② 江苏省高级人民法院(2013)苏商终字第 0229 号民事判决书。
③ 湖北省武汉市中级人民法院(2014)鄂武汉中民商初字第 00686 号民事判决书。
④ 山东省高级人民法院(2016)鲁民终 264 号民事判决书。
⑤ 最高人民法院(2015)民二终字第 83 号民事判决书。
⑥ 《吴国军诉陈晓富、王克祥及德清县中建房地产开发有限公司民间借贷、担保合同纠纷案》，《中华人民共和国最高人民法院公报》2011 年第 11 期，第 45—48 页。
⑦ 彭冰：《商业银行的定义》，《北京大学学报(哲学社会科学版)》2007 年第 1 期，第 116 页。

放贷人”保持更开放的态度。

最后，进入强化监管期后，金融安全至上的监管导向也在典型个案中得到了充分反映。例如，最高人民法院在“大连高金投资有限公司等与大连德享房地产开发有限公司企业借贷纠纷上诉案”中认为，《银行业监督管理法》第 19 条“有关银行业准入的规定属于直接关系国家金融管理秩序和社会资金安全，事关社会公共利益”，因此是效力性强制性规定，将“未经批准，擅自从事经常性的贷款业务”作为无效的非法金融业务活动。① 这与之前多地法院将该条款认定为非效力性强制性规定有所不同，是最高人民法院首次在个案中确认《银行业监督管理法》第 19 条为效力性强制性条款。在“江苏凯顺投资担保有限公司诉建湖县华实房地产开发有限责任公司等民间借贷纠纷案”中，最高人民法院同时适用《关于适用〈中华人民共和国合同法〉若干问题的解释（一）》第 10 条，②把“对象不特定、利息高额、行为反复、具有营业目的和未经批准”的放贷行为纳入国家特许经营业务，进而认定合同无效。③ 虽然对认定标准进行了充分罗列，但结合案情事实，“行为反复”和“未经批准”依旧是司法认定“职业放贷人”的核心标准。值得注意的是，最高人民法院在这两个案例中也改变了对举证责任的分配，从要求被告举证转为主动查明。事实上，在各地陆续建立起“职业放贷人”名录之后，法院系统开始具备主动查明原告是否“职业放贷人”的能力。对举证责任分配的微妙转变看似无足轻重，却在客观上明显增加了合同被认定为无效的可能。

## 第四节　金融司法周期之困的形成逻辑

对“职业放贷人”的行政监管大致完备，相关法律、行政法规在过去 20 年中也无实质性变化。但当监管规则进入司法视野后，裁判规则指引和类案裁判结果却出现周期性。金融司法的周期之困表面上是不同法院在法律适用、法律解释和程序规则上的“技术性差异”，但实质上反映了司法权在金融规制中对执行监管政策的偏好。一方面，司法采用监管部门的话语和标准延展个案所指涉的

① 最高人民法院(2017)最高法民申 3921 号民事判决书。

② 最高人民法院《关于适用〈中华人民共和国合同法〉若干问题的解释（一）》第 10 条规定：“当事人超越经营范围订立合同，人民法院不因此认定合同无效。但违反国家限制经营、特许经营以及法律、行政法规禁止经营规定的除外。”

③ 最高人民法院 (2017) 最高法民申 3921 号民事判决书。

公共利益，宣示自身在金融市场规制中的政策立场；另一方面，司法也在一定程度上缓解了由金融监管失灵带来的问题，保障金融监管的有效运转。在此种互动下，金融司法逐渐偏离中性，与行政监管权的边界趋向模糊，由此形成周期之困。

## 一、监管语境下追求超越个案的公共利益

合同法学说认为，违法合同通常情况下也是违反公共利益的合同，[①]有学者主张将损害社会公共利益作为判断合同无效的实质判断标准。[②] 因此，无论采取何种认定合同无效的路径，法院都需要界定规则所保护的公共利益及相关行为是否侵害了此种利益。在判断“职业放贷人”借款合同效力时，一个关键步骤就在于是否将个案中的单个借款行为与其可能涉及违法放贷的多个借款行为联系起来，用后者所侵害的公共利益去否定前者的合同效力？从《九民纪要》等文件来看，“金融安全”是金融司法最为关切的公共利益之一，甚至在判断合同效力中起着“最后一道防线”的作用。[③] 因此，对上述问题的回答在一定程度上取决于如何界定作为公共利益的金融安全。

金融安全原本并非严格的法律概念，而是监管语境下以防控金融风险为核心的一种价值取向。在第五次全国金融工作会议强调“有风险没有及时发现就是失职、发现风险没有及时提示和处置就是渎职”[④]的严肃监管氛围下，监管部门在考量其内涵时倾向于对行为危害性进行较远距离的因果链条拉伸，并通过丰富灵活的规则体系（例如通知、纪要等）决定是否需要对该类行为作出处罚。在我国的政法体制下，金融安全、金融效率等监管标准进入了司法话语体系。理论上，司法对某种行为社会危害性的界定应着眼于合同行为本身，判断当事人的意思表示是否真实、权利义务是否失衡，以此考量是否赋予合同以私法上的效力。[⑤] 但是，“金融安全”在司法实践中缺乏明确的边界，法院采用此类监管话语和标准用以确认自身在整体政治架构中的作用，同时正当化自由裁量权的行使。[⑥]

---

① 李永军：《合同法》，法律出版社 2005 年版，第 436 页。

② 黄忠：《违法合同的效力判定路径之辨识》，《法学家》2010 年第 5 期，第 70—71 页。

③ 例如，《九民会议纪要》第 31 条规定：“违反规章一般情况下不影响合同效力，但该规章的内容涉及金融安全、市场秩序、国家宏观政策等公序良俗的，应当认定合同无效。”

④ 《习近平：深化金融改革促进经济和金融良性循环健康发展》，http://www.scio.gov.cn/31773/31774/31783/Document/1558421/1558421.htm，最后访问日期：2020 年 9 月 1 日。

⑤ 刘高等：《民刑交叉中合同效力的认定及诉讼程序的构建》，《法学家》2015 年第 2 期，第 79 页。

⑥ 黄韬：《“金融安全”的司法表达》，《法学家》2020 年第 4 期，第 74—75 页。

司法对“职业放贷人”的规制采用了监管语境下对金融安全的考量标准，在个案审理中追求超越个案的公共利益，因此呈现周期性的特点。具体而言，《商业银行法》第 11 条和《银行业监督管理法》第 19 条的本意在于通过限制银行业准入门槛实施审慎监管，防范金融风险，但对于何为“商业银行业务”或“银行业金融机构的业务”却并未明确。在文义解释无法直接得出禁止发放贷款结论时，能否通过体系解释或目的解释得出该结论，值得商榷。理论上，传统银行在完成信用转换、期限转换和流动性转换三项功能时，需要在效率与安全之间做出权衡，[①]此时若存贷款发生期限错配，就可能引发系统性的“挤兑风险”，这是银行业区别于其他行业的特殊风险。“影子银行”由于缺乏监管，又具备完整的信用转换、期限转换和流动性转换功能，[②]可能为了追求效率而丧失金融安全底线，须对其做进一步规范。因此，以上两条规则所要保护的公共利益在于使金融市场免受由非法金融机构或业务带来的“挤兑风险”。换句话说，同时从事吸收存款和发放贷款业务，或利用吸收的存款转投资才是上述规则所禁止的行为。对于不从事吸收存款、以自有资金发放贷款的“职业放贷人”来说，由于其引发系统性“挤兑风险”的可能性较小，[③]不属于被强制禁止的范围之内。反映到个案中，需要由法院否定相关合同效力才能保护的公共利益也就微不足道了。

在 21 世纪后的一段时期里，法院对企业借贷和职业放贷逐渐开放的态度与上述理论分析是相符的。那么为何在 2017 年后，司法立场突然发生了明显转变呢？这或许与民间借贷引发的一系列社会恶性事件有关。部分贷款人出于临时融资需求非理性地借贷，最终背负高额债务，甚至付出生命代价，无不是职业放贷所造成的恶果。在这一大背景下，监管部门在预测“职业放贷人”对金融安全的危害时，不再局限于“挤兑风险”的范畴，而是更多融入对社会秩序、道德准则的斟酌。虽然职业放贷行为的金融逻辑没有改变，但由暴力催债、虚假诉讼等行为所引发的社会后果却发生了巨大改变，这是监管部门不得不重视并主动干预的原因。

在金融监管主动介入的同时，为了彰显与国家整体金融规制相呼应的政策立场，金融司法也同步调整了个案审理中的法律适用原则：首先，将未经批准发放贷款的行为纳入《商业银行法》第 11 条和《银行业监督管理法》第 19 条的禁止

---

① 郭雳：《中国式影子银行的风险溯源与监管创新》，《中国法学》2018 年第 3 期，第 208 页。
② 李文喆：《中国影子银行的经济学分析：定义、构成和规模测算》，《金融研究》2019 年第 3 期，第55 页。
③ 彭冰：《如何监管专业放贷组织——关于〈非存款类放贷组织条例（征求意见稿）〉的意见》，《法律与新金融》2015 年第 4 期，第 64 页。

范围；其次，通过对“公共利益”的界定将条款认定为效力性强制性条款；最后，与监管部门协作构建“职业放贷人”名录，推动举证责任分配的转变。随着监管部门从金融领域到社会领域更加全面地对公共利益施以保护，金融司法也力求采用相似的标准，围绕上述三个核心问题延展了以个案为起点的危害性因果链条，扩大自身对公共利益的“责任空间”，最终在裁判结果上呈现出与金融监管相近的周期表现。

## 二、作为金融监管“保障者”的金融司法

彰显政策立场是金融司法根据个案所指涉公共利益确定“监管化”边界的一大激励。许多研究已经从政治逻辑的视角阐述了其中机制，例如认为这是我国社会功能分化不充分的缘故，[①]法院作为中央政策的执行机构需要通过司法手段保障经济发展，等等。[②] 事实上，司法行为的逻辑不仅是彰显自身政策立场，而且在一定程度上缓解了金融监管失灵的难题，保障其有效运转。在日新月异的金融市场中，金融司法针对性强等特征，相比金融监管更能迅速回应市场对新型交易的需要。实证研究发现，相比大陆法系传统的国家，普通法国家往往拥有更为发达的资本市场。[③] 同时，独立的司法体系也更能抵御利益集团的压力，促进市场发展。[④] 虽然我国非普通法系国家，但司法在金融规制的整体架构中依然具备一定的“比较优势”。具体到“职业放贷人”领域，由金融监管权力不协调而引发的监管缝隙和监管俘获问题可以通过司法行为以更低的成本得到缓解。

法院可以弥合因行政机关职权不清产生的监管缝隙。例如，在《非存款类放贷组织条例》等法规尚未出台的大背景下，对自然人放贷进行有效监管一直是个难题。无论是银行业监督管理机构、中国人民银行，还是地方政府，都缺乏对其直接处罚的有效渠道。2007 年，P2P 平台最初进入中国市场时也将业务模式解释成自然人放贷，在当时的金融监管框架下不受任何监管。[⑤] 此时，由法院确认自然人未经批准从事放贷业务的合同无效可以较低的成本解决该问题。再如，

---

① 郑智航：《最高人民法院如何执行公共政策——以应对金融危机的司法意见为分析对象》，《法律科学(西北政法大学学报)》2014 年第 3 期，第 18 页。

② 侯猛：《最高法院公共政策的运作：权力策略与信息选择》，《北大法律评论》编辑部委员会：《北大法律评论》第 7 卷第 1 辑，北京大学出版社 2006 年版，第 115—130 页。

③ Rafael La Porta, Florencio Lopez-de-Silanes, Andrei Shleifer & Robert W. Vishny. Law and Finance. *Journal of Political Economy*, Vol.106, 1998, p.1113.

④ Richard Posner. *Economic Analysis of the Law*. Little Brown, 1973.

⑤ 郭雳：《中国式影子银行的风险溯源与监管创新》，《中国法学》2018 年第 3 期，第 211 页。

实践中职业放贷主体往往以不同公民的名义订立自然人借贷合同，将放贷行为简化为普通民事借贷，以规避金融监管部门的查处。[①] 2017 年国家加强监管后，许多以金融创新为名、实为职业放贷的平台应运而生，例如“714 高炮”被包装为“××科技、××金融”后再度披着合规的外衣出现，[②]不合规的“现金贷”也以“回租”型交易模式、用租赁关系掩盖借贷关系。[③] 随着“职业放贷人”与金融创新的结合发展，法院往往先于监管部门了解到新型交易模式，并需对其法律性质和潜在风险做出回应。多地法院在构建“职业放贷人”名录时都将与行政监管部门加强联动和信息共享作为重要任务，以发挥金融司法弥补金融监管缝隙的作用。此时，金融司法更多地扮演了一个为金融监管“拾遗补缺”的社会管理者角色。[④]

法院可以克服因地方政府利益冲突产生的监管俘获。在银行业金融机构之外，我国还有许多非正式的金融机构，其中既有经营范围包含贷款业务的小额贷款公司、消费金融公司等，又有经营范围不必然包含贷款业务的商业保理公司、典当行等。地方政府和银保监会对这些非正式金融机构享有一定的监管权力，但缺乏有力的专责部门，容易出现监管俘获。例如，当机构超越经营范围从事贷款活动时，开展日常监管的地方政府虽然更易发现，但这些机构主要为当地中小企业提供融资，地方政府监管往往与之存在利益冲突，碍于对当地经济增长的顾虑而不严格执法。[⑤] 近年来，非正式金融机构超越经营范围参与放贷的情况越发频繁，中央监管机构多次重申该类行为的违法性。此时，通过金融司法将此类合同定性为无效就对维护金融秩序起到了很好的保障作用，也能克服地方政府的监管俘获。例如，上海市高级人民法院 2018 年发布的《上海法院金融商事审判十大案例》中的案例九就明确“商业保理公司通过 P2P 平台放贷为无效合同”，理由是商业保理公司应在监管机构允许的经营范围内从事业务，超越经营范围发放贷款的行为因违反《银行业监督管理法》第 19 条而无效。[⑥]

综上所述，金融司法在规制话语和标准上倾向于通过响应监管政策表明自

---

① 刘道云：《论我国民间借贷的法律规制》，《金融理论与实践》2014 年第 9 期，第 76 页。

② 《警惕！披着合规外衣的“714 高炮”：用户下款前连额度都不知晓》，https://m.jrj.com.cn/madapter/bank/2020/02/25163428890773.shtml，最后访问日期：2020 年 9 月 1 日。

③ 《“回租模式”崛起：现金贷新变种，“完美”绕过监管，利息高达 1800%》，http://www.01caijing.com/blog/322609.htm，最后访问日期：2020 年 9 月 1 日。

④ 黄韬：《公共政策法院——中国金融法制变迁的司法维度》，法律出版社 2013 年版，第 60 页。

⑤ 郭雳：《中国式影子银行的风险溯源与监管创新》，《中国法学》2018 年第 3 期，第 217 页。

⑥ 《上海高院发布中英文版 2018 年度金融商事审判白皮书及十大案例》，http://www.hshfy.sh.cn/shfy/gweb2017/xxnr_2016.jsp?pa=aaWQ9MjAxMzQwNjkmeGg9MSZsb WRtPWxtMTcxz&zd=xwzx，最后访问日期：2020 年 9 月 1 日。

身立场。同时,司法权特有的"比较优势"也能一定程度上缓解金融监管失灵的困境。可以说,在规制"职业放贷人"方面,金融司法成了金融监管的"最后一道防线",并呈现出在金融安全和金融效率之间的周期之困。

## 第五节 结 语

我国中小企业融资时会遭遇白色金融、灰色金融与黑色金融三个层次的金融交易类型。[①] 司法实践中,金融监管导向的变化促使司法在金融安全与金融效率之间摇摆,使"职业放贷人"从黑色金融逐步转为灰色金融甚至白色金融,最终又被打回黑色金融。虽然金融司法在该过程中总是与监管立场遥相呼应,为金融监管提供了某种"保障",但此种周期式的因时而异的司法处理和对原本精细、复杂金融行为简单"一刀切"的做法,可能以牺牲个案公正和破坏稳定司法预期为代价。在中小企业大多面临融资困境、民间融资市场又亟须规范的大背景下,如果提供相关服务的民间主体无法通过司法裁判明晰自身权利义务,就会失去自治交易和主动合规的激励,反而滋长地下金融,不利于我国金融市场长期健康发展。

金融监管部门本就对"运动式执法"模式有着特殊偏好,一定程度上推动了金融监管和金融市场"一管就死、一放就乱"的怪圈。[②] 司法作为金融规制的最后一道屏障,应当保持谦抑,避免将追求金融监管政策目标作为司法裁判的依据,才能避免陷入周期之困。事实上,任何一种公共政策目标都应该是依法裁判后的"附带产物",而非直接目的。金融安全、金融效率等价值的内在冲突决定了个案裁判必然会更加重视或放弃某种政策价值。但只要这种利益权衡遵循法律推理原则,严格以当事人的权利义务为出发和落脚点,就不会损害司法的公信与权威。

因此,保持司法谦抑、构建中性司法才是化解金融司法周期之困的出路。在"职业放贷人"规制方面,法院可以把握资金来源、借款人规模等重点要件,在此基础上结合借贷次数、营利数额等综合认定合同效力;对于暴力催债行为,可以

① 张建伟:《法律、民间金融与麦克米伦"融资缺口"治理——中国经验及其法律与金融含义》,《北京大学学报(哲学社会科学版)》2013 年第 1 期,第 131 页。

② 徐明棋:《管而不死严而有序——美英互联网金融监管模式的启迪》,《探索与争鸣》2018 年第 10 期,第 16 页。

优先通过刑法和行政手段进行单独评价，保持司法介入合同意思自治的被动和谦抑；同时，法院在与监管部门合作时也应保持恰当边界，不将原告置于“职业放贷人”名录与否定合同效力或免除被告举证责任直接等同。如此，才能在建立金融司法保障体系的同时恪守法律，为金融市场主体提供稳定的司法预期，优化营商环境。

# 揭开金融纠纷解决机制的“面纱”

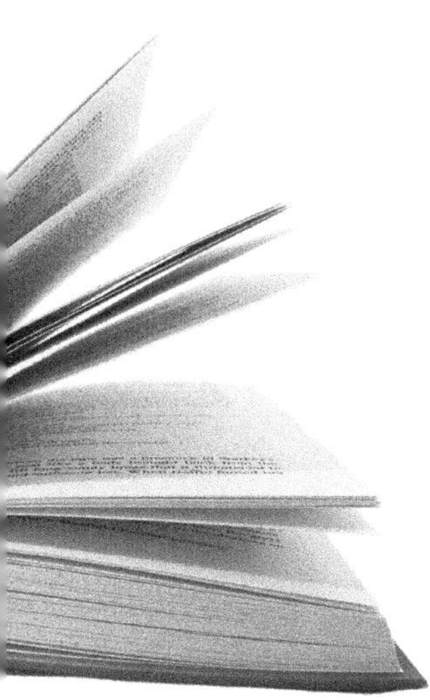

# 第七章

# 试论金融纠纷解决机制的优化

## ——借鉴我国香港地区金融纠纷解决机制的研究*

党的十九大报告提出"贯彻新发展理念，建设现代化经济体系"的重大目标；要"健全宏观审慎政策，健全金融监管体系，守住不发生系统性金融风险的底线"，并重申"形成完备的法律规范体系、高效的法治实施体系、严密的法治监督体系、有力的法治保障体系"，强调在金融领域改进监管、革新法治。深化金融监管和法治改革是经济和金融体系建设的一大重点。其中，金融纠纷解决机制能够约束金融行为，维护金融秩序，激励金融交易，促进金融增长，贯彻金融法治改革，是金融法治改革的着力点。

我国内地和香港地区的金融纠纷解决机制是构筑我国金融纠纷解决机制体系的必要部分。目前内地金融交易激增但金融审判人员较为缺乏，金融替代性纠纷解决(Alternative Dispute Resolution，金融 ADR)进度缓慢、影响力不足，分业的纠纷解决实践无法契合金融混业新趋势下综合化的纠纷发展需求。作为国际金融中心，我国香港地区接轨金融诉讼和金融 ADR 的主流实践，尊重并兼容我国儒家"和为贵"文化传统的调解制度。香港金融诉讼和金融 ADR 机制对内地的借鉴意义在于：内地法院需改变主要以业别区分金融案件受理的做法，探索诉讼下调解、和解等非诉制度的适度空间。内地金融 ADR 需引入体现纠纷个人方权益倾斜保护的规则；以部委规章的灵活性变通 ADR 规则；吸纳 FDRC"调解—仲裁"一站式纠纷解决的改进方案，提高既有 ADR 平台的利用率。在此基础上，内地和香港金融纠纷解决机制发展的差距可以得到缩小，内地和香港可以协同推进我国金融纠纷解决的更优实践，以金融纠纷解决机制的完善力推金融法治改革的进程。

---

* 本章作者：彭瑞驷、沈伟。

## 第一节 研究现状和创新

目前对我国香港地区金融纠纷解决机制的研究多是有关传统金融(分业)纠纷解决机制和香港金融纠纷调解中心(Financial Dispute Resolution Centre, FDRC)机制的两类阐释,[①]将诉讼机制和非诉机制杂糅在一起,较少从诉讼和ADR的二元逻辑来分析香港地区金融纠纷解决机制体系。尽管学者对香港地区金融纠纷调解中心的适用范围、运作流程、组织架构、运营收费有过详细论述,[②]但对近两年FDRC内部的改革计划及方案鲜有跟进。部分研究内容(例如纠纷标的额标准、纠纷诉请提起时限、纠纷个人当事方资质要求和"调解—仲裁"流程设置等)缺乏更新。香港地区金融诉讼机制的研究内容大多笼统且时效性不强,较少联系香港地区民事司法改革措施来探讨对金融诉讼的影响。学者谈到香港地区金融纠纷解决机制对内地的启示时,[③]主要集中在香港地区金融纠纷调解中心对内地的意义,[④]应适当补充香港地区民事司法改革下金融诉讼经验对内地法院金融审判的借鉴性研究。此外,党的十九大报告倡导以发展现代金融来支持构建现代化经济体系,[⑤]强调以金融法治改革来深化现代金融的发展,[⑥]事后救济性质的金融纠纷解决机制是金融法治改革不可或缺的着力点。[⑦]完善金融纠纷解决机制被赋予了深化金融体制改革、发展现代金融和构建现代化经济体系的历史使命,对金融纠纷解决机制的研究立意理应与时俱进。现有研究较少论及该时代意义,多聚焦金融纠纷解决机制内部的不足和改进,[⑧]有待升华论述高度、拓展分析视野。

本章联系党的十九大报告建设现代经济体系和发展现代金融的时代命题,

---

① 齐萌:《香港金融纠纷调解机制及其对大陆的启示》,《亚太经济》2013年第2期,第144—148页。

② 宋清华、宋一程:《香港、台湾地区金融ADR的发展及对中国内地的借鉴》,《武汉金融》2015年第7期,第4—10页。

③ 杨东、文诚公:《香港金融纠纷解决机制的新发展及其对内地的启示》,《首都师范大学学报(社会科学版)》2013年第3期,第70—77页。

④ 刘如翔:《香港金融纠纷解决机制的最新发展及其启示》,《金融与经济》2014年第4期,第45—49页。

⑤ 张家源:《习近平金融思想及其在十九大报告中的新发展》,《探索》2017年第6期,第23—30页。

⑥ 王深德:《治理金融乱象完善法治的思考》,《金融理论与实践》2018年第7期,第37—41页。

⑦ 葛向孜:《金融领域投资者适当性制度研究——从投资者的事后救济角度》,《国际商法论丛》2013年第1期,第127—146页。

⑧ 周小燕:《借鉴国际经验加快在上海健全金融消费纠纷非诉解决机制的有关思考》,《上海金融》2016年第8期,第68—70页。

通过完善金融纠纷解决机制促进金融法治改革切入金融纠纷解决机制的研究议题，以诉讼和 ADR 的二元结构论述金融纠纷解决机制，指明内地金融诉讼和金融 ADR 机制的现状和问题；分析了香港地区民事司法改革契机下的金融诉讼机制，探讨香港地区金融纠纷调解中心机制在纠纷标的额标准、纠纷诉请提起时限、纠纷个人当事方资质要求和“调解—仲裁”流程设置等方面的革新措施；最后，本章指出香港地区金融纠纷解决机制发展的借鉴意义。

## 第二节　我国内地金融纠纷解决机制的当前发展

党的十九大报告强调深化金融体制改革。在金融体制改革的旗帜下，我国实施金融法治改革。宏观上，2017 年设立金融稳定发展委员会，2018 年将“三会”（中国证券监督管理委员会、中国银行监督管理委员会、中国保险监督管理委员会）撤销合并为“两会”（中国银行保险监督管理委员会、中国证券监督管理委员会），形成“一委（国务院金融稳定发展委员会）、一行（中国人民银行）、两会（中国银行保险监督管理委员会和中国证券监督管理委员会）”的监管架构。微观上，针对互联网金融合规、金融机构规整、普惠金融融资等领域颁布政策法规以落实专项治理。目前，我国金融法治改革进程主要体现为监管机关部门的整合与事前预防性措施的强化，对事后救济性机制（金融纠纷解决机制）的建设力度较为薄弱，金融法治改革缺乏系统性和全面性。

### 一、内地金融诉讼的现状和问题

我国内地金融业蓬勃发展，金融产品和服务创新频繁，金融交易量不断攀升，法院审理金融案件大幅激增。2013 年，上海法院受理金融商事一审案件约 3.1 万件，较 2012 年增长 34.4%，标的总额达 447.5 亿元，较 2012 年增长 132.35%；2014 年上海法院受理金融商事一审案件约 5.5 万件，较 2013 年增长 75.72%，标的总额达 688.39 亿元，较 2013 年增长 53.83%；2015 年上海法院受理金融商事一审案件约 8.9 万件，较 2014 年增长 61.33%[①]。2016 年上海法院

① 《2013—2015 年度上海金融审判白皮书》。

受理金融商事一审案件突破 9.4 万件，占当年受理数量的 70%。[①] 2017 年上海浦东新区法院受理金融消费者纠纷案件约 3.3 万件，数量创历年最高。[②]

随着互联网金融、银行理财、P2P 等新型案件的出现，法院审判人员除需要具备法理素养之外，还要掌握专业性金融知识。就上海而言，法院金融商事审判人员不足 300 人，实践中欠缺金融知识的审判人员也在处理金融案件；法院将金融业作为金融案件受理分类的主要依据，与金融混业经营和金融纠纷综合化的发展实际不相符合，[③]金融诉讼裁判的合理性存疑；诉讼机制在起诉、受理、管辖、审级等方面有着严格的法律规定，金融案件审判往往需要较长审理周期，当事人会损耗大量时间；面对"谁主张，谁举证"的原则，金融纠纷的个人处于弱势地位，不利于裁判的客观公正；审判公开的要求也不利于保障当事人持有的金融信息的商业价值和竞争优势；高昂的诉讼费用更增加了中小当事方的诉讼成本。

## 二、内地金融 ADR 的现状和问题

内地金融 ADR 主要形态包括调解、仲裁、投诉处理。2013 年上海金融仲裁院受理调解仲裁案件 374 起，标的总额 11.79 亿元；2015 年受理案件 485 件，标的总额 31 亿元；2017 年受理案件 592 起，标的总额 31.48 亿元。[④] 尽管金融调解仲裁案件数量和标的额逐年上升，但仍与上海法院的金融诉讼差距明显。2017 年，全国各级消费者协会组织受理金融服务投诉 2 679 件，保险服务投诉 996 件，两类投诉量仅占全年投诉受理总量的 0.05%。[⑤] 现阶段内地金融 ADR 在进度和影响力上远不及金融诉讼。

同时，内地金融 ADR 机制本身不完善。一方面，内地缺乏完备立法保障调解和仲裁协议的权威性和执行力，若一方拒绝履行调解仲裁协议，另一方仍要诉诸法院救济，并且一般情形下仲裁庭不能裁决第三方权利，不利于纠纷解决的便捷化；内地仲裁制度带有较强的行政化特征，[⑥]仲裁机构和仲裁员的中立性、独立性存疑，并且行政介入制约当事人间意思自治。另一方面，内地在监管机关、

---

① 《2016 年度上海法院金融商事审判白皮书》。

② 《浦东法院 2017 年度金融消费者权益保护审判白皮书》。

③ http://news.163.com/10/0125/19/5TT9BN2F000120GU.html，最后访问日期：2018 年 9 月 20 日。

④ http://jr.accsh.org/index.php? a=show&c=index&catid=75&id=96&m=content&menu=77-75-，最后访问日期：2018 年 9 月 20 日。

⑤ http://www.cca.org.cn/zxsd/detail/27875.html，最后访问日期：2018 年 9 月 20 日。

⑥ 我国仲裁的产生和发展具有浓重的自上而下色彩，行政化倾向较为明显。参见刘丹冰：《试论中国商事仲裁法律制度演进中的政府作用与修正——基于仲裁行政化的考察》，《广东社会科学》2014 年第 1 期，第 229—238 页。

行业协会、消费者权益保护组织等内部均“分业处理”金融纠纷投诉,“分业处理”符合内地金融“分业监管”的逻辑。金融分业监管基于业别差异和融资特性,由各部门实施针对性监管措施,明确监管工作的行业重点。随着当前金融业朝着横向整合与混合经营的方向发展,金融产品不再限于特定行业服务范畴,金融服务界定愈发综合,分业监管的弊端愈发凸显——职责划分不清,没有主管机关制约,多头监管、重复监管和空白监管并行。

## 第三节　我国香港地区金融纠纷解决机制阐述

### 一、香港地区金融诉讼机制阐述

#### (一) 香港地区金融诉讼机制运行

香港地区小额钱债审裁处(Small Claims Tribunal, SCT)依据《小额钱债审裁处条例》审理金融案件(见图 7-1),受理债务、(已售)财物损毁和消费者权益等小额钱债纠纷申诉。2018 年,香港地区立法会通过《小额钱债审裁处修订规则》,将受理案件标的额限度由 5 万港元以内提高至 7.5 万港元以内。SCT 设有若干审裁官,审裁官负责开庭聆讯、证据认定和案件裁断。SCT 还设立调查主任职务,调查主任在审裁官指导下协助金融案件当事方厘清矛盾,助力双方展开协商和解。

其他香港地区法院(法庭)依据《高等法院规则》《区域法院规则》《民事司法制度(杂项修订)条例》和《陪审团条例》《证据条例》《时效条例》审理 7.5 万港元标的额以上的金融案件,涵盖管辖确立、案情定性、证据认定、争议裁断、判决执行等一系列环节。但是,即时性和复合性的金融特征需要纠纷解决的时效性和灵活性。金融诉讼遵循法定审判程序,这不利于实现纠纷处理的便捷性。诉讼所具有的对抗性也不利于促进金融各方之间后续的往来。

#### (二) 香港地区金融诉讼机制启示:民事司法制度改革下的诉讼调解、和解

2000 年 2 月香港地区民事司法改革工作小组成立,开启了民事司法制度改革的进程,将调解、和解引入抗辩式民事诉讼中,增设民事诉讼另类纠纷排解程序,肯定非诉制度在诉讼中的积极作用。法院依据个案实况认为适宜调解情形的则鼓励诉讼方开展程序;香港立法会通过《调解条例》明确调解程序任职、时

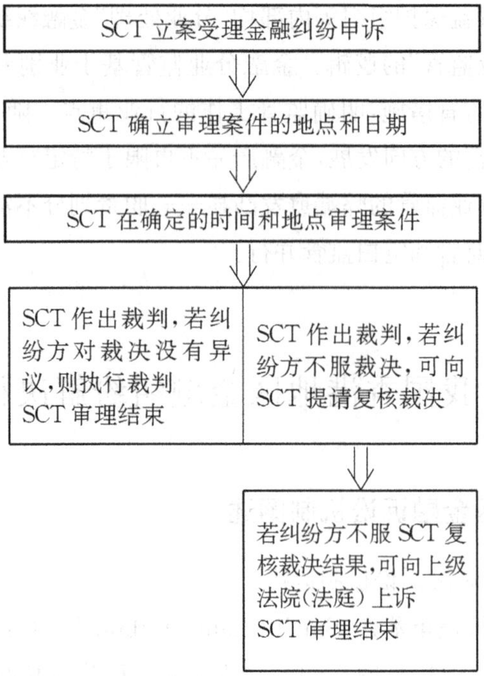


**图 7－1　SCT 审理金融案件各环节**[①]

限、执行等细则以及《关于调解的实务指示》指明调解与民事诉讼衔接的途径。改革措施还包含“附带条款和解提议”，赋予原告人就纠纷申诉提请和解的权益。香港地区法院在权威性和公开性诉讼机制中嵌入简便性和私密性的调解、和解制度。香港地区诉讼调解(和解)的实践做法尊重和反映出对公私领域间的利弊兼顾。当事人自愿参与调解(和解)的程度与调解(和解)成功率成正比，自愿性是影响调解结果的根本因素。[②] 香港地区没有适用强制调解，积极促成当事人之间自愿性质的调解、和解。香港地区在引入调解、和解的同时也注重保障当事方诉讼权利。因为相当一部分案件(涉及公共利益、社会资源分配等)不适宜调解、和解，调解、和解机制无法消弭和平复案件背后的冲突焦点和权益缺陷，仍需诉讼公权力匡正纠纷各方法律关系。

在诉讼调解过程中，调解员不能是法官和司法机构职员，调解过程以协调而

① SCT 审理主要指香港地区司法制度中聆讯。聆讯是由简短提讯、提讯、审讯一系列环节组成的程序。在这个过程中，纠纷当事方不得由律师代表出庭，律师只能向当事方提供咨询意见。参见孙志祥、李志强、钟颖、顾跃进：《两岸四地法律实务点滴》，文汇出版社 2012 年版，第 160—163 页。

② 通过法官介入和程序规则确保并进一步推动自愿调解适用于民事诉讼，是香港地区民事司法改革的一大亮点表现。参见潘炫明：《香港诉讼调解改革述评》，《司法》2010 年第 5 辑，第 218—332 页。

不以评估方式展开，调解员一般不会向当事方提供法律意见。香港地区在民事司法审判中引入调解、和解，为诉讼留出灵活变通空间，促进审判资源的优化配置。这些举措能提高金融诉讼的解纷效率，适用和解、调解非诉解决方式分流金融诉累，实现了金融审判的“司法经济”。金融纠纷方基于合意可以灵活切换诉讼和非诉解决方式，提供纠纷解决的最优方案。此外，纠纷各方通过协商方案，能增进彼此之间的交流和沟通，缓和诉讼给当事人之间带来的紧张关系，维系纠纷解决之后的金融合作。

## 二、香港地区金融 ADR 机制阐述

### (一) 分业监管下香港金融 ADR 机制运行：金融投诉处理、金融调解和仲裁

香港金融管理局(Hong Kong Monetary Authority, HKMA)主要通过《处理投诉程序(监管手册 IC—4)》处理商业银行纠纷投诉。HKMA 首先考察银行内部对纠纷处理结果，若银行内部没有对纠纷处理则要求银行内部先行处理投诉。银行对投诉作出处理之后，若投诉方对银行内部处理结果不满则追加银行就处理结果的书面回复和澄清。银行经书面回复和澄清仍无法解决投诉，HKMA 再展开对投诉的处理。证券及期货事务监察委员会(Securities and Futures Commission, SFC)下设投诉监控委员会处理证券业和期货业纠纷投诉。投诉监控委员会惩处(纪律处分)违规和过错的机构当事方，但不得判定和执行金钱赔偿性质的惩处措施。保险业监理处(Office of the Commissioner of Insurance, OCI)把涉及香港地区个人投资者投购保单行为的违约和侵权纠纷投诉处理职能交予保险投诉局(Insurance Complaints Bureau, ICB)。ICB 下辖保险投诉委员会具体裁决投诉，保险投诉委员会的裁决对属于 ICB 成员的机构当事方是终局的，个人不服裁决还可进一步向香港地区法院(法庭)提请诉讼。强制性公积金计划管理局(Mandatory Provident Fund Schemes Authority, MPFA)主要处理员工强积金权益受损和包含强积金受托人关联利益的纠纷投诉，MPFA 可对过错强积金受托人发送催办函、警告信及施加金钱惩处。

香港银行公会依据《银行公会法案》协助银行处理客户投诉。《证券及期货监察委员会条例》指出，SFC 可通过“移交令”授权联合交易所(证券交易所)履行职责(包含投诉处理)。香港保险业联合会(保险业公会)就保险纠纷投诉中的从业者资质、操守问题向纠纷方提供咨询意见。香港国际仲裁中心(Hong Kong

International Arbitration Center, HKIAC)通过调解会进行金融调解,遵循"自愿性、中立性、保密性、私下性"的调解原则。HKIAC 金融仲裁规则按照金融产品和服务的类别划分制定,包括《半导体知识产权仲裁程序》《电子交易仲裁规则》《证券仲裁规则》等。

随着金融全球化和金融自由化深入发展,金融市场逐渐转向混业经营,银行、证券、保险的产品和服务交融渗透,金融纠纷业别定性越发模糊。分业的金融纠纷解决做法无法契合金融混业的新趋势。而且,金融纠纷解决大多只是前述机构条例和章程中规定的业务之一。这些机构还致力于行业监管、市场调研、联络交流等其他职能,减损了金融纠纷解决的专注度和彻底性。

### (二) 混业经营下香港地区金融 ADR 机制运行及启示:香港金融纠纷调解中心

2012 年 6 月香港金融纠纷调解中心(FDRC)正式运营。FDRC 以担保公司为设立形式,这一公司式架构使得 FDRC 的设立遵循香港地区公司的注册程序,无需通过政府或金融监管机构另行制定专门条例作为设立依据,这能有效阻却政府和监管机构对 FDRC 机制产生和运行进行干涉的意图和行为,从而确保 FDRC 对纠纷的独立裁决。FDRC 董事局和行政总裁是机制运行的两大机关。董事局是制定规划和监察运营的最高决策机关。董事局人员需要熟识金融知识和具备解纷经验,但他们无权干预 FDRC 调解仲裁个案的裁断及执行。行政总裁管理 FDRC 日常事务。行政总裁下辖财务及行政经理、高级调解员、传讯经理,三者分管日常财务及行政、纠纷调解仲裁和对外交流沟通。FDRC 调解仲裁过程通常非公开,调解员不得采取任何强制性措施。FDRC 不以金融产品和服务的类别作为划分纠纷处理的依据,而是将纠纷当事方资质、标的额、申诉时间作为纠纷调解仲裁服务的分类依据。该做法尊重了金融混业趋势,确保了纠纷解决的综合性。

《与金融纠纷调解计划相关的职权范围》最初规定,金融纠纷是在香港地区发生的个人和机构之间 50 万港元标的额以下金融产品与服务的钱债纠纷,且纠纷方需要自购买金融产品(服务)或知悉钱债受损日起 12 个月内提请纠纷解决。个人是与金融机构产生纠纷的个人投资者或独资经营者。上述规定对纠纷标的额标准、纠纷诉请提起时限和纠纷个人当事方资质的要求较为保守,不利于 FDRC 业务持续拓展。纠纷当事方提起诉请的时限为诉请人购买金融产品(服务)或知悉钱债受损日起 12 个月内。单就迷你债兑付事件,一些中小金融消费者提请的金融纠纷因不符合前述时效被 FDRC 拒绝受理。FDRC 仅确认个人投资者和独资经营者的纠纷个人当事方（诉请人）身份，而小型企业也是金融钱债交易的重要参与主体。同时，FDRC“先调解后仲裁”是不可逆过程，将调解作为仲裁必经前置程序的规定过于刻板。FDRC 只规定“先调解后仲裁”这一单向转换和顺次递进的纠纷解决序列，该规定太过局限和绝对，不利于根据纠纷个案寻求最优 ADR 组合。

2017 年 8 月，FDRC 公布《优化金融纠纷调解计划的建议》最终文件，并于 2018 年实施。改进后的规定主要体现在：① FDRC 受理金融纠纷标的额标准调高至个人和机构之间 100 万港元以下金融钱债；② 纠纷方提请 FDRC 纠纷解决诉请时限放宽为金融服务消费时或首次知悉受损之日（以两者中较后时间为计算点）的 24 个月内；③ 纠纷个人当事方除包含与金融机构产生纠纷的个人投资者或独资经营者外，又增加了小型企业；④ 金融纠纷调解计划运行不再局限于“先调解后仲裁”，还可选择“只调解”或“只仲裁”。

《优化金融纠纷调解计划的建议》还对金融纠纷调解计划收费标准予以再调整（见表 7－1）。FDRC 对纠纷个人当事方和机构当事方在提出诉请阶段、进入调解阶段和进入仲裁阶段适用差异化的费用标准，便利了金融个人消费者诉诸 FDRC 解决纠纷，能确保当事方地位的实质平等和解纷的客观公正。FDRC 在延长调解阶段对个人当事方和机构当事方依照相同时长标准收取调解服务费用，这一做法能遏制“滥诉”现象，并保障 FDRC 启动和运作的实际效率。

**表 7－1　FDRC 分阶段收费标准**①　　单位：港元

| 提交纠纷诉请(表) | | 纠纷个人当事方 | 纠纷机构当事方 |
|---|---|---|---|
| | | 200 | 不适用 |
| 调解（4 小时之内） | 诉请标的额＜200 000 | 1 000/件 | 5 000/件 |
| | 200 000≤诉请标的额≤1 000 000 | 2 000/件 | 10 000/件 |

① 任一环节费用一经交付，不论解纷结果如何，FDRC 都不返还。当纠纷当事方为小型企业时，调解仲裁费用与机构当事方平均分担。参见 https://www.fdrc.org.hk/sc/html/resolvingdisputes/resolvingdisputes_scheduleoffees.php，最后访问日期：2018 年 9 月 30 日。

续 表

| 提交纠纷诉请(表) | | 纠纷个人当事方 | 纠纷机构当事方 |
|---|---|---|---|
| | | 200 | 不适用 |
| 经延长的调解<br>(4 小时之上) | 诉请标的额＜200 000 | 750/小时<br>(超过部分计:<br>不足小时按小时计) | 750/小时<br>(超过部分计:<br>不足小时按小时计) |
| | 200 000≤诉请标的额<br>≤1 000 000 | 1 500/小时<br>(超过部分计:<br>不足小时按小时计) | 1 500/小时<br>(超过部分计:<br>不足小时按小时计) |
| 仲裁 | 书面审理 | 5 000/件 | 20 000/件 |
| | 当事方到庭审理 | 12 500/件<br>(不含书面审理) | 12 500/件<br>(不含书面审理) |

# 第四节　我国香港地区金融纠纷解决机制对内地的借鉴

## 一、香港地区金融诉讼对内地的借鉴

一方面,香港地区小额审裁处和各级法院(法庭)不单以金融业别作为金融案件受理的依据,而是主要通过金融案件标的额大小分流金融审理。这符合混业发展的金融趋势,没有割裂金融纠纷的综合性和牵连性,确保了金融诉讼的解纷质量和司法审判的水准。虽然内地法院出现小额金融案件审判庭和金融专门法院,但其运行深度和广度远不及香港地区。内地需要关注香港地区金融诉讼的受理分类实践并在内地审判庭和专门法院逐步尝试适用,以形成具有推广性的示范经验。

另一方面,诉讼的强制性、规范性、终局性和对抗性决定了诉讼应该作为金融纠纷解决的最后一道防线。与金融 ADR 相比,金融诉讼更具有审慎性。香港法院在审理金融案件时允许并鼓励调解、和解。若纠纷当事人发现并达成满足彼此诉求的解决结果,则可以及时退出诉讼,达成调解、和解协议。香港地区将调解、和解非诉制度嵌入金融诉讼,是基于实现诉讼与多变复杂的金融纠纷的契合、增强金融审判科学性的有益程序。纠纷当事人不会因为采用调解、和解而丧失（调解、和解不成功）继续或重新诉讼的救济选项。

随着内地金融市场的现代化发展，金融消费个人和机构涌入资本市场，金融产品服务繁复多重，活跃的金融交易导致更多的金融纠纷。内地金融消费者在面对无法立即协商解决的金融纠纷时，往往诉诸有强制约束力的金融诉讼，这导致金融纠纷过度集结在法院，巨大诉累无法得到分流，裁判质量大为降低，诉讼功效被严重削弱。内地金融纠纷解决机制应考虑香港地区经验，力促法院审判下的调解与和解适度生长。并且，我国内地和香港社会均传承儒家“和为贵”的文化，较为接受和认可诉讼外（调解、和解）的纠纷解决方式，这为内地金融诉讼顺利引入调解、和解提供了环境支持。

## 二、香港地区金融ADR对内地的借鉴：香港地区纠纷调解中心机制经验

首先，在成本上，FDRC纠纷个人和机构共同承担调解仲裁费用，但个人负担金额远低于机构负担金额。在程序上，FDRC赋予个人启动和终止程序的单方选择权，机构不能单方提请金融纠纷调解计划；纠纷个人启动计划，机构必须参与不得单方退出；纠纷个人在调解失败后可继续要求仲裁，机构只能配合参加。上述成本和程序的规则设计体现出对纠纷个人权益的倾斜性保护。

内地在“一委一行两会”下运行金融ADR，金融ADR首要出发点是加强金融监管，欠缺完整和明确的保障个人投资者、独资经营者和小型企业权益的制度安排。内地金融ADR可借助新修订的《消费者权益保护法》作为依据，引入FDRC对纠纷个人倾斜性权益保护规则，以确保ADR机制维护纠纷个人的权益、贯彻纠纷解决各方地位的实质平等。

其次，FDRC先组建担保公司性质的组织机构，依托该机构章程作为纠纷解决的行为准则。相较法律法规，章程在废立和修改方面更易于变通和操作，能够更好契合时效性和动态性的金融解纷属性，以便在受理纠纷、裁断纠纷、解决纠纷的实践中增补、细化ADR规则，从而增强规则引领的说服力。内地金融ADR在欠缺科学机制规则和完备改革方案时，可依照FDRC发展逻辑，以部委规章作为纠纷解决暂行规定和指引依据，在实践中变通、整合伴随金融新问题即时发展的解纷规则。

此外，好的金融ADR能够兼顾机制的运行效率和纠纷的公正处理，既要有

供纠纷各方挑选的平台存量，又要着眼纠纷解决的实效。内地金融 ADR 运行更多体现的是“一委一行两会”维护金融稳定和加强金融监管下的附属职能。尽管内地已经存在保险、证券、银行的行业性 ADR 平台和第三方 ADR 平台，[①]但这些平台较少关注 ADR 元素间的组合和配置，各 ADR 方式运行较为单一，彼此之间缺乏联动。FDRC“调解—仲裁”一站式流程将调解、仲裁整合成综合金融 ADR 运行体系，确保和强化 ADR 机制内部各元素间的联动效应。并且，FDRC 重视对“调解—仲裁”规程本身的动态调整，从最初“先调解后仲裁”拓展至可选择“只调解”“只仲裁”，集中发挥 ADR 元素优化组合的规模优势，寻求 ADR 纠纷解决效率和效益的最大化。内地金融 ADR 应该探索在既有平台之间进行资源配置的有益做法，避免平台的虚设和空转，提升平台的解纷利用率，增强平台的解纷吸引力。所以，内地需要吸纳 FDRC“调解—仲裁”一站式纠纷解决的改进方案，持续推进和深化专门、综合和便捷的金融 ADR 渠道。

## 第五节　结　　语

我国内地金融法治改革进程主要体现为金融监管机关部门的整合与事前预防性措施的强化，事后救济性机制（金融纠纷解决机制）的建设力度较为薄弱，金融法治改革缺乏系统性和全面性。在党的十九大报告建设现代化经济体系的目标下，我国服务现代金融发展的金融法治改革迫切需要完善金融纠纷解决机制。借鉴香港地区金融纠纷解决机制的深远意义不仅在于促进内地金融纠纷解决的专门化、综合化和便捷化，而且在于填补我国内地和香港地区在金融纠纷解决机制发展方面的差距，在此基础上，我国内地和香港地区协同推进我国金融纠纷解决机制的更优实践。基于这一分析视角，金融纠纷解决机制的完善能够优化金融法治改革事后救济机制，并与监管、预防性措施一道推动全面系统的金融法治改革进程，最终深化金融体制改革、发展现代金融、建设现代化经济体系。

① 以上海为例，上海保险同业公会设立保险合同纠纷人民调解委员会作为保险纠纷调解平台；上海银行同业公会参照《关于建立金融纠纷调解机制的若干意见（试行）》设立金融消费者权益保护专委会作为银行纠纷调解平台；上海证券同业公会参照《中国证券业协会证券纠纷调解工作管理办法（试行）》设立证券纠纷调解专业委员会作为证券纠纷调解平台；上海市商务委、上海市社团局批准设立上海经贸商事调解中心作为第三方纠纷调解平台。参见沈伟、余涛：《游走于实然与应然之间的金融纠纷非诉讼调解机制——以上海为例》，《上海财经大学学报》2016 年第 1 期，第 117—128 页。

# 第八章

# 金融纠纷诉讼调解机制运行的影响因素及其实证分析

## ——以上海市为例*

## 第一节　研究对象选取与界定

### 一、金融纠纷的界定：以与传统民商事纠纷的区分为中心

#### （一）学理区分

学界通说认为金融纠纷是指在金融交易过程中产生的民事纠纷，具体包括金融机构之间、金融机构与其他法人或自然人之间在货币、资本、黄金、保险市场中进行上述金融交易过程中产生的纠纷。① 根据以上界定，我们可以对金融纠纷与一般民商事纠纷作出如下区分。

一是从发生金融纠纷的双方主体来看，金融纠纷既可以是金融机构与消费者之间的纠纷，也可以是两个金融机构之间的纠纷，也就是说，纠纷主体中至少有一方是金融机构，否则不构成金融纠纷；而一般民商事纠纷对纠纷主体范围并没有特别的限定。

二是从发生纠纷的社会领域来看，金融纠纷主要发生在银行业、期货业、证券业和保险业这四大行业。原因显而易见，金融交易往往都发生在货币市场、资本市场、外汇市场、黄金市场和保险市场内，金融交易中产生的纠纷也必然出现于前述领域；而一般民商事纠纷的发生领域更为广泛。

---

* 本章作者：沈伟、余涛。单道越、丁长瑶、刘雪妍、杨小明、刘晨晨等对本章的修订也提出了宝贵意见和建议。

① 浙江省温州市中级人民法院课题组：《金融改革司法保障工作的现状分析及思考》，《法律适用》2014年第1期。

三是从纠纷解决的难度上看，解决金融纠纷所需具备的专业性更强。[①] 欲解决金融纠纷，不仅需要具备相关法律知识，而且对于所涉金融领域也应当有较深的了解；而一般民商事案件的处理无需达到如此高的要求。

四是从纠纷复杂度的角度来看，金融纠纷表现得更为复杂。金融交易类型正愈发多样化，其中不仅会涉及双方主体以外的多方利益，案件往往还存在着复杂的担保关系。[②] 同时，随着金融创新速度的加快，以上担保关系亦呈现愈发复杂化的趋势。相比而言，普通民商事案件中涉及的法律关系一般比较简单，更易定性。

五是从纠纷双方所处地位来看，金融纠纷的消费者一方的弱势地位十分明显。一方面，弱势方获取相关信息的难度较大。若其合同相对方是大型金融机构，这种不平衡的关系则会更加严重，大大增加了弱势方在金融交易和金融纠纷中可能遭遇的风险。另一方面，金融消费者自身的金融专业知识不足，知识更新速度跟不上金融创新的速度，亦加剧了双方的地位悬殊。[③] 而一般民商事纠纷中的双方当事人地位则表现得更加符合实质上的平等性与平衡性。

（二）实践标准

2015 年 3 月 10 日，笔者对上海市浦东新区人民法院进行了调研。该院顾法官透露，司法实践界定金融纠纷时并未过多地考虑前述学理区分，因为就审判实践而言，作出区分的同时还应当注重其可操作性，故法院界定金融纠纷的标准有二：一是以最高人民法院公布的《民事案件案由规定》（2011 年）为准。具体来说，就是“合同纠纷”部分的借款合同纠纷、[④]储蓄合同纠纷、存款合同纠纷、银行卡纠纷、融资租赁合同纠纷、证券纠纷、期货交易纠纷、信托纠纷、保险纠纷、票据纠纷、信用证纠纷等属于金融纠纷。二是以涉案主体是否金融机构进行界定。顾法官透露，在浦东新区人民法院，普通商事案件由民二庭审理，当事人一方是金融机构的，认定为金融案件，由民六庭审理。在认定金融纠纷的过程中，案由标准和主体标准缺一不可。

然而，对金融纠纷案件的学理界定并非没有商榷余地，其最大的硬伤就是无

---

① 李慧俊：《消费类金融纠纷应引入非诉讼解决机制》，《上海金融报》2012 年 6 月 12 日，第 A13 版。

② 浙江省温州市中级人民法院课题组：《金融改革司法保障工作的现状分析及思考》，《法律适用》2014 年第 1 期。

③ 杨东：《论金融服务统合法体系的构建——从投资者保护到金融消费者保护》，《中国人民大学学报》2013 年第 3 期。

④ 顾法官认为，借贷合同纠纷中的民间借贷不属于金融案件的范畴，在法院的金融纠纷统计中也未将民间借贷纠纷纳入金融纠纷的范围。

法将实际发生的案件与学理界定一一对应，使得学理界定成为一种理论推演而缺乏足够的实证性支撑；而且，根据理论学说对案件进行严格过滤后所得到的结果，亦可能与司法实践之间存在脱节，最终的研究结论也可能与现实情况相去甚远，故本章将选择采用司法实践中的标准来界定金融纠纷。

## 二、调研对象的时空坐标

### (一) 调研对象的时间范围

本项实证研究始自 2014 年 9 月份笔者主持的挑战杯项目——上海金融纠纷调解机制之检视，终于 2015 年 9 月。本章所涵盖的时间跨度说明如下：从 2011 年起，上海市高级人民法院开始发布综合性的金融商事审判通报，并同时发布了涉及银行、证券、期货、保险和信托的单行审判通报。从 2009 年起，浦东新区人民法院开始发布保险类的审判白皮书，并且从 2011 年起，开始发布银行金融借款案件审判白皮书。因此，从这两级法院公开的资料来看，本章的金融纠纷案件统计始自 2009 年。但是，考虑到本章界定金融纠纷的重要标准之一就是我国最高人民法院公布的民事案由，所以最高人民法院公布的民事案由的时间（2011 年）也是划定本章研究对象时间范围的因素。在宏观层面，本章调研的时间跨度以 2011—2015 年为主，这主要是为了顾及金融纠纷统计与民事案由规定的时间一致性，方便我们提取数据；在微观层面，由于某些单行金融纠纷审判统计工作进行得比较早（例如浦东新区人民法院从 2009 年开始，就对保险纠纷审判情况进行了统计与通报），所以时间跨度的起算点可能要早于 2011 年。此外，在数据缺失的情况下，本章将通过间接证据推导出相应的结论。

### (二) 调研对象的空间范围

本章主题是以上海市金融纠纷诉讼调解实践为样本，试图对金融纠纷诉讼调解的一般情况进行描述，并就相关问题提出对策。但是对上海市各区法院、第一中级人民法院、第二中级人民法院以及上海市高级人民法院的情况进行全方位的调研超出了笔者的能力范围。同时，考虑到上海市浦东新区人民法院审理金融纠纷类案件数量相对较多、样本数较大，[①]以及法院层级因素可能带来的影

---

① 自 2011 年上海市高级法院发布金融商事审判通报以来，浦东新区人民法院金融商事案件的一审收案数一直处于上海市各区（县）的前两位。2011—2014 年，浦东新区人民法院金融商事案件的一审收案数占上海市法院金融商事案件一审收案数分别达到了 28.43%、37.15%、36%、21%。参见《2011 年度上海法院金融审判情况通报》《2012 年度上海法院金融商事审判情况通报》《2013 年度上海法院金融商事审判情况通报》和《2014 年度上海法院金融商事审判情况通报》。

响，笔者将调研对象的区域范围主要限定为：① 上海市浦东新区人民法院的金融纠纷解决实践；② 上海市高级人民法院的金融审判实践。对两者的调研主要通过书刊报纸、统计报表、个别访谈等方式进行。具体来说，上海市高级人民法院和浦东新区人民法院所发布的金融审判通报是笔者研究的重要事实性材料；同时，笔者对浦东新区人民法院进行的实地考察与访谈将成为本研究的补充性材料。在此之前，笔者也对其他区（例如普陀区、静安区）法院的情况也进行了简单调研，本章将根据论述需要对以上材料加以利用。

## 第二节　问题的提出

### 一、诉讼调解运动

2008 年，最高人民法院确立了“调解优先，调判结合”的工作原则。[①] 其中，“调解优先”是指在大调解背景下，调解人员及人民群众把调解作为解决矛盾纠纷的主要选择，各级、各部门、各阶层能够及时把矛盾纠纷消除在内部，解决在萌芽状态，努力实现“三不出、四提高、五下降”[②]工作目标的一种解纷理念和解纷机制。

2009 年，在全国法院调解工作经验交流会上，时任最高人民法院院长认为，调解不仅意味着“高质量审判”和“高效益审判”，而且体现了法官化解矛盾纠纷、善于做群众工作的司法能力。[③] 2010 年最高人民法院制定《关于进一步贯彻“调解优先、调判结合”工作原则的若干意见》，要求“充分发挥人民法院调解工作在化解社会矛盾、维护社会稳定、促进社会和谐中的积极作用”。2012 年修订的《民事诉讼法》不仅以司法确认的方式建立起了非诉讼调解的司法衔接机制，而且新增了民事案件的“先行调解”规定。

在“调解优先”的司法政策推动下，我国在保险、版权、医患等纠纷领域等纷

① 李浩：《理性地对待调解优先——以法院调解为对象的分析》，《国家检察官学院学报》2012 年第 1 期。

② “三不出”是指一般矛盾不出村，大的矛盾不出乡（镇），疑难复杂矛盾不出县；“四提高”是指人民调解成功率提高，民事诉讼案件调解率提高，行政信访案件调解成功率提高，人民群众对调解工作的满意度提高；“五下降”是指群体性事件下降，民转刑案件下降，民事诉讼案件下降，涉法涉诉信访案件下降，集体上访数量下降。参见山东省临沂市兰山区司法局：《加强联调联动　着力纠纷化解》，《人民调解》2012 年第 10 期。

③ http://news.xinhuanet.com/mrdx/2009-07/31/content_11803453.htm，最后访问日期：2015 年 9 月 30 日。

纷建立起了诉调对接机制。2006 年 11 月，最高人民法院发布通知，要求法院“强化诉讼调解，努力实现案结事了”。[①] 自此以后，上海市各级法院都积极贯彻最高人民法院的通知精神，“加大诉讼调解力度，在第一时间妥善化解社会矛盾”。[②] 例如，上海市第二中级人民法院摸索创设出了“全过程调解”“集体调解”“第三方调解”“以判促调”“以诉前禁令、保全措施等促调解”“以合作促调解”等多种调解方法。[③] 这些调解方法都指向一个目标：案结事了。案结事了包括“案结”和“事了”两个层次。所谓案结是指人民法院结束案件的审判工作，追求的是法律效果；所谓事了是指诉讼当事人双方的矛盾被彻底化解，达到双方“胜败皆服”[④]的目的，追求的是社会效果。

## 二、诉讼调解现实功能的有限性

图 8-1 显示了 2010—2014 年，上海市各级法院金融纠纷案件一审收案数

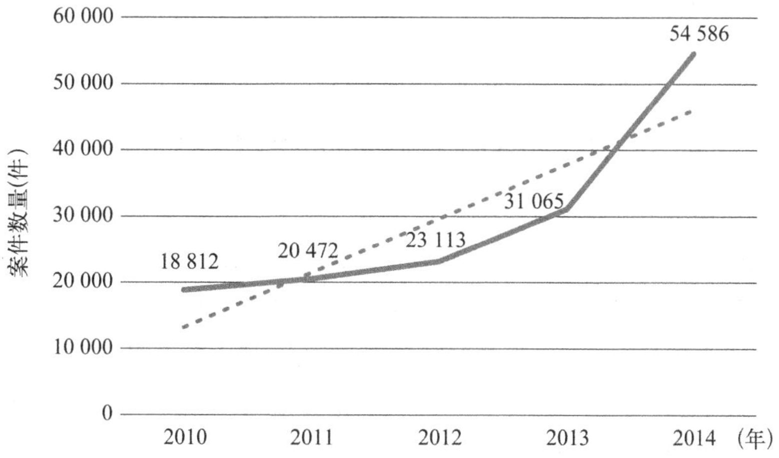


**图 8-1　2010—2014 年上海市各级法院金融商事案件一审收案件数**[⑤]

---

① http://www.lawyers.org.cn/info/585f245f8a264b51b525d295a9fef8fc，最后访问日期：2014 年 12 月 13 日。

② http://www.lawtime.cn/info/minshi/changshi/2011061233800.html，最后访问日期：2014 年 12 月 13 日。

③ 芮文彪、李国泉、姜广瑞：《创新调解方式　不断提高知识产权诉讼调解水平——上海市二中院关于知识产权诉讼调解机制的调研报告》，《人民法院报》2013 年 4 月 25 日，第 8 版。

④ 周慧：《追求案结事了的路径选择》，http://court.gmw.cn/html/article/201205/25/90644.shtml，最后访问日期：2014 年 12 月 13 日。

⑤ 根据《2011 年度上海法院金融审判情况通报》《2012 年度上海法院金融商事审判情况通报》和《2013 年度上海法院金融商事审判情况通报》和《2014 年度上海法院金融商事审判情况通报》整理而成。

连年增长的情况。可以预见的是，上海市未来的金融纠纷案件一审收案数仍将继续增多。

图 8－2 显示了 2010—2014 年上海市金融案件调撤率逐年下降的趋势。同样，根据调撤率的趋势线，调撤率在将来极有可能会处于低位，甚至是进一步降低。

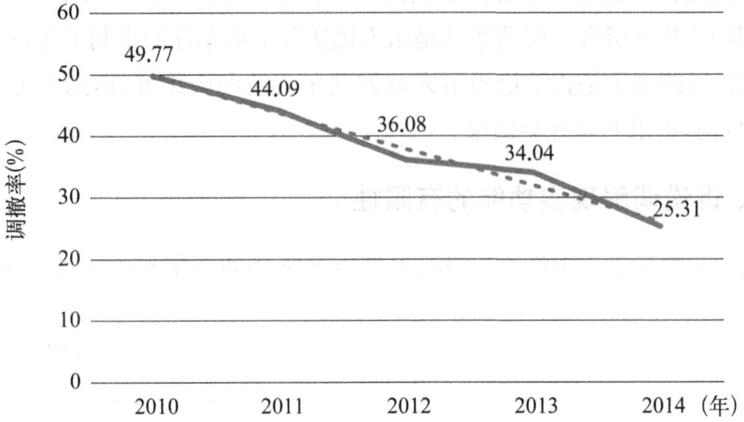


**图 8－2 2010—2014 年上海市各级法院金融商事案件调撤率**①

因为调撤率包含调解率和撤诉率，所以图 8－2 说明，在不考虑调撤案件绝对数量的情况下，以调撤的方式处理案件的相对权重在下降。但是，调撤率下降既可能是调解率下降导致的，也可能是撤诉率下降导致的。那么，应该如何考察调解率？上海市高级人民法院公布的数据不全面，使得笔者很难对此作出精确判断，但是我们仍可从某些间接证据推断出上海市金融案件调解率的未来走势。

调撤率下降的情况如下。

第一，调解率下降，且撤诉率下降。在这种情况下，调解率相对于判决率来说是在下降的，能够说明调解的功能在逐渐式微。

第二，调解率下降，且撤诉率上升，只不过调解率下降的速度超过了撤诉率上升的幅度，最终使得二者结合起来的调撤率总体呈下降趋势，此时也能说明调解的功能在逐渐式微。

第三，调解率上升，且撤诉率下降，此时调解率上升的幅度小于撤诉率的下降幅度，使得两者之和呈下降趋势。在这种情况下，判决率和调解率都呈上升趋

① 参见《2013 年度上海法院金融审判情况通报》和《2014 年度上海法院金融商事审判情况通报》。

势。但是无论调解率如何上升，都不能在总体上扭转调撤率的下降趋势。这说明，在调撤率下降的大趋势下，调解率最终还是会下降的，这也说明了调解的功能在逐渐式微。

为了进一步辨明调解率的发展趋势，笔者将采用反证法对此做进一步论证，以证明不会出现调解率上升的情况。[①] 这一假设的等价命题是：调撤率下降主要是因为撤诉率大幅下降导致的，调解的作用在增强。这一命题又可以转化为：在撤诉率趋近于零的情况下，调解率是否会进一步增长，并最终扭转调撤率总体下降的趋势。这一假设成立吗？答案是否定的。原因是：第一，因为法院绩效考核的重要指标之一就是调解率。公共选择理论认为，政府如果觉察某项行为对自己有利时，那么它会为自己的利益而行事。[②] 第二，金融消费者选择诉讼途径维护权益的意识正在逐渐加强。[③] 在中国，调解没有经过现代形式化法治的洗礼，因此被认为是一种落后的文化遗存。[④] 在这种情况下，调解率的上升与越来越多的消费者选择利用诉讼方式进行维权之间是相互矛盾的。所以，种种迹象表明，调解率上升、撤诉率下降的可能性很小，这也间接说明了上海市的金融纠纷调解率将呈下降或者基本保持不变的趋势。

综上，上海金融纠纷诉讼调解的制度功能总体上正在逐渐式微，与立法者和最高法院对诉讼调解所寄予的厚望形成鲜明反差：一方面，我们极力强调诉讼调解方式的运用；另一方面，在审判实践中诉讼调解并不具有那么强大的解纷能力。那么为何会出现这么大的反差呢？到底是哪些因素促成或限制诉讼调解方式的运用？诉讼调解与前文预设的各种因素之间是什么关系？这些问题正是本章的研究重心所在。

## 第三节　影响诉讼调解的因素：一个实证性考察

笔者对已有的相关或类似的研究进行梳理后认为，影响金融纠纷诉讼调解

① 如果出现了调解率下降的情况，那就更能说明调解的作用在变小了，所以，此处只要证明调解率上升与现实不相符即可。如果证明了调解率不是呈上升趋势的，那就说明调解率是基本保持不变，或者是在下降。不论调解率基本保持不变，还是在下降，都能说明调解的相对重要性（相对于判决）在较低。

② Jonathan R. Macey. Federal Deference to Local Regulators and the Economic Theory of Regulation: Toward a Public-Choice Explanation of Federalism. *Virginia Law Review*, Vol. 76, 1990, pp.270 - 274.

③ 参见《2010—2013 上海法院涉金融消费者权益纠纷案件审判情况通报》。

④ 周永坤：《警惕调解的滥用和强制趋势》，《河北学刊》2006 年第 6 期。

的因素可能包括如下内容：① 金融消费者理念对诉讼调解方式选用的影响；② 法院、法官对调解方式的有意识导控；③ 当事人的纠纷解决方式偏好；④ 社会创新、创业对解纷方式的影响；⑤ 案件的涉众性对解纷方式的影响；⑥ 案件的特性对选用诉讼调解方式的影响。

对于上述内容，笔者坚持的处理原则是：第一，坚持实证研究方式的优先适用，即对前述问题进行实证性调研，考察这些因素在事实上与诉讼调解方式的选用是否存在联系以及存在何种联系。在不能进行实证研究或者不适合做实证研究的情况下，笔者对相关问题做学理研究，当然，这种学理研究是在笔者掌握的某些间接证据的基础上，推断出相应结论。第二，保持调研来源的统一性，即对与上述主题有关的问题，笔者将首先调研浦东新区人民法院的情况。如果在浦东新区人民法院无法完成调研，那么再考虑采用对其他地区的调研情况，或是借鉴其他调研成果。

## 一、金融消费者理念对诉讼调解方式选用的影响

### （一）金融消费者的概念界定

关于对金融消费者概念的界定，笔者在 2015 年 3 月 10 日与浦东新区人民法院的顾法官进行了访谈，其认为界定金融消费者的核心要件是：一方面，要符合《消费者权益保护法》中的消费者的定义；另一方面，要与金融有关。这实际上是对金融消费者进行了最为简单的文义解读。但是，笔者并不认同这一界定。我国《消费者权益保护法》第 2 条规定："消费者为生活消费需要购买、使用商品或者接受服务，其权益受本法保护。"通常，我们在学理上强调消费者"为生活"目的而消费的行为才受《消费者权益保护法》的保护。我们发现对消费者进行严格的要件定义后，绝大多数的金融纠纷当事人并非《消费者权益保护法》所界定的消费者，因为几乎所有的金融类消费都不直接服务于当事人的"生活"。这意味着，本章所说的金融消费者并不能被纳入现行《消费者权益保护法》体系进行保护。因此，本章意义上的金融消费者仅是学理上的概念。

通过对既有文献的梳理，笔者认为，金融消费者应具有的一个特征，或是这个身份标签可能带来的结果是：金融纠纷中将对其进行倾斜保护。[1] 从经济学意义上来说，"投资"与"消费"本是一对相互排斥的概念，投资是指牺牲或放弃现

① 杨东：《论金融服务统合法体系的构建——从投资者保护到金融消费者保护》，《中国人民大学学报》2013 年第 3 期。

在可用于消费的价值以获取未来更大价值的一种经济活动，而消费则指换取社会产品来满足现实需要的行为。其中的隐义是，投资有风险，有获取更大价值的可能，也有减值的可能；但消费不存在仅因交换就会减值的可能，消耗则另当别论。[①] 随着社会经济的飞速发展和金融商品投资的大众化，一般投资者的地位越来越接近于消费者，一般投资者与发行者、金融商品交易业者的信息不对称问题日益凸显，[②]因此一般投资者应该按照“金融消费者”的标准对其进行保护。笔者将金融消费者界定为：在金融交易中处于弱势一方的主体。与此相对应的就是金融投资者，指在金融交易中处于强势一方的主体。需要说明的是：① 在所有的金融交易中，不可能存在绝对对等的情况。在某种意义上，任何金融交易都是不平等的。只不过在金融消费者存在的金融交易中，此种不对等表现得更为明显，甚至严重危及弱势一方的权益，因此才会出现“倾斜保护”的现象。② 金融消费者既可以是自然人，也可以是法人。只要相关主体符合“弱势”的界定（例如是否具有专业知识、财力是否雄厚、营业规模和额度等都是具体的考量因素），就属于本章意义上的金融消费者。

（二）倾斜保护理念及在先实践

传统民商事交易及其纠纷的解决，主要强调当事人双方形式上的对等性。随着社会经济的发展，严格坚持形式上的平等往往会侵犯弱势一方的权益，因此，理论界和实务界就呼吁在具体纠纷解决或权益救济中，不仅要关注当事人的形式平等性，而且还要关注当事人的实质平等性。本章意义上的实质平等是指在解决金融纠纷时，必须顾及金融消费者在专业知识、技能、财力、精力等方面的弱势，解纷者或者制度设计应有意识地为金融消费者“说话”，维护金融消费者的权益。现代的诉讼制度是在法律规则、诉讼程序形式合理性框架下进行的攻防博弈。诉讼当事人被抽象为完全对等的主体，讲求攻防意义的对等性。诉讼作为以形式合理性优先为原则的现代法制主义的产物，代表着一种现实但带有种种弊端的有限正义。[③] 而调解有着诉讼不具备的灵活优势，追求的是相互矛盾的主张的复数正确性与共存性。正是这种特性，使得黑白对立、泾渭分明的解纷主张被软化和相对化，这也意味着调解能够突破权利义务界分的绝对界限，为

---

① 杜晶：《“金融消费者”的界定及其与金融投资者的关系》，《中国青年政治学院学报》2013 年第 4 期。

② 杨东：《论金融服务统合法体系的构建——从投资者保护到金融消费者保护》，《中国人民大学学报》2013 年第 3 期。

③ 郑成良：《法律之内的正义——一个关于司法公正的法律实证主义解读》，法律出版社 2002 年版，第 148 页。

"不合法"的弱势一方提供救助。现实中也确实出现过通过诉讼调解的方式为弱势一方当事人提供救助的案例。

例如,依照《机动车交通事故责任强制保险条例》,驾驶人未取得驾驶资格,发生交通事故而造成受害人的财产损失,保险公司可以不承担赔偿责任。在2011年的一则案例中,杨某无证驾驶无牌二轮摩托车与罗某驾驶的货车在昌江县"石碌—昌化"路段相向行驶发生碰撞,杨某当场死亡。承办此案的法官从法理、情理、道德、法律关系等方面耐心细致地做通保险公司的思想工作,最终促使当事人达成调解协议,保险公司赔付交强险11万元。[①]

由此可知,第一,从理论角度看,倾斜保护理念确实能够突破现代法治对形式理性的过度强调,为弱势一方当事人(金融消费者)提供较多的便利与帮助。第二,现实中也确有案例能够印证这一推断。但是,该种倾斜现象在审判实践中属于个例,还是普遍存在?法院的倾斜保护思想能否成为促进审判庭选用诉讼调解方式终结案件的动因?

### (三) 上海市的实践

通过对《2010—2013年上海法院涉金融消费者权益纠纷案件审判情况通报》分析可知,上海市金融审判一直强调,要确立注重保护金融消费者权益的审判理念。因此,本章的理论预设之一是因为需要贯彻对金融消费者倾斜保护的理念,所以法院会在主观上加大对调解方式的运用力度。事实果真如此吗?

此处以浦东新区人民法院的情况为例进行论证。在浦东新区人民法院,典型的金融纠纷有两类:保险纠纷和银行纠纷。这两类案件的调撤率和判决率呈相反情形:保险纠纷的调撤率很高,判决率比较低,分别为74.05%和24.05%(此处以人身保险为例,根据浦东新区人民法院法官透露,其他类型的保险纠纷也呈类似趋势);[②]银行纠纷的调解率比较低,判决率比较高,分别为38.64%和44.54%。[③] 为了回答"是否存在因为需要贯彻对金融消费者倾斜保护的理念,所以就加大了对诉讼调解方式的运用"这一问题,笔者又将此问题细化为二:一是在判决占主导地位的情况下,法官断案是否遵循了倾斜保护理念,如何具体贯彻这一理念。二是在诉讼调解占主导地位的情况下,是否遵循了倾斜保护理念,倾斜保护理念与诉讼调解的关系如何。

---

① http://www.hkwb.net/news/content/2012-07/11/content_818193.htm? node=115,最后访问日期:2015年3月10日。

② 《2011—2013年上海市浦东新区人民法院人身保险合同纠纷审判白皮书》。

③ 《2011—2013年度上海市浦东新区人民法院金融商事审判白皮书(银行金融借款案件)》。

在判决占主导地位的情况下，法官贯彻了倾斜保护理念，具体贯彻方式有二：一是在涉及金融消费者权益的案件审理中，无论是对金融创新产品格式条款效力的认定或对金融机构履行相关监管规则、履行信息披露和风险告知义务的审查，还是对举证责任的分配上，均体现出司法注重保护金融消费者合法权益的基本理念。[①] 二是发挥司法建议的作用。上海各级法院积极发挥金融审判的延伸职能。2010—2013 年针对相关纠纷案件中反映出来的问题，上海各级法院共向金融监管部门和金融机构发出 96 件司法建议，提出了严格业务操作流程、加强内控管理、履行信息披露和风险告知义务、明晰合同条款、健全金融消费者投诉受理机制、加强对创新业务的指导和监管力度等建议。[②] 表 8－1 是 2011—2013 年上海市保险行业司法建议的情况，通过对司法建议的内容进行分析，我们发现所有内容的指向主体都是被保险人或投保人以外的主体，而且建议内容主要是对这些主体施加相应的义务。

**表 8－1　2011—2013 年上海市保险纠纷案件中需要引起重视的问题及相关建议情况**[③]

| 年份 | 建议对象 | 建议内容 |
| --- | --- | --- |
| 2011 | 保险中介业务违规违法 | 保险代理人擅自承诺投保人额外利益 |
| | | 保险代理人篡改投保资料 |
| | | 委托不具资质的人员担任保险代理人 |
| | | 保险公司以口头方式通知保险人变更佣金标准引发纠纷 |
| | | 部分保险公司佣金发放程序不规范 |
| | 保险公司的服务意识有待提高 | 保险公司主动要求异地诉讼，欠缺人文关怀 |
| | | 保险知识普及不够，引起投保人误解 |
| | | 车险的定损服务存在缺陷，导致理赔难 |

① 《2010—2013 年上海法院涉金融消费者权益纠纷案件审判情况通报》。
② 《2010—2013 年上海法院涉金融消费者权益纠纷案件审判情况通报》。
③ 根据 2011、2012 和 2013 年《上海法院保险纠纷案件审判情况通报》整理而成。

续 表

| 年份 | 建议对象 | 建议内容 |
| --- | --- | --- |
| 2011 | 保险公司管理缺陷引发纠纷 | 保险公司怠于提出全部拒赔理由，导致承担不利结果 |
| | | 保险合同文本未对除外不保风险条款作必要提示 |
| | | 无故缺席庭审放弃自己的合法权利 |
| | | 退保手续审查不严 |
| | | 收取理赔材料不够规范 |
| | 对法律适用理解存在误区引发纠纷 | 免责条款的范围界定错误 |
| | | 在电话营销业务中履行明确说明义务不符合法律规定 |
| 2012 | 侵害保险消费者合法权益 | 银保渠道“存单变保单”现象仍有发生 |
| | | 片面强调投资收益现象仍然存在 |
| | | 保险费率设置存在不合理之处 |
| | | 对保险价值和保险金额的确定缺乏合理性 |
| | 保险公司管理存在缺陷 | 对代理制营销员的会议出勤、公司处分等管理制度存在不规范，导致营销员不满 |
| | | 对保险单核定存在管理漏洞，导致保险单印刷错误 |
| | 团体保险业务存在缺陷 | 团体保险合同条款存在瑕疵 |
| | | 责任保险领域采用团体保险模式存在风险 |
| | 保险代理人不规范销售 | 保险代理人怠于履行明确说明义务 |
| | | 保险代理人未及时申报贻误承保 |
| | | 保险代理人多收保费 |
| | 合同条款存在瑕疵 | 与投保人签订保险合同的同时，又与其上级公司单独签订“赔付封顶”条款 |
| | | 车险中的“医保条款”缺乏可操作性 |

续　表

| 年份 | 建议对象 | 建议内容 |
| --- | --- | --- |
| 2013 | 保险中介业务不规范 | 以股权诱导投保 |
| | | 销售虚假委托理财产品 |
| | | 业务员自购保单 |
| | 保险产品设计存在瑕疵 | 保险公司参与企业综合保障计划引发误解 |
| | | 逾期支付保险费合同失效条款设计不合理 |
| | | 发动机进水免赔条款有待进一步改善 |
| | | “一次事故”概念缺乏明确解释 |
| | 保险公司的不当销售行为 | 诱导投保人代被保险人签名 |
| | | 利用期缴、趸缴保费差异误导客户 |
| | | 夸大收益、回避风险误导客户 |
| | 保险理赔服务中的瑕疵和风险 | 车险人伤理赔中服务介入不深 |
| | | 未行使解除权直接拒赔导致败诉 |
| | | 怠于履行先行赔付义务 |

上述分析给我们的启示是：倾斜理念的贯彻并不必然与诉讼调解相伴相生，在判决范畴内，仍然存在贯彻倾斜保护理念的空间，故本章的问题预设因为需要贯彻对金融消费者倾斜保护的理念，所以加大了对诉讼调解方式的运用可能并不成立，因为倾斜保护理念的贯彻与实施并不必然导致诉讼调解方式的选用。

在诉讼调解占主导地位的情况下，其是否遵循了倾斜保护理念，两者关系如何?[①] 2015 年 3 月 10 日，笔者对浦东新区法院进行访谈后所得到的反馈是：“在诉讼调解实践中，并不存在所谓的‘倾斜保护’，法官也不会把倾斜保护纳入考虑范围，更不存在只要运用调解，金融机构就一定会受损的情况。”法官的答案说明，诉讼调解方式的选用动因不是法官对倾斜保护理念的贯彻与追求，因为在动

① 为何会出现诉讼调解占主导地位的情况，笔者将于后文分析。

用诉讼调解方式的时候，法官的内心根本就没有“倾斜保护”的意识。这说明，对金融消费者的倾斜保护促进了诉讼调解方式的运用可能是学者在理论上的自我构建，而非现实的规律使然。前文所列举的“杨某无证驾驶无牌二轮摩托车”一案，仅是现实中出现的特殊案例，体现了法官及保险人对被保险人的人道主义关怀，并不具有一般性，即我们不能根据现实中出现的个案就断定倾斜保护理念与诉讼调解之间存在因果关系。

## 二、法院、法官对调解方式的有意识导控

### (一) 已有理论及经验的梳理

任何一种制度在运行过程中都会产生一些为制度设计者所始料不及的副作用——“制度的潜功能”，[①]法院的考核制度即是一例。在调解优先的司法政策影响下，调解率成了法官考核的重要指标之一，与法官的职级升迁、工资待遇密切相关。法院考核看重调解率，本质上是为了实现对诉讼调解工作的数字化管理，以便诉讼调解这一知识与权力相结合的产物能够被精细化衡量。但是，这种工具主义思想在权力与知识结合领域的运用却可能伤害司法自由裁量权与调解相结合而应遵守的价值理性。以调解率为核心的评价规则在本质上以效率价值为导向，与司法权所追求的公正公平的价值导向相矛盾。现实中甚至出现了对“零判决”的畸形追求，[②]这严重违背了调解和诉讼的基本规律。这种功能化组织安排的运转靠的是一种“规训的逻辑”，这种逻辑可能促使法官为了追求高调解率，而不断地“刷数据”。[③] 为了“刷数据”，“调解优先”或为强制调解或者变相强制调解，法官甚至放任难以履行甚至无法履行的调解协议的达成。[④] 在先的理论及经验告诉我们，法院、法官对诉讼调解方式的有意识导控，是诉讼调解案件大量出现的重要原因。

### (二) 对法官操控力的现实考察

2014 年 12 月 15 日，笔者对普陀区人民法院的王法官进行了访谈，访谈问

---

① 郑成良：《法律之内的正义——一个关于司法公正的法律实证主义解读》，法律出版社 2002 年版，第 93 页。

② 《南阳众法庭竞赛零判决 一法官称标准定得有点高》，http://hn.cnr.cn/fzpd/yw/200902/t20090219_505240604.html，最后访问日期：2015 年 9 月 30 日。

③ 李拥军、傅爱竹：《“规训”的司法与“被缚”的法官——对法官绩效考核制度困境与误区的深层解读》，《法律科学》2014 年第 6 期。

④ 李浩：《当下法院调解中一个值得警惕的现象——调解案件大量进入强制执行研究》，《法学》2012 年第 1 期。

题是：与判决相比，法官倾向于采用调解的结案方式，为什么？王法官给出的答案是："与判决相比，法官当然愿意用调解。因为调解的方式有太多好处了，例如，可以不写判决书，判决书不上网，自己面临的出错风险小；法院有调解率的指标考核，这与法官的职级升迁、薪金待遇密切挂钩；以诉讼调解方式结案的自动履行率比判决的自动履行率要高；结案比较快；等等。"对于法官是否存在变相的强制调解？王法官说："首先对变相强制调解这个概念很难有明确界定。诉讼调解是在法官主持下进行的解纷活动，法官自身的价值判断和主观能动性在事实上的确对诉讼调解方式的运用产生了影响。这种影响在事实上也的确能够产生类似于强制调解的作用。因为法官在向当事人分析调解的利弊、可能结果时，在事实上也可能起到阻吓当事人采用判决方式的作用，例如法官会向当事人分析判决败诉后所要承担的不利后果，或者带有倾向性地引导当事人对案件产生消极预测。诉讼调解的一般程式是，开庭后，法官首先询问当事人双方是否愿意接受调解。如果当事人愿意调解，就直接进入调解程序；如果当事人不愿意调解，则看当事人之间的矛盾尖锐程度，实在没有调解可能的，就直接进入审判程序。矛盾不是特别激烈尖锐的，则对当事人进行调解与判决的利弊分析，说服当事人采用调解方式；当事人不愿意接受调解的，进入审判程序。总体来说，法官在诉讼调解过程中对整个程序的开启与运用有着很强的主导性。"

2015 年 3 月 10 日，笔者在浦东新区人民法院采访时，就此点设置了两个问题：① 法官在利用诉讼调解这一方式时，最大的动因是什么？② 您觉得影响调解成功的最主要的因素是什么？关于第一个问题，浦东新区人民法院顾法官回答是："结案快，自动履行率高。"关于第二个问题，该法官认为，"影响诉讼调解最主要的因素是当事人愿意。"出于某些顾虑，顾法官并未对笔者的问题进行深入回答，给出的信息也极为有限。分析顾法官的答案可知，该答案反映的法院、法官对当事人选用调解方式予以充分尊重，法官并不过多干预，当事人在诉讼调解的过程中处于主导地位，由此说明现实中几乎不存在强制调解的情况。法官对诉讼调解方式的选用也是在遵循调解规律的基础上进行的，既合乎法理，也合乎学理。

将王法官和顾法官的答案进行对比可知，两位法官的答案在一定程度上存在矛盾：前者承认法官在诉讼调解过程中的控制力；后者坚持认为当事人在诉讼调解过程中具有最重要的控制力。到底哪位法官的答复更贴近现实呢？

2014 年 11 月份，笔者对上海交通大学凯原法学院的一名被盗刷银行卡的同学进行了访谈。该同学于2014年11月份在学校番禺路上的一家快餐店就餐，并刷银行卡付款。消费当晚，该同学收到中国银行客服发来的短信，显示其在上海其他地区消费3 000元；过了一分钟，其又接收到消费3 000元的短信；在这一分钟之内，该同学联系银行客服挂失银行卡，但因为拨打电话耗时太久，最后导致卡内8 000多元现金全部被盗刷。事后，该同学找到中国银行上海交通大学校园支行要求赔偿。在多次交涉无果后，该同学准备起诉中国银行交大校园支行。该同学写好诉状并递交至闵行区法院，在立案之前，法官告诉该同学最好能诉前调解。原因是：该案涉案金额小，诉讼成本高，最终获赔的数额可能弥补不了损失；结案周期长，所耗时间成本太高；等等。最后，在法官的斡旋下，银行和该同学同意就此案进行诉前调解，并最终达成调解协议。

在该案中，法官对原告采用诉讼的方式维权进行了利弊分析，最终说服了原告同意采用调解的方式解决矛盾。笔者重点了解了该同学当时的心理状况。该同学说："法官的劝解的确给我带来了压力。法院说的是事实，当时为了这件事，我从徐汇区到闵行区，跑了很多趟，很费时间、精力，我都不抱希望了，只想早点解决问题。"这说明，法官对当事人采用诉讼方式的利弊分析，确实在事实上影响了当事人对调解方式的选择，这是一种"无形的强制"。本案的启示是：当事人双方虽未进入诉讼程序，但是仍然利用调解的方式解决了争议。而诉前调解和诉讼调解在本质上并无不同，如果说法官对诉前调解方式有着冲动性的追求，那么同样的追求也会出现诉讼调解中。因此，笔者认为王、顾两位法官的回应，王法官的回答更贴近现实。如果法官"无形的强制"能使当事人选择调解的方式，那么"有形的强制"就更能迫使当事人选用调解的方式了，故法官对诉讼调解方式选用的操控力是诉讼调解方式的重要动因。

## 三、当事人的纠纷解决方式偏好

### (一) 金融机构对法院判决的偏好

自2011年以来，上海市的金融纠纷以金融借款合同纠纷和银行卡纠纷居多，两者之和占到一审金融纠纷收案数量的绝对比重，分别达到75.05%、83.99%、86.16%和87.11%。[①] 笔者认为，仅根据这两类纠纷中金融机构的纠纷

① 依据《2011年度上海法院金融审判情况通报》《2012年度上海法院金融商事审判情况通报》《2013年度上海法院金融商事审判情况通报》《2014年第一季度全市法院金融商事审判动态》和《2014年第二季度全市法院金融商事审判动态》整理而成。

解决偏好可以在一定程度上得出上海市金融机构的纠纷解决偏好。而在这两类金融纠纷中，银行又是最重要的涉案金融机构。[①] 实证研究对银行的解纷方式偏好进行了详细调研，发现绝大多数银行偏好利用诉讼的方式解决纠纷。具体数据及走势可见图 8－3。

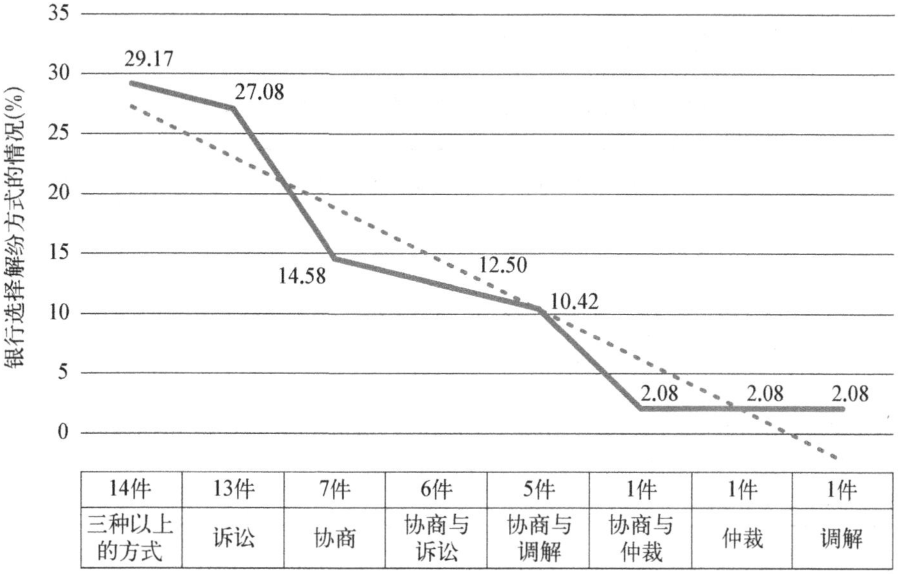


**图 8－3　银行选择解纷方式的偏好**[②]

通过图 8－3 可知，只有极少数银行选择采用调解(包括非诉调解和诉讼调

① 2014 年前两个季度中，涉及银行的金融案件占一审收案数的 70.25%。仅就 2014 年前两个季度的数据，我们尚难以推断出银行是未来金融纠纷最重要的涉案主体，因为数据的有限性不满足大数法则。虽然没有 2014 年之前按照涉案主体的统计数据，但是我们根据其他旁证，仍能推断出在 2014 年之前，银行是上海金融纠纷涉诉的重要主体。例如，2011 年上海市法院向各金融机构报送的金融商事纠纷案件司法建议情况分别是：银行 21 件、保险公司 14 件、小贷公司 3 件、典当行 3 件、证券公司和融资租赁公司各 1 件。2012 年，上海市法院向银行发送的司法建议的数量占整个司法建议数量的 47%，远高于其他部门的司法建议数量。2013 年，上海市法院向银行发送的司法建议数量占司法建议总数的比例更是达到了 54.9%。这说明，自 2011 年以来，上海市金融纠纷案件，银行一直是最重要的涉诉主体，这一趋势基本符合大数法则所要求的稳定性。可以预测的是，在未来的金融纠纷中，银行也会是最重要的涉诉主体。数据计算依据《2011 年度上海法院金融审判情况通报》《2012 年度上海法院金融审判情况通报》《2013 年度上海法院金融审判情况通报》《2014 年第一季度全市法院金融商事审判动态》和《2014 年第二季度全市法院金融商事审判动态》整理而成。

② 图 8－3 的数据源于于朝印的调研。参见于朝印：《商业银行金融仲裁：困境与出路——基于山东省调研案例》，《西部金融》2013 年第 4 期。

解)的解纷方式,而大多数银行更倾向于用诉讼的方式解决纠纷。① 其他类似的研究也证实,在绝大多数金融纠纷案件中,银行、保险公司等金融机构是最主要的诉讼主体,"其提起诉讼多出于权利失效的担忧,或只是为了完善呆账核销的手续,甚至为了推卸业务风险的责任追究,因此金融机构通常更注重判决书形式而无意调解"。②

(二) 金融消费者对调解的"不偏好"

**表 8-2 2010—2013 年上海市一审原告为金融消费者的案件情况统计③**

| 年　份 | 2010 年 | 2011 年 | 2012 年 | 2013 年 | 总计 |
|---|---|---|---|---|---|
| 一审原告为金融消费者的案件数量 | 515 件 | 660 件 | 1 089 件 | 1 754 件 | 4 018 件 |
| 一审涉金融消费者权益纠纷收案数量 | 8 850 件 | 9 818 件 | 17 526 件 | 22 987 件 | 59 181 件 |
| 一审原告为金融消费者的案件占一审金融纠纷案件收案数之比 | 5.82% | 6.72% | 6.21% | 7.63% | 6.79% |

表 8-2 显示,一审原告为金融消费者的案件绝对数量和一审涉金融消费者权益纠纷收案绝对数量逐年上升,并且前者占后者的权重也呈上升趋势,这说明金融消费者的维权意识在增强,可以预见的是,会有越来越多的金融消费者以原告的身份出现在涉诉案件中。通常情况下,维权意识与诉讼方式的选择在某种程度上具有关联性,④所以金融消费者维权意识的高涨可能会导致判决率的进一步提高。这也意味着,金融消费者也越来越不偏好于利用调解的方式来解决纠纷。

① 本处虽然引用的是山东省的调研数据,并不能完全代表上海市的情况,但是因为我国商业银行基本遵循"总行—一级分行—二级分行—支行"的运作模式,故这种运营网络覆盖全国。各银行内部都有严格的汇报制度,具体的涉诉、纠纷解决情况等都须上报。上级银行再根据下级银行反映的情况制定统一的应对规则。这样,全国不同地区银行在应对纠纷解决的规则选择上具有趋同性。因此,山东银行业的纠纷解决态度基本上可以用于推测上海银行业的纠纷解决态度。

② 北京市第二中级人民法院项目组:《金融类纠纷案件审理中存在的问题及其对策》,《法律适用》2010 年第 10 期。

③ 根据《2010—2013 年上海法院涉金融消费者权益纠纷案件审判情况通报》整理而成。

④ 胡玉鸿:《改革开放与民众法律意识的进化》,《苏州大学学报(哲学社会科学版)》2008 年第 6 期。

## 四、社会创新、创业对解纷方式的影响

### (一) 既有的理论主张

自2002年我国《中小企业促进法》颁行以来，先后出台了鼓励创业的七大政策，包括融资服务、场地扶持、税费减免、专家指导、创业能力提升、科技创业和非正规就业孵化器等。[①] 良好的政策法规环境能够减少创业成本，增加创业者的动力和信心。[②] 良好的政策法规不仅包括创业企业有什么样的权利和义务的实体性规则，而且包括怎么样实现权利和履行义务的程序性规则，而在程序性规则中，纠纷解决规则是其中的重要一环。

有实证研究表明，一个更富有"原谅"精神的制度或社会，可以激励企业家的进取心，培育企业家精神。[③] 同理，纠纷解决制度也应该富有"原谅"精神，纠纷解决规则不能阻碍或扼杀社会创业与企业创新。调解恰恰具有强烈的"原谅"精神，暗合了企业家们对宽松制度环境的需要。调解的本质就是双方当事人本着互谅互让的精神，对彼此的过错予以有限度的原谅，最终对矛盾进行缓和化处理。这为当事人双方关系的修复，以及创业一方当事人重新参与社会再生产提供了一定的缓冲空间。在金融纠纷解决领域，调解的原谅精神使其能够容忍金融企业的某些失败或失误，而不会一刀切地强调责任的刚性，将具有潜力的金融企业提前扼杀。

具体来说，在审理金融案件时，"法院可以根据案件的特点，对生产经营较好，只是暂时存在资金困难的企业，从维护金融秩序的稳定和保护当事人的合法权益出发，应尽量采用调解方式予以解决，帮助债权人和债务人达成协议，互谅互让，共担风险，共渡难关"，[④]避免让诉讼成为阻碍企业重生的因素。当前，国内互联网金融创业方兴未艾，调解机制所蕴含的"原谅"精神更加值得关注，并应在制度设计中有所体现。

### (二) 本章的实证观点

2015年3月11日，笔者对网贷之家法务部进行访谈。该部工作人员说："在诉讼、仲裁、调解这几种解纷方式中，我们更倾向于优先选用调解；如果案件

---

① http://www.qncye.com/article/2008/1227/14770.html，最后访问日期：2015年2月16日。

② 郑炳章、朱燕空、赵磊：《创业环境影响因素研究》，《经济与管理》2008年第9期。

③ 沈伟：《中国公司法真的能"孵化"私募投资吗？——一个基于比较法语境的法经济学分析》，《当代法学》2014年第3期。

④ 周湖勇：《新民事诉讼法对金融审判的积极影响及其推进》，《温州大学学报(社会科学版)》2013年第5期。

进入了诉讼程序，我们还是希望通过诉讼调解的方式解决。主要原因是，调解和诉讼调解结案比较快，履行率也比较高。我们这些新生企业或小企业实在是耗不起，时间成本太高了。”将我们的调研结果与既有的理论主张相比，我们发现既有理论主张主要是从判决与调解的特性角度来阐释对企业的影响；实证观点更关注的是解决问题的效率。深入分析后可知，理论主张与调研结果之间并不矛盾。因为在理论上，调解要比诉讼效率高的观点早已经被证明，而调解也确实比判决更具有弹性与张力，能够契合企业渡过困境的需要。所以，笔者认为，在一定程度上，诉讼调解的方式有利于社会创新和创业。但是，我们并不能据此就大力推进诉讼调解方式的运用。因为诉讼调解在本质上是一种解决矛盾的手段，它具有被动性，只有在现实中确实有社会创业、创新的矛盾发生，它才开始发挥解决社会纠纷的作用，即诉讼调解是由社会现实需要引起的，我们不能倒果为因。

## 五、案件的涉众性对解纷方式的影响

### (一) 判决的刚性与我国维稳目标的张力

随着金融产品和服务与普通民众日常生活联系日益紧密，金融纠纷案件的涉众性日益增强(主要集中在保险和证券领域)，[①]对于涉诉人数众多、影响面广的案件应考虑采用调解的手段解决。因为受限于中国的特殊国情，判决的刚性很可能会成为引发群体性事件的导火索。随着我国法制建设法典化的逐步实现，包括立法解释和司法解释技术的提高，“今后会更加强调法官严格适用法律，通过个案创制法律的需求和空间将会进一步受到限制”，[②]法官的自由裁量权也会相应缩小，法律的实践刚性会进一步增强。在进退两难的境地中，法院应考虑为矛盾的解决争取更多的缓冲空间，诉讼调解就是相对较好的解决方式。在这类特殊的金融纠纷案件中，诉讼调解可以被当作群体当事人与政府间博弈的手段，[③]让诉讼调解制度成为一种吸纳多方不满、缓释各方矛盾的弹性调节阀。此时，诉讼调解的主要目标是实现“事了”，以减轻群体性金融纠纷对社会经济秩序的冲击。

### (二) 对涉众性因素的实证考察

对于涉众性与诉讼调解之间的关系，笔者于 2015 年 3 月 10 日，对浦东新区

---

① 参见《2013 年度上海法院金融审判情况通报》。

② 范愉：《非诉讼纠纷解决机制(ADR)与法治的可持续发展——纠纷解决与 ADR 研究的方法与理念》，公丕祥：《法制现代化研究》(第九卷)，法律出版社 2004 年版，第 50 页。

③ [澳] 娜嘉·亚历山大：《全球调解趋势》(第二版)，王福华等译，中国法制出版社 2011 年版，第 8 页。

人民法院的法官进行了访谈。关于这一议题，笔者设置的问题为：在决定是否对金融纠纷案件进行诉讼调解时，您是否会考虑纠纷当事人的涉众性？是否会考虑人数较多的当事人对调解或者说裁判的接受度以及是否会酿成群体性事件？涉众型案件主要集中于哪些金融纠纷中？顾法官认为涉众性案件是很少的，并不多见，不具有典型意义。同时，对于如何界定涉众性案件也有诸多探讨的余地。根据笔者理解，所谓涉众性案件就是指同一款金融产品所涉及的金融消费者人数比较多，一旦这一产品出现纠纷（例如同一款理财产品出现违约纠纷），就会出现大面积的违约或侵权纠纷。根据顾法官透露的信息可知，在现实中真正出现涉众性的案件是比较少的，由此引发群体性事件的可能性就更小。现实中出现了涉及面较广的金融纠纷时，并不一定都会引发群体性事件，故为了避免群体性事件，而较多采用诉讼调解的方式解决纠纷的推断并不能成立。也就是说，避免群体性事件并不是采用诉讼调解的充分条件，诉讼调解也不是涉众性案件的必然结果。至于何时采用诉讼调解的方式解决纠纷，最重要的还是看当事人是否愿意采用调解。

在上海市的司法实践中，确实存在利用诉讼调解的方式化解涉众性金融纠纷的案例。例如，2013 年上海市“静安区法院妥善应对了因某新闻媒体曝光新华人寿保险公司在销售保险产品时涉嫌欺诈事件后，投保人起诉该保险公司要求退保的群体性纠纷，经过该院耐心、细致的工作，该批案件绝大部分以调解方式结案”。[①] 这种非常规的解纷方式只能在非常情形之下才能适用，并不具有一般性的启示意义。

## 六、案件的特性对选用诉讼调解方式的影响

### (一) 理论预设

通常情况下，在金融交易市场中，交易双方之间的感情距离比较远，当事人关注的焦点在于利益而非感情。由于交易的定型化和规模化的发展，使得不同交易主体只需遵守相同的交易规则即可。只要满足了这一条件，交易双方并不关心自己的交易对象的情况。交易关系的非人格化、技术化和定型化，使得当事人的合法权益与普遍性和明确性的交易规则之间发生了某种程度的等价转换和契合。金融纠纷发生后，交易双方并不会因为彼此（或亲密或疏远的）感情而放弃自己的利益。金融规则的明确性使得纠纷当事人双方能够依据规则计算各自

---

① 参见《上海法院金融商事审判条线 2013 年工作总结》。

的预期利益,追求自身利益最大化。逐利性决定了金融交易双方更加积极地采用能够最大限度运用金融规则维护自身利益的方法,而最能实现这一目标的方法就是诉讼。所以,在金融纠纷解纷机制中,诉讼是最主要的解纷办法。金融交易的格式化决定了"欠债还钱"的简单事实和法律诉求,调解和仲裁等法外调解机制的使用空间相对有限。因此,从理论上讲,金融纠纷(不管是何种类型的纠纷,包括保险纠纷、银行纠纷、证券纠纷、期货纠纷、金融衍生品纠纷等)并不适合用调解的方式解决。

(二) 现实反馈

1. 无意义的理论假想

笔者设置的问题是:从案件的特性和类型来看,是否存在比较适合调解的案件类型?哪类案件调解比例高?对于这两个问题,浦东新区人民法院法官反馈的结果是:不存在所谓适合调解的案件类型,因为是否适用调解主要看当事人是否愿意。现实中运用调解方式最多的案件主要是保险纠纷案件。关于案件类型与诉讼调解之间的关系这一问题,笔者曾做了一个访谈,访谈结果对于我们理解这一问题的答案具有一定的启示。2014 年 10 月 30 日,笔者访谈了上海金融仲裁院副院长陆春玮先生,其中有一个问题是:从案件的特性和类型来看,是否存在比较适合仲裁的案件类型?陆院长给出的答案是:"从理论上看,我们可以对此问题进行探讨,但在实践中,这可能是一个伪命题。因为仲裁方式的启用与否,主要由当事人意思自治决定。即使某些案件在学理上的分析结果真的不适合仲裁,但是只要当事人愿意采用仲裁的方式,我们仍然可以进行仲裁。"这给我们传递的信号是:从案件的特性与类型来决定诉讼调解的方式是否选用的方法可能在理论上说得通,但是在实践中却没有意义,这是一个不具有实践价值的理论假想。这一类推适用涉及调解与仲裁的关系,即如果调解与仲裁在深层次的机理上具有一致性的话,那么这一类推是成立的。

2014 年 10 月 27 日,北京大学法学院傅郁林教授来上海交通大学凯原法学院讲学。笔者借此机会,向傅郁林教授请教了调解与仲裁的机理问题。傅郁林教授认为,调解的最大正当性就在于自愿,也就是意思自治;仲裁的正当性与自主性也在于当事人自愿。不同的是,仲裁的自愿性必须用书面的方式表达出来,而调解则不需要采用书面的表达方式。这说明调解与仲裁最深层次的制度价值存在一致性——对当事人意愿的尊重,是当事人意思自治的结果,故前述推论——从案件的特性与类型来决定诉讼调解的方式是否选用的方法在理论上说得通，但是在实践中却没有意义，这是一个不具有实践价值的理论假想。

2. 保险纠纷的例外及解释

现实中，保险纠纷调解占有很高比例，这是什么原因导致的？这是否说明保险纠纷相对于其他纠纷来说更加适合调解？如果是，这与前文的推论相矛盾。

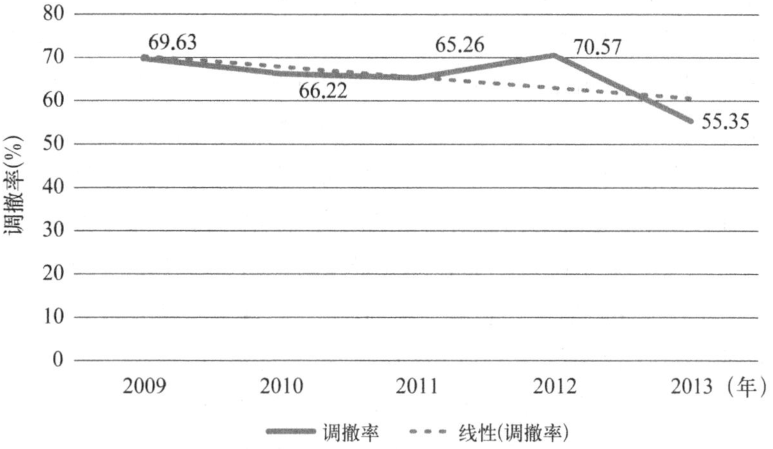


**图 8－4　2009—2013 年上海市保险纠纷调撤率**[①]

根据图 8－4 可知，上海市保险纠纷案件的调撤率远高于判决率。司法判决率则大致维持在 1/3 的水平上，这意味着，上海市的保险纠纷案件有 1/3 是通过判决结案的，但是调撤率包含调解率和撤诉率，这需要对保险纠纷调解率（调解在保险纠纷解决中的作用）进行进一步的考察。要探究调解率的情况，必须对调解率和撤诉率进行比较。如果调解率高于撤诉率，那么，这 5 年来保险纠纷调解率最低也应该在 27.68％以上，[②]这也能说明上海市的保险纠纷案件中至少有近 1/3 的案件是通过调解结案的。如果调解率低于撤诉率，那么，这 5 年来保险纠纷调解率最高不超过 35.29％，[③]这能说明上海市的保险纠纷中最多有 1/3 的案件是通过调解结案的。这样的比较是有意义的。如果这 5 年间的调解率高于撤诉率，那么我们就要顺应这一趋势，继续坚持调解在保险纠纷解决中的运用。如果调解率低于撤诉率，那么我们可能就要转变思路，防范与反思高撤诉率可能给司法制度带来的冲击与影响。

---

① 参见《2013 年上海法院保险纠纷案件审判情况通报》。

② 以 2013 年的调撤率计算得出，因为 2013 年的调撤率是这五年中最低的。

③ 以 2012 年的调撤率计算得出，因为 2012 年的调撤率是这五年中最高的。

《民事诉讼法》第143、145条分别规定了按撤诉处理[①]和申请撤诉的制度。撤诉处理制度的设立是因为"准时参加诉讼活动不但体现当事人对自己权利的重视,更体现了对法律及人民法院审判权的尊重"。[②] 按撤诉处理制度,实际上是对怠于行使诉权的当事人的一种处罚。申请撤诉则是当事人自由处分诉权的一种体现,"是否申请撤诉取决于当事人而非法院的意志",[③]是意思自治的范畴。理论上讲,不论是按撤诉处理,还是申请撤诉,撤诉起因皆源于当事人,但当事人之所以选择诉讼,就是希望通过法院维护自己的合法权益。从当事人作为理性人自利的角度来说,因当事人的原因而导致撤诉的可能性相对较小。因此,如果撤诉率高的话,可以将其解读为法院更加倚重以撤诉方式来结案。假如上海市保险纠纷案件是法院的原因而导致的畸高撤诉率抬高了整个纠纷解决的调撤率,那就可能意味着法院接受处理的大量保险纠纷案件中的权利义务关系被强制性地恢复到了保险消费者起诉之前的状态,即保险消费者权益保护徒有其表。如果保险消费者保护徒有其表,那这又与上海市高级人民法院发布的《2010—2013年上海法院涉金融消费者权益纠纷案件审判情况通报》所体现出来的对消费者保护精神相矛盾。至此,这个疑问也就被转化成法院的公信力问题——上海市法院所披露的通报是否可信?这一通报的制作主体是上海市高级人民法院,主体权威,可信度较高。这说明,上海市保险纠纷调撤率高是调解率高所导致的结果,即保险纠纷的调解率高于撤诉率。

综上可知,在2011—2013年,保险纠纷案件有1/3是通过判决结案的,1/3以上的案件是通过调解结案的,诉讼和调解都是保险纠纷的重要解决方式。照此趋势,上海市法院应该继续坚持调解在保险纠纷解决中的运用。

前文的分析是否意味着保险纠纷相对于涉银行纠纷、证券纠纷、期货纠纷等更适合用调解的方式结案呢?答案是否定的。各类金融纠纷存有两个基本的共性:一是信息不对称;二是格式合同和格式条款的运用,即格式性。而信息不对称和格式性恰好是上海市法院审理保险纠纷所重点把握的两个因素,其在此基础上坚持了对保险消费者倾斜保护的理念。其他金融纠纷和保险纠纷的前述共性决定了法院在处理其他类型的金融纠纷过程中所采用的方法应该基本类似。如果是因为保险纠纷反映的信息不对称性和格式性导致大量的保险纠纷以调解

① 按撤诉处理的依据主要是《最高人民法院关于适用〈民事诉讼法〉若干问题的意见》第143、158、159条,以及《最高人民法院关于适用〈诉讼费用交纳办法〉的通知》第2条的规定。

② 袁巍、孙付:《按撤诉处理的扩张适用与规制》,《人民司法》2011年第19期。

③ 王福华:《正当化撤诉》,《法律科学》2006年第2期。

的方式结案，那么，其他类型的金融纠纷的调解率也应该比较高。现实的情况是保险纠纷的调解率要远高于其他金融纠纷的调解率。

为什么保险纠纷的调解率很高，其他类型的金融纠纷调解率很低呢？这应从制度构建方面寻找答案。早在2004年，上海市就首创性地将调解机制引入保险行业。[①] 较早的制度建设有利于保险纠纷调解文化积淀。自2004年以后，我国原保监会、上海市高级人民法院、上海市保险同业公会等机构先后出台了大量保险纠纷诉调对接的规范性文件，[②]并在保险纠纷解决领域大力推动法院对保险纠纷非诉调解协议的司法确认。[③] 国家对保险纠纷调解机制建设投入的深度与广度远非其他金融纠纷调解机制所能比，由此导致保险纠纷诉讼调解率要远高于其他金融纠纷诉讼调解率。上海市保险纠纷的诉调对接制度已经远远领先于其他类型的金融纠纷，为了不使已经建成的保险纠纷调解制度空转，调解方式在保险纠纷解决中的应用也就相对多些。依照此经验，我们是否应该大力效仿保险纠纷调解机制建设的思路，在其他金融纠纷领域大规模地进行调解机制建设？答案还是否定的。因为在非诉调解领域已经出现了供过于求的情况。2012年6月，中国证券业协会发布《中国证券业协会证券纠纷调解工作管理办法（试行）》；2013年12月，上海证监局指导上海市证券同业公会设立证券纠纷调解专业委员会，旨在解决证券纠纷。但是，上海市法院2012年受理证券纠纷类一审案件仅有49起，2013年仅有76起。而在2013年12月之前，上海证券业并没有建立行业性的纠纷调解机制。这说明，证券行业的纠纷基本上会通过诉讼渠道解决纠纷，也就是说，起诉至法院的证券纠纷数量基本上可以代表整个证券行业的纠纷数量。这么少的纠纷数量根本难以支撑证券纠纷调解机制的正常运行。[④] 在诉讼调解领域，诉讼调解弥补司法裁判之局限性的预设功能正在因调解结案的案件大量进入强制执行阶段这一"旋转门"现象而削弱。[⑤] 所以，在其他金融纠纷领域大规模进行纠纷调解制度以提高调解率的做法并不可取。

---

① 朱守力：《首创调解引入保险　又推诉调对接联动——上海市保险同业公会创新调解机制成绩显著》，《上海保险》2012年第6期。

② 比较重要的有：《最高人民法院、中国保险监督管理委员会关于在全国部分地区开展建立保险纠纷诉讼与调解对接机制试点工作的通知》《关于建立保险纠纷诉调对接工作机制的会议纪要》等。

③ 上海市高级人民法院和上海保监局于2014年9月5日联合签署的《关于建立保险纠纷诉调对接工作机制的会议纪要》规定："上海市保险合同纠纷人民调解委员会作为行业调解组织依法对保险纠纷进行调解，调解协议可申请人民法院司法确认。"

④ 参见《2012—2013上海法院证券、期货、信托纠纷案件审判情况通报》。

⑤ 潘剑锋：《论民事司法与调解关系的定位》，《中外法学》2013年第1期。

## 第四节　结　　论

法官对诉讼调解方式选用与否的控制力以及某些特殊主体对诉讼调解方式的实际需求是促进诉讼调解方式发展的因素，而且前者是促进诉讼调解方式发展的最重要的因素。

倾斜保护理念、案件类型与特性、案件的涉众性等于诉讼调解方式的选用并无必然的因果关系。在某些极为特殊的情况下，倾斜保护理念与对案件涉众性的考量可能成为选用诉讼调解方式的动因，但是这并不具有一般性，这两个因素不能为诉讼调解制度建设和选用提供正当性来源。案件的特性与诉讼调解就更无必然关系，学者们试图从金融纠纷的类型角度来划定适合于诉讼调解的案件范围，这只是在理论上的一种美好构想，并不具有现实意义。

金融机构和金融消费者对诉讼方式的偏好与对调解方式的不偏好在根本上决定了诉讼调解方式不能成为主流的解纷方式。脱离纠纷市场主体需求的制度构建，必然无法达致制度的预设目标——"案结事了"。

总之，法官对诉讼调解方式的控制力、初创企业对诉讼调解方式的偏好是促进诉讼调解方式发展的因素；解纷市场主体总体上对诉讼调解方式的不偏好是诉讼调解方式难以广泛运用的根本制约因素。因为诉讼调解极其强调纠纷当事人的意思自治，而法官又对诉讼调解方式的启动掌握着最重要的控制力，这将会造成法官权力对诉讼调解基本机理的扭曲，故在未来的诉讼调解制度完善中，必须回归解纷市场主体对解纷方式的真实需求，限制法官对诉讼调解方式的控制力，进一步从微观上挖掘纠纷市场主体对诉讼调解方式的需求增长点。

# 第九章

# 论处于实然与应然之间的金融纠纷非诉讼调解机制

## ——以上海为例*

2012年年初，国家发改委发布《“十二五”时期上海国际金融中心建设规划》，明确提出“十二五”期间，上海国际金融中心建设的总体目标之一是：“基本形成符合发展需要和国际惯例的税收、信用和监管等法律法规体系，以及具有国际竞争力的金融发展环境。”具有国际竞争力的金融发展环境不仅应该包括前置性的规制工具选择，而且应该包括后置性的比较有效的金融纠纷解决体系。

20世纪以来，纠纷解决机制的多元化逐渐演变为发展趋势，得到迅速发展和广泛认同。① 调解是多元化解纷机制中的一种。从这个角度而言，上海金融纠纷调解机制的建设总体上符合解纷机制的发展趋势。按照调解与诉讼的关系，可将调解进一步划分为诉讼调解和非诉讼调解。以调解主体为标准，非诉讼调解又可分为人民调解、仲裁调解、行政调解、行业协会调解、第三方专业调解，等等。这些非诉讼调解机制都可被用来解决金融纠纷。但是，国外的金融纠纷调解机制形成经验表明，金融纠纷调解机制更多依靠行业协会或者第三方专业调解等自主调解。② 因此，本章讨论的非诉讼调解是指行业调解和第三方专业调解。上海金融纠纷非诉讼调解机制建设的重心也在这两种调解机制之上。③

---

* 本章作者：沈伟、余涛。

① 范愉：《司法制度概论》，中国人民大学出版社2004年版，第397页。

② 在金融混业经营与混业监管的趋势下，原有的行业性调解机制被相应地整合为统一的金融纠纷调解机制。最为典型的是英国的金融申诉专员制度，在整合保险业、银行业、证券业调解机制基础上形成一种综合性的金融纠纷解决机制。独立的第三方专业性调解机制以2011年成立的香港金融纠纷解决中心为代表，实质上是在金融纠纷市场中建立的一种偏市场化的金融纠纷解决机制，为金融消费者提供有偿的金融解纷服务。

③ 2010年6月，中国银行业协会制定《关于建立金融纠纷调解机制的若干意见（试行）》，要求各会员单位参照执行。上海市银行同业公会随后成立了金融消费者权益保护专委会，专门负责本区域内的银行纠纷调解机制的建设与运行工作。2011年1月，上海经贸商事调解中心成立，为当事人在贸易、投资、金融、证券、知识产权、技术转让、房地产、工程承包、运输、保险等领域的各类纠纷提供（转下页）

本章选择上海作为研究对象的主要原因在于上海是中国的经济中心，金融生态最为发达，上海金融纠纷非诉讼调解机制所存在的问题基本上可以比较准确和全面地反映我国金融纠纷非诉讼调解机制已经存在或者可能存在的问题。这些问题的解决，对于上海建立起全国性的或者区域性的金融纠纷非诉讼调解机制具有重要的示范意义。

## 第一节 上海金融纠纷非诉讼调解机制存在的问题

### 一、第三方调解机制的虚置

上海经贸商事调解中心(简称调解中心)[①]自 2011 年 1 月成立至 2012 年 2 月，“共接待各类商事调解纷纷案件 10 起，咨询 5 起，其中出具咨询意见书 3 起；正式立案 3 起，其中办结 1 起，尚在办理 1 起，申请人撤回申请 1 起；协助法院工作 2 起”。[②] 调解中心没有披露 2012 年和 2013 年收案数等情况。2014 年，调解中心共受理 109 件案件，其中金融借款合同纠纷 58 件。[③] 从前述公开的数据来看，调解中心从成立至 2014 年，其收案数有较大幅度增长，增长率达到 900%。但是如果将其与上海市 2014 年金融商事纠纷一审收案数(54 586 件)[④]相比，调解中心的收案数显然很少。更为重要的是，截至 2015 年，到调解中心调解的案件主要是法院的诉前调解。[⑤] 这说明，促使调解中心收案数增长的原因并非市

(接上页)解纷服务。2012 年 12 月，最高人民法院和原中国保险监督管理委员会联合发布《关于在全国部分地区开展建立保险纠纷诉讼与调解对接机制试点工作的通知》。上海市保险业建立了上海市保险合同纠纷人民调解委员会。除了上海经贸商事调解中心是第三方专业调解机制之外，其余的都是行业性的纠纷调解机制。

① 上海经贸商事调解中心经上海市商务委、上海市社团局批准，于 2011 年 1 月 8 日正式成立，是独立的第三方商事调解机构。调解中心在法律性质上属于“非营利性社会服务活动的社会组织”。但是，考察调解中心的运作模式尤其是收费模式后，我们认为调解中心属于市场化的调解机构，其“非营利性”的性质使其区别于一般的公益性组织。

② http://stj.sh.gov.cn/Info.aspx?ReportId=1d6cf938-e9c4-43ec-870f-4a559045e12f，最后访问日期：2014 年 9 月 25 日。

③ 王凤梅、谢珊娟：《上海经贸商事调解中心已成“中国经验”》，http://www.jfdaily.com/zt/2040_781/114/201505/t20150520_1524244.html，最后访问日期：2015 年 9 月 5 日。

④ 参见《2014 年度上海法院金融商事审判情况通报》。

⑤ 王凤梅、谢珊娟：《上海经贸商事调解中心已成“中国经验”》，http://www.jfdaily.com/zt/2040_781/114/201505/t20150520_1524244.html，最后访问日期：2015 年 9 月 5 日。

场因素(即在没有任何外力作用下,由当事人主动选择将纠纷诉至调解中心),而是在法院的介入或帮助下,才使得该机制的收案数有所增长。换言之,如果没有法院的干预,调解中心的市场接受度将面临严峻挑战。作为一个"始终遵循市场规律,自收自支,自负盈亏"的"民非"机构,调解中心在2014年共"收取调解费用共计111万元人民币,接受捐赠220.1万元人民币"。[①] 如此规模的营收与"遵循市场规律,自收自支,自负盈亏"的定位有很大反差,这进一步说明了调解中心利用率低的现状。当初的构想,即"将为国内企业组织以及在沪的国际企业组织和机构的商事纠纷提供快捷、高效、经济、灵活的服务,与当事人双方制定'案结事了'的解决方案",[②]因实务界对该平台需求不足而未能实现。

即便如此,仍有学者呼吁要建立上海金融调解中心。[③] 上海市政府在2014年9月15日发布的《关于本市进一步促进资本市场健康发展的实施意见》中强调,要在上海"设立第三方金融纠纷调解中心,建立公平、公正和高效的纠纷解决机制,多元化解决资本市场纠纷。"[④]

## 二、证券调解机制违反了供求关系理论

我国证券纠纷诉讼经历了驳回起诉、暂不受理、有条件受理等阶段。[⑤] 因为法院各种公开或不公开的"司法政策"而得不到受理的案件,不见得比诉至法院的案件数量少,[⑥]所以在诉讼渠道不畅通的情况下,非诉调解机制应该蓬勃发展,以弥补诉讼机制的缺位。然而,直至2012年6月中国证券业协会才发布《中国证券业协会证券纠纷调解工作管理办法(试行)》。2013年12月,上海证监局指导上海市证券同业公会设立证券纠纷调解专业委员会,旨在解决证券纠纷。证券纠纷调解机制对证券纠纷解决市场需求的迟钝反应,说明调解并不是市场主体最为迫切的制度需求,更何况中国国际贸易促进委员会调解中心以及上海经贸商事调解中心可以为证券纠纷提供调解服务。如果这两个纠纷调解中心再与上海市证券行业调解机制竞争案源的话,那么后者的实际功用将会被进一步

① 《上海经贸商事调解中心:填补商事纠纷调解空白》,http://www.wtoutiao.com/p/s10CjC.html,最后访问日期:2015年9月5日。

② "上海经贸商事调解中心",http://www.scmc.org.cn/,最后访问日期:2014年10月11日。

③ 张在祯:《关于建立"上海金融调解中心"的思考》,http://www.law-lib.com/hzsf/lw_view.asp?no=12465&page=2,最后访问日期:2014年9月30日。

④ http://sjr.sh.gov.cn/shjrbweb/html/shjrb/xwzx_jryw/2014-09-15/detail_101256.htm,最后访问日期:2014年9月30日。

⑤ 于寅生:《论证券集团诉讼与我国证券诉讼制度的完善》,《经济研究导刊》2015年第9期。

⑥ 黄韬:《中国法院受理金融争议案件的筛选机制评析》,《法学家》2011年第1期。

削弱。

上海市证券业协会为何建立证券纠纷调解机构呢？可能的解读是上海市证券行业调解机制的设计是由某些非市场的力量主导，因为“通过自上而下的命令强制推行调解制度肯定是中国当前调解制度发展的直接动力”。[①] 这种制度设计的内在逻辑表明上海金融纠纷调解机制的建设正在上演某种有利于制度设计者的资源争夺战，而置市场需求不顾。

## 三、司法确认非诉调解协议的法理缺失

我国法律及司法解释仅规定了对人民调解协议可以进行司法确认。2002年，最高人民法院《关于审理涉及人民调解协议的民事案件的若干规定》第1条规定：“经人民调解委员会调解达成的、有民事权利义务内容，并由双方当事人签字或者盖章的调解协议，具有民事合同性质。当事人应当按照约定履行自己的义务，不得擅自变更或者解除调解协议。”2010年施行的《人民调解法》第33条第1款规定：“经人民调解委员会调解达成调解协议后，双方当事人认为有必要的，可以自调解协议生效之日起三十日内共同向人民法院申请司法确认，人民法院应当及时对调解协议进行审查，依法确认调解协议的效力。”

2009年，《最高人民法院关于建立健全诉讼与非诉讼相衔接的矛盾纠纷解决机制的若干意见》第20条规定：“经行政机关、人民调解组织、商事调解组织、行业调解组织或者其他具有调解职能的组织调解达成的具有民事合同性质的协议，经调解组织和调解员签字盖章后，当事人可以申请有管辖权的人民法院确认其效力。”第25条规定：“人民法院依法审查后，决定是否确认调解协议的效力。确认调解协议效力的决定送达双方当事人后发生法律效力，一方当事人拒绝履行的，另一方当事人可以依法申请人民法院强制执行。”2012年，最高人民法院《关于扩大诉讼与非诉讼相衔接的矛盾纠纷解决机制改革试点总体方案》第11条规定：“落实调解协议的司法确认制度。经人民调解委员会调解达成协议的，当事人根据《中华人民共和国人民调解法》第33条的规定共同向人民法院申请确认人民调解协议的，人民法院应当依法受理。经行政机关、商事调解组织、行业调解组织或者其他具有调解职能的组织调解达成的协议，当事人申请确认其效力，参照《最高人民法院关于人民调解协议司法确认程序的若干规定》办理。”2012年，最高人民法院、原中国保险监督管理委员会联合发布《关于在全国部分

---

① ［澳］娜嘉·亚历山大：《全球调解趋势》（第二版），王福华等译，中国法制出版社2011年版，第1页。

地区开展建立保险纠纷诉讼与调解对接机制试点工作的通知》，规定当事人可以申请法院对保险纠纷调解协议进行司法确认。上述文件说明最高人民法院等有扩大适用司法确认范围的倾向和趋势。

《最高人民法院关于司法解释工作的规定》第 6 条规定："司法解释的形式分为'解释''规定''批复'和'决定'四种。"这说明，前述"意见""方案"和"通知"等文件并不属于司法解释的范畴。《最高人民法院关于司法解释工作的规定》第 5 条规定："最高人民法院发布的司法解释，具有法律效力"。这种有限列举的方式，否定了此处"意见""方案"和"通知"的法律效力。所以，对行业调解协议和第三方专业调解协议进行司法确认的做法并无法条依据，其法理基础存疑。

## 第二节　上海金融纠纷非诉讼机制失灵的原因

### 一、金融消费者对非诉调解机制的主动接受度较低

图 9 - 1 表明，自 2010 年至今，金融商事案件的调撤率逐年下降。剔除客观调解不能(例如缺席判决等)之外，"诉调对接制度的不断推进和完善，使得部分案件在诉前即获解决"。这里有一个不可忽视的因素就是：法院等其他机构对金融消费者选用非诉调解机制具有的决定性影响。如果剔除各种"诉调对接"和"委托调解"机制的影响，当事人主动选用非诉调解机制的情况可能少之又少。例如，公开数据显示，上海市法院 2012 年受理证券纠纷类一审案件仅有 49 起，2013 年 76 起，2014 年 246 起。[①] 这说明，证券诉讼在上海市仍相当小众。按理说，大量证券纠纷会导致调解机制的受案数有井喷式发展，然而，2013 年上海证券纠纷调解机制年办案量仅为 3 起，而且其中 2 起还是中证协纠纷调解中心转办的案件，只有 1 起是投资者来电投诉。[②] 造成这种反差的合理解释就是金融消费者对非诉调解机制的主动接受度较低，进入非诉调解的金融商事纠纷案件主要是通过法院等渠道接入的，而非当事人的主动选用。

---

① 参见《2012—2013 上海法院证券、期货、信托纠纷案件审判情况通报》和《2014 年度上海法院金融商事审判情况通报》。

② 《稳步推进证券纠纷调解工作　成功调解 3 起证券纠纷》，http://www.ssacn.org.cn/SSACN/SSACN_SITE/ViewArticle.aspx? id=6159，最后访问日期：2015 年 9 月 5 日。

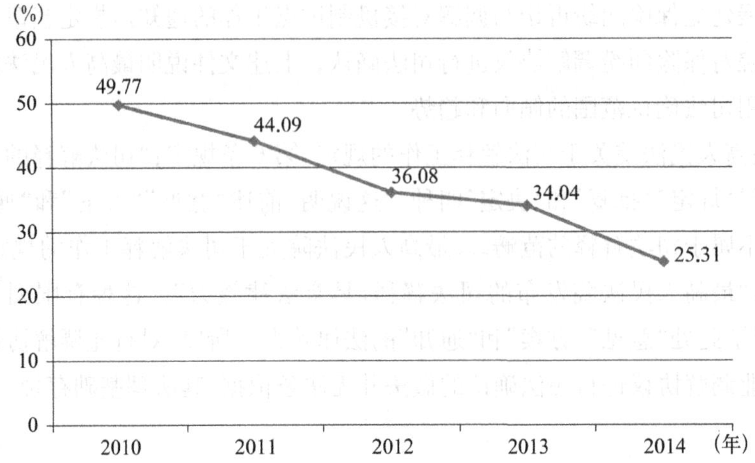


图 9-1　2010—2014 年上海法院一审金融商事案件调撤率情况[①]

## 二、金融消费者对诉讼方式的偏好压制了非诉调解的生长空间

根据表 9-1 可知，2010—2013 年，上海市金融消费者[②]作为原告的一审纠纷收案数的绝对数量逐年上升，年均增长率为 51.4%。一审原告为金融消费者案件数量相对于一审金融纠纷案件总量的相对数量也呈上升趋势。金融消费者作为原告的一审纠纷收案数的绝对量和相对数量逐年增长的现实，说明金融消费者选择诉讼途径维护权益的意识逐渐加强。

表 9-1　2010—2013 年一审原告为金融消费者的案件情况统计[③]

| 年　份 | 2010 年 | 2011 年 | 2012 年 | 2013 年 |
|---|---|---|---|---|
| 一审原告为金融消费者的案件数量 | 515 件 | 660 件 | 1 089 件 | 1 754 件 |

① 参见《2014 年度上海法院金融商事审判情况通报》。

② 金融消费者在中国是一个尚有争议的概念。借用消费者保护的概念界定金融消费者应坚持的核心理念是倾斜保护。由于金融交易双方存在巨大的信息不对称以及“金融抑制”，交易双方的地位处于不平等状态，金融消费者处于交易劣势地位。以金融消费者保护作为金融规制依据和政策出发点在中国金融语境中存在难以克服的实现障碍。参见马建威：《金融消费者法律保护：以金融监管体制改革为背景》，《政法论坛》2013 年第 6 期；杨东：《论金融服务统合法体系的构建——从投资者保护到金融消费者保护》，《中国人民大学学报》2013 年第 3 期；李婧：《我国台湾地区金融消费者保护的最新发展及启示》，《政治与法律》2011 年第 12 期。

③ 根据《2010—2013 年上海法院涉金融消费者权益纠纷案件审判情况通报》整理。

续　表

| 年　　份 | 2010 年 | 2011 年 | 2012 年 | 2013 年 |
| --- | --- | --- | --- | --- |
| 一审金融纠纷案件收案数量 | 8 850 件 | 9 818 件 | 17 526 件 | 22 987 件 |
| 一审原告为金融消费者的案件占一审金融纠纷案件收案数的比例 | 5.82% | 6.72% | 6.21% | 7.63% |
| 一审原告为金融消费者案件的年增长率 | 缺失 | 28.16% | 65% | 61.07% |

金融消费者对诉讼的偏好与对非诉调解的低接受度形成了鲜明对比。金融消费者越来越强烈的诉讼维权意识，压制了原本就比较薄弱的非诉调解的生长空间。

## 三、金融机构对诉讼方式的偏好

以银行业纠纷为例，涉银行纠纷通常包括两类：银行卡纠纷和金融借款合同纠纷。2011—2014 年，这两类纠纷的一审收案数占金融商事案件一审收案数的比例分别是 80.45%、83.98%、89.27%和 90.64%。[①]

选择银行业进行说明，是因为银行业纠纷占据了金融商事纠纷的绝大多数，具有代表性。对占据金融商事纠纷绝对比例的涉银行纠纷的当事人之一——银行的态度进行分析，代表了金融机构对诉讼的态度。

有学者以问卷调查方式研究了 48 家银行或其分支机构的解纷机制选项，调查结果见表 9－2。

**表 9－2　银行选择解纷方式的比例(偏好)[②]**

| 解纷方式 | 协商[③] | 调解 | 仲裁 | 诉讼 | 协商与仲裁 | 协商与调解 | 协商与诉讼 | 三种以上的方式 |
| --- | --- | --- | --- | --- | --- | --- | --- | --- |
| 选择解纷方式的银行数量(家) | 7 | 1 | 1 | 13 | 1 | 5 | 6 | 14 |

① 参见《2014 年度上海法院金融商事审判情况通报》和《2014 年度上海法院金融商事审判情况通报》。
② 于朝印：《商业银行金融仲裁：困境与出路——基于山东省调研案例》，《西部金融》2013 年第 4 期。
③ 这里的“协商”实际上就是“和解”。

续 表

| 解纷方式 | 协商 | 调解 | 仲裁 | 诉讼 | 协商与仲裁 | 协商与调解 | 协商与诉讼 | 三种以上的方式 |
|---|---|---|---|---|---|---|---|---|
| 选择不同解纷方式的银行占银行总数的比例(%) | 14.58 | 2.08 | 2.08 | 27.08 | 2.08 | 10.42 | 12.5 | 29.17 |

表 9－2 说明，只有极少数银行选择采用调解的解纷方式，大多数银行更倾向于用诉讼的方式解决纠纷。调解在银行业纠纷中并不受欢迎，①其不是金融机构的制度需求，这在一定程度上影响或限制了调解机制功能的发挥。

## 四、我国法制建设经验主义合理性传统促使对调解进行大规模的司法确认

非诉调解协议履行与否主要依赖当事人的自愿。为了提高调解协议的履行率，实践中的普遍做法是对其进行司法确认，以赋予其强制执行力。② 在这种做法明显于法无据的情况下，调解实践为何还会对非诉调解协议进行司法确认？

对非诉讼调解协议（人民调解除外）进行司法确认具有法律试验性质。有学者将法律试验分为三类：时间性试验、空间性试验和自主性试验。③ 时间性试验主要指国家就某一全国性事项颁布临时性法律，经过若干年实践检验后，根据其效果决定是否将其升格为法律。一些暂行条例属于此类。空间性试验主要指国家授权特定地方就某项法律制度进行试验，待试验期满后，根据效果决定是否将这种制度推行全国。我国的经济特区、上海自贸区等都属于此类。地方性试验主要是地方自治团体就某一治理事项进行自主性试验，进而形成可复制的经验。因为我国的自治性团体并不发达，所以自主性试验在我国发挥的作用较小。对非诉讼进行司法确认的做法属于空间性试验，《关于扩大诉讼与非诉讼相衔接的

① 本处虽然引用的基于山东省的调研数据，并不能完全代表上海市的情况。但是因为我国商业银行基本都是遵循"总行—一级分行—二级分行—支行"的运作模式，故这种运营网络覆盖全国。各银行内部都有严格的汇报制度，具体的涉诉、纠纷解决情况等都须上报，上级银行再根据下级银行反映的情况制定出统一的应对规则。在这样的架构中，银行在应对纠纷解决的规则选择上具有趋同性。因此，山东银行业的纠纷解决取向基本上可以代表或者至少反映上海银行业的纠纷解决态度。

② 刘敏：《论诉讼外调解协议的司法确认》，《江海学刊》2011 年第 4 期。

③ 王建学、朱福惠：《法国地方试验的法律控制及其启示》，《中国行政管理》2013 年第 7 期。

矛盾纠纷解决机制改革试点总体方案》和《关于在全国部分地区开展建立保险纠纷诉讼与调解对接机制试点工作的通知》是对这种试验最直接的政策支持。

对非诉讼调解协议进行司法确认的做法虽然没有明确的法律依据，但是我国没有完全禁止这种做法，这主要是因为我国有法律试行和制度试点的传统。法律试行和制度试点的意义在于，一方面，它能预先测定社会上各方面的利益要求，保证我国社会秩序的相对稳定性；另一方面，能估量法律公布后的社会影响和实施，便于立法和执法机关就反馈信息（意见）做出积极回应，收集必要的立法和执法信息。[①] 对非诉讼调解协议进行司法确认的正当性基础不在于制度的合法性，而在于我国自改革开放以来所坚持的制度建设的经验主义合理性。邓小平同志曾说："有些问题，中央在原则上决定以后，还要经过试点，取得经验，集中集体智慧，成熟一个，解决一个。"[②]早在1987年，深圳市就尝试土地使用权有偿转让制度，我国1982年《宪法》是禁止对土地使用权进行转让的。由于这种试探性的做法带了巨大收益，故在1988年修宪的时候，我国就明确承认了土地使用权可以依法转让。[③] 如今对非诉讼调解协议进行司法确认的做法正是秉承了我国改革开放以来，制度建设边干边学、不断改进的经验主义路径。深谙中国法制建设规律的"制度企业家"们，为了追求制度创新收益，都争先恐后地推进对非诉讼调解协议进行司法确认的实践。

## 第三节　解决上海金融纠纷非诉调解机制失灵的路径

### 一、整合现有制度资源以提高利用率

上海金融纠纷非诉讼调解机制的建设不应该把重心放在建立新的调解机制或平台上，而是应该把重心放在如何整合和重配现有的平台资源，提高现有调解机制的利用效率。理论界及实务界对诸如建立上海金融纠纷调解中心之类的建议应该保持克制。具体来说，可行的路径如下。

---

① 谢乃煌、丘国中：《法律试行的成本效益分析》，《政法学刊》2011年第1期。

② 《邓小平文选》（第2卷），人民出版社1994年版，第341页。

③ 张建伟：《"变法"模式与政治稳定性——中国经验及其法律经济学含义》，《中国社会科学》2003年第1期。

第一，不要急于建立新的独立的第三方纠纷调解机制或平台，应充分发挥上海经贸商事调解中心的作用。调解中心的调解范围包括当事人之间在贸易、投资、金融、证券、保险、知识产权、技术转让、房地产、工程承揽、运输以及其他商事等领域的争议。[①] 按照这样的设计，现有的金融纠纷基本都可以在该中心得到解决。正如前文所述，上海经贸商事调解中心并没有发挥预想的效用，造成了资源的浪费。上海市当下金融纠纷调解工作的重点之一应该是由监管机构适当地将金融纠纷引导至该中心进行解决。

第二，不要急于建立新的行业类的纠纷调解机制，应重点利用和发展已建成的保险纠纷、银行纠纷以及证券纠纷调解机制。一方面，这可以逐步改变既有制度规则供过于求的现状，提高现有制度的运行效率，以降低制度的运行成本；另一方面，也可以在这三个比较成熟的领域进行纠纷调解机制的试验，摸索出一套兼具效率与公平的纠纷调解机制，为期货、信托等其他纠纷调解机制的建立积累经验。当然，保险、银行以及证券纠纷也可以提交至上海经贸商事调解中心进行解决。有些学者建议应先在我国各金融领域建立起行业性的申诉专员制度，在时机成熟时过渡到统合型的申诉专员制度。[②] 金融申诉专员制度包括调解制度。按照这一逻辑，该建议支持我国建立行业性调解机制。但是，这种思路仍然罔顾了我国金融纠纷解决机制效率低下的现实，故不可取。

## 二、金融纠纷非诉讼调解激励机制的设置

### (一) 行业性调解机制的激励及其误区的避免

市场性的调解机制应该有市场性的激励方法，行政性的调解机制应该有行政性的激励方法。“我国行业组织历史悠久，但近代以后的发展不如欧洲那样具有自治性，而是在官府的控制下发挥作用。”[③]不论是从人员配置还是经费来源，我国行业组织基本上都是实行行政化的运作模式，在对行业协会性的金融纠纷调解机构的考评也体现了行政化特征。其中，最突出的表现就是行业协会性的金融纠纷调解机构所提供的调解服务是一种公共产品，这种服务的价格不能根据市场机制决定。监管部门需要保证行业性纠纷调解机构有充足的经费、人员

① http://stj.sh.gov.cn/Info.aspx?ReportId=6e31dfab-8366-4052-aca4-2b1642dd08c9，最后访问日期：2014年11月1日。

② 杨东：《论我国证券纠纷解决机制的发展创新——证券申诉专员制度之构建》，《比较法研究》2013年第3期。

③ 孙笑侠：《论行业法》，《中国法学》2013年第1期。

配备等。由于我国行业协会的行政化特性，这些协会通常承担了行政机构的某些功能使命。因此，我国行业协会性的调解机制的工作目标至少有两点。

第一，为金融消费者提供调解服务。该目标所遵循的基本准则是尊重与维护调解的基本原理和规律，严格依照调解的自愿性和处分性原则为当事人提供调解服务。在具体的制度规则方面，行业性的纠纷调解机制一方面要坚持金融消费者启动纠纷调解机制的免费原则；另一方面，则应采取调解机制启动和终止的单方强制原则。换言之，启动和终止都应由金融消费者单方决定，金融机构必须接受。就裁决结果而言，应对金融机构有单方约束力，只要金融消费者接受调解结果，则金融机构必须接受；金融消费者不接受调解结果，可以继续启动其他救济机制。这种制度设计是贯彻对金融消费者倾斜保护理念的重要体现。[①]

第二，贯彻落实政府的社会管理目标。该目标所遵循的基本逻辑是必须上命下从地维护政府社会管理目标的实现，将国家的大政方针落实到具体的调解实践中。实际上，这两个目标在特定的条件下可能会相互冲突，尤其是在我国强力维稳、建设和谐社会的大环境下，前一目标极易被后一目标所裹挟。调解的过程实际上就是纠纷当事人双方达成合意的过程。通常，纠纷解决者对合意的结果更为期待，也更为主动，而纠纷当事人却常常处于被动的状态，以勉强的甚至消极的态度去接受纠纷解决者的这种“偏好”。[②] 如果行业性的调解机构被赋予维稳等目标，则会进一步强化其对当事人达成调解合意的期待，纠纷当事人在调解的过程就会显得更加被动，这有可能危害调解的任意性和处分性原则，最终扭曲调解的基本原理。因此，对行业性的纠纷调解机制的激励更应该注重服务对象的评价，而不应该把社会管理目标的实现作为其主要的考核标准和激励机制。

（二）市场化调解机制的激励及政府的适度干预

上海经贸商事调解中心是上海目前最主要的市场化的纠纷调解机构。该中心之所以“空转”，根本原因在于这种制度缺乏应有的市场基础，没有形成调解作为一种优化选择机制的运作环境。在金融纠纷调解市场，最主要的两个主体是服务提供者和金融消费者。要解决金融纠纷调解市场疲软的问题，应该从这两个主体着手。

第一，市场对服务提供者的最大激励莫过于能够从其所提供的服务中赚取

---

① 杨东：《论我国证券纠纷解决机制的发展创新——证券申诉专员制度之构建》，《比较法研究》2013 年第 3 期。

② 赵旭东：《民事纠纷解决中合意形成机制的检讨与反思——以当事人视角下的合意为中心》，《法学家》2014 年第 1 期。

相应的利润。《上海经贸商事调解中心收费办法(试行)》详细规定了案件登记费以及调解费的收费方式和标准。这实际上是服务提供者提供相应调解服务的价格指引,也是促使服务提供者进入调解市场的动力所在。上海经贸商事调解中心(简称调解中心)的收费方式与2011年在我国香港地区成立的香港金融纠纷解决中心的收费方式极为相似,例如香港金融纠纷解决中心向金融消费者提供解纷服务的价格大约是在4小时以内的,收取1 000港元或者2 000港元,超出4小时的则以每小时750港元或1 500港元的标准收取,[①]而上海经贸商事调解中心则是每小时最低收费在3 000元人民币以上。[②] 就服务价格来看,上海比香港地区贵。有学者跟踪考察了香港金融纠纷解决中心自其成立后的半年内的运行情况,发现中心收案量偏少,主要原因之一是服务费用的价格定得过高。[③] 价格机制在调解资源配置与利益分配功能上的失灵,必须由政府采用法律、行政等非价格手段对价格进行管制和调整。[④] 上海调解中心收案量过小的原因之一也是因为服务价格太高,金融消费者的调解服务需求与制度供给之间出现了偏差。因此,政府对于上海调解中心服务定价机制需要有适度干预,对调解服务收费实行价格上限管制,以激励金融消费者对平台的选择。

第二,金融消费者的主要目的是能够从调解市场中购买到质优价廉的调解服务,能够高效解决纠纷。但是在金融纠纷调解市场形成的初期,金融消费者对这种新型的市场化的解纷方式难以接受,金融消费者的纠纷服务消费意识尚没形成,在一定程度上影响了上海调解中心的运行。上海调解中心完全市场化运行的前提条件并不成熟,市场机制的失灵应该由政府之手予以矫正。具体的做法:一是该机制的初创运行阶段不能完全靠服务收费制度支撑,调解中心应该适当降低服务费率,监管机构为中心向市场化过渡提供一定的资金支持。例如香港金融纠纷解决中心成立费用及前三年(2012年1月1日—2014年12月31日)的运营经费由政府、金管局和证监会提供;自2015年1月1日起,中心运营经费由金融机构提供,并按照公平及公正的方式进行分担。[⑤] 二是监管机构、行

① 杨东、文诚公:《香港金融纠纷解决机制的新发展及其对内地的启示》,《首都师范大学学报(社会科学版)》2013年第3期。

② 上海经贸商事调解中心,http://www.scmc.org.cn/application.aspx? CID=13,最后访问日期:2014年10月2日。

③ 杨东、文诚公:《香港金融纠纷解决机制的新发展及其对内地的启示》,《首都师范大学学报(社会科学版)》2013年第3期。

④ 赵凌云:《经济学通论》,北京大学出版社2005年版,第97页。

⑤ 孙天琦:《港台加拿大金融消费纠纷第三方调解机制及启示》,《西部金融》2013年第8期。

业协会等应加强对市场化的调解机制的宣传，有意识地引导和鼓励金融消费者进入市场化的解纷市场，培养金融消费者的调解服务消费意识，提高金融消费者对该机制的认可度。

## 三、对接调解协议与仲裁裁决是强化调解协议效力的有效途径

### （一）调解协议与仲裁裁决对接的先例

为了克服履行调解协议自愿性低的缺陷，现实中发展出了调解协议与仲裁裁决相对接的做法。深圳证券期货业纠纷调解中心《调解规则》第 17 条规定："当事人达成调解协议的，为使调解协议的内容具有可强制执行的法律效力，任何一方当事人可依据调解协议中的仲裁条款，申请深圳国际仲裁院根据其仲裁规则的规定，按照调解协议的内容依法快速作出仲裁裁决。"深圳证券期货业纠纷调解中心的特色就在于通过仲裁裁决的形式来保证调解协议的强制执行效力，这不仅保证了调解协议在国内通过法院的力量得到强制执行，而且可以依照联合国《关于承认及执行外国仲裁裁决公约》在 149 个国家得到强制执行。[①]

深圳证券期货业纠纷调解中心与一般的调仲对接模式都将调解作为仲裁的前置性程序，无法达成调解协议的，则直接转入仲裁模式。这与一般的调仲结合模式的根本性区别在于仲裁机构对待成功的调解协议的态度，深圳模式可以直接根据调解协议的内容制作仲裁裁决书；而一般的调仲结合模式并不能根据调解协议的内容制作仲裁裁决书，如果一方当事人反悔，则另一方当事人只能请求法院对调解书进行司法确认或者重新通过仲裁、诉讼等其他途径维权。显然，仲裁机构直接依据调解协议的内容制作裁决书的方式能够制止当事人在解纷过程中出现的反复，进而提高了解纷效率。

### （二）调解协议与仲裁裁决对接的法理解读

深圳证券期货业纠纷调解中心将调解协议与仲裁裁决对接起来的前提是尊重当事人的意思自治，并不违背金融调解的基本运作规律。

首先，就调解协议与仲裁裁决的对接时点来看，调解中心制作调解协议后，直至当事人协议内容履行完毕之前，当事人都可以在平等协商的基础上，提请深圳国际仲裁院依据调解协议的内容制作仲裁裁决书。在提请深圳国际仲裁院依据调解协议的内容制作仲裁裁决书的整个过程中，当事人的履行合意并没有破

---

① http://www.sfdrc.cn/CN/DetailPub.aspx? NodeCode=101036002&id=100000063291129，最后访问日期：2014 年 9 月 26 日。

裂。而对调解协议的司法确认是在当事人的履行合意破裂之后，司法权才强势介入，此时当事人对调解协议的履行已经完全没有共识了。换言之，调解协议与仲裁裁决的对接是在当事人合意的基础上进行的，而法院对调解协议的司法确认是在当事人合意破裂之后进行的。

其次，就纠纷当事人在对调解协议和仲裁裁决相对接，以及对调解协议进行司法确认中所扮演的角色来看，当事人的充分合意在前者的情况下起到了决定性作用，如果没有当事人的合意，调解协议是不可能成为仲裁裁决书依据的，在这一过程中，当事人的自愿性和处分性得到了充分尊重；而在后者的情况下，只有当事人不履行或者不完全履行协议内容时才能提起司法确认，提请司法确认的往往只是纠纷当事人一方的单方行为，并不存在当事人双方的合意，也就是说，仅由当事人一方的行为即可启动国家强制力的介入。

最后，现代商事仲裁与调解的趋同性为两者在制度机理方面的嫁接提供了天然的便利条件，但不会因此而混同两者的基本制度价值和运作机理。在国际商事仲裁领域，仲裁意思自治原则的适用范围不断扩大：选用准据法解决仲裁协议的有效性(当事人行为能力问题除外)以及决定仲裁适用的程序法。当事人享有高度的意思自治是当代国际商事仲裁发展的重要趋势。[①] 调解和仲裁的共同特点就在于高度的意思自治性。调解的意思自治性贯穿整个调解过程，包括调解协议的履行与否都由纠纷当事人自我决定；仲裁意思自治与调解意思自治的本质差别在于仲裁方式的一裁终局性和仲裁裁决的强制性。调解和仲裁解纷过程的趋同性越来越强，解纷结果的性质将在根本上决定调解与仲裁的区别。将调解协议与仲裁裁决进行对接也仅是基于纠纷当事人的自我处分权，给纠纷当事人提供了一种新的可选的解纷方式。实际采取何种解纷方式，当事人仍有最终的决定权。

对非诉讼调解协议进行司法确认的做法虽然有经验主义的合理性，但缺陷也很明显：多元立法主体(包括最高人民法院、保监会、银监会、证监会等)的利益存在多元化，"可能会造成法律冲突和互相矛盾，并且各地方、各部门有可能形成地方保护主义，破坏法律的统一性、完整性，造成公众预期混乱，进而造成一些跨地区、跨部门的交易因规则混乱而无法达成契约"。[②] 本质上，这说明非诉讼

① 杜新丽：《国际民事诉讼与商事仲裁》，中国政法大学出版社 2009 年版，第 152—153 页。

② 张建伟：《"变法"模式与政治稳定性——中国经验及其法律经济学含义》，《中国社会科学》2003 年第 1 期。

调解协议的司法确认欠缺合法性。将调解协议与仲裁裁决相对接的做法可以避免这种合法性缺失，提升调解协议的法律效力。

（三）调解协议与仲裁裁决对接的现实基础及路径

将金融纠纷调解协议与仲裁裁决对接起来，一方面，借助仲裁方式的一裁终局性和仲裁裁决的强制性解决调解协议效力软弱的问题；另一方面，顺应纠纷解决国际化的需求。在上海建设国际金融中心的进程中，金融纠纷必然呈国际化趋势。上海可以考虑建立调解协议与仲裁裁决对接制度。在硬件方面，上海国际仲裁中心已经建立了一套成熟的运行规则，基本可以保证相应的制度供给。此外，可以借助上海经贸商事调解中心的既有构架，在其调解规则中增添依据调解协议的内容提请上海国际仲裁中心制作仲裁裁决书的条款即可。在软件方面，经过20多年的发展，上海国际仲裁中心"以独立、公正、专业、高效的仲裁服务为当事人解决争议，在国内外享有较高的声誉"。[①] 总之，上海具备建立调解协议与仲裁裁决相对接的条件。

## 第四节　结　　语

在诉讼与调解两种解纷方式中，金融纠纷的当事人更倾向于采用诉讼的救济方式。根据法经济学理论，只要行为人的行动选择和所选择的目标一致，即使目标错误，从"一致性"的标准来看也是"理性"的。[②] 也就是说，对于纠纷双方，诉讼解纷方式与他们所欲达到的目标之间具有一致性。上海制度实践的着力点在于弱化或者改变现有的"一致性"，希望纠纷当事人强化其在选择调解行为与目标之间的"一致性"。上海改变这种"一致性"均衡的主要做法是不断建立和供给新的金融纠纷调解平台。

这种做法实际上达不到制度建设的目标。因为要使纠纷双方选择调解机制并相信调解机制比诉讼方式更能助其达至所期望的目标，制度设计者必须证明调解机制优于诉讼机制。换言之，纠纷解决机制的消费者能够在自选机制中获得诉讼解决纠纷所不能提供的利益。量化两种解纷机制为纠纷机制的消费者提

---

① 上海国际仲裁中心，http://www.cietac-sh.org/About.aspx? tid＝2，最后访问日期：2014年9月26日。

② 魏建：《理性选择理论与法经济学的发展》，《中国社会科学》2002年第1期。

供的实际利益是非常困难的实证难题。虽然诉讼和调解分别具备一定的优缺点，但是实际量化比较困难。此外，纠纷当事人的主观状态也会影响解纷方式的选择和运用。[①] 在难以证明调解优于诉讼的情况下，制度或平台的供应者应该将纠纷解决方式的选择权交给纠纷当事人自己，由其自行决定到底采用哪种解纷方式。因此，解决问题的正确思路在于顺应纠纷当事人的真实意愿，进一步强化和完善诉讼机制，而不是不顾实际情况地盲目建设调解机制。

一项制度的建立必须考虑不同价值之间的平衡。金融纠纷调解机制的建立也应处理好制度效率价值和公正价值的关系。效率价值主要表现为要有一定数量的调解机制以供纠纷当事人进行选择。公平价值主要表现为调解机制的建设必须着眼于纠纷解决的效果。具体来说，金融纠纷调解机制的建立应遵循如下四个标准：有多种解纷方式可供金融消费者选择适用；金融消费者能够方便启动解纷机制；解纷机制能够低成本且高效率运行；解纷效果能获得金融消费者的认同。前三个标准可称为形式标准，主要是为了制度效率价值的实现，最后一个标准可称为实质标准，主要为了保证制度公平价值的实现。从理论上看，上海市金融纠纷非诉调解机制在数量上基本可以做到为金融消费者提供了足够的解纷渠道，也考虑到了使金融消费者能够便利地启动相应的救济机制。但是，现有的调解机制忽略了对后两条标准的追求。目前的解纷机制和平台占用了大量的公共资源，但未起到解纷的实际作用。究其原因是制度设计忽略了供求规律的基本逻辑，导致制度平台虚置和空转。

正如前文分析，上海金融纠纷调解机制的总体供应远大于市场对其需求。现实需求的不足至少说明制度供求过剩，已有机制的运行成本较高，制度资源浪费情况比较严重。上海市金融纠纷非诉调解机制正处于初创期，制度运行效果还有待日后的跟踪评估。上海市金融纠纷非诉调解机制在现阶段亟须解决的问题是整合现有制度资源，提高现有制度的利用效率，同时采用调解协议与仲裁裁决相对接的方式，以避免公权力对调解机制运作机理的异化。

---

① 杨志利：《调解与判决的选择——基于当事人经济计算角度》，《广东商学院学报》2013 年第 5 期。

# 证券纠纷多元解决

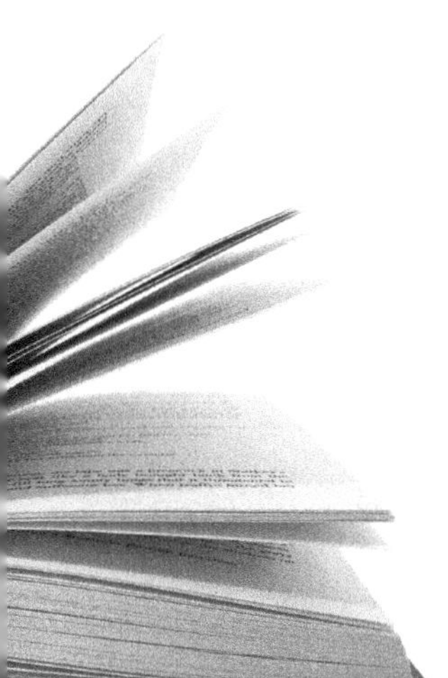

# 第十章

# 我国证券纠纷多元化解决机制构建：实施困境和优化进路*

我国证券市场在改革开放的进程中得到了长足发展。截至 2019 年 9 月 25 日，沪深两市上市公司 3 702 家，总市值 61.83 万亿元。[①] 2019 年上半年，已披露中报的 3 648 家上市公司实现营业收入 23.44 万亿元，占同期全国 GDP 的 51.98%。同时，我国资本市场是以中小投资者为主的市场，个人投资者已达 1.38 亿，其中 95%以上为持股市值在 50 万元以下的中小投资者，在专业知识、信息获取、风险承受等方面存在天然弱势。[②] 数量众多的中小投资者的合法权益如何得到保护，直接影响着投资者的切身利益和中国经济的发展。

## 第一节　解决证券纠纷的集体行动难题

西方发达国家的资本市场已经有上百年的历史，例如美国、英国、日本的资本市场已经十分成熟。相对于这些国家，我国资本市场的发展尚不成熟，投资者的合法权益得不到有效保护，救济渠道较为缺乏。目前，我国对投资者的保护，基本依靠相关监督管理部门的行政处罚和金融机构的内部纠纷解决制度。不难发现，这种情况导致了一个严重的后果，即金融机构的民事责任得不到追究，纠纷并没有真正得到解决。

传统纠纷解决机制可以概括表述为三个大类，即私力救济、社会救济和公力

---

* 本章作者：沈伟、林大山。

① 侯捷宁：《资本市场"脱胎换骨"踏上新征程》，《证券日报》2019 年 10 月 1 日，第 A1 版。

② 朱宝琛：《证监会副主席阎庆民：让人民群众对投保工作看得见、摸得着、感受深》，《证券日报》2018 年 5 月 23 日，第 A1 版。

救济。具体而言，纠纷解决方式包括和解、调解（包括人民调解、行业调解、行政调解、诉讼调解）、仲裁、诉讼等。[①] 其中，证券诉讼是公力救济的途径，证券调解和证券仲裁是非诉讼纠纷解决机制，又被称为多元化纠纷解决机制（Alternative Dispute Resolution，ADR）。

证券纠纷作为一种群体性纠纷，具有如下特征。

一是群体性。伴随着资本市场的产生和发展，即使是在成熟的西方国家资本市场，证券欺诈行为也一直存在，这是证券纠纷产生的重要诉因。目前，数万名中小股东共同持有一家上市公司的股票的情形并不罕见，因此证券纠纷往往涉及众多投资者。

二是专业性。证券市场上证券的买卖不同于日常生活中的商品买卖，也不同于商业上的合同交易。从标的物上看，证券交易买卖标的物不是肉眼可见的具体商品，而是抽象的证券；从交易对象上看，证券交易不是两三个熟人之间的买卖，而是数量众多的陌生人之间高频、大数额的交易。证券侵权行为与生活中常见的侵权行为也存在许多区别：从损害结果上看，生活中常见的侵权结果是具体人身或者财产的损失，看得见、摸得着，而证券侵权的结果是无形财产的损失，与股票价格密切相关，看不见、摸不着；从侵权行为上看，生活中常见的侵权行为是物理上的行为，例如排放污水的环境污染行为，证券侵权行为则集中体现为缺失扰乱市场公正的证券买卖行为或者虚假陈述行为，侵权人通过股价的涨跌获利，俗称"割韭菜"。由于存在上述区别，对于中小投资者来说，证明损失、侵权行为与损害结果的因果关系，需要花费大量的时间和精力，而且取证难度大，当某个证券侵权行为发生时，便产生了集体行动的难题。集体行动难题是指纠纷解决中部分当事人采取行动而无法排除他人"搭便车"，最终导致部分当事人行动的积极性降低，没有人采取任何有利于集体的行动。[②] 在经济学的共用品理论中，判断物品经济属性的依据为是否具有竞争性（rivality）和排他性（exclusiveness）。经济学的共用品理论也可以用来解释证券纠纷解决制度乏力的问题。私人诉讼类似私用品，其"排他性"体现为私人诉讼是由一个原告提出，自负成本，自担风险，但也独享收益；其"竞争性"是指在获偿额度有限的情况下，先起诉者就会先受偿，后起诉者可能就无法获偿。与此相反，集体诉讼更像"非

① 江伟：《民事诉讼法》（第三版），高等教育出版社 2007 年版，第 1—2 页。
② 李激汉：《证券民事赔偿诉讼方式的立法路径探讨》，《法学》2018 年第 3 期。

排他性+非竞争性”的共用品，可以被全体受害者无偿享有。[①] 运用私人诉讼来解决公地悲剧问题，存在严重的“搭便车”和信息不对称的问题。每个投资者的实际损失并不大，赔偿金也不高，但个人的诉讼成本较高，若有一人通过诉讼维权成功，则其他受害者可以直接获偿，而无须承担诉讼成本。“搭便车”问题会挫伤维权者的积极性，造成“三个和尚没水喝”的窘境。

传统的观点认为，虽然集体行为能够有效维护成员的共同利益，但也存在与此截然相反的观点：以一个人具备自利和理性的特性为前提，在没有利益驱动的情况下，他不会主动发起集体行动。至于单方拿出公共物品来满足大家的需要是非常罕见的情形。因此，采取一些措施来适当激励个体是非常必要的。这一观点的代表人物是美国著名经济学家奥尔森。[②] 将这一观点适用于证券纠纷，个人缺少足够的激励来提起诉讼，导致证券纠纷的集体行动难题。法律作为一种激励机制，需要恰当地分配风险和收益，破解证券纠纷中的集体行动难题，激励受害者积极维权，促进证券市场的健康发展。

## 第二节　证券诉讼制度的困境

随着资本市场的发展，越来越多的投资者投身于股票交易，因此产生的证券纠纷数量也逐渐大幅增长，并且争议类型新颖、专业性强、难度大。要想真正解决这一问题，仅仅依靠证券诉讼还是不够。我国证券诉讼法律规范如表 10－1 所示。

**表 10－1　我国证券诉讼法律规范**

| 文件名称 | 发布时间 | 发布主体 | 相关内容 |
| --- | --- | --- | --- |
| 《关于受理证券市场因虚假陈述引发的民事侵权纠纷案件有关问题的通知》[③] | 2002 年 1 月 15 日 | 最高人民法院 | 证券虚假陈述民事赔偿纠纷案件的行政前置程序 |

① 孙放：《公地悲剧理论下集体诉讼的经济逻辑与制度构建》，《学术交流》2019 年第 7 期。
② ［美］奥尔森：《集体行动的逻辑》，陈郁、郭宇峰、李崇译，上海人民出版社 1995 年版，第 8—20 页。
③ 法明传〔2001〕43 号。

续 表

| 文件名称 | 发布时间 | 发布主体 | 相关内容 |
| --- | --- | --- | --- |
| 《关于审理证券市场因虚假陈述引发的民事侵权纠纷案件有关问的通知》① | 2003年1月9日 | 最高人民法院 | 证券虚假陈述民事赔偿纠纷案件具体程序：受理与管辖、诉讼方式、虚假陈述认定、因果关系认定、归责与免责事由等 |
| 《证券法》 | 2014年8月31日 | 全国人大常委会 | 证券民事赔偿案件诉讼程序法律框架 |
| 《最高人民法院关于适用〈中华人民共和国民事诉讼法〉的解释》 | 2015年1月30日 | 最高人民法院 | 证券民事赔偿案件诉讼程序法律框架② |
| 《民事诉讼法》 | 2017年6月27日 | 全国人大常委会 | 证券民事赔偿案件诉讼程序法律框架 |
| 《证券法》 | 2019年12月29日 | 全国人大常委会 | 按照"明示退出""默示加入"的诉讼原则，探索证券集体诉讼制度 |

根据上述司法解释规定，投资者对虚假陈述行为人提起民事赔偿诉讼，应当以行政机关（证监会或财政部）的行政处罚决定或者人民法院的刑事裁判文书为前提，事实上确立了证券诉讼的前置程序制度。

## 一、现实困境

我国目前的证券诉讼机制难以发挥保护投资者的作用，主要有以下原因。

第一，证券诉讼的时间成本和金钱成本较高。对于普通投资者来说，证券诉讼对时间金钱和专业知识的要求超出其所能承受的范围。在美国，诉讼投资已经成为一个行业。诉讼投资是指与诉讼无关的第三方向参与诉讼的原告提供资金，最终从原告的经济赔偿中获得一部分收益的投资方式。造成商业诉讼成本高昂的因素有很多，例如律师费、研究费、口供费、询问费、动议费、会议费、证人相关费、审判费、传票费、上诉费，以及诉讼费、顾问费和调查等有关的费用。诉

① 法释〔2003〕2号。
② 法释〔2015〕5号。

讼投资基金与原告在合同中约定如果胜诉，双方分配收益的比例，不要求支付利息。诉讼投资基金给原告和律师提起诉讼提供了激励机制。

第二，目前我国证券诉讼制度存在不足。囿于传统司法结构的代表人诉讼制度与现代诉讼结构下的群体诉讼制度在价值取向与功能定位方面发生冲突，已无法适应现代群体诉讼特别是证券市场群体纠纷解决的需要。[①] 首先，代表人诉讼制度适用于传统情形，即法院基于公正的立场，对原被告双方一视同仁，原被告没有明显的地位差别。然而，在证券纠纷的解决过程中，必须时刻贯彻投资者保护这一理念，这是证券领域的基本精神和价值取向。一方面，没有贯彻和落实激励性措施，使得集体行动难题无法得到解决；另一方面，从程序上来看，民诉法的相关规定在实际运用过程中效率低下，可操作性不强。众多当事人的学历背景、投资经验等主客观条件不尽相同、利益取向也未必一致，选代表人十分困难，而民诉法关于如何确立代表人的规定也十分烦琐，不利于有效解决纠纷。其次，根据我国最高人民法院于 2002 年出台的司法解释，律师风险代理和集体诉讼模式不得适用于我国证券侵权诉讼，形成了制度性障碍。再次，《公司法》股东代表诉讼的适用情形主要是上市公司的损失由董监高等造成，同时监事会不尽到相应职责，这时股东才可以为了公司的利益进行股东代表诉讼。因此，股东代表诉讼主要维护的是上市公司的利益。虽然上市公司的利益也涉及股东自身的利益，但集体诉讼与股东代表诉讼有较大区别。集体诉讼制度与个人投资者利益息息相关。

第三，由于证券诉讼制度相关制度还不够完善，律师在办理证券诉讼案件中，常常会遇到程序上与实体上的问题。律师在办理证券虚假陈述案件时，前置程序往往成为双方之间诉讼程序的争议焦点。[②] 根据相关司法解释规定，受害人在提起虚假陈述证券民事赔偿诉讼时，需要提交行政处罚决定或者公告，或者人民法院的刑事裁判文书。[③] 在证券虚假陈述行为尚未实际受到行政或刑事处罚的情况下，如果受害人直接向法院起诉，被告则会主张前置程序抗辩。受害人要等到行政处罚或刑事处罚结果出来后才能提起民事诉讼，往往需要等待很长时间。

律师在办理证券虚假陈述案件时，会遇到如下实体上的难题：如何认定上

---

① 李文莉、黄江东：《美国并购集团诉讼的剖析与借鉴》，《证券市场导报》2015 年第 8 期。

② 邱琳、刘新波、田古：《律师想解决证券纠纷办案难？先得知道这 4 个程序问题》，对赌实务公众号，2019 年 9 月 19 日。

③ 《最高人民法院关于审理证券市场因虚假陈述引发的民事赔偿案件的若干规定》第 6 条。

市公司实施了证券虚假陈述行为？如何认定投资损失与证券虚假陈述行为存在因果关系？这对个人投资者而言，举证责任较重。

虚假陈述的表现形式分为两类：积极的虚假陈述和消极的虚假陈述。积极的虚假陈述是指上市公司及其他信息披露义务人在披露文件中故意作出虚假陈述。消极的虚假陈述是指信息披露义务人未在法定期限内或者未以法定方式公开披露应当披露的信息。在法定期限内未予以公告者，即构成消极的虚假陈述，法定期限的最后一个期日即为消极虚假陈述的实施日。义务人信息披露的期限均有明确的规定，例如，上市公司的年度报告须在会计年度结束之日起 4 个月内公告；[①]可能对上市公司的股票价格产生较大影响的重大事件的信息，必须立即公告。[②] 法律规定义务主体进行信息披露的期限，例如实施某项行为后的一段特定时间内、每个年份的某个日期等，而义务主体未遵守这一规定。通常情况下，这种期限具有重要意义，尤其影响投资者的信息获取和证券市场秩序。

因果关系的证明也是一个难题。依据《最高人民法院关于审理证券市场因虚假陈述引发的民事赔偿案件的若干规定》第 18 条，投资损失与虚假陈述之间的因果关系采取推定方式，原告只需证明其在虚假陈述实施日后买入证券、揭露日或更正日后卖出或仍持有证券而产生损失，法院即推定存在因果关系。同时，司法解释对此也明确列举了几种抗辩情形。系统风险系最常见的抗辩理由，系统风险的存在及其大小的认定本身较为复杂，对此，司法解释并未作出进一步规定，致使司法实务存在各种不同裁判，这导致尽管有上述因果关系推定规则，被告仍然可以进行有效抗辩。[③]

## 二、集体诉讼难以解决证券纠纷的所有问题

面对现有证券诉讼制度存在的问题，证监会提出对证券诉讼进行改革，推动建立有中国特色的证券集体诉讼制度。[④] 以当事人选择退出和加入为标准，集体诉讼可以分为加入制和退出制两种模式，有专家学者建议我国应当引入退出

---

① 《证券法》第 61 条。
② 《证券法》第 62 条。
③ 邱琳、刘新波、田古：《律师想解决证券纠纷办案难？先得知道这 4 个程序问题》，对赌实务公众号，2019 年 9 月 25 日。
④ 《保护投资者，中国特色证券集体诉讼制度渐行渐近》，https://mp.weixin.qq.com/s?src=11&timestamp=1575893690&ver=2024&signature=DydEobXUeNad8aHm4FtIv*BXdUfsxR7jAq*9ZgKteVRmkHNZ67JL02f*K0uD0PZJMlOb8rNLaOkrtvk*BixZXIsoRe0DK-qD2jEWw9ogc0RBFmrXwrQvWVvHoHCZRZIC&new=1，最后访问日期：2019 年 12 月 9 日。

制集体诉讼。[①] 在证券集体诉讼试行初期，可以积极发挥国家设立的证券投资者保护机构以及机构投资者作为“首席原告”的引领作用。[②] 2019 年新修订的《证券法》规定了代表人诉讼制度，借鉴了“默示加入、明示退出”的美国集团诉讼经验。[③] 证券集体诉讼制度的确立，必将聚集起中小投资者力量，有助于维护他们的合法权益。然而，集体诉讼制度能在多大程度上保护中小投资者，仍然存在疑问。在集体诉讼制度的发源地——美国，这一制度已有几十年的历史，[④]但也暴露了许多问题。

美国集体诉讼在实施过程中存在如下问题：第一，小公司无人诉。美国式的集体诉讼机制本质上是利用股东，尤其是股东代理律师的趋利之心来组织上市公司众多的股东，解决他们面临的集体行动问题。起诉、举证、和解或者庭审等诉讼过程涉及的成本往往相对固定，面对大体相当的诉讼成本，原告及其律师选择起诉的往往都是有可能获得较高赔偿的案件。与大公司相比，小公司支付赔偿的能力显然要弱得多。因此，在成本收益的理性计算之下，原告及其律师明显会倾向于起诉大公司，即使小公司的违法程度更严重。美国的经验研究表明，与处于同行业的其他公司相比，遭遇股东集体诉讼的公司无论资产规模、销售规模、市场占有率还是总市值都明显更大。[⑤] 换言之，集体诉讼无法有效遏制小公司的违法、欺诈行为。[⑥] 第二，频繁发动集体诉讼，滥诉现象十分严重。为了解决这一问题，美国政府决定采取立法的方式对其作出各种限制，回归正常的证券诉讼秩序，并于 1995 年通过《私人证券诉讼改革法》。根据该法，证券诉讼的证明标准被抬高，杜绝之前证明标准低导致的无辜的中介机构向原告承担民事责任的现象，以此保护证券市场的信息披露；同时，将连带责任转变为比例责任并增加责任限额。另外，明确集体诉讼中原告代表的资格要求，并禁止出现职业化的原告代表。此外，特拉华州衡平法院也于 2016 年创设了一项重要先例，禁止原告律师在没有引发重大信息披露修正的股东集体诉讼和解中取得律师费(Inre Trulia Stockholder Litigation)。美国国会和法院的这一系列改革恰好与

---

① 章武生：《我国证券集团诉讼的模式选择与制度重构》，《中国法学》2017 年第 2 期。

② 祝惠春：《为什么建立中国特色证券集体诉讼制度势在必行?》，《经济日报》2019 年 11 月 16 日，第 16 版。

③ 《证券法》第 95 条。

④ 美国《衡平法规则》首次明文确立所谓“集体诉讼制度”。170 年来，这部法律几经修订，目前美国联邦集体诉讼制度的主要法律依据是 1966 年《联邦民事诉讼规则》第 23 条，而这一条款在 1998 年和 2003 年又经过两次修订，2005 年独立为《集体诉讼公平法》。

⑤ Stephen Choi. The Evidence on Securities Class Actions. *Vanderbilt Law Review*, 2004.

⑥ 张巍：《抱团未必取暖：股东诉讼，未必要靠“集体”》，比较公司治理公众号，2019 年 9 月 8 日。

目前我国对引入集体诉讼机制、扩大赔偿责任范围的呼吁背道而驰。[①]

为了减少了滥诉，新修订的《证券法》规定由投资者保护机构代替律师来主导诉讼，然而投资者保护机构面临人力、物力不足，缺乏激励机制等问题。

## 第三节 我国证券调解制度建设

### 一、调解制度的优势

调解制度在东方的历史上最为悠久。孔子曰："听讼，吾犹人也。必也使无讼乎。"这句话反映了传统社会追求无讼的价值理念，强调从源头上减少矛盾纠纷。这种由第三方主持下的纠纷化解制度被我国大众接受和认同。[②] 这一制度存在的重要基础就在于它的私密性，即争议双方在调解过程中所承认的事实、作出的让步不作为在未来的其他纠纷解决程序中对其不利的依据。[③]

英国著名社会学学者拉尔夫·达仁道夫基于利益分配理论，指出纠纷产生的原因在于权利分配。他强调多元化纠纷解决机制形成的非诉格局，对现代社会的稳定具有巨大的重要性。

如前所述，随着资本市场的发展，越来越多的投资者投身于股票交易，因此产生的证券纠纷数量也大幅增长，仅依靠证券诉讼无法根本解决纠纷。因此，在拥有成熟的资本市场的发达国家，纠纷调解机制作为诉讼制度的补充，是必不可少且十分完善的制度补充，例如在英国，隶属于金融服务监管局金融行业的调查专员公署，是负责处理多种金融纠纷的专职机构，其中包括证券纠纷。投资者在此可以选择证券诉讼以外的多种方式解决纠纷，例如调节、协商等。在美国，证券纠纷的处理机构是金融业监管局争议解决中心，而在纠纷处理过程中，调解这一纠纷解决形式受到重视，通常被该机构优先推荐。

### 二、证券调解制度的法律规定

我国证券调解制度法律规范如表 10－2 所示。

① 张巍：《抱团未必取暖：股东诉讼，未必要靠"集体"》，比较公司治理公众号，2019 年 9 月 8 日。
② 郑重：《中国传统调解理念的现代价值》，《人民法院报》2019 年 4 月 19 日，第 5 版。
③ 申明亭法律调解：《调解何以成为一种独立的纠纷解决方式？》，https://mp.weixin.qq.com/s/6uS-DNBZ1gqhp5_tW2TrpQ，最后访问日期：2019 年 11 月 10 日。

**表 10－2　我国证券调解制度法律规范**

| 文件名称 | 发布时间 | 发布主体 | 相关内容 |
| --- | --- | --- | --- |
| 《中国证券业协会证券纠纷调解工作管理办法(试行)》 | 2012 年 6 月 11 日 | 中国证券业协会 | “推进调诉对接努力化解证券纠纷”，对调解的组织架构、受理范围、调解协议效力、经费来源及调解案件的程序进行规范 |
| 《中国证券业协会证券纠纷调解规则(试行)》 | 2012 年 6 月 11 日 | 中国证券业协会 | 规范证券纠纷调解行为，明确证券纠纷调解程序，促进证券纠纷合理解决 |
| 《关于在全国部分地区开展证券期货纠纷多元化解机制试点工作的通知》 | 2016 年 5 月 25 日 | 最高人民法院和中国证券监督管理委员会 | 试点地区人民法院与证券期货监管机构、试点调解组织加强协调联动，充分发挥纠纷多元化解机制作用，取得积极成效。在总结试点工作经验的基础上，决定在全国联合开展证券期货纠纷多元化解机制建设工作 |
| 《关于全面推进证券期货纠纷多元化解机制建设的意见》 | 2018 年 11 月 13 日 | 最高人民法院和中国证券监督管理委员会 | 证券期货纠纷多元化解机制范围、调解协议的司法确认制度、强化纠纷多元化解机制保障落实 |

为了更好地解决证券纠纷，2011 年《中国证券业协会证券纠纷调解工作管理办法(试行)》出台。作为行业自律组织，证券业协会颁布该部规范的重要目的是推进调诉对接。据此，组织架构得以正式确立，通过正向列举和反向排除明确了案件的受理范围。在调解这一纠纷解决方式中，双方当事人达成调解协议是最终结果，而该协议具有何种法律效力是制度设计的关键，对此，《管理办法》也有明确规定。除了上述实体问题外，证券调解的相关程序也被纳入该部文件。2011 年 7 月，证券纠纷调解专业委员会设立；2012 年 2 月，中国证券业协会证券纠纷调解中心成立。

2016 年，中国证券业协会正式通过《中国证券业协会证券纠纷调解工作管理办法》(简称《管理办法》)和《中国证券业协会证券纠纷调解规则》(简称《规则》)，明确中国证券业协会证券纠纷调解中心是我国的证券纠纷调解组织，一般被简称为“调解中心”。

从规则来看，证券调解对于金融创新下的纠纷解决有着诸多优势。

第一，调解可单方或双方发起。《规则》第 4 条规定：“调解申请可由当事人单方或共同向调解中心提出。”

第二，调解期限较短。《规则》第 14 条规定：“普通调解应当在确定调解员之日起 20 个工作日内调解完毕。另行确定调解员的，调解期限自调解员另行确定之日起重新计算。如遇特殊情况需延长时限的，须经调解中心批准，延长不得超过 10 个工作日。”

第三，调解协议具有约束力。《管理办法》第 23 条规定：“调解协议经各方当事人签字盖章后具有民事合同性质，各方当事人应当遵守。当事人可以申请调解员及调解组织在《调解协议书》上签字和盖章。《调解协议书》经调解员签字和调解组织盖章后，当事人可以申请有管辖权的人民法院确认其效力。”

第四，调解依据较为灵活。《管理办法》第 4 条规定：“调解组织开展证券纠纷调解，应当依据法律、法规、规章、其他规范性文件及自律规则，也可以参考行业惯例。”

第五，调解费用低。《管理办法》第 19 条规定：“证券纠纷调解工作经费源于协会建立的证券纠纷调解专项基金。证券纠纷调解专项基金来源包括协会自有资金、协会接受会员单位及社会其他有关组织、机构、个人的合法专项捐赠。调解工作对当事人不收取任何费用。”

第六，调解员专业程度高。证券纠纷调解中心调解员任职资格要求包括：在协会会员单位(含特别会员)担任中层以上领导职务或有 10 年以上证券行业工作经历的人员；有 5 年以上证券监管部门、自律组织工作经历的人员；有 5 年以上纠纷解决经验的律师、仲裁员或调解员；在当地有一定影响和威望的离退休法官、检察官和政府工作人员；具有中高级职称，直接从事法律、经济教学或研究的专家学者。

2018 年，最高人民法院、司法部发布《关于扩大律师调解试点工作的通知》，[①]提出健全诉调衔接机制。人民法院在推进调解程序前置改革试点过程中，要充分发挥律师调解优势，建立记录考核制度。完善工作激励机制，对表现突出的律师调解组织和律师调解员，人民法院、司法行政机关、律师协会给予奖励，以调动律师参与调解的积极性。

---

① 司发通〔2018〕143 号。

国务院办公厅于2013年出台《关于进一步加强资本市场中小投资者合法权益保护工作的意见》(简称《意见》)，针对投资者保护存在的突出问题，构建了资本市场中小投资者权益保护的制度体系。中国证监会为了落实《意见》提出的"完善组织体系，探索建立中小投资者自律组织和公益性维权组织"的要求，成立了投服中心这一证券金融类公益性维权和服务组织，为中小投资者权益保护提供服务。

投服中心是公司制法人单位，于2014年12月5日在上海注册成立。上海证券交易所、深圳证券交易所、上海期货交易所、中国金融期货交易所和中国证券登记结算有限责任公司作为股东单位，构成了股东会。董事会是决策机构，行使股东会授予的权利。投服中心主要业务是持股行权、纠纷调解、诉讼与支持诉讼、投资者教育等。来自投服中心的信息显示，以35个辖区调解站为基础，通过调解网络发挥"申请便捷、程序简化、专业权威、效力保证"的优势。2018年，投服中心共受理证券纠纷1 793件，调解成功1 711件，投资者和解获赔金额达到5.14亿元。[①]

## 三、证券调解制度实施现状与存在问题

一方面，证券调解制度取得了一定的实施效果。根据2018年相关研究与评估报告，证券纠纷多元化解决机制试点工作在全国范围内开展，取得了明显的成果。[②] 首先，从范围来看，从局部扩大到全国范围；其次，从试点组织的数量来看，已经从8家增长到55家；再次，从调解员专业水平来看，调解员的专业水平不断提高，人数不断增加；最后，从调解效果来看，在过去的两年多受理的9 000余件调解中办结率91%，其中调解成功率高达81%，支付金额近15亿元。地方行业协会在发挥行业自律组织作用的同时，也不断与其他组织加强合作，例如其与投资者服务中心共同成立的调解工作站已有33个。

2018年，证券业协会调解中心共受理纠纷调解申请约450起，争议金额近3亿元，全年共办结案件426起，调解成功360起，达成协议金额近2.4亿元，和解率达85%；督促证券公司主动化解其与投资者群体之间的纠纷，解决了100多位投资者的诉求，达成2亿多元的和解协议。投保基金公司共接受北京市第一中级人民法院委托调解案件270件，调解成功率高达90%，金额达3 000余

① 《中证投服中心一年中干了啥》，《深圳特区报》2019年3月14日，第A14版。

② 最高人民法院：《证券期货纠纷多元化解机制试点工作评估报告》(摘要)，最高人民法院微信公众号，2018年11月30日。

万元。①

另一方面，证券调解制度在实施过程中也出现了一些问题。

第一，作为行业自律性组织，证券业协会这一调解机构权威性不足。除了调解协议仅相当于民事合同的约束力以外，还表现在参与主体方面，调解参与主体主要由证券业协会会员构成，在实践过程中可能会倾斜于证券公司等会员的利益。另外，双方当事人力量不对等，证券公司具有明显的优势，然而目前并不存在倾斜于投资者的相关政策，因此不利于投资者保护。在中国证券业协会公布的调解员名册中，70%的调解员来自证券公司，而来自律师事务所、高校科研机构等领域的调解员不足10%。② 这将造成纠纷当事人对调解机构缺乏信任，最终导致调解机构公信力下降，调解机制的功能实现受到较大限制。

第二，调解协议效力不足。调解协议的作用难以有效发挥。具体表现在调解协议的效力不足，即经双方达成一致的调解协议仅具有相当于民事合同的约束力，还表现在确认调解协议效力的环节复杂、程序烦琐，需要经过公证机关、人民法院等机构的确认后再强制执行，往往花费较长时间。另外，如果当事人一方对于调解协议的内容和效力有异议，还可以向人民法院提起诉讼，因此调解协议不具有终局性，降低了调解协议的公信力，不利于调解功能的发挥。

第三，调解方式与其他纠纷解决方式的衔接不顺畅，主要表现在程序烦琐、环节复杂、效率低下，例如调解协议的执行需要通过司法程序。此外，衔接不顺畅还表现在调解方式在证券纠纷领域未取得大众的广泛接受。相比于整个证券市场的资金量，现有证券调解制度解决的只是一小部分的证券纠纷。

第四，调解衔接机制不畅。证券纠纷的调解衔接机制是指调解方式与其他纠纷解决方式在证券纠纷处理过程中的对接和合作。由于证券纠纷在“解决链条”上分别与证券机构自身投诉反馈机制、诉讼（仲裁）解决机制相连接，因此处理好与这两种纠纷解决机制的衔接问题有助于调解机制本身的高效运行。就目前实际情况来看，证券纠纷调解的衔接机制并不完善。③

## 四、证券调解制度改进建议

第一，发布证券调解的示范案例，为深化多元化纠纷解决机制改革提供样

① 中国证券投资者保护基金有限责任公司：《2018年度证券投资者保护制度评价报告》。

② 中国证券业协会：《调解员名册》，https://www.sac.net.cn/hyfw/zqjftj/tjymc/201904/t20190416_138385.html，最后访问日期：2019年12月10日。

③ 陈明克：《我国证券纠纷调解机制研究》，《武汉金融》2018年第4期。

本。2018 年 12 月，最高人民法院发布《证券期货纠纷多元化解十大典型案例》，涉及案例[①]包括：① 保荐机构先行赔付投资者损失的首次尝试；② 深圳证监局、调解中心、深圳国际仲裁院通力协作，解决长达 4 年的上市公司控制权争夺纠纷的案例，充分体现了“专业调解＋商事仲裁＋行业自律＋行政监管”四位一体争议解决机制在化解资本市场复杂矛盾纠纷方面的优势和成效；③ 最高人民法院委托调解的第一起商事案件；④ 交易系统故障引起纠纷的案例；⑤ 资本市场纠纷调解中首次使用资金提存公证手段促成调解的案例；⑥ 投资者与证券营业部佣金调整纠纷案例；⑦ 首例适用小额速调机制纠纷案例；⑧ 基金业协会会员间债券交易纠纷第一案，具有重要的行业示范意义。笔者认为，示范案例的发布主体还可以扩大到其他机构，例如行业自律性组织、相关监管部门等，这些机构可以从自身的角度发布一些案例来分享实践经验，为证券纠纷调解提供借鉴意义。

第二，调动调解组织调解积极性和纠纷化解率，借鉴基层法院的调解经验。为了提高纠纷化解率，云南昆明富民县法院建立了“以奖代补”的调解激励制度，并且根据信访案件的程度将奖金金额分档，起到了激励作用，调动了民间调解组织的积极性。在调解激励制度的落实下，该县的调解工作取得了显著成效，2018 年处理近 2 900 件民间纠纷，其中调解成功率超过 99.9%。同时，富民县法院诉调对接，双向联动持续发力。[②]

第三，完善司法确认制度。最高人民法院于 2009 年 7 月公布《非诉衔接意见》，该意见对于做好“诉调对接”工作、为人民群众提供更多可供选择的纠纷解决方式指明了努力方向与奋斗目标。之后，全国人大常委会于 2010 年 8 月通过《人民调解法》，其中第 33 条规定：“经人民调解委员会调解达成调解协议后，双方当事人认为有必要的，可以自调解协议生效之日三十日内共同向人民法院申请司法确认，人民法院应当及时对调解协议进行审查，依法确认调解协议的效力。”该规定首度对司法确认制度创设的实然性作出了法定评价。《民事诉讼法》(2012 年修正)第 194 条将“法院确认调解协议案件”作为“诉调对接”的程序性安排，明确调解协议双方当事人可向调解组织所在地基层法院申请司法确认，为基层法院“司法确认”的实践进路提供了制度依据。

“诉调对接”是对“枫桥经验”的传承发展，融合司法裁判权与民间调解力量

---

① 最高人民法院：《证券期货纠纷多元化解十大典型案例》，最高人民法院微信公众号，2018 年 12 月 5 日。

② 富民县人民法院：《司法确认制度的基层实践与发展进路——以昆明市富民县人民法院为例》，多元化纠纷解决机制公众号，2019 年 5 月 17 日。

为一体，与专指诉讼外非诉解纷的"域外替代性纠纷解决机制"（ADR）相比，是中国特色社会主义司法制度的重大创新。在"调解在先，诉讼断后"的情境下，司法确认制度作为调解的补强支撑与后盾力量，论证了"当事人合意＋司法确认有效＋强制力保证执行＝案结事了人和"的简单表达。"司法确认"以能为当事人提供便捷高效的司法服务、确保当事人有效协议得以强制执行、免收诉讼费用等特点成为解纷止争方式之优选。①

第四，在推进中国证券调解制度的过程中，可以引入在线矛盾纠纷多元化解平台。中国在线矛盾纠纷多元化解平台（http://yundr.gov.cn）于 2017 年 3 月正式上线，其坚持"先试先行、边用边改"的原则，并在杭州市西湖区先行试点，2018 年 6 月，浙江省全面推广。截至 2018 年 12 月 31 日，平台注册用户达到 647 589 人，注册调解员 34 341 人，申请调解案件 391 573 件，结案 385 627 件，调解成功 350 302 件，调解成功率为 90.83%，其中法院委派调解案件 61 885 件，申请司法确认案件 10 018 件。② 证券调解线上平台的建设将有助于化解证券纠纷。

第五，示范判决与委托调解相结合。2018 年 11 月 30 日，最高人民法院和中国证券监督管理委员会联合印发《关于全面推进证券期货纠纷多元化解机制建设的意见》，规定证券期货监管机构在清理处置大规模群体性纠纷的过程中，可以采用示范判决＋委托调解制度，引导其他当事人通过证券期货纠纷多元化解机制解决纠纷。③ 2019 年 8 月 7 日，全国首例证券纠纷示范判决二审宣判，这是落实证监会与最高人民法院《关于全面推进证券期货纠纷多元化解机制建设的意见》的一项重大举措，标志着"示范判决＋纠纷调解"这一具有中国特色的投资者维权机制落地实施。④ 判决生效后，法院把判决结果告知案件当事人。对于已经进入诉讼程序的相关当事人，法院将通过代理人等方式进行告知，对于还未立案的相关当事人，法院将在立案窗口告知他们示范判决信息，从而促使相关当事人按照示范判决的裁判原则，委托或委派第三方专业机构进行核算后进行调解，实现该类纠纷的快速解决。

① 富民县人民法院：《司法确认制度的基层实践与发展进路——以昆明市富民县人民法院为例》，多元化纠纷解决机制公众号，2019 年 5 月 17 日。

② 陈辽敏：《在线纠纷解决机制的创新与思考》，多元化纠纷解决机制微信公众号，2019 年 1 月 2 日。

③ 孙航：《最高法证监会联合印发意见：全面推进证券期货纠纷多元化解机制建设》，《人民法院报》2018 年 12 月 1 日，第 1 版。

④ 阎庆民：《切实保护好投资者合法权益努力构建资本市场良好生态》，证监会发布公众号，2019 年 9 月 6 日。

上海金融法院采用“示范判决＋委托调解＋司法确认”的全链条机制。针对已立案的相关案件，上海金融法院将发挥示范判决的示范效应，促使当事人委托调解；针对尚未立案的案件，上海金融法院促使当事人委派调解后，根据当事人意愿进行司法确认，从而确保该全链条机制覆盖各个阶段的纠纷，[①]实现证券虚假陈述群体性案件的整体、全面化解。[②] 此前，上海金融法院出台了全国首个证券纠纷示范判决机制的规定——《示范判决机制规定》，首次明确了示范案件与平行案件的范围标准、示范案件的选定程序和审理规则、示范判决的效力扩张与取消原则、平行案件的衔接处理与简化程序。[③] 上述规则的明确可以为全国法院建立证券纠纷示范判决机制提供可复制、可推广的经验。证券调解和示范判决的对接将大大有利于解决日益增长的诉讼纠纷。

《九民纪要》也规定，对于不采用《民事诉讼法》第 54 条规定的方式审理的案件，可以选取在案件事实和法律适用方面具有典型性和代表性的案件作出示范判决，采取先行判决典型案件，其余案件委托专业机构调解的工作方式，及时有效地解决争议。[④]

第六，调解收费的部分开放。免费调解是我国《人民调解法》坚持的原则，免费调解的弊端显而易见，其截断了调解员从调解服务市场运作中获取自我经营成本的渠道，结果是发展受到限制，无法在规模上取得突破性发展。[⑤] 调解收费的部分开放能满足自己职业发展的“被肯定”认知的需求；同时，提供资金支持调解员系统训练，提高调解员的专业水平。纽约初审最高法院商事庭的特邀调解员制度规定，调解的前 3 小时免费，之后按时间收费。我国可以借鉴纽约州法院的经验，在特邀调解实施之初采取免费原则；在实施一段时间后，根据实施效果和具体情况，引入部分调解收费原则。

第七，设立全国性的纠纷调解机构。随着多层次资本市场快速发展，投资者和市场经营主体之间的纠纷开始增加。权益受损的投资者通过仲裁、诉讼等方式维权成本高、周期长。2017 年，12386 受理的有效投诉 7.3 万起，监管系统内

---

① 法治长三角：《上海金融法院一周年：打开中国通往世界的“金融司法之窗”》，https://mp.weixin.qq.com/s/t6nxRiuBIHAqf9PQVDXMjw，最后访问日期：2019 年 11 月 28 日。

② 最高人民法院：《全国首例证券纠纷示范判决案二审宣判：方正科技上诉请求被全部驳回》，https://mp.weixin.qq.com/s/5uQ3fyQOYFddFjqx8vDiVg，最后访问日期：2019 年 11 月 28 日。

③ 林晓镍、单素华、黄佩蕾：《上海金融法院证券纠纷示范判决机制的构建》，《人民司法》2019 年第 22 期。

④ 《全国法院民商事审判工作会议纪要》第 81 条。

⑤ 周建华：《论调解的市场化运作》，《兰州学刊》2016 年第 4 期，第 132—138 页。

多家单位开展纠纷调解工作，每年 5 000 件的调处量与实际需求有非常大的差距，原因是，地方性行业协会分行业和分区域的割裂式调解效果不佳。由于这些单位的法律身份是会员单位代表，调解并非主业，中立性容易受到质疑，故需要设立一个受案范围覆盖证券、期货、基金、上市公司等全市场的全国纠纷调解机构。

设立全国纠纷调解机构是解决投服中心现有职责互相冲突的途径。投服中心为 3 500 多家上市公司的股东和虚假陈述等案件的原告和原告代理人，与调解中立第三方的定位冲突。将纠纷调解业务独立出来，能够解决内部职责互相冲突的问题。

第八，学习欧洲非诉机制的经验。在过去 40 年里，欧洲各国的非诉讼纠纷解决机制有了长足发展。欧洲司法委员会联盟与欧洲法律研究所建立了联合项目组，针对相关问题开展了深入细致研究，这项专题研究的另一个重要部分就是欧洲各国的法院和法官应当如何对待 ADR 机制、如何将诉讼案件通过 ADR 处理、如何保护和监督 ADR 合法运行、如何保障当事人的诉讼权利等问题，并提出了 21 项原则，被称为欧洲法官力挺 ADR 的“21 条军规”：① 法院和法官如何鼓励 ADR；② 法院和法官如何掌控 ADR 机制的标准；③ 法院和法官如何保障当事人的诉权。[①]

2019 年修订的《证券法》规定了举证责任倒置规则，普通投资者与证券公司发生纠纷，证券公司应当证明其无违规行为，不存在误导、欺诈等情形，不能证明的，应当承担赔偿责任。[②]《九民纪要》第五部分对金融消费者权益保护纠纷案件的审理进行了规定。卖方机构未尽适当性义务使消费者受到损害的，受害者可以请求金融产品的发行人、销售者单独或者共同承担赔偿责任。[③] 同时，卖方机构对其是否履行了“将适当的产品（或者服务）销售（或者提供）给适合的金融消费者”义务承担举证责任。卖方机构不能提供证据证明其已经具备完善的管理制度、有效的风险评估体系等，应承担举证不能的法律后果。[④] 可见，为了更好保护投资者的合法权益，金融机构承担了十分严格的责任。因此，为了更好落实《九民纪要》的规定，证券调解制度中应进行相应的具体规定。

① 蒋惠岭：《欧洲法官力挺非诉机制的“21 条军规”》，多元化纠纷解决机制公众号，2019 年 9 月 7 日。
② 《证券法》第 89 条。
③ 《全国法院民商事审判工作会议纪要》第 73 条。
④ 《全国法院民商事审判工作会议纪要》第 75 条。

# 第十一章

# 新《证券法》视角下的证券纠纷调解机制及完善进路*

随着近年来资本市场的高速发展和金融消费者维权意识的提高，证券期货纠纷等金融争议呈现出多种多样的类型，例如证券经纪纠纷、证券资产转让纠纷、权证交易纠纷等。在2008年全球金融危机后，金融消费者保护作为监管机构的重要职责，逐渐引起各个国家和地区金融监管部门和金融业界的重视。诉讼、仲裁以及行政监管等在解决证券期货纠纷时注重程序正义，存在着经济和时间成本较高、监管资源有限、工作效率和专业性较低等问题。作为替代性纠纷解决机制重要一环的调解机制，在国内外日渐成熟的资本市场纠纷解决过程中发挥着重要的作用。

根据上海市高级人民法院发布的《2019年度上海法院金融商事审判情况》，2019年上海法院受理的金融商事案件数量总体呈上升趋势，其中证券、期货类纠纷全市法院2019年收案数量为3 424件，同比上升41.02%。在结案方式上，一审金融商事案件的调撤率为20.66%，同比下降近3.8%；二审案件调撤率为13.48%，同比下降7.56%。[①] 由此可见，我国证券期货纠纷调解机制效率有待提高，构建并完善一套符合我国国情、顺应资本市场需求的证券期货纠纷调解机制十分必要。

然而，大多数研究从规范性文件本身入手，主要立足于目前调解机构的调查数据和域外国家地区的比较法研究，忽视了从当事人对非诉调解机制的内生性需求以及对具体调解规则存在问题的研究。本章结合新《证券法》(2019年修订)、金融纠纷解决机制的最新相关政策和域外国家和地区的调解机制，从法经

---

* 本章作者：沈伟、靳思远。

① 上海市高级人民法院：《上海高院发布中英文版2019年度金融商事审判白皮书》，http://www.hshfy.sh.cn/shfy/gweb2017/xxnr_2016.jsp?pa=aaWQ9MjAxNzAxNzgmeGg9MSZsbWRtPWxtMTcxz&zd=xwzx，最后访问日期：2020年5月17日。

济学视角分析我国证券期货纠纷调解机制的供给和需求，试图从减少当事人纠纷解决成本出发，探寻证券期货纠纷调解机制的完善路径。

## 第一节　我国证券纠纷多元化解机制的现状

随着中国证券监管机构对证券市场信息披露等违法违规行为的打击力度的不断加大，群体性证券侵权民事损害赔偿诉讼案件逐年增多。党的十八大以来，完善社会矛盾纠纷多元化解机制成为深化司法和社会体制改革的重要课题之一。国务院办公厅在2013年12月25日发布《关于进一步加强资本市场中小投资者合法权益保护工作的意见》、[①]最高人民法院于2016年6月28日发布《关于人民法院进一步深化多元化纠纷解决机制改革的意见》、[②]最高人民法院和中国证券监督管理委员会(简称证监会)于2016年7月13日联合发布《关于在全国部分地区开展证券期货纠纷化解机制试点工作的通知》[③]都强调调解在资本市场纠纷解决中的重要意义。

在开展证券期货纠纷多元化解机制试点两年多之后，最高人民法院和证监会于2018年11月30日发布《关于全面推进证券期货纠纷多元化解机制建设的意见》(简称《意见》)，[④]在全国联合开展证券期货纠纷多元化解机制建设工作，要求加强调解组织管理、健全诉调对接工作机制、强化纠纷多元化解机制保障落实。2019年12月28日，十三届全国人大常委会第十五次会议全体会议审议通过了新《证券法》，作出了一系列新的制度改革完善，包括全面推行证券发行注册制度、提高证券违法违规成本、设立投资者保护专章以完善投资者保护制度、进一步强化信息披露要求等。[⑤] 新《证券法》的一个重大突破是在投资者保护机构

---

① 《国务院办公厅关于进一步加强资本市场中小投资者合法权益保护工作的意见》(国办发〔2013〕110号)，http://www.gov.cn/zwgk/2013-12/27/content_2555712.htm，最后访问日期：2019年10月5日。

② 《最高人民法院关于人民法院进一步深化多元化纠纷解决机制改革的意见》，http://www.court.gov.cn/fabu-xiangqing-22742.html，最后访问日期：2019年10月6日。

③ 《最高人民法院、中国证监督管理委员会 关于在全国部分地区开展证券期货纠纷多元化解机制试点工作的通知》，http://www.csrc.gov.cn/pub/newsite/zjhxwfb/xwdd/201607/t20160713_300658.html，最后访问日期：2019年10月6日。

④ 《最高人民法院、中国证券监督管理委员会关于全面推进证券期货纠纷多元化解机制建设的意见》(法〔2018〕305号)。

⑤ 《新旧证券法全文对比：新增两章　这150条有删改》，http://money.163.com/20/0103/08/F1V03T9B00258105.html，最后访问日期：2020年1月5日。

提起代表人诉讼的情况下，按照“明示退出、默示加入”的规则进行处理。这个规定类似美国集团诉讼制度，但也有很多不同，例如作为代表人的主体是特定的，体现了中国特色（见表11－1）。这一制度在具体运行上还需要与民事诉讼法做好衔接，补强证券民事赔偿诉讼制度对违法行为的威慑功能。

**表11－1　美国“集团诉讼”和我国“特别代表人诉讼”制度对比**

| 主要方面 | 美国“集团诉讼” | 中国“特别代表人诉讼” |
| --- | --- | --- |
| 诉讼原告（代表人） | 集团代表和律师 | 投资者保护机构 |
| 委托人最低人数限制 | 无要求 | 50名以上投资者委托 |
| 启动程序 | 设立集团成员通知程序，法院以个别通知为原则，在发出通知的60日内，任何集团成员均可向法院申请成为首席原告 | 投资者保护机构接受50名以上投资者的委托，并提供相应授权证明即可确定其代表人的身份，法院发布公告启动 |
| 委托人诉讼成本 | 代理律师收费较高 | 投资者保护机构具有公益性质，收费较低 |
| 是否限制虚假陈述赔偿额 | 有限制 | 无限制 |

目前，我国已逐渐形成由协商、调解、投诉处理、仲裁、法院委托调解、诉讼等不同程序所构成的证券期货纠纷多元化解机制。

## 一、制度与平台建设结合并形成多元化纠纷解决机制的服务优势[①]

近年来，相关部门通过对平台建设、诉调对接、特邀调解、在线解纷等内容的制度化、规范化，逐步完善了中国特色多元化纠纷解决制度体系。最高人民法院于2017年5月印发《关于民商事案件繁简分流和调解速裁操作规程（试行）》，全面开展“分流＋调解＋速裁＋快审”机制改革。截至2018年年底，全国各级法院设置专门的诉调对接中心2 701个，专门工作人员13 793名；共建立特邀调解组织18 206个，特邀调解员65 108人；[②]诉前化解案件171万件，立案后调解案件

① 胡仕浩：《中国特色多元共治解纷机制及其在商事调解中应用》，《法律适用》2019年第19期，第3页。

② 李阳：《多元解纷：平安中国亮丽名片》，https://www.chinacourt.org/article/detail/2019/09/id/4478197.shtml，最后访问日期：2019年10月5日。

120 万件，在诉讼服务中心通过速裁、快审机制解决案件 175 万件。通过特邀调解分流案件约占一审民商事案件总数的 15.3%，一定程度上缓解了法院案多人少的矛盾。①

为了便利投资者和市场主体低成本、高效率解决纠纷，最高人民法院与证监会按照《关于全面推进证券期货纠纷多元化解机制建设的意见》和关于运用在线纠纷解决方式开展工作的要求，共同推动人民法院调解平台（简称法院调解平台）与中国投资者网证券期货纠纷在线解决平台（简称投资者网平台）实现数据交换、互联互通，建立协调联动、高效便民的证券期货纠纷在线诉调对接机制。目前，法院调解平台有全国 2 800 多家法院接入，投资者网平台入驻的证券期货调解组织覆盖资本市场各投资业务领域、全国各辖区。②

上海金融法院、杭州市中级人民法院和中证中小投资者服务中心、中国证券投资者保护基金公司、浙江证券业协会等调解组织分别运用上述机制，进行了在线诉调对接实践。已经完成的两批虚假陈述纠纷案件顺利达成调解协议，投资者累计获赔金额 320 余万元。这两批纠纷的快速、妥善化解，标志着在线诉调对接机制正式落地实施，为人民法院和调解组织开展证券期货纠纷在线诉调对接工作提供了范本。③

## 二、推动股东能动主义以保护投资者权利

由证券监管部门主导建立的投资者保护机构作为能动型股东出现，获得了一系列法定授权，是近年来我国上市公司治理版图中的新工具。这种特殊的股东能动主义有其理论与现实合理性，并在《证券法》中增设的“投资者保护”专章得以体现。

股东能动主义是基于公司治理中的代理问题而形成的一种股东保护主义理念，是指投资者依据其所持有的公司股份，以股东身份积极参与公司内部治理，尽可能获取足够的信息，实行股东利益最大化的投资项目和策略；其可颠覆缺乏效率的决策者行为，从根本上维护机构投资者利益的公司治理进路，也被称为

① 孙航：《走出一条中国特色的司法为民之路——人民法院多元化纠纷解决和诉讼服务工作综述》，https://www.chinacourt.org/article/detail/2019/06/id/4041037.shtml，最后访问日期：2019 年 10 月 5 日。

② 《证券期货纠纷在线诉调对接机制落地实施》，http://legal.people.com.cn/n1/2020/0313/c42510-31631463.html，最后访问日期：2020 年 5 月 17 日。

③ 《证券期货纠纷在线诉调对接机制落地实施》，http://legal.people.com.cn/n1/2020/0313/c42510-31631463.html，最后访问日期：2020 年 5 月 17 日。

"用手投票"。[①] 随着股东能动主义的重要性被不断认知和体现，机构投资者逐步从之前奉行的股东消极主义向能动主义转化。我国股东能动主义在公司治理方面主要表现为股东网络投票、征集表决权、以股东公开发声的舆论来监督公司控股股东以及高管行为等。[②]

经中国证监会批准设立并直接管理的证券金融类投资者保护机构——中证中小投资者服务中心有限责任公司(简称投服中心)在前期试点的基础上，从2017年开始在全国范围内开展持股行权工作。投服中心已成为沪深两市所有上市公司中仅持股一手的"最小股东"，并不断行使建议权、质询权、诉讼权等股东权利。2018年，证监会修订《上市公司治理准则》，首次在规则层面明确了中小投资者保护机构持股行权的地位。《证券法》新增的"投资者保护"专章，从法律层面确认了投服中心业已开展的诸多实践，并赋予了其新的权能。[③]

## 三、构建"示范判决＋代表人诉讼＋纠纷调解"的投资者维权机制

证券纠纷示范判决机制是在处理群体性证券纠纷时，若某一诉讼的纷争事实与其他(多数)事件的事实主要部分相同，该诉讼事件经法院裁判后，其结果成为其他事件在诉讼上或诉讼外处理的依据。[④] 为落实最高人民法院和证监会于2018年11月联合出台的《意见》，上海金融法院于2019年1月16日制定出台了《关于证券纠纷示范判决机制的规定(试行)》(简称《示范判决机制规定》)，探索构建示范判决机制，创新证券纠纷诉调对接模式，明确优先选定国家机关或依法设立的公益性组织机构支持诉讼作为示范案件，委托第三方专业机构核定损失。2019年6月，最高人民法院、上海市高级人民法院、上海金融法院相继发布科创板并试点注册制改革司法保障意见，推广示范判决机制，发挥专家证人在案件审理中的作用。[⑤]

2019年8月7日，上海金融法院全国首例示范案件——原告潘某等诉被告方正科技集团股份有限公司证券虚假陈述责任纠纷一案(简称"方正科技案")二审由上海市高级人民法院判决：驳回被告上诉，维持原判。[⑥] 该案是全国首例公

---

① 金宪宽：《美国股东积极主义的兴起与对我国的启示》，《法制博览》2019年5月(下)，第76页。

② 金宪宽：《美国股东积极主义的兴起与对我国的启示》，《法制博览》2019年5月(下)，第76页。

③ 郭雳：《作为积极股东的投资者保护机构——以投服中心为例的分析》，《法学》2019年第8期，第148页。

④ 陈慰星：《民事纠纷的多元化解决机制研究》，知识产权出版社2008年版，第77页。

⑤ 投服中心：《全国首例示范判决生效 投服中心受托核定投资者损失》，https://mp.weixin.qq.com/s/uufXQ55nTnX6tP2a0iJKbA，最后访问日期：2019年10月7日。

⑥ 投服中心：《全国首例示范判决生效 投服中心受托核定投资者损失》，https://mp.weixin.qq.com/s/uufXQ55nTnX6tP2a0iJKbA，最后访问日期：2019年10月7日。

开宣判并生效的示范案件,引入投服中心作为第三方专业机构辅助法院进行损失核定,奠定了证券领域投资者司法救济的里程碑。示范案件原、被告之间的争议焦点可涵盖该系列案件中绝大多数投资者涉及的情形,在事实争点和法律争点方面具有代表性,其他投资者可以根据本案的共同事实与法律适用问题和方正科技达成和解协议或者经由法院调解。截至 2019 年 10 月 16 日,方正科技与张某某、曹某某等共计 223 名投资者达成调解协议,共计支付赔偿金 7 121 395.79 元。[①]"方正科技案"历经二审,共用时约 347 天,少于按照普通诉讼程序作出最终判决的平均用时(405.1 天)。此类裁判不仅能使示范案件中的原告较快地获得赔偿,而且后续通过调解结案的其他投资者也能在相对较短的时间内获得赔偿。[②]

示范判决机制的建立也迫使法官在审判案件过程中更加注重审判质量。首先,体现在对示范判决案件的选定上,法官必须对案件内容构成、社会反响等因素进行全面考量,选出适合代表其他同类案件的案例;其次,法官对示范判决案件的审理也更加谨慎,发挥示范案件对后续案件的引领作用。示范判决作为金融法院创新探索的专业化审判机制,目前仅限于证券纠纷,日后随着该机制逐渐成熟,示范判决也将涵盖更多领域司法案件,最大限度地发挥案件引领和指导作用。[③] 截至 2020 年 4 月 20 日,全国首例适用示范判决机制的方正科技系列案件调撤率为 98.49%,合计 1 311 名投资者通过多元纠纷化解机制解决纠纷,调撤金额达 1.62 亿元。[④]

《证券法》第 95 条第 3 款[⑤]直接赋予投资者保护机构代表人的诉讼地位,并在诉讼成员范围的确定上采用"明示退出、默示加入"的方式,包括"加入制"普通代表人诉讼和"退出制"特别代表人诉讼。由多数当事人选出代表人,或由投资者保护机构作为代表人参加诉讼,其裁判效力及于全体。2020 年 3 月 13 日,杭州市中级人民法院发布《"15 五洋债""15 五洋 02"债券自然人投资者诉五洋建

① 《证券纠纷示范判决机制是投资者维权有效途径》,http://www.zqrb.cn/stock/gupiaoyaowen/2020-03-16/A1584314108699.html,最后访问日期:2020 年 5 月 17 日。

② 《证券纠纷示范判决机制是投资者维权有效途径》,http://www.zqrb.cn/stock/gupiaoyaowen/2020-03-16/A1584314108699.html,最后访问日期:2020 年 5 月 17 日。

③ 余东明、黄浩栋:《上海金融法院一周年:打开中国通往世界的"金融司法之窗"》,https://mp.weixin.qq.com/s?__biz=MzU3MjY2NTEwNw%3D%3D&mid=2247487511&idx=1&sn=d3dfdb19e4af21178edcac6ef41076bb&scene=45#wechat_redirect,最后访问日期:2019 年 9 月 29 日。

④ 《上海高院发布 2019 年度金融商事审判及证券虚假陈述白皮书》,https://mp.weixin.qq.com/s,最后访问日期:2020 年 5 月 17 日。

⑤ 《证券法》第 95 条第 3 款规定:"投资者保护机构受五十名以上投资者委托,可以作为代表人参加诉讼,并为经证券登记结算机构确认的权利人依照前款规定向人民法院登记,但投资者明确表示不愿意参加该诉讼的除外。"

设集团股份有限公司等人证券虚假陈述责任纠纷系列案件公告》，宣布采取人数不确定的代表人诉讼方式审理该案，通知相关权利人在规定期限内向法院登记。该公告的发布标志着我国证券民事赔偿代表人诉讼第一案正式启动，本案将成为《民事诉讼法》和《证券法》实施以来，人数不确定的代表人诉讼在证券民事赔偿诉讼领域的首次司法实践。①

示范诉讼和代表人诉讼制度在证券纠纷解决机制中有着互补关系，但各有侧重。普通代表人诉讼作为法定的群体诉讼制度，如果当事人之间意见分歧不大，存在选出特别授权的代表人的可能性，普通代表人诉讼比示范判决机制更有效率。但是，若当事人之间的诉讼主张各异且存在重大分歧，或者不愿意加入代表人诉讼的人数过多，普通代表人诉讼的适用就存在一定困难。通过适用示范判决机制以明确共通争点的法律适用意见，可为投资者提供稳定的诉讼预期，在此基础上引导平行案件调解相对更高效。特别代表人诉讼适用于典型、重大、社会影响面广、关注度高、具有示范意义的案件。② 普通代表人诉讼以"加入制"为核心，代表人由当事人合意产生；而特别代表人诉讼以"退出制"为核心，投资者保护机构依法享有代表权。因此，代表人诉讼与示范判决机制可以并存，并将在司法实践中起到优势互补的作用。③

上海金融法院采用"示范判决＋代表人诉讼＋委托调解"机制，针对已立案的相关案件，发挥示范判决的示范效应，促使当事人委托调解；针对尚未立案的案件，法院促使当事人委派调解后，将根据当事人意愿进行司法确认；针对群体性侵权案件，法院通过发布并实施《上海金融法院关于证券纠纷代表人诉讼机制的规定》，提升办案效率，保证该链条机制覆盖各个阶段的纠纷，实现证券虚假陈述群体性案件的有效解决。④

## 四、利用信息技术形成多元化纠纷解决机制的技术优势

随着信息技术的提高，民间调解逐渐与信息技术相结合，发展出远程视频、

---

① 《全国证券民事赔偿代表人诉讼第一案启动！代表人诉讼了解一下》，https://www.thepaper.cn/newsDetail_forward_6490410，最后访问日期：2020年5月17日。

② 《专访林晓镍：深度解读全国首个〈代表人诉讼规定〉》，https://www.thepaper.cn/newsDetail_forward_6661102，最后访问日期：2020年5月15日。

③ 《专访林晓镍：深度解读全国首个〈代表人诉讼规定〉》，https://www.thepaper.cn/newsDetail_forward_6661102，最后访问日期：2020年5月15日。

④ 严剑漪、郭燕：《上海高院今日终审宣判全国首例证券纠纷示范判决案件》，https://mp.weixin.qq.com/s/hr8JLqblo7pbNWIYi3njYQ，最后访问日期：2019年9月29日。

在线调解的纠纷解决互联网平台。调解模式的灵活性和多样性对多元化纠纷解决机制改革提出了适应信息化、智能化、便捷化的要求，在线纠纷解决机制(Online Dispute Resolution, ODR)逐渐兴起。ODR模式采取除诉讼以外的仲裁、调解、协商等方式解决纠纷，因其采用了现代网络信息技术打破了时间和地域上的限制以实现即时有效沟通，给纠纷解决带来了便捷。

近年来，法院积极推进"智慧法院"建设和互联网审判。智慧法院是人民法院利用先进信息化系统，支持全业务网上办理、全流程依法公开、全方位智能服务，实现公正司法、司法为民的组织、建设和运行形态。① 2017年6月28日，深圳市福田区人民法院携手阿里巴巴打造的巨鲸智平台(类案全流程在线办理平台)上线，首创金融纠纷类案全流程线上办理。② 杭州互联网法院于2017年8月设立，2018年9月增设北京互联网法院、广州互联网法院，探索适应互联网模式的司法规则和诉讼流程。2018年，最高人民法院发布《关于互联网法院审理案件若干问题的规定》，对互联网法院的管辖范围、上诉机制、诉讼平台建设、在线诉讼规则等方面予以明确，促进互联网技术与司法制度深度融合，推动网络空间治理法治化。③

2020年3月24日，上海金融法院发布全国首个证券纠纷代表人诉讼机制的规定，即《上海金融法院关于证券纠纷代表人诉讼机制的规定(试行)》(简称《代表人诉讼规定》)，结合新《证券法》规定了各类代表人诉讼的规范化流程。法院通过信息技术实现对人数众多且分散的投资者的权利登记，以提升办案效率。④ 具体而言，一是建立代表人诉讼在线平台。投资者通过在线身份核验后即可登录该平台进行登记。二是与证券登记结算机构建立电子交易数据对接机制。法院经审查确定权利登记的范围后，可以通过该机制的核验来确定适格投资者名单，并获得相应交易记录，解决数据核验问题，有利于缓解信息不对称。三是简化投资者权利登记材料。投资者只需要简单登记原被告信息及诉请金额即可完成登记，不再需要填写起诉事实与理由和准备交易记录等材料，减少登记

---

① 邓恒：《如何理解智慧法院与互联网法院》，https://www.chinacourt.org/article/detail/2017/07/id/2933948.shtml，最后访问日期：2020年5月18日。

② 《深圳福田法院全国首创金融纠纷类案全流程线上办理》，http://mini.eastday.com/mobile/170628212635992.html#，最后访问日期：2019年11月10日。

③ 胡仕浩：《中国特色多元共治解纷机制及其在商事调解中应用》，《法律适用》2019年第19期，第3页。

④ 《代表人诉讼规定》第4条规定："适用代表人诉讼审理案件的，应当依托信息技术提高诉讼效率，通过设立代表人诉讼在线平台，实现权利登记、代表人推选、公告通知、电子送达等诉讼程序的便利化。"

所需成本。①

法院通过信息互通互联，实现了各类调解资源线上跨界融合与共享，为当事人理性选择解纷方式提供了合理预期。截至 2019 年 7 月，全国 1 703 家法院开通了在线调解平台，联合在线调解组织 7 402 家，引入在线调解员 36 017 名，处理纠纷 205 419 件，实现各类纠纷解决方式线上、线下的融合贯通。② 新冠疫情发生后，各地法院和证监会加强合作，推行远程纠纷在线化解模式，实施“在线调解”“远程沟通”“在线诉调对接”等举措，保护投资者合法权益。截至 2020 年 3 月上旬，各调解组织已受理在线调解申请 480 余件，调解成功 310 余件。近年来，各级人民法院会同证监会系统，推进证券期货多元化解机制建设的成效，在这一特殊时期得到了全面应用和充分体现。③

ODR 模式具有成本低、灵活性强、信息技术客观性较强等优势，与具有强制性的诉讼相比，其对抗性也相对较弱，为当事人解决基本诉求提供了一个安全、友好的途径。

## 第二节　我国证券纠纷调解机制存在的问题

### 一、我国证券期货纠纷调解机构缺乏体系化的建设和管理

尽管我国已经初步形成了证券期货纠纷多元化解机制，但在实践中仍然存在诸多问题。2020 年 5 月 15 日，首个全国性证券期货纠纷专业调解组织——中证资本市场法律服务中心在上海揭牌成立，该法律服务中心被定性为证监会批准设立的我国唯一跨区域、跨市场的全国性证券期货纠纷专业调解组织。④ 那么，最高人民法院与证监会在 2016 年联合确定的八个试点调解组织，以及随后建立的上海经贸商事调解中心、投服中心、深圳证券期货业纠纷调解中心等，

---

① 《专访林晓镍：深度解读全国首个〈代表人诉讼规定〉》，https://www.thepaper.cn/newsDetail_forward_6661102，最后访问日期：2020 年 5 月 15 日。

② 胡仕浩：《中国特色多元共治解纷机制及其在商事调解中应用》，《法律适用》2019 年第 19 期，第 3 页。

③ 《证券期货纠纷在线诉调对接机制落地实施》，http://legal.people.com.cn/n1/2020/0313/c42510-31631463.html，最后访问日期：2020 年 5 月 17 日。

④ 《推进证券期货纠纷调解 上海金融法院率先与中证资本市场法律服务中心共建合作》，http://ex.chinadaily.com.cn/exchange/partners/82/rss/channel/cn/columns/80x78w/stories/WS5ec22e79a310eec9c72b9a5c.html，最后访问日期：2020 年 5 月 18 日。

在法律和行政层面分别属于何种性质的机构？各个机构之间的受案范围、调解方式和程序等是否有明确规定并且受权威部门监管？不同的调解方式是否会发生重叠交叉适用的情形？一旦重叠适用，产生的法律后果如何？诸如此类的问题并没有引起广泛关注或深入研究。

之所以会出现调解机构数量多但不成体系的情形，主要可以归结于两方面原因：一是我国证券期货多元化纠纷解决机制的完善和指导主要来自证监会联合最高人民法院、证券业协会以法律规范性文件的形式作出的原则性、概括性、宏观性的要求，且各规范性文件之间缺乏衔接性。这些规范性文件只注重调解机构的案件调解数量、成功率等，既没有从宏观的角度梳理调解机构之间的差异和矛盾，也没有从消费者需求和市场供给的角度考察调解机构的效用以及是否造成公共资源的浪费。在纠纷解决的市场中，当事人是解纷制度的购买者或需求者，解纷制度的制定者是制度产品的供给者。“需求决定供给，当人们在经济生活中对法律这种调整手段迫切需要并积极谋求法律秩序的维护时，法律供给就必然发生。”[①]因此，证券期货纠纷调解制度的建立应该取决于当事人对该种制度的需求。当事人的纠纷解决方式偏好或需求在本质上决定了该制度的兴衰成败。[②] 然而，在调解优先的司法政策影响下，调解率无论是对法院还是调解组织都是重要的考量指标，决策机关往往重点关注所谓的“战绩”，忽视对消费者纠纷解决方式的需求和资源供给的关系。

二是相关规范的立法层级较低，缺乏权威性顶层设计。除了司法调解和人民调解以法律形式确定外，其他的证券纠纷调解方式大多是在规范性文件中推行的，而《证券法》《民事诉讼法》等法律规范中没有保持同步修订，例如《证券法》虽然在确定中国证券业协会法定调解组织地位的同时，赋予了投资者保护机构调解的权力，[③]但并没有对投资者保护机构的法律定性以及具体适用等方面进行具体规定，造成调解在法律体系中地位的模糊化，法律效力的不确定不利于调解功能的充分发挥。

## 二、缺乏实质上实现对弱势投资者的保护

由于中小投资者在知识背景、资金实力、信息获取和处理能力等方面处于弱

---

① 李莉：《法经济学与纠纷解决》，《河北法学》2008 年第 7 期，第 115 页。

② 沈伟、余涛：《金融纠纷诉讼调解机制运行的影响性因素及其实证分析——以上海为研究对象》，《法学论坛》2016 年第 6 期，第 110 页。

③ 《证券法》第 94 条规定：“投资者与发行人、证券公司等发生纠纷的，双方可以向投资者保护机构申请调解。普通投资者与证券公司发生证券业务纠纷，普通投资者提出调解请求的，证券公司不得拒绝。”

势地位，为了保障资本市场的稳健运行，保护投资者的合法权益一直是证券监管工作的重点。然而，虽然目前我国证券纠纷调解机制有倾斜保护弱势投资者之"初衷"，但在制度设计上过于原则化。

最高人民法院、证监会联合发布的《意见》等将司法确认导入证券期货纠纷调解制度中，[①]参照《人民调解法》的规定，调解协议获得人民法院确认后即具有强制执行力，[②]在一定程度上保证调解结果的执行力和实效性。但是，这一安排仍有不确定性和局限性。《最高人民法院关于人民调解协议司法确认程序的若干规定》未强调双方当事人需共同至法院申请确认调解协议，但参照《人民调解法》的规定，司法确认程序的进行必须由双方当事人共同申请，当事人一方无法向法院申请司法确认，这在某种程度上阻碍了诉调对接，不利于调解组织解决纠纷作用的发挥。

根据《中国证券业协会证券纠纷调解规则》，[③]证券纠纷的任何一方可随时放弃调解，寻求其他解决途径，这使得调解的纠纷解决功能大打折扣。目前我国法律规范性文件也未明确投资者单方面向法院申请司法确认即可使调解协议具有强制执行力。如果投资者提出进行司法确认，而证券公司事后反悔不配合申请，投资者也无能为力。[④] 尽管《证券法》第 94 条规定："普通投资者与证券公司发生证券业务纠纷，普通投资者提出调解请求的，证券公司不得拒绝。"此强制调解制度可以视作对普通投资者在纠纷解决机制选择上的"倾斜保护"，但在该法第十三章"法律责任"中，并没有规定证券公司拒绝调解会承担何种法律责任，也没有相关规定对之予以细化，实质上并未充分保证投资者权益。另外，《证券法》中关于投资者的保护多次使用"投资者保护机构"术语，但该术语的具体定位并不明确，与"相关机构"等术语类似，对权利人的权利行使产生了阻碍。因此，相

---

① 《意见》第 11 条规定："调解协议的司法确认制度。经调解组织主持调解达成的调解协议，具有民事合同性质。经调解员和调解组织签字盖章后，当事人可以申请有管辖权的人民法院确认其效力。当事人申请确认调解协议的案件，按照《中华人民共和国民事诉讼法》第十五章第六节和相关司法解释的规定执行。经人民法院确认有效的具有明确给付主体和给付内容的调解协议，一方拒绝履行的，对方当事人可以申请人民法院强制执行。"

② 《人民调解法》第 33 条第 1 款规定："经人民调解委员会调解达成调解协议后，双方当事人认为有必要的，可以自调解协议生效之日起三十日内共同向人民法院申请司法确认，人民法院应当及时对调解协议进行审查，依法确认调解协议的效力。人民法院依法确认调解协议有效，一方当事人拒绝履行或者未全部履行的，对方当事人可以向人民法院申请强制执行。人民法院依法确认调解协议无效的，当事人可以通过人民调解方式变更原调解协议或者达成新的调解协议，也可以向人民法院提起诉讼。"

③ 《中国证券业协会证券纠纷调解规则》第 19 条规定："出现下列情形之一的，调解程序终止：(一) 当事人达成调解协议；(二) 任何一方当事人书面声明退出调解或以其他方式表明拒绝调解；(三) 调解期限届满，当事人未达成一致意见；(四) 法律法规及自律规则规定的其他情形。"

④ 杨东、毛智琪：《日本证券业金融 ADR 的新发展及启示》，《证券市场导报》2013 年第 7 期，第 65 页。

关部门应通过出台司法解释、部门规章等方式对“投资者保护机构”具体化，以便投资者在遭受损害时可向适当的机构寻求帮助。[①]

此外，行业自律和政府监管的优势没有得到充分发挥。我国证券业协会具有官方背景，在证监会的领导下，证券业协会可以最大限度地发挥行业自律优势。从中国证券业协会《调解员管理办法》《证券纠纷调解工作管理办法》和《证券纠纷调解规则》等现行针对证券纠纷调解机制的规范性文件来看，尽管从证券行业自律组织基本的调解程序、组织架构、专门人员的准入资质及其执业规范等相关规则做了规定，但上述规范存在规则过于概括、调解中的具体实体及程序性事项匮乏等问题，在证券纠纷调解的实践过程中缺乏灵活性和可操作性。例如，《调解规则》仅对案件的申请、受理程序、调解员选任等实体与程序方面的基本规则进行了规定，对于实施违反调解规则行为的主体如何承担责任、具体如何实现诉调、仲调对接机制等实际问题并没有进行详细规定；而《调解工作管理办法》对证券调解专业委员会的组织架构、受理范围、调解员、经费来源等只作出了原则性的规定。

## 三、影响我国金融纠纷调解机制发展的其他因素

我国金融纠纷调解机制仍受其他因素影响。例如，我国目前纠纷化解对接机制尚不完善。《意见》中规定的调解协议司法确认制度、委派调解或委托调解机制、调解范围的确定、调解前置程序等都属于对纠纷解决机制对接的规定，但这些对接机制都局限于“诉讼—调解”方面。

在实践中，对于纠纷化解主要有两方面难题：一是诉讼机制难以承受所有纠纷之重；二是投资者依赖于向监管部门信访投诉。解决上述难题，宜通过以下途径：一方面，通过发展诉讼外纠纷化解机制、推广示范诉讼和代表人诉讼等方式。另一方面，需要重视建立信访与纠纷化解机制的对接机制。信访是以纠纷解决为目的向有关信访工作机构或人员反映情况的一种途径，属于下情上达，并不是一种纠纷的解决机制。但是，鉴于信访与纠纷的联系紧密且对社会治理意义重大，在纠纷解决机制中，需考虑信访与诉讼、调解等纠纷解决途径的对接。[②]

---

① 摘自投服中心 2019 年度课题《体系化构建证券期货纠纷调解与仲裁机制研究》研究报告，上海交通大学承办，课题负责人：沈伟。

② 侯东德、周莉欣：《加快推进证券期货纠纷多元化解机制建设的建议》，《人民法院报》2019 年 4 月 4 日，第 7 版。

## 第三节　法经济学视角的证券纠纷解决机制完善

法经济学是用经济学的方法和理论，主要是用价格理论（或称微观经济学）、福利经济学、公共选择理论及其他有关实证和规范方法考察、研究法律和相关制度的形成及未来发展的学科。个人理性是法经济学研究的前提性假设，效率是法经济学研究的核心衡量标准，成本—收益分析和效用最大化是基本的分析工具。[①]

纠纷解决过程也是一种经济活动，纠纷解决成本的高低既是人们做出纠纷解决的制度供给和选择的主要依据，也是当事人选择遵守或者规避法律甚至违反法律行为的“晴雨表”。[②] 纠纷解决成本理论的核心是对机会成本进行分析，[③] 目的是寻找个人的理性行为，既与其预期效益相吻合，也和整个社会资源的有效配置并行不悖。纠纷解决制度最有效率的供应量是使个人的边际（需求）替代率的总和与提供纠纷解决制度的边际成本相等。[④]

纠纷解决市场的存在意味着供给和需求对应存在。纠纷解决机制的供给（supply）是指国家机关强制或意愿进行的司法活动以及非诉讼纠纷解决机构等活动的总称。与此对应的需求（demand）是指人们购买某种具体纠纷解决程序的主观愿望和客观能力。从理论上讲，需求决定供给，当人们在经济生活中迫切需要某种法律调整手段并积极谋求维护法律秩序时，相应的法律供给必然产生。如果该种供给与需求在量上处于彼此相适应的均等状态，则此决定的法律成本最低，收益最大。

在法经济学把当事人假定为“理性经济人”的背景下，当事人会在多种选择中进行成本支出和收益的比较，选择能够使其利益最大化和成本最小化的方式解决纠纷。对于证券期货纠纷解决机制的成本分析，可以从货币成本、机会成本、时间成本、风险成本等方面考量，从降低成本的思路考虑证券期货纠纷解决

---

① 魏建、黄立君、李振宇：《法经济学：基础与比较》，人民出版社 2004 年版，第 78 页。
② 李莉：《ADR 视角下民间经济纠纷的解决》，人民法院出版社 2009 年版，第 117 页。
③ 对机会成本进行分析，即不同的纠纷解决程序实现人们既定目标的程度有所不同，但在特定的时空领域中人们只能选择其中一种，对纠纷相关的社会经济关系用哪种法律手段进行调整，以及做出一项决策而舍弃另一种的相关利弊得失进行一系列衡量。
④ 李莉：《ADR 视角下民间经济纠纷的解决》，人民法院出版社 2009 年版，第 118 页。

机制的改善符合经济学规律，具有一定的合理性。

## 一、各方合理分担调解费用以实现投资者货币成本最小化

经济学中的经济人理性概念是一个多层次的概念，是一个从核心逐渐向外扩展的概念体系。[①] 理性选择理论是自我利益最大化理性假设的规范表述，基本上等同于“经济人”假设，其基本思想是：经济行为人具有完全的充分有序的偏好、完备的信息和无懈可击的计算能力和记忆能力，能够比较各种可能行动方案的成本与收益，从中选择净收益最大的行动方案。[②] 在理性选择理论中关于最大化理性假设的层次划分中，内涵最丰富的是财富最大化，即货币成本最小化或收益最大化。

我国目前证券纠纷调解机构尚在试运行和过渡阶段，调解是否收费以及收费标准差异较大。例如，深圳证券期货业纠纷调解中心规定：“受理中小投资者的纠纷调解申请，不收取任何费用。”对于金融机构之间争议的调解如何收费未做明确规定。[③] 上海经贸商事调解中心在其官方网站上明确规定了其调解收费办法，每一起调解案件收费包括案件登记费和调解费，双方（或多方）当事人分摊所需费用。[④] 尚不论向中小投资者收费是否合理，就各方当事人分摊所需费用的规定，没有体现对作为相对弱势方的中小投资者的保护。从调解机构自身运营的角度看，调解机构的运营资金目前主要来自财政资金的资助，但随着当事人法律意识的增强和调解案件数量的增加，靠财政资金维持不是长久之计。调解员作为调解开展的基础，其薪资水平对调解工作积极性和工作质量，以及对具有丰富金融领域知识和实践经验的专业人才的吸引力等都十分重要。如何在保证机构稳定运行的同时，不让投资者因交易成本过高对非诉调解机制望而却步，需要制度设计加以解决。

根据其他地区调解机构的运作经验，我国证券期货纠纷调解机构可以参照香港金融纠纷调解中心（FDRC）经费来源。为确保 FDRC 的独立性和可持续性，香港政府、金融管理局和证监会提供 FDRC 的成立费用及前三年的营运经

① 魏建：《理性选择理论与法经济学的发展》，《中国社会科学》2002 年第 1 期，第 101 页。在这个理性概念体系中，核心层次的理性是纯粹的形式理性，向外扩张分别是：预期效用理论、自我利益最大化、财富理论最大化。四个关于人类行为理性的假设在内涵上，后一假设在包含前一假设内容的基础上加入了更多的限定，内涵越来越丰富。同时外延却因内涵的增加而逐渐缩小，理论所能适用的范围越来越小。

② 魏建：《理性选择理论与法经济学的发展》，《中国社会科学》2002 年第 1 期，第 101 页。

③ http://www.sfdrc.cn/Service/index.html，最后访问日期：2019 年 10 月 8 日。

④ http://www.scmc.org.cn/page111?article_id=80&menu_id=49，最后访问日期：2019 年 10 月 8 日。

费,FDRC 可以向金融机构和申诉人收取案件处理费用于补充营运开支;三年后,FDRC 按照“用者付费”的原则向消费者及金融机构提供服务,这种做法能在一定程度上防止投资者滥用调解机制。2017 年 8 月,FDRC 公布《优化金融纠纷调解计划的建议》,对金融纠纷调解计划收费标准予以再调整。对纠纷个人当事方和机构当事方在提出诉请阶段、进入调解阶段和进入仲裁阶段适用差异化的费用标准,便利了金融个人消费者诉诸 FDRC 解决纠纷,能确保当事方地位的实质平等和纠纷解决的客观公正。FDRC 在延长调解阶段对个人和机构依照相同时长标准收取调解服务费用,这一做法能遏制“滥诉”现象,并保障 FDRC 启动和运作的实际效率。①

因此,我国内地证券期货纠纷调解机构除了由国家财政给予适当的资金支持外,可以由交易所、相关公司、行业协会共同出资,作为调解机构的经费来源保障。考虑到我国具体国情,在全国调解中心运作前期和案件数量有限的情况下,可以暂不向投资者收费。随着调解机制的发展和纠纷案件的增加,可借鉴 FDRC 模式向投资者适当收取少量调解成本费用。为了避免滥诉,也可以针对投资者设定限制性的除外条款,以保证证券纠纷解决兼顾公正和效率。

## 二、建立调解—仲裁对接机制,以降低机会成本和时间成本

机会成本,即在几种可供选择的方案中,采纳某一种方案而放弃其他方案所可能失去的潜在利益,其产生的原因之一是存在选择的可替代性。“人类对财富最大化与非财富最大化的双重追求表明,制度或法律作为一个重要变量影响着人们为其偏好所支付的成本,决定了人们在法律制度的约束下的行为选择”。②诉讼所产生的机会成本就是当事人未采用其他诉讼外方式而损失的潜在收益。如果当事人认为能够通过付出成本相对较少的非诉纠纷解决机制可以使纠纷得以解决,那么,因选择诉讼而损失的潜在利益,相对于诉讼外纠纷解决方式而损失的潜在利益更大,理性的当事人会更倾向于选择调解等诉讼外的解决方式。案件处理的时间越长,纠纷当事人投入的时间和精力就越多,各种社会资源也会消耗得越多,意味着此纠纷解决机制效率低下。针对诉讼外纠纷解决机制的灵活便捷的程序设计和时限要求,当事人可以根据实际需要来掌握投入的时间和

① 彭瑞驷、沈伟:《试论金融纠纷解决机制的优化——借鉴香港金融纠纷解决机制的研究》,《上海经济研究》2018 年第 12 期,第 81 页。

② 冯玉军:《法经济学范式的知识基础研究》,《中国人民大学学报》2015 年第 4 期,第 130 页。

精力，实现投入和产出的最优化。如果只需将相对较少的时间和精力投入到诉讼外纠纷解决程序上，那么，更多的时间和精力将会被投入到其他更高效的生产性活动中，不仅当事人获得更多的收益，而且社会财富的总量也会相应增加。

目前我国金融机构和金融消费者对非诉调解机制的主动接受度较低，调解机构数量虽多但利用率较低，[①]在目前仲裁机制较为完善的前提下，推行 MED-ARB 模式，即调解机构和仲裁机构相结合，[②]将调解协议与仲裁裁决进行对接是强化调解协议效力、激发投资者通过非诉纠纷解决机制解决证券纠纷的有效途径。

为了克服履行调解协议自愿性低的缺陷，现实中已形成调解协议与仲裁裁决相对接的做法。根据深圳证券期货业纠纷调解中心《调解规则》相关规定，[③]当事人可以根据深圳国际仲裁院当时有效的仲裁规则，申请依照调解协议的内容作出可在境内外强制执行的仲裁裁决，也可以依法向人民法院申请司法确认。[④] 深圳证券期货业纠纷调解中心与一般的调仲对接模式都将调解作为仲裁的前置性程序，对于无法达成调解协议的，则直接转入仲裁模式。这一安排的特点在于实现证券纠纷"调解—仲裁"一站式对接。深圳模式可以直接根据调解协议的内容制作仲裁裁决书，但这种模式目前并没有在其他调解机构得以推广，并非所有的仲裁机构都能根据调解协议的内容制作仲裁裁决书，如果一方当事人反悔，则另一方当事人只能请求法院对调解书进行司法确认或者重新通过仲裁、诉讼等途径维权。显然，仲裁机构直接依据调解协议的内容制作裁决书的方式能够制止当事人在解纷过程中出现的反复，进而提高解决纠纷效率。[⑤] 因此，这

---

① 余涛、沈伟：《游走于实然与应然之间的金融纠纷非诉讼调解机制》，《上海财经大学学报》2016 年第 1 期，第 117 页。

② MED-ARB 模式是通过调解机构与仲裁机构的联姻，运用调解和仲裁两种方式，为当事人提供具有终局效力的解决争议的途径。2000 年 10 月 1 日，中国国际经济贸易仲裁委员会颁布施行第六套仲裁规则，第 44 条第 4 款的增加规定开创了仲裁和调解相结合的新形势（现行有效的中国国际经济贸易仲裁委员会仲裁规则（2012 年修订）第 45 条第 10 款规定：当事人在仲裁程序开始之前自行达成或经调解达成和解协议的，可以依据由仲裁委员会仲裁的仲裁协议及其和解协议，请求仲裁委员会组成仲裁庭，按照和解协议的内容作出仲裁裁决。除非当事人另有约定，仲裁委员会主任指定一名独任仲裁员组成仲裁庭，按照仲裁庭认为适当的程序进行审理并作出裁决。具体程序和期限，不受本规则其他条款关于程序和期限的限制）。范愉、李浩：《纠纷解决——理论、制度与技能》，清华大学出版社 2010 年版，第 168 页。

③ 深圳证券期货业纠纷调解中心《调解规则》第 17 条规定："当事人达成调解协议的，为使调解协议的内容具有可强制执行的法律效力，任何一方当事人可依据调解协议中的仲裁条款，申请深圳国际仲裁院根据其仲裁规则的规定，按照调解协议的内容依法快速作出仲裁裁决。"

④ 参见深圳证券期货业纠纷调解中心官网，http://www.sfdrc.cn/Service/index.html，最后访问日期：2019 年 10 月 8 日。

⑤ 余涛、沈伟：《游走于实然与应然之间的金融纠纷非诉讼调解机制》，《上海财经大学学报》2016 年第 1 期，第 117 页。

种"调解—仲裁"一站式对接机制在我国证券期货纠纷调解机制完善的过程中可以引用和推广。

## 三、提高投资者通过调解解决纠纷的决策预期

风险成本是指实际结果与预期效用的比率,其中风险成本与预期收入都是当事人根据客观事实进行主观推断的,或者说,是当事人某种方面的一种偏好,这些因素对当事人做出纠纷解决方式的选择有重要影响。影响诉讼风险成本的一个重要因素是当前社会信用的危机。[①] 一方面,由于诉讼费用的存在,在抑制滥诉的同时也会导致双方当事人在财富状况悬殊的情况下司法资源利用的不平等;另一方面,司法亲和力和公信力的缺失在很大程度上会影响人们对法律的信任。法律作为信用载体之一的功能就是为人们的相互行为提供一种合理的预期,以便当事人能够完成成本—收益分析,尽可能减少行为成本和交易费用,进而确定行为决策预期。提高投资者对非诉调解机制选择的决策预期,可以从以下方面入手。

### (一) 继续推行并完善示范判决和代表人诉讼机制

建立证券纠纷示范判决机制是基于群体性证券纠纷的特点。从世界范围来看,美国集团诉讼制度通过明示退出、默示加入的代表机制,将当事人拟制为一个集团,使判决效力及于每一个集团成员;团体诉讼制度通过赋予某些团体以诉讼主体资格,使其可以代表团体成员提起、参加诉讼,从而化零为整地将群体诉讼变为团体统一提起的单独诉讼。在德国示范诉讼制度中,州法院将群体性诉讼中的共同事实或法律问题提炼出来,作为示范诉讼移交给上级法院,并经由另行选定示范诉讼原告,让上级法院得以在一种新的当事人诉讼框架内,以中间程序的方式对共通性问题进行统一审理,再以该示范诉讼结果作为所有个案审理的基础,从而避免司法资源的重复投入。[②]

示范判决机制是我国现有法律框架内较为经济、高效的证券群体性纠纷解决方式,但相比德国《资本市场示范案件法》下更加成熟的示范判决制度,上海金融法院《示范判决机制规定》仍有较大改进空间。例如,平行案件[③]投资者在适

---

① 李莉:《ADR 视角下民间经济纠纷的解决》,人民法院出版社 2009 年版,第 125 页。

② 林晓镍、单素华、黄佩蕾:《上海金融法院证券纠纷示范判决机制的构建》,https://mp.weixin.qq.com/s/Wc4UL4QnR3JtOG2jxvqKCA,最后访问日期:2019 年 9 月 29 日。

③ 《示范判决机制规定》第 2 条第 4 款规定:"平行案件是指群体性证券纠纷中与示范案件有共通的事实争点和法律争点的案件。"

用示范判决结果时存在“搭便车”之嫌。根据《示范判决机制规定》第四章的规定，示范案件中当事人所支出的律师费、鉴定费或者专家辅助人费用等，由其个人负担。然而由于示范判决结果具有公共产品的色彩，示范判决一旦作出，其他投资者都可以依据该判决结果要求调解，而免去负担律师费或者鉴定费等费用。如果这些费用只由示范案件中的原告支出，其他受益投资者不予承担，在结果上显然有失公平。[①] 德国《资本市场示范案件法》规定示范诉讼一审费用将依平行案件诉讼请求的比例分摊至各平行案件，除非平行案件原告在其案件被中止审理后的一个月内撤回了起诉。[②]《示范判决机制规定》第 7 条规定：“示范案件可以依任何一方当事人的申请或者本院依职权选定。”示范案件的启动有依当事人申请和法院依职权两种方式。从降低投资者诉讼成本的角度考虑，法院应积极引导投资者联合其他平行案件当事人共同申请，或者依职权要求共同申请示范案件的投资者申请人合理分摊诉讼费用，以防止“搭便车”现象产生。

我国普通代表人诉讼是法定的群体性诉讼制度，以共同诉讼和诉讼代理为理论基础，代表人参加诉讼活动所产生的结果归于其所代表的全体当事人。[③] 随着《证券法》和上海金融法院《代表人诉讼规定》的实施，具有中国特色的“特别代表人诉讼制度”激活了证券集体诉讼制度在我国的适用。但是，真正激活该制度仍需更多的条件。一方面，上海金融法院出台的规则只是一个地方法院的探索，最终的全面落地还需要最高人民法院以更高层级的法律规范对该制度的实施细则作出规定。例如，《代表人诉讼规定》未明确代表人诉讼制度与示范判决机制的关系、中国式集体诉讼中诉讼费用的负担不清晰等，还需要进一步的探索与完善。另一方面，要使该制度发挥其应有的威力，不仅需要完备的制度设计，而且需要法院、投资者保护机构、证券登记结算机构等各方的紧密配合协作，特别是其中作为关键角色的投资者保护机构要做好充分准备。[④]

### （二）加强投资者保护[⑤]

《中共中央、国务院关于构建更加完善的要素市场化配置体制机制的意见》

---

① 《证券纠纷示范判决机制是投资者维权有效途径》，http://www.zqrb.cn/stock/gupiaoyaowen/2020-03-16/A1584314108699.html，最后访问日期：2020 年 5 月 17 日。

② 黄佩蕾：《德国投资者示范诉讼研究》，《中国审判》2019 年第 13 期，第 74 页。

③ 黄佩蕾：《德国投资者示范诉讼研究》，《中国审判》2019 年第 13 期，第 74 页。

④ 何海锋：《中国证券集体诉讼何时落地？》，https://mp.weixin.qq.com/s?，最后访问日期：2020 年 5 月 15 日。

⑤ 中国证券业协会：《中国证券业发展报告（2018）》，中国财政经济出版社 2018 年版，第 206 页。

提出，要完善投资者保护制度，推动具有中国特色的证券民事诉讼制度。[①] 具体而言，行业自律和政府监管的优势应得到更大程度地发挥。我国的证券业协会具有官方背景，在证监会的领导下，证券业协会可以借鉴美国 FINRA，最大限度地发挥行业自律的优势，要求证券公司承担更多的义务，例如在调解程序上，纠纷个人方在调解失败后可继续要求仲裁，但机构方只能配合参加；督促证券公司自觉认可并履行调解不成之后作出决定等。有关部门可以尝试建立行业统一的诚信评估体系，形成投资者诚信数据库，便于核验投资者相关信息；同时进一步规范“双录”[②]管理工作，统一“双录”所涵盖的业务范围、操作规范及标准话术等，提高工作效率。具体方式上，可以通过补充和细化证券业协会和政府出台的规范性文件等途径予以实现。

另外，在《证券法》特别代表诉讼视角下，投资者保护机构在制定诉讼策略时，尤其是在选择被告时，不能仅追求胜诉率和获赔率，还应追求社会公平和社会公共利益，应尽量让故意造假者承担责任。作为投资者，对此也应该有理性的认识和预期。投资者保护机构或法院在进行相关公告时，应公布全体被告名单，以使投资者能够看到投资者保护机构的诉讼策略。如果投资者不满意投资者保护机构的诉讼策略，应及时声明退出而另行起诉。投资者保护机构应公布每年的专项集团诉讼总结报告，使投资者全面了解投资者保护机构的集团诉讼整体情况，充分了解多元化纠纷解决机制的运行情况，以便做出理性选择。[③]

---

① 《中共中央国务院关于构建更加完善的要素市场化配置体制机制的意见》，http://www.gov.cn/zhengce/2020-04/09/content_5500622.htm，最后访问日期：2020 年 5 月 16 日。

② 根据《证券期货投资者适当性管理办法》相关规定，经营机构向普通投资者销售相关产品或者提供服务前，应当全过程录音或录像，简称“双录”。2017 年，证券公司“双录”所涵盖的业务主要包括融资融券、分级基金、股票质押、港股通、股票期权、风险警示股票交易权限及专业投资者评定和转化等。

③ 邢会强：《中国版证券集团诉讼制度的特色、优势与运作》，《证券时报》2020 年 3 月 14 日。

# 第十二章

# 论证券纠纷调解机制的优化进路

## ——以日本证券行业指定纠纷解决机构制度为镜*

党的十九大报告明确提出了“深化金融体制改革,增强金融服务实体经济能力”的目标。① 在证券基金领域,需要“提高直接融资比重,促进多层次资本市场健康发展”。② 在此基础上,2019 年中央经济会议明确在 2020 年的工作中须“加快金融体制改革,完善资本市场基础制度”。③ 据此,中国证券监督管理委员会(简称证监会)在工作部署中强调要“加快推进资本市场全面深化改革落实落地”,其中一个重要方面就是“优化投资者合法权益保护的制度体系”。④

证券纠纷调解机制是资本市场的重要基础性制度,是全面推进证券纠纷多元化解机制建设、维护投资者信心、保护投资者合法权益的重要举措。⑤ 近年来,资本市场纠纷多元化解机制的建设受到我国证券监管部门和司法系统的高度重视。2016 年以来,证监会会同最高法院提出着力建设有机衔接、协调联动、高效便民的纠纷多元化解决机制的目标,并在部分地区展开了试点。⑥ 最高人

---

* 本章作者:沈伟、黄桥立。

① 习近平:《决胜全面建成小康社会　夺取新时代中国特色社会主义伟大胜利——在中国共产党第十九次全国代表大会上的报告》,http://www.xinhuanet.com//politics/19cpcnc/2017-10/27/c_1121867529.htm,最后访问日期:2019 年 12 月 25 日。

② 张家源:《习近平金融思想及其在十九大报告中的新发展》,《探索》2017 年第 6 期,第 23—30 页。

③ 《中央经济工作会议在北京举行——习近平李克强作重要讲话》,http://finance.people.com.cn/n1/2019/1212/c1004-31503693.html,最后访问日期:2019 年 12 月 25 日。

④ 《中国证监会党委传达学习贯彻中央经济工作会议精神》,http://www.csrc.gov.cn/pub/newsite/zjhxwfb/xwdd/201912/t20191213_367515.html,最后访问日期:2019 年 12 月 25 日。

⑤ 王欣新、亢力:《浅论证券纠纷调解法律制度》,《甘肃社会科学》2011 年第 2 期,第 132—136 页;《中国证券业协会开展证券纠纷行业调解的意义》,https://www.sac.net.cn/hyfw/zqjftj/tjzl/201308/P020130826611433251300.doc,最后访问日期:2019 年 12 月 2 日。

⑥ 《最高人民法院与中国证监会联合召开全国证券期货纠纷多元化解机制试点工作推进会》,http://www.csrc.gov.cn/pub/newsite/zjhxwfb/xwdd/201607/t20160713_300656.html,最后访问日期:2019 年 12 月 25 日;江必新:《完善纠纷解决机制,夯实资本市场基础》,http://www.court.gov.cn/jianshe-xiangqing-23611.html,最后访问日期:2019 年 12 月 25 日;最高人民法院、中国证监会:《关于在全国部分地区开展证券期货纠纷多元化解机制试点工作的通知》,http://www.csrc.gov.cn/pub/(转下页)

民法院与证监会于 2018 年 11 月印发的《关于全面推进证券期货纠纷多元化解机制建设的意见》又一次明确了上述目标，强调在后续工作中须加强调解组织管理、健全诉调对接工作机制、强化纠纷多元化解机制保障落实。[①]

日本在 21 世纪初借鉴域外制度，在金融业开展多元化纠纷解决机制改革，创设了指定纠纷解决机构制度，并且确立证券金融商品斡旋咨询中心（Financial Instruments Mediation Assistance Center）作为其证券基金行业指定纠纷解决机构。该机构的权威性、中立性特征以及该机构对纠纷的管辖、投诉及调解流程等方面的制度安排，显著提高了纠纷解决效率，填补了日本证券领域多元纠纷解决机制的空缺，使中小投资者的合法权益得到了更好的保护，特别是在 2008 年全球金融危机后，该机制得到大量使用，获得了日本金融厅认可。[②] 我国构建证券调解机制的背景与日本存在许多相似性，例如在对证券代表诉讼机制构建、诉讼文化背景以及金融监管模式发展演变趋势等方面。因此，对日本创设调解机制的经验进行镜鉴有助于优化我国证券纠纷调解机制。[③] 现有的研究文献对于日本调解制度呈现出“局限于译述”和“过于超前”的两极化态势，[④]且大部分相关研究均发表于 2015 年以前。随着我国证券调解机制近年来在实践中的快速发展，对日本调解制度的跟进研究，并与我国实践进行结合分析具有较大价值。本章在对日本现行证券纠纷调解制度进行述评的基础上，结合我国证券纠纷调解制度最新发展动态以及现存的问题，提出优化进路。

## 第一节　我国证券纠纷概况及证券纠纷调解机制

证券纠纷通常是指以证券为诉讼标的物或者诉讼内容与证券有关的各类民

（接上页）newsite/zjhxwfb/xwdd/201607/t20160713_300658.html，最后访问日期：2019 年 12 月 25 日。

① 《最高人民法院、中国证券监督管理委员会关于全面推进证券期货纠纷多元化解机制建设的意见》，http://www.court.gov.cn/fabu-xiangqing-133461.html，最后访问日期：2019 年 12 月 25 日。

② “金融 ADR 制度の在り方等の検討についての概要，”https://www.fsa.go.jp/singi/adr-followup/20130308/01.pdf，最后访问日期：2019 年 12 月 25 日。

③ 张承惠、王刚：《日本金融监管架构的变迁与启示》，《金融监管研究》2016 年第 10 期，第 69 页。

④ 余涛、沈伟：《游走于实然与应然之间的非诉调解机制》，《上海财经大学学报》2016 年第 1 期，第 117 页；杨东、毛智琪：《日本证券业金融 ADR 的新发展及启示》，《证券法律与监管》2013 年第 7 期，第 65 页；刘颖：《日本金融 ADR 制度：发展与评价》，《现代日本经济》2012 年第 4 期，第 10 页。

商事纠纷。[①] 证券纠纷不仅涉及资本市场运作的各个环节，而且涉及多种资本市场主体，包括投资者、券商、上市公司等。此类纠纷具有不同于一般民商事纠纷的特征：一是由于涉及纷繁复杂的证券金融产品，因此具有较强的专业性；二是纠纷类型包含合同纠纷及侵权纠纷，合同纠纷占比高；三是纠纷涉及众多投资者，牵涉面广。

近年来，伴随着证券创新业务、创新产品的涌现和投资者维权意识的增强，证券纠纷数量显著增加。[②] 截至 2019 年，中国裁判文书网显示案由为“证券纠纷”的案件数量达 33 357 起。[③] 其中，案由为“证券权利确认纠纷”“证券交易合同纠纷”“金融衍生品种交易纠纷”“证券投资咨询纠纷”“证券交易代理合同纠纷”“证券托管纠纷”“融资融券交易纠纷”“客户交易结算资金纠纷”的案件数量达 4 304 起。显然，与投资者直接联系、密切相关的证券公司等金融机构未尽到勤勉义务，以及证券经营机构从业人员违反执业行为准则而使得投资者自主权、公平交易权等合法权利受到侵害的现象时有发生。除上述案由外，证券欺诈责任类案件(包括虚假陈述、内幕交易、操纵市场)也不乏被告为证券经营机构的案件。[④] 上述数据反映了投资者与证券经营机构之间的纠纷占了很大的比重。

在 2018 年证监会发布的“证券期货纠纷多元化解十大典型案例”中，有超过半数的案例为投资者与证券经营机构之间发生的纠纷。[⑤] 笔者摘录“证券期货纠纷多元化解十大典型案例”之九，以该案例为例说明该类纠纷特征。2014 年 3 月，投资者 W 购买了 F 证券公司“某集合资产管理计划”产品，公司在宣传该产品时明确表示“不直接投资二级市场”。2014 年 5 月，沪深交易所出台交易新规，管理人需增大二级市场投资。2015 年 8 月，该产品发放投资红利后，W 又追加了投资。同年 11 月，该基金净值亏损，W 认为 F 公司在投资者不知情的情况下自行决定增大二级市场投资，严重违背之前承诺，要求 F 公司赔偿其损失。F

① 张海棠：《证券与期货纠纷》，法律出版社 2015 年版，第 6 页。

② 中国证券投资者保护基金有限责任公司：《中国资本市场投资和保护状况白皮书之 2018 年度总报告》，http://www.sipf.com.cn/，最后访问日期：2019 年 11 月 23 日。

③ 在“无讼网案例平台”检索案由为“证券纠纷”的案件，所得案件数量在 2015 年、2016 年、2017 年、2018 年、2019 年分别为 831 起、2 666 起、6 390 起、5 353 起、5 137 起，整体呈现上升态势。

④ 山西省高级人民法院课题组运用大数据平台检索出的 2014—2016 年案件信息显示，被告为光大证券股份有限公司的虚假陈述案件达 273 起。参见山西省高级人民法院课题组：《证券期货虚假陈述责任案件专题分析报告》，《法律适用(司法案例)》2018 年第 2 期，第 84—90 页。

⑤ 编号为 4、5、6、8、9 的案例都是证券基金公司与投资者之间发生的纠纷。编号为 1、2、3 的案例是投资者与上市公司发生的纠纷。参见中国证券监督管理委员会：《证券期货纠纷多元化解十大典型案例》，http://www.csrc.gov.cn/pub/newsite/tzzbh1/tbjtbzt/hgttzzbh/hgtdtzx/201812/t20181201_347546.html，最后访问日期：2019 年 12 月 24 日。

公司认为，其投资二级市场是因交易新规所致，W后来已知晓该情况仍追加投资，因此在计算W损失时应将其获利金额合并计算，但W认为，其投资收益是合理获利，在计算自身损失数额时应予剔除。该案例反映出该类纠纷的典型特征，即投资者和证券经营机构之间的纠纷数额不大，而纠纷中的责任承担及损失计算等问题具有专业性，较为复杂。随着新《证券法》专章设置投资者保护条款，对投资者保护的重视提高到了新的高度。在此背景下，投资者与证券经营机构之间的纠纷解决更加受到各方关注。①

针对证券纠纷，我国提供了仲裁、诉讼、投诉处理、调解（包括行业协会调解、司法调解等），以及和解、非正式渠道信访等多种纠纷化解渠道。这些纠纷解决渠道的利弊，学界多有分析。其中，调解机制灵活、迅速、成本低、专业性强等优点得到了广泛认可，对于将矛盾化解在初级阶段、缓解司法系统压力、确保资本市场健康发展发挥了重要作用。② 因此，健全和优化我国证券纠纷调解制度具有重大意义。

## 第二节　我国证券纠纷调解制度的发展现状及存在问题

《证券法》自1998年颁布时起便授权中国证券业协会负责会员之间，以及会员与投资者之间的纠纷调解工作，相关制度建设在随后的10余年中发展缓慢。③ 直至2011年6月，中国证券业协会（简称中证协）公布了《中国证券业协会证券纠纷调解工作管理办法（试行）》④等行业规定，以“努力化解证券纠纷”，对调解的组织架构、受理范围、调解协议效力、经费来源及调解案件的程序进行了规定，旨在“通过说服、疏导、调和等方式，促使当事人在平等协商基础上自愿达

---

① 《中华人民共和国证券法》（2019年修订）第六章规定了投资者保护。谢建杰、解正山：《证券市场非诉调解机制研究》，中国证券业协会：《创新与发展：中国证券业2018年论文集（下册）》，中国财政经济出版社2019年版，第685—705页。

② 杨东：《我国证券期货纠纷多元化解机制发展的里程碑》，《上海证券报》2016年7月18日，第7版；施明浩：《金融创新下证券纠纷解决模式比较——从纠纷调解机制的视角》，《证券市场导报》2013年第9期，第72页；姜宠、张亚同、徐阳：《反思与完善：证券纠纷多元化解决机制》，《时代金融》2017年第33期，第121—122页；梁平、陈焘：《调解：证券纠纷解决机制构建的一种可行路径》，《理论界》2013年第11期，第64页。

③ 郑晓满：《进一步完善我国证券纠纷调解机制的思考——来自地方协会工作的思考》，中国证券业协会：《创新与发展：中国证券业2018年论文集（下册）》，中国财政经济出版社2019年版，第706—713页。

④ 该管理办法已废止。

成和解,解决证券业务纠纷”。① 中证协于2011年9月成立证券纠纷调解专业委员会,负责研究证券纠纷调解的专业和重大问题,并于2012年2月成立证券纠纷调解中心,负责协会证券纠纷调解的日常组织工作。② 随后,证券业协会又与地方证券业协会建立了证券纠纷调解协作机制。③ 2016年,中国证券业协会正式颁布《中国证券业协会证券纠纷调解工作管理办法》(简称《中证协调解工作管理办法》)和《中国证券业协会证券纠纷调解规则》(简称《中证协调解规则》),确立了行业协会主导下,由证券业协会督促证券公司主动化解纷纷、指导地方协会就地调解纷纷和证券业协会自主调解纷纷的“三位一体”证券纠纷化解工作机制。④ 为增强调解结果的权威性、执行力,最高人民法院和证监会同年联合下发《关于在全国部分地区开展证券期货纠纷多元化解机制试点工作的通知》,要求试点地区人民法院与证券期货监管机构、试点调解组织加强协调联动。

除行业协会主导的调解机制外,近年来证监会主导下设立的中国证券投资者保护基金有限责任公司(简称投保基金公司)法律事务部、中证中小投资者服务中心有限责任公司(简称投服中心)纠纷调解部,以及地方证监局与地方证券行业协会联合创设的调解机构,例如深圳证券期货纠纷调解中心(简称深圳证券调解中心)等机构也开始提供调解服务。⑤

截至2018年年末,中国人民大学纠纷解决研究中心制作的《证券期货纠纷多元化解机制试点工作评估报告》(简称《报告》)显示,我国证券行业多元化纠纷解决机制建设试点成就显著,包括中证协调解中心、投服中心纠纷调解部、投保基金公司法律部、深圳证券调解中心在内的多家调解机构受理并化解

---

① 《证券纠纷调解工作管理办法(试行)》第2条,参见《关于发布〈证券纠纷调解工作管理办法(试行)〉等三项规则的公告》,https://www.sac.net.cn/tzgg/201206/t20120611_21680.html,最后访问日期:2019年12月25日。

② 《中证协证券纠纷调解机制的内容和特点》,https://tzz.sac.net.cn/wqbh/wqqdgl/201512/t20151209_126731.html,最后访问日期:2019年12月25日。

③ 2012年年初中国证券业协会与全国36家地方协会建立了证券纠纷调解协作机制,参见《中国证券业协会证券纠纷调解机制的建立过程》,http://www.csrc.gov.cn/pub/jiangsu/xxfw/tzzsyd/201301/t20130124_220727.htm,最后访问日期:2019年12月24日;《证券业协会推进证券纠纷多元化解机制建设》,https://www.sac.net.cn/hyfw/hydt/201709/t20170922_133057.html,最后访问日期:2019年12月25日。

④ 《中国证券业协会关于发布〈中国证券业协会证券纠纷调解工作管理办法〉与〈中国证券业协会证券纠纷调解规则〉的通知》;《证券业协会推进证券纠纷多元化解机制建设》,https://www.sac.net.cn/hyfw/hydt/201709/t20170922_133057.html,最后访问日期:2019年12月24日。

⑤ 《投服中心:争取今年挂牌全国证券期货纠纷调解中心》,http://www.csrc.gov.cn/shenzhen/xxfw/mtzs/201706/t20170628_319230.htm,最后访问日期:2020年1月3日;《深圳证券期货业纠纷调解中心简介》,http://www.csrc.gov.cn/shenzhen/xxfw/tzzsyd/qhtz/201406/t20140620_256430.htm,最后访问日期:2020年1月3日。

了大量纠纷。[①] 在此基础上，2018 年 11 月 30 日，最高人民法院和证券会联合印发《关于全面推进证券期货纠纷多元化解机制建设的意见》(简称《意见》)，总结了试点中获得的经验，对于经验的推广和调解组织管理、诉调对接工作机制、纠纷多元化解机制保障落实提出了新要求。[②]《报告》和《意见》反映出证券领域多元化纠纷解决机制虽然取得了一定成就，但仍然有待完善，特别是其中的证券调解制度在现实中仍然存在诸多问题亟待解决。

第一，调解组织功能定位不明确，对普通投资者的倾斜保护不足。以《中证协调解工作管理办法》和《中证协调解规则》规定的受案范围为例，证券经营机构之间的纠纷以及投资者与证券经营机构之间的纠纷都适用该制度。[③] 这一规定虽然拓宽了调解制度的适用范围，但是考虑到两种纠纷性质迥异，在后一类纠纷中，投资者与证券经营机构存在严重信息不对称以及能力差距，为前一类纠纷所不具备。该规则针对不同特征的纠纷不加区分地适用同一套程序，功能定位不清晰。

第二，程序分流规定不健全。中证协调解中心、投服中心纠纷调解部等在调解规则规定了“简易程序”“普通程序”“单方承诺调解程序”等，但在适用条件上未作清晰规定，留给调解机构很大裁量空间，导致程序的可预测性差。另外，程序选择上没有给争议双方选择余地，缺乏灵活性。

第三，纠纷咨询、投诉程序与调解程序衔接机制不成熟。虽然我国目前为投资者提供了热线、邮件以及线上投诉咨询的渠道，但是这些渠道与调解程序衔接仍显不足。[④] 流程脱节导致无法为投资者提供一站式纠纷解决服务。现有的协

---

① 一是试点已扩大至全国大多数证券期货纠纷调解组织，目前证券期货试点组织 55 家，38 家调解机构纳入法院特邀调解组织名册，初步形成覆盖资本市场各业务领域、各省市的多层次、多元化调解网络。二是调解员队伍发展壮大，截至 2017 年年底，共聘任调解员 1 613 名。三是纠纷解决效果明显，两年多来共直接受理或受法院委托调解案件 9 116 件，办结率 91.33%，调解成功率 81.28%，给付金额 14.97亿元。四是结合实际创新纠纷多元化解机制，在小额速调、单边承诺调解、先行赔付、在线调解等方面形成可复制、可推广的经验。五是诉调对接成效明显，组织建设和特邀调解、“示范诉讼+委托调解”、调解协议确认等机制不断健全。六是宣传引导工作得力，形成“知调解、信调解、用调解”浓厚氛围。最高人民法院：《证券期货纠纷多元化解机制试点工作评估报告(摘要)》，http://courtapp.chinacourt.org/zixun-xiangqing-133481.html，最后访问日期：2019 年 12 月 25 日；范愉：《证券期货纠纷解决机制的构建》，http://www.isc.com.cn/html/zjzs/20190906/1515.html，最后访问日期：2019 年 12 月 25 日；李万祥、周琳：《提高化解效率，降低维权成本》，《经济日报》2018 年 12 月 4 日。

② 《最高人民法院中国证券监督管理委员会关于全面推进证券期货纠纷多元化解机制建设的意见》，http://www.csrc.gov.cn/pub/newsite/zjhxwfb/xwdd/201811/t20181130_347505.html，最后访问日期：2019 年 12 月 25 日。

③ 《中国证券业协会关于发布〈中国证券业协会证券纠纷调解工作管理办法〉与〈中国证券业协会证券纠纷调解规则〉的通知》。

④ 侯东德、周莉欣：《加快推进证券期货纠纷多元化解决机制的建议》，《人民法院报》2019 年 4 月 4 日，第 7 版。

调机制在减少耗时、节约成本方面还有优化空间。

第四，调解协议约束力弱，执行力不足。证券纠纷调解协议在法律性质上属于民事合同，无法直接申请强制执行。当事方通常需要通过公证或者申请法院制作司法调解书以获得调解文书的强制执行效力。这些程序意味着投资人付出额外的成本。根据《民事诉讼法》第194条以及《人民调解法》第33条规定，调解协议的司法确认需要双方提交申请。[①] 如果其中一方不配合，司法确认将很难进行。实践中，违约情形一旦出现，双方经常被迫重新寻求其他纠纷解决方案，尤其是证券经营机构故意违约或拖延行为会给投资者合法权益造成严重损害。针对调解协议约束力低下的问题，一些地区证券调解机构与法院签署了"诉调"对接协议。[②] 然而，目前各地"诉调"对接机制采用的模式不统一、制度建设不成熟，导致调解协议实际效力受限。[③]

面对上述亟待改进的问题，借鉴域外证券市场已有的较为成熟的制度经验格外重要。日本借鉴西方国家金融申诉专员制度，创设了独具特色的指定纠纷解决机构制度，取得了较为满意的效果。日本和我国在诉讼文化方面同样受到儒家文化的影响，无讼的思想占据主流，都倾向于通过多元化的非诉讼方式解决争端。[④] 在证券纠纷诉讼制度方面，日本的证券诉讼也未采用美国式的集团诉讼制度，主要采用传统的共同诉讼和单一诉讼方式进行。[⑤] 从制度设立的初衷看，日本设立证券调解制度的重要目标之一是将证券调解机制作为纠纷解决机制的补充，以减轻法院压力，同时有效提高纠纷解决效率，保护投资者，这一点与我国当前面临司法改革后法院案多人少的困境以及证券诉讼制度的形成背景有相似之处。在金融监管层面，以间接金融为主的日本在金融综合化发展背景下由纵向的"机构监管"向横向的"权利导向型"金融监管的法治变迁路径也与当下

① 《中华人民共和国民事诉讼法》(2017年修订)第194条;《中华人民共和国人民调解法》第33条。

② 刘伟杰:《投服中心等三方共建诉调对接机制已覆盖全国35个辖区》,《证券日报》2019年12月20日。

③ 李有星、王卓晖:《论证券纠纷调解机制的修改与完善》,《证券法苑》2014年第12卷,第229页;范雪飞:《如何发挥证券期货全国性调解组织的作用》,http://www.isc.com.cn/html/zjzs/20190906/1514.html,最后访问日期:2019年12月25日。

④ Tomohiko Maeda & Andrew M. Pardieck. ADR in Japan's Financial Markets & the Rule of Law, *N. E. U. L. J.* Vol. 10, 2018; Takeyoshi Kawashima. Dispute resolution in contemporary Japan, in A. T. von Mehren (ed.). *Law in Japan: The Legal Order in A Changing Society*. Cambridge: Harvard University Press, 1963.

⑤ 我国也没有类似于美国的集团诉讼制度，在《证券法》(2019年修订)中确立了不特定多数人的代表人诉讼制度。日本采用传统的共同诉讼与单一诉讼方式与中国类似。章武生:《我国证券集团诉讼的模式选择与制度重构》,《中国法学》2017年第2期,第276页。

我国金融监管发展趋势相似。[①] 制度的成功借鉴乃至移植非常依赖制度生长土壤的适应性。我国与日本在诉讼文化背景、证券诉讼机制构建、金融市场结构和监管发展等方面存在多维度的相似性，因此其证券市场纠纷调解制度值得我国借鉴。

## 第三节　日本证券纠纷调解机制阐述

### 一、日本证券纠纷调解机制的设立与运行现状

日本金融多元纠纷解决机制建立之前，日本解决消费金融领域纠纷的非诉解决方式大致分为：行政调解、民间调解和司法调解。[②] 行政调解是指由金融厅下设金融服务机构等参与的调解；民间解决是指通过向金融行业的民间团体进行投诉解决纠纷；司法调解是指法院的调解。上述机制解决纠纷流程不同，标准不统一，缺乏衔接上的统一，对投资者的特别保护不足，甚至出现机构之间互相推诿的情况，造成金融消费者的权益保障落空。

日本金融市场曾出现“从储蓄到投资”的趋势，行业内纠纷数量与日俱增。为了有效应对这一问题，保护投资者的合法权益，日本在2007年修改《金融商品交易法》，导入“认定投资者保护团体”制度。[③] 金融厅可通过指定批准特定机构从事金融纠纷解决业务，为多元化纠纷解决机制的创设提供了基础。[④] 随后，日本开始设立横断化的、综合性的金融多元纠纷解决机构，以全面处理金融商品与服务。至今共有8家机构被指定为纠纷解决机构，包括日本证券业协会牵头成立的特定非营利法人——证券金融商品斡旋咨询中心（Financial Instruments

---

① 刘志伟：《中国权利导向型金融监管法制的塑造》，《经贸法律评论》2019年第6期。

② Bloomberg law report：Japan's New Financial ADR System，https://www.hugheshubbard.com/index.php?p=actions/vmgHhrUtils/download/asset&id=262，最后访问日期：2019年12月25日。

③ 朱宝玲：《日本金融商品交易法：一部保护投资者和构建公正透明的投资市场之法律》，法律出版社2016年版，第40页。

④ 截至2019年11月，共有8个金融纠纷解决组织被确定为“指定纠纷解决机构”（Designated Dispute Resolution Organizations），分别是证券及金融商品调解咨询中心、全国银行协会、信托协会、日本贷款业协会、生命保险协会、日本损害保险协会、保险投诉所、日本小额短期保险协会等。参见日本金融厅网站，https://www.fsa.go.jp/policy/adr/shiteifunson/index.html 最后访问日期：2019年11月28日；刘颖：《日本金融ADR制度：发展与评价》，《现代日本经济》2012年第4期，第10页；《指定纷争解决机关一览》，https://www.fsa.go.jp/policy/adr/shiteifunson/index.html 最后访问日期：2019年11月28日。

Mediation Assistance Center，FINMAC)。[①] 该机构成立于2009年8月24日，并于2010年2月15日获得金融厅和法务省认可，成为"指定纠纷解决机构"，其旨在通过建立协调的证券纠纷解决机制保护投资者利益，提高纠纷解决效率。[②]

该中心业务范围主要包括证券、投资信托等金融商品的交易纠纷和投诉处理。中心自成立后受理了大量案件，被认为是成功的制度创设。表12-1为5年来该中心处理投诉与调解纷纷的数量统计，显示出5年来纠纷受理在波动中有所增长，结案率也十分可观。

**表12-1　2014年4月—2019年3月证券金融商品斡旋咨询中心受案数量统计**

| 财务年度 | 接受咨询件数(件) | 处理投诉件数(件) | 处理调解件数(件) |
|---|---|---|---|
| 2014年4月—2015年3月 | 9 065 | 629 | 109 |
| 2015年4月—2016年3月 | 7 616 | 1 374 | 140 |
| 2016年4月—2017年3月 | 6 736 | 1 226 | 152 |
| 2017年4月—2018年3月 | 4 685 | 1 001 | 129 |
| 2018年4月—2019年3月 | 4 691 | 1 631 | 712 |

## 二、证券金融商品调解咨询中心创设目的

证券金融商品斡旋咨询中心创设的目的：① 相较于传统投诉、诉讼而言，更加注重综合性、专业化的具有横断性特征的咨询、投诉处理与纠纷解决的服务。[③] ② 着重发挥多元纠纷解决机制的独特优势，包括更为简便迅速和保密性强。通过利用专业调解委员的专业知识和经验获得更为灵活的解决。③ 在尊重金融商品交易业的分业经营现状的前提下，通过联合包括日本证券行业协会(JSDA)在内的五家金融工具行业协会，解决由于上述行业协会各自分业独立监管而出现的对于第二类金融商品交易者在监管上的缺位问题。

① 日本证券及金融商品斡旋咨询中心网站，http://finmac.or.jp/english/，最后访问日期：2019年12月25日。

② History of the Financial Instruments Mediation Assistance Center，http://finmac.or.jp/english/pdf/en_03.pdf，最后访问日期：2019年11月28日。

③ 杨东、毛智琪：《日本证券业金融ADR的新发展及启示》，《证券法律与监管》2013年第7期，第65页。

## 三、证券金融商品调解咨询中心业务对象

证券金融商品斡旋咨询中心《投诉处理支持与斡旋业务规程》(简称《业务规程》)根据业务的种类划定受理纠纷的范围。如果证券经营机构属于证券金融商品斡旋咨询中心业务对象,那么投资者与其之间发生的纠纷也就自然在受理范围内。纠纷解决业务的对象见表12-2。

**表12-2　业务开展对象**

| 类　　别 | 《金融商品交易法》中规定所属类别 | 管辖实施方式 |
|---|---|---|
| 加入第一类金融商品交易业者 | 第一类金融商品交易者 | 签订《手续实施基本契约》 |
| 协定事业者 | 5家行业协会的会员[①] | 协定事业者委托 |
| 特定事业者 | 第二类金融商品交易业者 | 事业者在中心进行注册 |

表12-2中的三种事业者对应的投资者可以向证券金融商品斡旋咨询中心提交投诉、斡旋的申请,其中作为特定事业者的第二类金融商品交易业者除有义务参加调解、提交纠纷有关资料外,还需承担一定的会费。投资者参与咨询、投诉业务免费,进行调解程序则根据标的额的不同收取少量费用。[②]

## 四、证券金融商品调解咨询中心的管辖与《手续实施基本契约》

日本金融多元纠纷解决机制中独具特色的乃是基于《手续实施基本契约》的“半强制性管辖”。在日本金融行业内存在数家纠纷解决机构的情况下,金融服务机构必须与一家或多家缔结《手续实施基本契约》,并接受管辖,金融服务机构拥有选择权。金融机构在签订《手续实施基本契约》后,须公示与其缔约的指定纠纷解决机构,告知广大消费者实施纠纷解决程序的相关注意事项。[③] 如果消费者在使用证券金融商品调解咨询中心调解程序的同时又提起诉讼,纠纷解决机构将终止相关解决程序。截至2019年11月30日,证券金融商品斡旋咨询中心与298家证券经营机构签订了《手续实施基本契约》。

---

① 5家行业协会的会员:一般社团法人投资信托协会、一般社团法人日本证券投资顾问协会、日本证券业协会、一般社团法人金融期货交易业协会、一般社团法人第二种金融商品交易业协会的会员。

② 《斡旋申请费用表》,http://www.finmac.or.jp/ryokin/,最后访问日期:2020年1月3日。

③ 刘颖:《日本金融ADR制度:发展与评价》,《现代日本经济》2012年第4期,第10页。

证券经营机构与证券金融商品斡旋咨询中心签订的《手续实施基本契约》通常为中心提供的格式合同,其中赋予投资者可以进行投诉以及调解申请的权利;确立证券经营机构固有的若干项义务,包括程序参与、材料提交和尊重调解结果并尽力和解等。[①] 如果证券经营机构违反上述义务,须对证券金融商品斡旋咨询中心承担违约责任,中心在公告该违约行为时可向行业主管机关通报相关情况。证券经营机构一旦违约,不仅信誉会受到极大损害,而且主管行政机关也可能基于通报情况,对证券经营机构的业务展开进一步调查,甚至作出处罚决定。此种所谓"半强制性管辖"的安排有利于激励金融服务机构更加主动积极地参与纠纷解决,起到加速纠纷解决进程的效果。[②]

## 五、组织架构与斡旋委员的选任

证券金融商品斡旋咨询中心总部设在东京,在大阪市设置了分所。理事会负责具体运营事宜,在理事会之外还设置了运营审议委员会,由自主规制团体相关人员、律师等专业人员等组成,组织体系结构见图 12 - 1。[③] 斡旋委员会组成人员皆是有 5 年以上律师经验,精通金融知识的人,人选由该中心的运营审议委

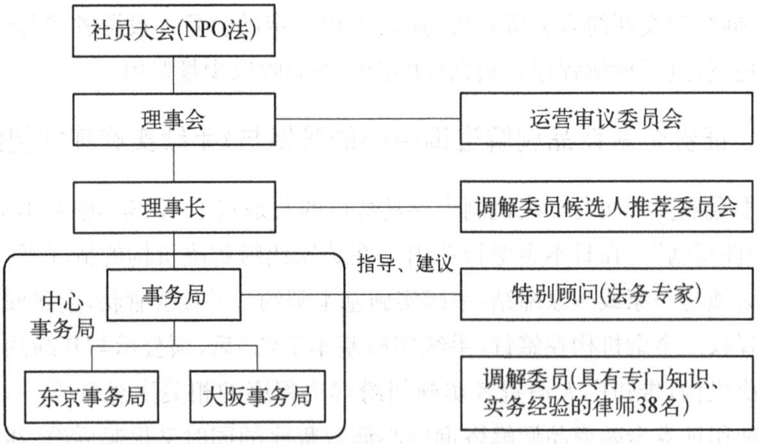


图 12 - 1　中心组织体系结构

① Operational Rules Concerning Complaint Resolution Support and Mediation, https://www.finmac.or.jp/english/pdf/en_05.pdf,最后访问日期:2019 年 12 月 25 日。

② 王莹丽:《日本金融 ADR 机制探析》,《财贸研究》2011 年第 1 期,第 110 页。

③ Outline of the Organization of FINMAC, http://finmac.or.jp/english/pdf/en_02.pdf,最后访问日期:2019 年 11 月 28 日。

员会讨论后确定，经理事会同意后由理事长聘任。调解委员的任期为1年，期满可继续聘任。该中心的职员不能同时担任纠纷调解员。[①] 截至2019年11月，该中心有38名律师担任调解委员。

在处理具体纠纷时，中心从调解委员名单中选任一人进行斡旋。若当事人提出调解委员与其中一方存在利害关系，可能影响公平性，可提出回避申请。此时，涉事斡旋委员之外的3名斡旋委员会对回避申请进行审查，以少数服从多数原则决定是否回避。在各地斡旋咨询中心斡旋业务过程中，调解权由负责案件调解委员独立行使，该中心其他任何人不得干涉，若该中心实际领导有此行为的，调解委员可向该中心事务局报告，事务局必须采取相应措施。

## 六、具体运行程序

证券及金融商品斡旋咨询中心的《业务规程》规定了投诉处理程序和纠纷斡旋程序。[②] 寻求救济的投资者必须表明选择何种程序化解纷纷，负责投诉、咨询业务的是该中心的职员，而负责纠纷的是斡旋委员会委员。

### (一) 咨询和投诉程序

负责咨询、投诉业务的职员先将申请人关于股份、债券、投资信托等金融商品交易的劝诱、买卖交易等方面的投诉给相应的金融机构，并要求金融机构提出相关资料或文件，随后由证券经营机构直接回应顾客或由中心代为就纠纷情况进行说明，也可以在此基础上根据实际情况敦促经营机构诚实应对投诉，自主与投诉人和解。[③] 必要时，中心工作人员会对顾客进行诉讼、调解等纠纷救济措施进行说明和解释，[④]投诉须在两个月内得到解决。

### (二) 斡旋程序

对未获解决的投诉，证券金融商品斡旋咨询中心告知当事人可选择斡旋程序解决争议。中心采用一人制斡旋委员制度，在对具体情况进行调查后进行调解，促使当事人之间达成和解协议或者制作特别调停案。

斡旋流程始于投资者提出《调解申请书》，并递交相关资料，由中心决定是否受理。中心决定受理后，便选定调解委员负责该案件，同时通知纠纷双方受理事

---

① 杨东、毛智琪：《日本证券业金融ADR的新发展及启示》，《证券法律与监管》2013年第7期，第65页。

② Operational Rules Concerning Complaint Resolution Support and Mediation, https://www.finmac.or.jp/english/pdf/en_05.pdf，最后访问日期：2019年12月25日。

③ 陶建国、王迎春：《日本证券及金融商品斡旋咨询中心的纠纷解决制度及其启示》，《南方金融》2011年第9期，第46页。

④ 杨东、毛智琪：《日本证券业金融ADR的新发展及启示》，《证券法律与监管》2013年第7期，第65页。

宜，并向案涉证券经营机构发出调解申请书、受理通知书。作为当事方的证券经营机构负有义务对通知进行回应，并提交资料与答辩意见。答辩意见通过中心送达投资者。斡旋申请流程见图 12-2。

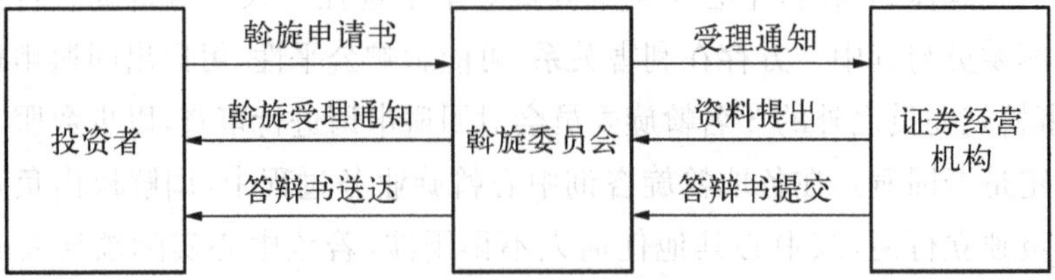


图 12-2 斡旋申请流程

若当事双方在调解过程中达成合意，则签订和解协议，案结事了。如果未和解，调解委员将对投资者和金融机构进行调查询问，并基于判例、先例及经验提出调解方案。

在斡旋过程中，若有助于纠纷解决，中心调解委员会可以决定进行特别调停案的提示。在取得投资者方同意的前提下，即使一方不同意，特别调停案仍然具有拘束力。《业务规程》规定，即便一方在知晓投资者接受特别调停方案后的 1 个月内提起诉讼，其仍须将该特别调停案所涉及相当于损害赔偿额的款项寄存于中心账户，以防假借诉讼拖延，甚至调解。此外，为了方便投资者，斡旋场所通常根据投资者住所选择距离其较近的场所进行。斡旋流程见图 12-3。

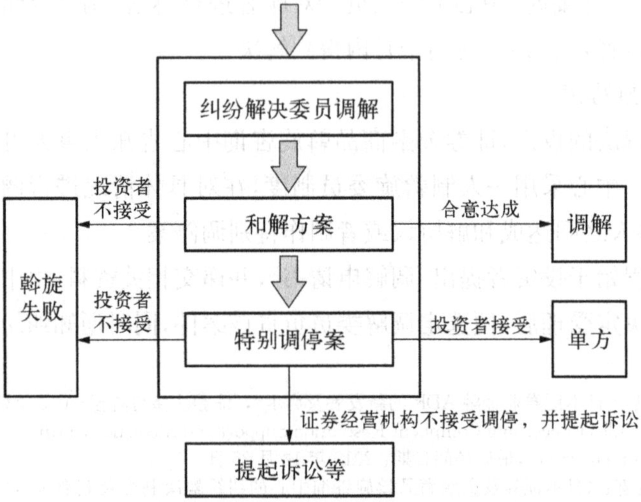


图 12-3 斡 旋 流 程

### 七、费用负担

证券金融商品斡旋咨询中心主要经费源于委托团体缴付的负担金和金融商品交易业者的年基本利用费。此外，中心还会收取资本市场振兴财团的补助金作为基本的经费来源。[①] 因此，中心的咨询以及投诉处理为投资者提供免费服务，调解申请人也只需根据其请求标的支付 2 000 日元—50 000 日元的小额申请费。[②]

### 八、时效中断机制

日本《关于金融领域的裁判外纠纷解决制度（金融 ADR）的最佳实施方案》和《促进裁判外纷争解决手续之利用的法律》规定了时效中断制度，即在金融服务机构不执行和解方案或特别调停方案时，金融 ADR 程序已经进行的时间被认为是诉讼时效的中断，以充分确保金融消费者通过诉讼解决纠纷的救济权利。

根据上述规定，在证券金融商品斡旋咨询中心进入调解程序后，投资者的诉讼时效中断，不会因为其进行调解而错过司法救济的诉讼时效期限。

## 第四节　日本证券纠纷调解机制的特点

### 一、中立性和权威性

在证券金融商品斡旋咨询中心建立之前，日本对于投资者与金融机构的纠纷主要由证券基金行业协会负责协调。证券行业协会与其会员之间关系紧密，难免让投资者对其中立性感到怀疑。现有指定纠纷解决机构属于第三方民间行业团体，由主管行政机关指定并监督，具有独立性和中立性。

调解程序的公正性与中立性在一定程度上取决于调解员的构成。普通民事调解组织虽然具有中立性，但由于证券金融行业具有专业性特征，普通民事调解组织无法胜任，而具有专业知识的证券经营机构从业人员往往由于与行业关系

---

① 刘颖：《日本金融 ADR 制度：发展与评价》，《现代日本经济》2012 年第 4 期，第 10 页。

② 根据日本国税厅统计，2019 年日本人均月收入约为 370 000 日元，斡旋申请费相对比较低廉。https://clabel.me/incomes/24345#c1，最后访问日期：2020 年 1 月 3 日。

密切而存在利益冲突，无法保持中立性。证券金融商品斡旋咨询中心的斡旋程序实施委员会委员非该机构职员，亦非证券行业从业人员，而是聘请具有独立地位并具有金融专业背景的律师。该设置在调解员构成上确保了调解员的中立性与权威性，从而增强了普通投资者调解的信心。

## 二、对事业者施加单方面的义务，调解协议执行力强

传统意义上的调解程序完全基于双方自愿开展，不具有强制性，而日本证券金融商品斡旋咨询中心的调解方案，特别是特别调停案对于证券经营机构具有单方面约束力，增强了调解协议的权威性与执行力。证券经营机构与证券金融商品斡旋咨询中心签订的《手续实施基本契约》约定，证券经营机构须依照约定承担参与投诉、调解程序，并履行其相应合作义务，包括材料提出、解释说明以及对调解结果，特别是调停案中的接受义务和尊重义务等。单方面义务的施加，使得调解结果更有权威性和执行力。与之相对，受到倾斜保护的投资者对调解结果可以选择接受与否，调解对意思自治的重视仍然得到了充分体现。

## 三、费率较低、程序周期短

证券金融商品斡旋咨询中心运营费用主要由证券经营机构承担：证券经营机构须支付年金，在每次利用该制度时再缴纳一笔使用费，而普通投资者在申请进行调解时只根据其请求额承担一小部分费用，相比于日本民事诉讼而言节省了大量费用。①

与通过民事诉讼解决证券纠纷相比，证券金融商品斡旋咨询中心能够在较短时间内解决，体现了纠纷解决的效率性。普通民事诉讼流程仅一审程序就需要 1 年以上的时间。② 若利用证券金融商品斡旋咨询中心解决，投诉须在两个月内获得解决，对未获解决的投诉应告知当事人可选择调解程序解决争议，调解程序在 4 个月内结束。

## 四、保密性与信息披露

调解程序重要特征在于保密性。证券金融商品斡旋咨询中心《业务规程》第

① 通过比较费率可以明显发现，证券金融商品斡旋咨询中心相比于民事诉讼具有成本上的优势。参见《手数料額早見表》，http://www.courts.go.jp/vcms_lf/315004.pdf，最后访问日期：2019 年 12 月 25 日。

② 《裁判所データブック2019》，http://www.courts.go.jp/vcms_lf/db2019_P75-P88.pdf，最后访问日期：2019 年 12 月 25 日。

47 条较为详细地规定了保密方面的规则，一方面，保护了证券经营机构商业信息，降低了证券经营企业对于参加调解程序导致信誉受损的顾虑；另一方面，也消除了顾客的抵触情绪。

证券金融商品斡旋咨询中心会在事前就其操作规程对投资者作出充分说明，并定期对整体运行情况作出信息披露。具言之，证券经营机构在事前会披露其是否与证券金融商品斡旋咨询中心签署《手续实施基本契约》，并将其中内容告知投资者，确保投资者事前即知晓如有纠纷发生将如何处理。中心会在每个季度公布纠纷处理情况，公示的信息包括纠纷的类别、投资者情况、商品种类、纠纷概要、解决结果等内容。中心官方网站也会更新每年的纠纷解决情况，包括咨询、投诉、斡旋的案件数量、结案情况等数据。充分的信息披露减少了调解过程中对流程的信息不对称，即使在普通投资者没有律师辅助的情形下，投资者仍然能够完成纠纷解决流程，无疑提升了投资者参与的积极性。

## 第五节　可资借鉴之处

### 一、横断化、对弱势投资者倾向保护的调解规则与机构

在证券纠纷发生时，由于涉及的知识过于专业，故证券经营机构和与处于弱势地位的普通投资者以及财力、专业能力不足组织之间信息不对称，并且双方应对纠纷能力差距悬殊。如果依赖传统的调解制度，无法在实质上平等保护投资者。日本的金融法制在 21 世纪初呈现出向“权利导向型”监管转变，在立法和金融纠纷解决机构设立上体现对普通投资者权利倾向性保护的做法值得借鉴。

我国现有证券调解机构对普通投资者保护的倾向性保护不足。以中证协调解中心和中证投服中心为例，《中证协调解管理办法》将会员之间的纠纷调解一并规定，不加区分，导致无法在调解规则中突出对中小投资者权利的倾向性保护，使制度效果打了折扣。投服中心《中证中小投资者服务中心调解规则》仅在第 8 条“受案范围”以及第 7 章第 3 节规定的“单边承诺调解”中对普通投资者与纠纷对象（上市公司、证券经营机构等）作了区分规定，其他条款中一律用“当事人”指代双方，也未体现出对投资者的倾向性保护。《证券法》（2019 年修订）新设“投资者保护”专章，大幅提高了投资者保护水平，反映出我国金融法制从注重

金融稳定到注重市场健康发展与重视投资者权利的动向。新修订的《证券法》第94条规定:“投资者与发行人、证券公司等发生纠纷的,双方可以向投资者保护机构申请调解。普通投资者与证券公司发生证券业务纠纷,普通投资者提出调解请求的,证券公司不得拒绝。”上述规定在法律层面贯彻了证券建设多元化纠纷解决机制以及保护普通中小投资者的精神,然而第94条的规定不够具体详细。根据日本指定纠纷解决机构对金融消费者倾斜保护的经验,我国可以对普通中小投资者与证券经营机构的纠纷,以及证券经营机构之间的纠纷区分对待。具体而言,我国可以在尊重现有分业经营与机构监管模式下,先针对证券行业制定与《人民调解法》相协调的专门保护普通证券投资者的特别法,或者针对证券金融产品消费者保护的调解规范,确保我国现有的证券纠纷调解机构,例如中证协调解中心、投服中心、投保基金公司等在对普通投资者与证券经营机构的纠纷进行调解时,有一套倾斜保护投资者的规则或者示范规则。倾斜保护条款的具体内容可以包括强制参与调解义务、说明材料提交义务、解释说明义务承担、投资者对最终调解结果的单方否决权以及程序上对时间和费用的控制等。

在金融创新层出不穷与混业经营的趋势下,事前监管经常会出现漏洞,建立事后纠纷解决机制能够弥补对投资者保护上的不足。日本立法者也曾考虑建立覆盖整个金融行业的纠纷解决机构,以全面保护金融产品投资者。[①] 考虑到其分业经营的现状以及制度建立各方面协调的问题,日本并未直接创设统一整个金融市场的纠纷解决机构,而是在各个行业内设立横断化的指定纠纷解决机构。我国金融行业与日本面临类似的分业经营向混业经营的转向,即使建立统合式的纠纷解决机构,目前中国以“一行二会”为核心的“机构监管”模式也使得这一目标难以实现。因此我国需要从实际出发,充分发挥我国证券行业现有中小投资者保护机构例如中证投服中心等机构的作用,将投服中心的纠纷解决部门打造为有横断化、综合化的调解组织,避免投资者在未来面对纷繁复杂的证券金融产品时,出现维权困难的问题。

## 二、机构属性及调解员构成

日本证券金融商品斡旋咨询中心是独立的特定非营利事业法人,设立目的

---

① 日本银行窗口除提供日元定期存款和外币存款、投资信托等系列组合商品之外,还进行国债和投资信托的窗口买卖、变额个人年金保险等保险产品的交易,体现出混业经营的现状。参见日本金融厅:《金融分野における裁判外の苦情・紛争解決支援制度(金融ADR)の整備にかかる今後の課題(座長)》,https://www.fsa.go.jp/singi/singi_kinyu/dai1/siryou/20081125/02.pdf,最后访问日期:2019年12月25日。

与职能单一，资金来源社会化，具有独立性。该中心的成立经由金融厅、法务省指定并持续接受监督，具有权威性。独立性能够确保调解工作的中立，而权威性能够增强投资者信任与接受度，两者都是我国优化证券纠纷调解机构的组织建设必须考虑的要素。我国投服中心、投保基金公司是证监会主导设立的有限责任公司法人，具有半官方的色彩；中证协调解中心为中证协下设机构，混合了行业自律和行政化特点。在权威性层面，上述机构符合调解机构的权威性特征。近年来，上海、浙江等地区曾展开对证券调解市场化运作的探索，期望能够建立中立、市场化运作的纠纷调解机制。[①] 笔者认为我国不宜完全对调解业务进行市场化，监管部门仍然需要在合理范围内对纠纷调解机构的设立和行为进行监督。首先，证券纠纷由于承载着保护投资者的职能，属于特殊商事调解。证券纠纷调解一旦市场化，由于其经费大部分源于证券经营机构缴纳费用，调解机构在逐利性的影响下，会倾向于做出有利于投资者的决定，不符合保护普通投资者的初衷。其次，将调解解决服务作为一项产品提供给当事人，那么，其定价（服务收费）通常基于该机构产生纠纷的数量、标的、复杂程度、处理时长等，而市场化会激励调解机构故意将投资者的纠纷进行复杂化处理。[②] 这种程序上的复杂化违背了迅速、便捷处理纠纷的原则。从目前投资者接受程度来看，受到政府监管部门指定或者背书的机构在投资者心目中更有权威性。[③] 证券纠纷往往涉众较广，仓促推进证券纠纷调解机构市场化，一旦出现调解不公或者群体性事件，容易导致机制名誉受损，不利于该机制的推广。基于上述原因，在证监会备案、受到证监会监督、财产上具有一定独立性的非营利机构能够较好实现权威性、中立性与投资者保护的目标，我国应当加强投服中心等机构内部纠纷解决部门的组织建设，充分发挥投服中心的调解功能。

调解员选任对于调解制度尤为重要，我国证券调解组织需要改进调解员选任机制，在程序中保证调解员的独立性和中立性。以我国中证协调解中心公布的调解员名单为例，调解员出身证券公司的占大多数，然后是地方

---

① 余涛、沈伟：《游走于实然与应然之间的非诉调解机制》，《上海财经大学学报》2016 年第 1 期，第 117 页；《积极探索以市场化方式解决证券民事纠纷——浙江证监局推动建立辖区证券纠纷调解机制》，http://www.csrc.gov.cn/pub/zhejiang/gzdt/201210/t20121016_215855.htm，最后访问日期：2020 年 1 月 1 日。

② 例如有些纠纷仅需简易程序处理，但普通程序能够为调解中心创造更多收益，于是在程序分流中，这些案件被追求利润的调解中心归为普通案件。

③ 余涛、沈伟：《游走于实然与应然之间的非诉调解机制》，《上海财经大学学报》2016 年第 1 期，第 117 页。

协会会员和律师。[①] 在日本证券调解机构中，调解由身份中立并具有金融知识背景的律师组成的调解委员会实施，专业化的斡旋委员会能够对纠纷的关键点与解决方式有更准确的把握，对证券金融商品劝诱等行为能够进行合理的判断，使纠纷解决更具有针对性。[②] 这种安排使得调解委员会不仅具有权威性，而且避免了专业人员与证券机构有过多交集导致的中立性缺失，增强了投资者对调解制度的信任。因此，包括中证协调解中心在内的许多证券纠纷调解组织应当适当调整证券纠纷调解委员的名单，让更多专业性、独立性强的律师、高校教师参与其中。同时，为避免公司科层制造成上级管理层对于调解员施加影响，在相关规则上需要保障调解员在调解程序的控制权和决定权。

## 三、调解方案的达成与程序分流

虽然调解委员的斡旋能促进调解协议达成，但是信息不对称以及诉求目标上的差距会使部分纠纷中双方当事人难以达成调解方案，造成案件久拖不决，对处于弱势地位的投资者尤为不利。针对此问题，投服中心设置了单边承诺调解程序，规定了证券经营机构事先承诺参加调解、事中缺席调解不影响程序进行、事后调解结果的单边效力等规则，以促使调解的达成。[③] 在单边承诺调解规则下，投服中心进一步设立小额速调机制，规定金额在一定范围内的纠纷采用简便的流程，并要求证券经营机构接受调解结果。[④] 虽然小额速调机制在全国得到了较好推广，但是数额无法达到小额速调标准的案件无法很好利用单边承诺调解规则。[⑤] 此外，《中证协调解规则》规定了"简易程序"和"普通程序"，在适用何种程序上没有作出规定，留给调解机构很大的裁量空间，给投资者的救济程序带来了不确定性。

---

① 《中国证券业协会证券纠纷调解调解员名册》，https://www.sac.net.cn/hyfw/zqjftj/tjymc/201904/t20190416_138385.html，最后访问日期：2019 年 12 月 25 日。

② 杨东、毛智琪：《日本证券业金融 ADR 的新发展及启示》，《证券法律与监管》2013 年第 7 期，第 65 页。

③ 《中证中小投资者服务中心单边承诺调解细则(试行)》第 2 条规定：单边承诺调解是指证券期货经营机构、资本市场其他主体承诺由投服中心根据纠纷事实和相关法律法规、部门规章、规范性文件、自律规则及行业惯例等提出调解建议，若投资者采纳该建议，证券期货经营机构或资本市场其他主体应按照该建议与投资者签署调解协议并履行的调解方式。https://www.investor.org.cn/rights_interests_protection/mediation_service/mediation_guide/201906/t20190606_370495.shtml，最后访问日期：2019 年 1 月 1 日。

④ 《中证中小投资者服务中心单边承诺调解细则(试行)》，https://www.investor.org.cn/rights_interests_protection/mediation_service/mediation_guide/201906/t20190606_370495.shtml，最后访问日期：2019 年 1 月 1 日。

⑤ 《投服中心以新证券法为指引 四方面助力多元化解机制再上新台阶》，http://www.isc.com.cn/html/tpxw/20191230/1636.html，最后访问日期：2019 年 1 月 1 日。

日本证券金融商品斡旋咨询中心调解程序在整体上类似“单方承诺调解”，在程序中没有进一步区分“简易程序”和“普通程序”。但是日本证券金融商品斡旋咨询中心区分“调解”“特别调停”，以及根据标的额不同收费的程序分流思路值得借鉴。基于我国《民事诉讼法》关于简易程序和小额纠纷解决程序的规定，笔者认为可以做出两点改进：一是对于案件标的未达到小额速调机制标准的投资者，赋予其利用小额速调机制的选择权。如果对方当事人默认或无异议，程序可以通过小额速调机制解决，从而扩大了单边承诺调解规则的适用，以解决“调成难”问题。二是目前投服中心小额速调程序的金额标准为 1 万元。考虑到全国各地经济发展水平的不统一，以及未来的币值波动，可以在不同地区适用不同标准，以各省份上年度从业人员年平均工资 200% 以下的适用小额速调程序。同样，中证协调解中心对于简易程序与普通程序的分流，也可以参考上述两点建议。

## 四、调解协议执行力

调解制度在实践中的弊病在于调解协议效力弱，当事人容易反悔。在我国证券调解制度中，调解机构签字盖章的调解协议效力仅相当于民事合同，调解机构缺乏强制手段保障调解协议的执行。① 虽然可以通过公证、司法确认等手段增强协议的法律效力，但前者需要额外支付公证费用；而对于后者，《民事诉讼法》和《人民调解法》规定，调解协议只有经过人民法院为调解协议作出民事裁定、确认协议有效后才具有强制执行力。② 司法确认需要当事人双方共同申请的规定给调解的完成增加了一道烦琐程序。③ 虽然我国部分地区证券调解机构与法院签署了“调诉”对接协议，意图简化这一流程，④然而“调诉”衔接仍然意味着国家司法力量的介入。

针对上述现状，除了加强示范判决制度建设外，我们可以借鉴日本相关经验，优化我国中证投服中心现有的单方承诺调解制度。具体而言，投服中心可以强化证券机构事先与调解机构签署的《合作协议》的违约责任条款。在单方承诺调解制度的调解方案作出后，如果证券经营无故缺席、不履行调解协议，调解机

① 陈明克：《我国证券纠纷调解机制研究》，《武汉金融》2018 年第 4 期，第 61 页。

② 《中华人民共和国民事诉讼法》(2017 年修订)第 194 条；《中华人民共和国人民调解法》第 33 条。

③ 杨东：《论我国证券纠纷解决机制的发展创新——证券申诉专员制度之构建》，《比较法研究》2013 年第 3 期，第 51 页。

④ 刘伟杰：《投服中心等三方共建诉调对接机制已覆盖全国 35 个辖区》，http://www.zqrb.cn/toufu/jianguandongtai/2019-12-20/A1576762293682.html，最后访问日期：2020 年 1 月 1 日。

构可以根据《合作协议》追究证券机构责任。对于投资者，《合作协议》应当赋予其较为宽泛的选择权。如果投资者选择接受，那么，该调解方案将对纠纷双方产生约束力；如果投资者拒绝接受，投资者可以选择包括诉讼在内的其他方式来解决该纠纷。

此外，日本指定纠纷解决机构通过对于证券经营机构不遵守调解结果的行为进行公告、通报，在声誉上会对证券经营机构产生较大的负面影响。此种软性约束可以达到激励证券经营机构尊重调解结果的作用。对此，我国调解机构也可以借鉴类似制度，在发生不尊重调解流程或者调解结果之后，采取向行业协会或者向证监会报告的方式，通过行业协会以及监管部门向不尊重调解结果的证券经营机构施加压力。

## 五、加强投诉和调解衔接

我国受理证券投资者的投诉、咨询、建议等采用的是"12386"热线，同时还有向证券监管部门信访这一途径。① 但是，不论是投诉热线或者信访，在接到投诉后，如果无法立即解决，受诉机关需要将案件转移给其他纠纷处理程序。由于没有良好的衔接机制，投诉者在陈述事实后，必须在之后的纠纷处理阶段再次提交资料陈述事实经过，不利于纠纷迅速化解。热线受理工作人员因为不存在对接机制，也无法针对性地提出下一步纠纷解决办法，给投资带来许多不便。② 对此，我国可以借鉴日本一站式纠纷解决服务体系的经验：如果调解机构内部未设立投诉接受职能，则可以在调解机构内部设置投诉受理部门；如果已经内设相关投诉接受机制，那么则需要加强两个内设部门之间的工作有机衔接。③ 对于投诉或者咨询，可以先由工作人员进行处理，对于进入调解流程的案件，则由专业调解人员进行，以便调解资源得到合理配置。

## 六、调解机构运行信息定期披露

日本证券金融商品斡旋咨询中心定期披露调解实施状况，使证券纠纷解决

① 2013 年 9 月 6 日，中国证监会发布《中国证券监督管理委员会公告》(〔2013〕35 号)，开通"12386"中国证监会热线。投资者可以在全国范围内直接拨打 12386 热线电话，免长途话费。在总结热线 5 年运行经验的基础上，2018 年 10 月 22 日，中国证监会发布《关于"12386"中国证监会服务热线运行有关事项的公告》(〔2018〕32 号)，进一步突出热线公益服务定位。http://www.csrc.gov.cn/pub/newsite/tzzbhl/tb12386rx/201311/t20131114_238301.html，最后访问日期：2020 年 1 月 3 日。

② 中国证券业协会正积极与中国证监会就行业调解机制和"12386"投资者投诉热线受理机制的对接工作进行协调，但是上述协调仅局限于信息沟通协调，尚未形成有效的对接机制。

③ 例如投服中心内设法律部负责投诉咨询工作，又设有纠纷解决部负责处理纠纷调解。

整体情况为投资者所知晓，增强了投资者对调解机制的了解与信任，既扩大机构的影响力，也便于公众对于该项制度的监督。我国在建立证券基金纠纷调解制度时也需要提高公示披露信息水平、加大宣传力度，以便获得投资者信任，并起到教育投资者的作用。

# 第十三章

# 我国证券纠纷调解机制的完善和金融申诉专员制度合理要素的借鉴*

近年来，资本市场改革的紧迫性日益突出。党的十九届四中全会决议指出："健全具有高度适应性、竞争力、普惠性的现代金融体系，有效防范化解金融风险"，同时"完善人民调解、行政调解、司法调解联动工作体系……完善社会矛盾纠纷多元预防调处化解综合机制"。建设证券纠纷多元化解机制，是畅通投资者诉求表达和权利救济渠道、夯实资本市场基础制度和保护投资者合法权益的重要途径，[①]健全完备的调解机制是多元化解机制建设的重要组成部分，对深化资本市场改革、营造良好营商环境、推进社会治理现代化有着深远意义。

伦敦作为重要的国际金融中心，在资本市场的长期发展中产生了大量的证券纠纷，积累了丰富的处理经验，创设了许多有效纠纷解决机制，其中颇具特色的金融申诉专员制度(FOS)曾被澳大利亚、日本以及中国香港、台湾地区效仿和采纳，并结合本地区金融市场情况发展出各具特色的证券纠纷解决机制。本章基于对英国金融申诉专员制度的梳理，针对我国证券行业纠纷调解制度存在的问题，对我国证券纠纷领域内申诉专员制度的建立提出建议。

我国有关金融申诉专员制度的研究至今已有近20年，是否引入申诉员制度一直是学界广泛讨论的话题。邢会强提出，FOS服务是金融企业之间在国家金融监管当局的指导和支持下成立的民间组织。[②] 贾小雷、刘媛总结FOS制度在司法审查、信息公开、制度衔接上的优势后，提出对金融机构上诉权利剥夺、申诉专员最终裁决一致性等问题的检讨。[③] 徐慧娟提出应加强金融立法，明确监管

---

* 本章作者：沈伟、沈平生。

① 《最高人民法院、中国证券监督管理委员会关于全面推进证券期货纠纷多元化解机制建设的意见》，http://www.csrc.gov.cn/pub/newsite/zjhxwfb/xwdd/201811/t20181130_347505.html，最后访问日期：2018年11月30日。

② 邢会强：《金融督察服务(FOS)比较研究》，《法治研究》2011年第2期，第83—88页。

③ 贾小雷、刘媛：《英国金融申诉专员服务制度之述评》，《河北法学》2011年第9期，第168—175页。

目标，加强金融业自律组织建设，建立完善的教育培训体系。[①] 周良则主张监管机构内部设立消费者投诉处理机构，加强消费者教育，强化金融行业协会的消费者保护职责，推动金融业自律规则的建设。[②] 孔健提出我国应抓紧订立金融服务法作为处理金融纠纷的根本法，将金融申诉专员机构视为维护金融业信心的公平合理的外部替代性纠纷解决机制。[③] 冉俊从机构设置、受案管辖、费用分担、处理程序、法律效力等方面，设计我国金融申诉专员制度的基本框架及其法治保障路径。[④] 徐雅萍结合 FOS 制度的最新发展，主张对消费者保护把握适度原则，提升调解协议或裁决结果的法律约束力，在新业态下要积极探索新的纠纷解决机制。[⑤] 王欣新、亢力从证券业出发，从主管机关、管辖方式、调解队伍、调解效力等方面建构中国特色证券纠纷调解机制。[⑥] 杨东针对证券行业，主张分三阶段进行设计：第一阶段由证券业协会内部签署自律条约；第二阶段在立法上构建我国证券申诉专员制度；第三阶段通过立法规定统一的金融申诉专员制度。[⑦]

上述国内研究成果主要集中在 2010 年前后，近年来，专家学者对申诉专员制度的探讨逐步减少，研究存在以下局限：① 研究范围过于宽泛，不够精细，针对整体统合型金融 ADR 机制研究较多，但专门针对证券纠纷解决机制的文献较少；② 部分文献广泛参考了英国、日本、美国等多个国家的金融申诉专员制度，但是各国的发展经验和制度模式往往依赖本国具体国情，笼统照搬和浅层借鉴并无实质意义；③ 从成立到现在，英国 FOS 制度进行了多次改革和创新，而部分论文并未关注 FOS 制度的最新发展，在 FOS 的组织架构、管辖范围、投诉主体、收费标准等都欠缺足够认识；④ 众多研究集中在《证券法》修订前的探讨，忽视了近年来我国多元化纠纷调解机制的发展。据此，有必要对英国 FOS 制度进行全面系统的梳理，以为我国在证券纠纷调解领域建立申诉专员制度提出因地制宜的建议。

---

① 徐慧娟：《浅述英国金融巡视员制度与消费者权益保护——兼论对我国金融监管的借鉴》，《金融论坛》2005 年第 1 期，第 57—63 页。
② 周良：《论英国金融消费者保护机制对我国的借鉴与启示》，《上海金融》2008 年第 1 期，第 65—67 页。
③ 孔健：《论金融申诉专员机构的法律角色定位——以英国金融申诉专员制度为研究对象》，《经济社会与发展》2012 年第 1 期，第 64—67 页。
④ 冉俊：《构建适合我国国情的金融申诉专员制度》，《金融教育研究》2016 年第 6 期，第 21—26 页。
⑤ 徐雅萍：《英国金融申诉专员制度的最新发展及其启示》，《浙江金融》2016 年第 2 期，第 31—35 页。
⑥ 王欣新、亢力：《浅论证券纠纷调解法律制度》，《甘肃社会科学》2011 年第 1 期，第 132—136 页。
⑦ 杨东：《论我国证券纠纷解决机制的发展创新——证券申诉专员制度之构建》，《比较法研究》2013 年第 3 期，第 51—61 页。

## 第一节 我国证券纠纷调解机制的现状

改革开放40多年来，我国资本市场经历了从起步到高速发展的巨幅跨越，证券领域发生的纠纷案件数量也呈现增长态势。资料显示，2018年证券业协会调解中心共受理纠纷调解申请450起，争议金额合计近3亿元，全年共办结案件426起，调解成功360起，达成协议金额共计2.4亿元，和解率达85%；督促证券公司主动化解了其与投资者群体之间的资管产品纠纷，解决了100多位投资者的诉求，达成2亿多元的和解协议。投保基金公司共接受北京市第一中级人民法院委托调解案件270件，调解成功率高达90%，金额达3 000余万元。[①]

证券纠纷是指证券活动主体在证券的发行、上市、交易及管理过程中所发生的与证券市场其他相关者之间发生的与证券行为本身有关的纠纷。[②] 在证券纠纷关系中，投资者、证券经营机构等是主要法律关系主体，[③]而体量庞大的中小投资者是合法权益容易受损的群体。证券纠纷具有区别于一般民事纠纷的特点：一是涉案金额大，涉众面广。作为证券市场里的散户，投资者来自全国各地，人数众多，证券民事赔偿往往达到几十亿元甚至上百亿元。[④] 二是案件复杂，专业性强。证券产品有种类繁多、范围广泛、流通复杂等特征，证券交易一般涉及专业性强的行业术语和金融、法律等问题，需要跨学科的复合型人才。三是信息不对称问题突出。经济实力雄厚的证券经营机构往往聘用大量高学历、高素质人才，从业人员精通法律与金融知识，熟悉诉讼和仲裁流程，并能采取巧妙多样的应对策略，再加上证券经营机构人脉广阔，使得证券经营机构在纠纷处理中占据了天然的优势地位。与此相反，中小投资者风险意识欠缺、抗风险能力差，专业知识和市场经验都相对缺乏。在处理纠纷上，投资者处于信息弱势

---

① 《2018年度证券投资者保护制度评价报告》，http://www.sipf.com.cn/dcpj/tbzkpj/2019/05/12357.shtml，最后访问日期：2019年5月15日。

② 朱楠：《商事调解原理与实务》，上海交通大学出版社2014年版，第250页。

③ 《证券法》(2020年修订)第89条规定了“投资者可以分为普通投资者和专业投资者。”专业投资者包括金融机构、理财产品、养老基金与公益基金、符合条件的法人或者其他组织、符合条件的自然人等五大类；普通投资者又称一般投资者，是指专业投资者(包括机构投资者，例如证券投资基金、全国社保基金等)以外的投资者，在证券实务中，又被称为普通股民、散户或者中小投资者。

④ 例如大庆联谊案涉案人数470余人，投资者获赔近900余万元；银广夏案涉案836人，案件总标的高达1.8亿元；东方电子案涉案7 000多人，诉讼总标的高达4.42亿元；海联讯案涉案10 000多人，向原告赔偿8 882.77万元；佛山照明案涉案1 187人，向原告赔偿金额为5 931万元；万福生科案涉案人数更是高达12 756人，投资者获赔数额达1.79亿元。

的地位，这种信息不对称造成了投资者举证难的困境，权益无法得到切实维护。

现阶段中小投资者可以通过诉讼、仲裁等手段维护自身权益。作为传统的民事权利救济手段，诉讼机制着眼于“程序正义”，程序设计冗杂繁复，具有耗时长、举证难、诉讼结果不明等缺陷。天然逐利的中小投资者无法承担提起诉讼的时间成本，法院同样承担着巨大的审判压力，因此诉讼难以高效、及时解决证券纠纷。仲裁作为平等主体之间解决财产权益纠纷的自治性途径，[①]须以纠纷双方达成仲裁协议为前提，而在实践中，中小投资者很少有事先与证券经营机构约定仲裁条款的法律意识，这极大限制了中小投资者使用仲裁维权的可能。与之相似，信访、和解等其他手段在处理证券纠纷时，同样存在着局限性。基于上述讨论，调解作为多元化纠纷解决机制的重要一环，应引起立法者的高度重视。

正如部分学者所言，单纯的“诉讼社会”和“无讼社会”的理想类型都无法解释和解决社会问题，形成科学决策。[②] 调解作为中国最具文化代表性和最富于文化韵味的司法形式，[③]具备自愿性、和解性、协商性、开放性、灵活性等比较优势。[④] 面对愈加严重的证券违法行为和传统解纷途径的短板，近年来，随着国家重视的不断加强，证券调解规则和机构建设也颇具成效，相关法律法规如表13－1所示。

**表13－1　我国证券纠纷解决机制立法进程**

| 发布时间 | 发布主体 | 法律规范 | 主要内容 |
| --- | --- | --- | --- |
| 1998年12月 | 全国人大常委会 | 《证券法》 | 证券业协会作为法定调解机构，负有对会员之间、会员与客户之间发生的纠纷进行调解的职能 |

① 《仲裁法》第2条规定：“平等主体的公民、法人和其他组织之间发生的合同纠纷和其他财产权益纠纷，可以仲裁。”

② 范愉：《诉讼社会与无讼社会的辨析与启示——纠纷解决机制中的国家和社会》，《法学家》2013年第1期，第14页。

③ 胡旭晟、夏新华：《中国调解传统研究——一种文化的透视》，《河南省政法管理干部学院学报》2000年第4期，第20页。

④ 李浩：《调解的比较优势与法院调解制度的改革》，《南京师范大学学报(社会科学版)》2002年第4期，第19页。

续 表

| 发布时间 | 发布主体 | 法律规范 | 主要内容 |
| --- | --- | --- | --- |
| 2004年9月16日 | 最高人民法院 | 《最高人民法院关于人民法院调解工作若干问题的规定》 | 具体化开展各项调解工作 |
| 2007年8月23日 | 最高人民法院、司法部 | 《关于进一步加强新形势下人民调解工作的意见》 | 加强人民调解与诉讼程序的衔接配合，保障人民调解经费，推动人民调解组织建设，进一步加强对人民调解工作的指导等 |
| 2009年7月24日 | 最高人民法院 | 《关于建立诉讼与非诉讼相衔接的矛盾纠纷解决机制的若干意见》 | 完善诉讼与仲裁、行政调处、人民调解、商事调解、行业调解及其他非诉讼纠纷解决的衔接，推动多元化纠纷解决机制的建设 |
| 2010年8月28日 | 全国人大常委会 | 《调解法》 | 规范构建委员会、调解员、调解程序和调解协议效力等 |
| 2012年6月11日 | 中国证券业协会 | 《中国证券业协会证券纠纷调解工作管理办法(试行)》<br>《中国证券业协会证券纠纷调解规则(试行)》 | 尝试性对调解原则、组织架构、受理范围、调解员、经费来源和使用、调解协议、调解程序等进行规定 |
| 2013年12月25日 | 国务院办公厅 | 《国务院办公厅关于进一步加强资本市场中小投资者合法权益保护工作的意见》 | 支持自律组织、市场机构等单独或联合进行证券期货专业调解；建立调解与仲裁、诉讼的对接机制 |
| 2016年1月22日 | 中国证券业协会 | 《中国证券业协会证券纠纷调解规则》<br>《中国证券业协会证券纠纷调解工作管理办法》 | 明文规定证券纠纷调解原则、组织架构、受理范围、调解员、经费来源和使用、调解协议、调解程序、调解资料整理等 |

续 表

| 发布时间 | 发布主体 | 法律规范 | 主要内容 |
| --- | --- | --- | --- |
| 2016年5月25日 | 最高人民法院、中国证券监督管理委员会 | 《关于在全国部分地区开展证券期货纠纷多元化解机制试点工作的通知》 | 试点地区人民法院与证券期货监管机构、试点调解组织加强协调联动，健全诉调对接工作机制，充分发挥纠纷多元化解机制作用 |
| 2016年6月28日 | 最高人民法院 | 《最高人民法院关于人民法院进一步深化多元化纠纷解决机制改革的意见》 | 加强平台建设、明确平台职责，加强与行政机关、人民调解组织、商事调解组织、行业调解组织、仲裁机构、公证机构的对接创新在在线纠纷解决方式、推动国际化发展等 |
| 2018年11月13日 | 最高人民法院、中国证券监督管理委员会 | 《关于全面推进证券期货纠纷多元化解机制建设的意见》 | 在总结试点工作经验的基础上，决定将证券期货纠纷多元化解机制推向全国。工作内容包括加强调解组织管理、健全诉调对接工作机制、强化纠纷多元化解机制保障落实等 |
| 2019年11月8日 | 最高人民法院 | 《全国法院民商事审判工作会议纪要》 | 第五部分涉及“关于金融消费者权益保护纠纷案件的审理” |
| 2019年11月19日 | 最高人民法院、中国人民银行、中国银行保险业监督委员会 | 《关于全面推进金融纠纷多元化解机制建设的意见》 | 对金融纠纷多元化解机制的案件范围、调解协议司法确认、工作流程等进行规定。成立工作小组负责指导和协调工作 |
| 2019年12月28日 | 全国人大常委会 | 《中华人民共和国证券法》(2019年修订) | 第六章专章规定“投资者保护” |

在相关配套制度和机构的建设上，调解机构主要包括以下四种类型：一是行业协会设立的调解机构。中国证券业协会在2012年与36家地方证券业协会

建立了证券纠纷调解协作机制，又在2013年将调解工作纳入中国证券业协会与地方协会的自律协调工作机制。二是监督机构设立的调解机构。以证监会主导的中证中小投资者服务中心有限责任公司（以下简称投服中心）和中国证券投资者保护基金有限责任公司为代表，[①]其下属部门均有专门针对证券纠纷进行及时调解的部门。三是地方事业单位设立的调解机构，以深圳证券期货业纠纷调解中心（以下简称深圳证券调解中心）为代表。[②] 证监会官网称："投资者服务中心与地方行业协会合作建立33个调解工作站"。[③] 四是存在于全国各地，在地方人民政府和人民委员会指导下设立的调解民间纠纷的群众组织。

我国首部《证券法》自1998年发布，此后历经五次修改变化。《证券法》（2020年修订）在内容修改上大刀阔斧，"投资者"出现的次数由之前的28次提升为84次；"调解"由1次提升为3次；"纠纷"由1次提升为4次。除了保留证券业协会负有调解职能以外，还在第六章以专章规定"投资者保护"，其中第93、94、95条分别就先行赔付制度、强制调解制度及代表人诉讼进行规定，[④]以达到通过多元方式来优化救济途径、加强对投资者事后保护的目的。其中，第94条赋予普通投资者"绝对调解权"，普通投资者提出调解请求的，证券公司不得拒绝。[⑤]这一规定在诉讼之外为投资者提供了新的维权路径，完善了投资者的救济方式。[⑥]《证券法》（2020年修订）拉开了新时代中国资本市场改革与发展的序幕。[⑦]

然而，《证券法》尚未有相关具体规定明确投资者保护机构的组成、责任及权

---

① 中国证券投资者保护基金有限责任公司于2005年8月30日在原国家工商总局注册成立，属于由国务院出资的国有独资有限责任公司，现归证监会管理。中证中小投资者服务中心有限责任公司采取由中国证监会主导，社会组织力量积极配合的模式下，于2014年12月依法组建成立，属于证券金融类公益机构，归证监会管理。

② 深圳证券期货业纠纷调解中心是中国内地资本市场第一个紧密结合调解和仲裁功能的纠纷解决机构，由中国证券监督管理委员会深圳监管局和深圳国际仲裁院共同推动，由深圳国际仲裁院和深圳市证券业协会、深圳市期货同业协会和深圳市投资基金同业公会共同设立，是经深圳市事业单位登记管理局批准设立的公益性单位法人。此外，还有陕西证券期货业纠纷调解中心、广东中证投资者服务与纠纷调解中心、天津市和平区人民法院司法确认服务中心证券业工作站等。

③ 《证券期货纠纷多元化解机制试点工作评估报告（摘要）》，http://www.csrc.gov.cn/pub/newsite/tzzbh1/tbjtbzt/hgttzzbh/hgtdtzx/201812/t20181201_347544.html，最后访问日期：2018年12月1日。

④ 《聊聊新证券法中的"投资者保护"专章》，http://www.isc.com.cn/html/zxxw/20200108/1650.html，最后访问日期：2020年1月8日。

⑤ 《证券法》（2020年修订）第94条第1、2款规定："投资者与发行人、证券公司等发生纠纷的，双方可以向投资者保护机构申请调解。普通投资者与证券公司发生证券业务纠纷，普通投资者提出调解请求的，证券公司不得拒绝。资者保护机构对损害投资者利益的行为，可以依法支持投资者向人民法院提起诉讼。"

⑥ 赵志强：《浅析新〈证券法〉对投资者的保护》，http://www.sohu.com/a/364931258_100013011，最后访问日期：2020年1月5日。

⑦ 董登新：《新证券法开启资本市场新征程》，《中国证券报》2020年1月6日，第A03版。

限，投资者保护机构能否有效保障普通投资者尚存疑问。《证券法》(2020 年修订)也并未用过多笔墨着力于证券纠纷调解机制的建设，事后救济性机制缺乏系统性和全面性。

第一，法律条文碎片化。虽然我国通过《人民调解法》《仲裁法》《民事诉讼法》等对调解机制进行了规定。但是，《人民调解法》仅规范人民调解制度，对其他行业调解、商事调解等问题没有涉及。[①] 目前的证券纠纷调解制度主要由最高人民法院、中国证券业协会、中国证券监督管理委员会等机关颁布的规范性文件构成，而规范性文件仅就宏观上的制度作出原则性、概括性要求，条文较为粗糙；不同调解规则差异较大，在衔接上也造成一定困难。[②] 顶层法律设计诸如《证券法》《民事诉讼法》等，也仅以个别条文规定了证券业协会的调解职能，法律层级过低，法律条文过少，缺乏权威性。

第二，调解协议刚性不足。目前通行做法是将调解协议视为民事合同，[③]但调解协议本身不具有强制执行力，这造成了调解协议效力不足的尴尬局面。实践中如果想要实现调解协议效力，当事人主要采用以下方式：申请公证机关依法赋予强制执行效力；[④]申请人民法院确认调解协议效力；[⑤]申请人民法院强制执行被依法公证或者被依法确认效力的调解协议。其程序复杂、时间成本高等弊端导致现实中效力确认结果并不理想。此外，调解协议效力确认需要双方当事人共同提出申请，而现实中当事人双方往往难以达成合意，导致调解协议效力确认陷入僵局。另外，调解协议达成后，当事人仍然可以寻求其他纠纷解决途

---

① 龙飞：《替代性纠纷解决机制立法的域外比较与借鉴》，《中国政法大学学报》2019 年第 1 期，第 93 页。

② 《证券法》(2020 年修订)第 166 条第(七)项规定证券业协会的调解范围为“对会员之间、会员与客户之间发生的证券业务纠纷进行调解”；《中国证券业协会证券纠纷调解工作管理办法》增加兜底条款“会员与其他利益相关者之间发生的证券业务纠纷”。《中国证券投资者保护基金有限公司证券纠纷调解规则(试行)》的受理范围为“投资者与证券经营机构、基金管理机构、证券服务机构、上市公司等证券市场主体之间，因证券交易、证券投资或证券服务而发生的民事纠纷”。

③ 《中国证券业协会证券纠纷调解工作管理办法》第 23 条规定：“调解协议经各方当事人签字盖章后具有民事合同性质，各方当事人应当遵守。当事人可以申请调解员及调解组织在《调解协议书》上签字和盖章。《调解协议书》经调解员签字和调解组织盖章后，当事人可以申请有管辖权的人民法院确认其效力。”

④ 《最高人民法院关于建立健全诉讼与非诉讼相衔接的矛盾纠纷解决机制的若干意见》第 12 条规定：“经行政机关、人民调解组织、商事调解组织、行业调解组织或者其他具有调解职能的组织对民事纠纷调解后达成的具有给付内容的协议，当事人可以按照《中华人民共和国公证法》的规定申请公证机关依法赋予强制执行效力。债务人不履行或者不适当履行具有强制执行效力的公证文书的，债权人可以依法向有管辖权的人民法院申请执行。”

⑤ 《最高人民法院关于建立健全诉讼与非诉讼相衔接的矛盾纠纷解决机制的若干意见》第 20 条规定：“经行政机关、人民调解组织、商事调解组织、行业调解组织或者其他具有调解职能的组织调解达成的具有民事合同性质的协议，经调解组织和调解员签字盖章后，当事人可以申请有管辖权的人民法院确认其效力。当事人请求履行调解协议、请求变更、撤销调解协议或者请求确认调解协议无效的，可以向人民法院提起诉讼。”

径，导致调解协议缺乏权威性。①

第三，调解衔接机制不完善。虽然目前部分调解机构在"调仲对接""调证对接""调诉对接""调解＋司法确认"等对接模式进行探索，并取得了一定进展，但在具体内容上不存在可广泛复制和推广的成熟经验。人民法院和中国证券业协会以及地方证券业协会的"诉调对接"尚未成熟，人民法院具备法律专业性，证券业协会调解机制具备技术专业性，尤其是人民法院对证券业协会调解工作的指导和监督较为宽泛，缺乏明确规定。②

第四，调解机构体系混乱。调解主体多元化能够给中小投资者提供更多救济权利的渠道，但由于缺乏顶层设计和统筹协调，实践中调解机构往往各自为战，难以形成合力。缺乏足够证券知识的中小投资者无法分辨调解机构的区别，从而无法正确行使申诉权利。同时各机构之间管辖范围的分配与协调并不明晰，实践中常常出现管辖重叠和"一案多诉"的情况，造成调解资源在物力和人力上的极大浪费。

第五，监督机制不力。调解机构作为独立于消费者、金融机构的第三方调停机制，公平公正是其长期发展的生命线。目前对调解机构的监督主要以行业协会自律和行政机关监督为主，缺乏有效的外部监督。虽然投服中心、深圳证券调解中心在信息披露上已做出实质性努力，但依然缺少公开渠道查询年度工作报告、董事会会议记录等实质性信息，同时消费者无法对投服中心提供的服务提出质疑和给予评价，导致缺乏有效的外部机制约束，不利于服务内容的更新和质量的提升。

作为证券市场起步晚、发展经验欠缺的发展中国家，我国有必要以英国金融申诉专员制度为镜鉴，结合中国特色发展本土化的金融申诉专员制度，完善我国证券多元化纠纷解决机制，更好地保护投资者。

## 第二节　英国金融申诉专员制度阐述

### 一、历史沿革及现状

英国申诉专员制度起源于 20 世纪 80 年代，1981 年，保险公司自发组建保

---

① 《人民调解法》第 32 条规定："即便达成调解协议，当事人就协议内容或协议履行若存在争议，亦可向人民法院提起诉讼；"《最高人民法院关于建立健全诉讼与非诉讼相衔接的矛盾纠纷解决机制的若干意见》第 20 条规定："对于调解协议的效力问题包括请求变更、撤销调解协议，请求确认调解协议无效，或者请求履行调解协议，当事人均可向人民法院提起诉讼。"

② 陈明克：《我国证券纠纷调解机制研究》，《武汉金融》2018 年第 4 期，第 63 页。

险申诉专员局(the Insurance Ombudsman Bureau)。1983年,银行业申诉专员(the Banking Ombudsman Scheme)成立。1986年,英国颁布《金融服务法案》(*Financial Services Act 1986*)。至20世纪80年代末,英国已经拥有银行监察员、建筑协会监察员、投资申诉专员、保险业申诉专员、个人投资管理局监察员等组织。但各类申诉专员行业自治、机构设置分散、管辖重叠混乱、程序各异等问题极为严重,实践中消费者往往难以操作,极大阻碍了金融业的长期发展。

20世纪90年代,英国政府进行了一系列金融服务立法改革,金融监管政策逐渐倾向于为公众提供保护。2000年,《金融服务与市场法》(*Financial Services and Markets Act 2000*, FSMA 2000)正式颁布,其中规定金融服务监管局(Financial Service Authority, FSA)成立,在整合原先各行申诉专员的基础上成立了金融申诉专员服务公司(Financial Ombudsman Service, FOS),并根据FSMA 2000在2001年获得法定权力。

2006年英国颁布《消费者信用法》(*Consumer Credit Act 2006*, CCA 2006),规定如果消费者对贷款人的争端解决服务不满意,无论贷款人是否同意,他们都可以选择使用金融申诉专员服务。2008年全球金融危机后,英国政府审议批准了《2012年金融服务法案》(*Financial Services Act 2012*),形成审慎管理局(Prudential Regulation Authority, PRA)和金融行为局(Financial Conduct Authority, FCA)共同监管的"双峰模式",由FCA接替FSA来监管FOS。[①]

根据FSMA 2000第225条规定,金融申诉专员服务公司是保证责任有限公司,不发行股份,[②]向FCA负责,接受其监督。作为公益性法人,FOS不以营利为目的,其既不是监管者,也不是消费者权益保护组织,[③]本质属于一种在整合保险业、银行业、证券业调解机制基础上形成的综合性的法院诉讼替代性纷争解决机制(Alternative Dispute Resolution system)。[④]

至今,英国金融申诉专员服务公司已发展了20年。该制度从设立到现在,在英国金融纠纷处理和金融消费者保护中起到了极大的作用。FOS官网显示,在一项满意度测试调查中,63%的受访人群对FOS提供的服务感到满意,76%

① 李沛:《金融危机后英国金融消费者保护机制的演变及对我国的启示》,《清华大学学报(哲学社会科学版)》2011年第3期,第150页。

② 根据英国《公司法》(2006年版)第5条规定:英国的保证责任有限公司制度多适用于进行非营利性项目且需要法人资格的业务。

③ 邢会强:《金融消费纠纷的多元化解决机制研究》,中国金融出版社2012年版,第39页。

④ 余涛、沈伟:《游走于实然与应然之间的金融纠纷非诉讼调解机制——以上海为例》,《上海财经大学学报》2016年第1期,第117页。

的受访人群对 FOS 提供的服务表示信任，91%的受访人群对 FOS 提供的服务有所了解。[①] 根据 FOS 每年发布的年报，表 13-2 是近年来该公司收到的咨询和投诉的数量统计。可见 FOS 接到的咨询和投诉数量非常多，且整体上呈现增长趋势。

表 13-2　2014—2019 年金融申诉专员服务公司咨询与投诉数量　　单位：件

| 年　份 | 咨询数量 | | | 受理新投诉案件总量 | 解决投诉案件总量 | 由申诉专员解决总量 |
|---|---|---|---|---|---|---|
| | 电话咨询总量 | 书面受理总量(包括电子邮件) | 总　量 | | | |
| 2014—2015 | 927 737 | 859 236 | 1 786 973 | 329 509 | 448 387 | 43 185 |
| 2015—2016 | 806 171 | 825 784 | 1 631 955 | 340 899 | 438 802 | 39 872 |
| 2016—2017 | 604 278 | 790 101 | 1 394 379 | 321 283 | 336 381 | 38 619 |
| 2017—2018 | 624 769 | 831 627 | 1 456 396 | 339 967 | 400 658 | 32 780 |
| 2018—2019 | 633 261 | 1 047 133 | 1 680 394 | 388 392 | 376 352 | 36 954 |

## 二、FOS 运行机制

FOS 的主要监管机构是 FCA，FCA 的主要职责包括：任命 FOS 的董事会主席；制定管辖范围的规则；批准 FOS 的年度预算；设置规则监管公司，对违规公司有权采取措施等。虽然 FOS 受 FCA 监管，但 FOS 独立运作，具体业务审判结果并不受 FCA 影响。

FOS 内部组织结构如图 13-1 所示。作为最高权力机关，FOS 的董事会包括 1 位主席和 5 位董事。[②] FOS 的董事会为非执行董事会(non-executive board)，职责是为“公共利益”服务，不参与受理和处理具体的消费者投诉案件。董事会主席和董事均由 FCA 任免，且董事会主席的任免需要经英国财政部同意后批准。[③] 董事会的主要职能包括：① 审查服务战略决策，制定公司规章和财

① Financial Ombudsman Service，https://annualreview.financial-ombudsman.org.uk/，最后访问日期：2020 年 2 月 17 日。

② Financial Ombudsman Service，https://www.financial-ombudsman.org.uk/who-we-are/staff/board-directors，最后访问日期：2020 年 2 月 17 日。

③ 徐慧娟：《浅述英国金融巡视员制度与消费者权益保护——兼论对我国金融监管的借鉴》，《金融论坛》2005 年第 1 期，第 58 页。

政预算，并报请 FCA 批准。② 任命处理消费者投诉的申诉专员（包括首席申诉专员）。③ 任命独立评估员（the independent assessor）。④ 批准年度报告和账目，制作和发布年报。⑤ 公布董事会会议记录。⑥ 组成审计、提名和薪酬小组委员会等。

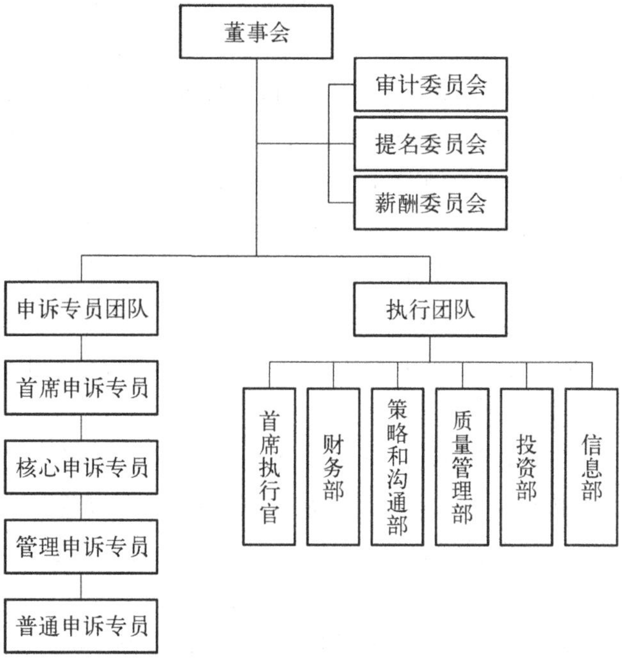


**图 13-1　英国 FOS 制度的组织架构**

董事会成员组成三个小组委员会（subcommittees），分别为审计委员会（Audit committee）、提名委员会（Nomination committee）和薪酬委员会（Remuneration committee）。[①] FOS 下设执行团队（executive team）和申诉专员团队（ombudsman）。执行团队作为行政部门，主要负责管理公司日常的运作，包括首席执行官、财务部、策略和沟通部、质量管理部、投资部、信息部。申诉专员团队下设首席申诉专员（Chief Ombudsman），职责是负责 FOS 的正常运作，对董事会负责。首席申诉专员下设有两名核心申诉专员（Principal Ombudsman），在核心申

① 审计委员会职责包括审查会计政策和内部审计效果、监督 FOS 与国家审计署的关系；提名委员会的职责包括审查董事会成员并就任命 FCA 提出建议，就任命首席监察员和首席执行官向董事会提出建议；薪酬委员会的职责为监督执行团队和其他高级员工的薪酬策略，研究首席监察员和首席执行官关于服务费用的建议。

诉专员下是由多名管理申诉专员(Lead and Managing Ombudsman)组成的管理小组,分别负责个案处理、大宗索赔案件等,最后是全职在岗的普通申诉专员团队。

FOS的董事会还任命独立评估员,虽然独立评估员的职责限于董事会制定的职权范围,但独立评估员并不是FOS日常工作的一部分,也不对首席执行官和首席申诉专员负责。独立评估员的职责包括:① 接受个人或企业对FOS服务的投诉,但不审查案件的结果。② 针对投诉写报告,FOS通常会在两周内向独立评估师提供与服务投诉有关的所有文件,以及提出对报告所涵盖问题的意见。③ 如果独立评估员认为服务有违标准,可以向首席申诉专员提出建议,首席申诉专员可以选择是否接受,如果首席申诉专员不接受建议,则独立评估员可以报告给董事会,由董事会做出回应,如果董事会也不接受,则要求在年度董事报告(The Annual Directors' Report)给予回应。④ 撰写年度报告。独立评估员将会根据对企业的投诉撰写年度报告,并且与FOS年度董事报告和董事会对公众的正式回应一起公布。

FOS的经费来源主要包括以下两部分:一是FCA强制管辖公司缴纳的年费,收费金额根据机构类型和业务类别从45英镑到100万英镑不等,服务同样也会向不受FCA监管但选择自愿管辖的企业收取年费。二是案件处理费。企业每年有25个免费指标,被投诉的金融机构必须支付每年第26件及以后案件的经办费用。实践中,大多数企业向FOS提交的案件很少,这意味着大多数企业无需支付任何案件费用,但对于需要支付案件费的企业,费用会比诉讼方式的费用少。目前,个案收费标准为550英镑/件。[①] 同时,FOS对消费者实施倾斜保护原则,无论消费者投诉成功与否,均由金融机构支付案件费用。

## 三、投诉受理范围

FOS行使职权的主要法律依据是FSMA 2000和CCA 2006。FOS可受理的争议范围将金融消费者投诉分为银行及信贷类、抵押贷款和房屋金融类、一般保险类、支付保障保险类、[②]养老金类和投资类等六大类,分类较为笼统,基本囊括所有金融领域。除个人投诉外,FOS还负责调查一些特定企业和慈善机构提

① 中国人民银行、银监会、证监会、保监会联合调研组:《英国金融申诉专员制度》,《中国金融》2013年第8期,第78页。

② 支付保护保险(Payment Protection Insurance, PPI)是当客户因抵押借款而负债,在客户失去工作或支付能力不足时,由保险公司承担负债的保险。该种保险常与信用卡共同出售。

出的投诉。

在管辖范围上，FOS 享有三种管辖权：一是强制管辖（the compulsory jurisdiction），主要适用于金融消费者与受由 FCA 授权经营的金融企业之间发生的纠纷。接受管辖的金融机构只能进行英国《受监管活动法令》(*Regulated Activities Order*)中所列明的活动。[①] 二是自愿管辖(the voluntary jurisdiction)。在与 FOS 订立三方书面协议的前提下，消费者与不由 FCA 监管的金融机构之间发生金融服务纠纷，可纳入 FOS 的受理范围。虽然金融机构的经营活动不受强制约束，但往往为了提高声誉和增强消费者信赖，自愿选择接受管辖。自愿管辖所涉范围往往比强制管辖大。三是消费者信用管辖（the consumer credit jurisdiction），主要处理金融消费者与公平交易局（Office of Fair Trading）批准设立的消费者信用服务机构所发生的有关消费者信用贷款的争议。[②]

在投诉主体上，FOS 涵盖了以下两种：一是个人消费者或消费者代表(private individuals)。消费者与金融机构间必须存在相应客户的关系，即具有争议标的。二是年营业额不超过 200 万欧元或者雇员少于 10 人的小微企业(micro-enterprises)，[③]在年收入低于 100 万英镑的中小型慈善组织或者资金额不足 100 万英镑的信托事业。[④] 从 2019 年 4 月 1 日起，FOS 进一步扩大了 FOS 受理的主体范围，接受以下小企业的投诉：年营业额低于 650 万英镑（或等值的其他任何货币），并且资产负债表总额不到 500 万英镑（或等值的任何其他货币）；员工不到 50 人。[⑤]

在时效规定上，消费者向 FOS 提起投诉的时效限制在从消费者投诉事项发生起 6 年内，或者是消费者知悉（或理应知悉）投诉事项起 3 年内，并且消费者需要在企业最终回复后的 6 个月内提出投诉。涉及长期资本投资、按揭贷款的，最长不超过 25 年。[⑥] 如果消费者没有及时提出投诉，被投诉的金融机构享有超出时效而不予履行的抗辩权，FOS 介入纠纷需要得到被投诉方的同意。

---

① 徐慧娟：《浅述英国金融巡视员制度与消费者权益保护——兼论对我国金融监管的借鉴》，《金融论坛》2005 年第 1 期，第 58 页。

② 具体为消费者与银行、建筑协会、信贷协会、互助协会、股票经纪人、保险公司等之间发生的 16 类投诉。参见 CCA 2006 Article 59。

③ 阮友利：《论我国保险纠纷非诉讼解决机制的完善——以英国金融申诉专员制度为借鉴》，《中国保险》2011 年第 1 期，第 57 页。

④ 邢会强：《金融消费纠纷的多元化解决机制研究》，中国金融出版社 2012 年版，第 42 页。

⑤ 张韶华、王瑱：《主要国家金融消费者保护：机构、职责与发展趋势》，《上海金融》2015 年第 10 期，第 100 页。

⑥ 中国人民银行、银监会、证监会、保监会联合调研组：《英国金融申诉专员制度》，《中国金融》2013 年第 8 期，第 78 页。

## 四、具体程序

纠纷处理程序可以分为两个阶段：金融机构内部处理和 FOS 处理。FOS 处理阶段可进一步细分为三个步骤：纠纷受理、“调解＋临时评估”和申诉专员裁决。

金融机构内部处理程序如图 13－2 所示。一旦消费者与金融机构发生纠纷，应首先提交金融机构内部的投诉处理程序解决，被投诉机构在 5 日内需出具书面确认书确认收到投诉，并且自投诉收到之日起 4 周内，金融机构需要对投诉做出正式回应，如果案情过于复杂，4 周内无法完成调查，则可延迟 4 周，但整个周期不可超过 8 周。如果消费者不知道如何向金融机构投诉，则可向 FOS 请求援助。金融机构应当及时和公正地处理消费者投诉，以书面形式做出回应，并且应当及时履行告知义务，告知消费者在回应后 6 个月内享有将争议提交 FOS 处理的权利。如果金融机构恶意阻碍消费者提出申诉或要求赔偿的，FCA 会以违反“公平公正对待客户”原则对金融机构进行处罚。

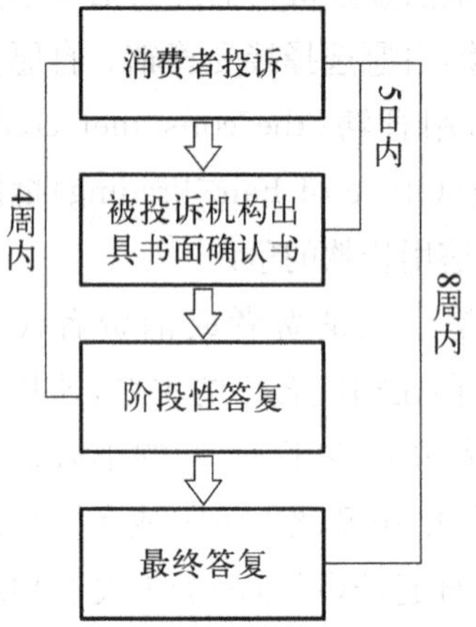


**图 13－2　金融机构内部处理阶段**

如果消费者不满意处理结果或金融机构没有在规定时间内处理，有权在 6 个月内向 FOS 进行投诉。FOS 收到消费者投诉后需要从以下四个方面进行初步的评估，并决定是否接受投诉并进入调查程序：第一，投诉案件是否属于 FOS 的管辖范围；第二，投诉案件是否在法定期限内做出；第三，投诉者是否符合投诉资格；第四，是否属于 FCA 监管手册中详细列举的 17 种直接不予受理的情形。[①] 一旦消费者的投诉被 FOS 所受理，案件处理人员会向企业调查案情始末，

① 17 种直接不予受理的情形包括：① 申诉人没有遭受（或不太可能遭受）经济损失、物质困难或不便；② 申诉人胡搅蛮缠（frivolous or vexatious）；③ 投诉明显没有成功的可能；④ 被申请人已经提出了公平合理的补偿（或善意付款），且该补偿安排仍对投诉者开放；⑤ 被申请人根据下列规定审查了申诉内容：审查此类交易时采用的监管标准、《公平竞争法》或其他监管机构公布的任何正式监管要求；⑥ 投诉已经过 FOS 或前置程序审议或驳回（除非出现申诉专员认为有可能影响调查结果的重要新证据，并已提供给申诉人）；⑦ 投诉已经（或正在）通过类似投诉或争端解决程序处理；⑧ 投诉的事实部分已经过司法审理；⑨ 申诉内容当前已由法院受理，除非（经所有当事方的协议或法院命令）中止或中止诉讼，等待该事项是否由 FOS 审理；⑩ 更适合由法院、仲裁或其他申诉机制处理的投诉；⑪ 对被申请人合法行使商事判决的申诉；⑫ 雇员作为原被告就雇用事宜提出的投诉；⑬ 对投资 （转下页）

并且公平、公正地对案件做出初步权衡和处理。如果无法解决消费者的投诉，则案件处理人员会将投诉的案件交给裁决员（adjudicators）进行解决。

裁决员在决定接受案件后，会询问双方，在了解客观情况后，会提出专业建议，并进行调解。在无法达成调解协议时，裁决员会基于案情和建议给出临时性评估，评估内容往往会给出裁决员认为较为合适的赔偿数额。如果投诉双方接受协议，则意味着案件结束，但当双方无法达成一致意见时，则双方有权将投诉提交给申诉专员复核或者做出最终裁决。申诉专员审理投诉时，会事先根据具体情况对案件进行调查。审理案件以书面审理为原则。如果有必要的话，申诉专员也会安排听证。申诉专员负责案件的时效为12个月，如果12个月无法结案，则必须向董事会申请和报告。FOS处理阶段具体流程如图13-3所示。

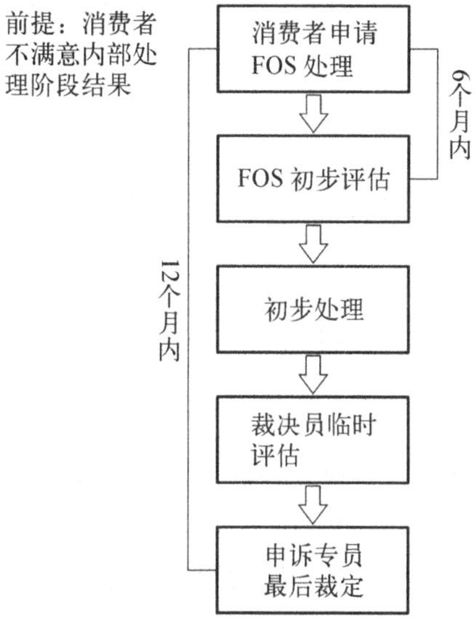


**图13-3　FOS争议处理程序**

## 五、FOS与法院的衔接

对于申诉专员所做出的最终裁决，金融消费可以自主选择接受或者拒绝裁决。如果消费者接受裁决，金融机构也必须接受裁决结果。此时裁决便正式发生法律效力，在双方当事人间具有强制约束力。如果金融消费者明确表示拒绝接受（或者未在规定时限内通知申诉专员其接受最终裁定），并且也没有使用独立投诉机构（independent complaints scheme），[①]则FOS无法进一步处理投诉，判决结果对投诉双方均不具有约束力，金融消费者可以向法院另行起诉。当金融机构不履行裁决中确定的法律义务，金融消费者可以向法院寻求救济，申请法院要求金融机构强制执行。且坚持“一事不再理”，当事双方不得就同一事由再

（接上页）业绩的投诉；⑭ 在遗嘱或私人信托下行使酌处权时，就答辩人的决定提出的投诉；⑮ 在没有法定咨询义务的情况下，在根据遗嘱或私人信托行使酌处权之前，被申请人未与受益人协商的投诉；⑯ 该投诉涉及多个适格投诉者，且未得到其他投诉者同意，申诉专员对未经他人同意的行为不予支持；⑰ 其他。参见 http://fsahandbook.info/FSA/html/handbook/DISP/1，最后访问日期：2020年2月17日。

① 岳金禄：《金融申诉专员能够提高消费者信心吗？》，《上海金融》2019年第3期，第69页。

向FOS机构投诉或者向法院提起诉讼；[①]如果消费者认为申诉专员的裁决结果有失公正，则消费者可以向法院起诉，要求法院对FOS进行司法审查。但是，由于FOS坚持"消费者倾斜保护"原则，且FOS任命的独立评估员会对金融服务质量进行评估和纠错，故投诉结果通常会让消费者满意，向法院起诉FOS的情形较少。[②]

## 第三节　英国金融申诉专员制度的特点与优势

### 一、特点

第一，独立性。虽然法律规定FCA享有监督FOS的权力，但是FCA无法介入具体业务和程序运作，可以确保FOS独立于消费者、金融机构和监管部门之外，不会出现FOS偏袒金融机构的情形。同时，FOS财政独立，资金来源主要是金融机构所缴纳的年费和个案处理费，保证个案处理结果不受外来行政机关、社会团体和个人干涉。

第二，专业性。FOS员工主要由金融从业、法律从业、公共服务领域经验丰富的人员构成，这些工作人员往往有专业认证资格，具有一定的工作经验。所有人员均为全职，热爱调解工作，能够秉承公平公正的原则认真办案，并且无违法或重大违规行为。FOS拥有一支如此造诣深厚、装备精良的申诉专员队伍，有助于减少案件调查时间，缩短案件处理的周期，提高办事效率。[③]

第三，灵活性。FOS在纠纷解决上采取"内部处理＋调解＋仲裁"，可以通过多层步骤保障消费者维权。同时在与法院的对接上，消费者能自主选择是否接受裁决，如果不接受，则可就同一事项向法院再次提起诉讼。FOS在保障消费者维权手段多样性和灵活性的同时，根据经济形势、货币通胀等客观因素对制度进行了一系列及时革新，例如扩大管辖范围，将更多符合标准的中小型企业纳入管辖范围；将免费办案指标由原来的4件提升至25件，以减轻中小型企业的

① Financial Ombudsman Service，http://www.financial-ombudsman.org.uk/publications/consumer-leaflet.htm，最后访问日期：2019年11月6日。

② 中国人民银行、银监会、证监会、保监会联合调研组：《英国金融申诉专员制度》，《中国金融》2013年第8期，第79页。

③ 邢会强：《金融消费纠纷的多元化解决机制研究》，中国金融出版社2012年版，第41页。

办案压力；提升赔偿数额使消费者获得更充分的补偿；设置专门处理小型企业和大型金融机构业务纠纷的网站（Financial Ombudsman Service for Small Business）；设置索赔管理申诉专员（Claims Management Ombudsman）；等等。

第四，投诉方式多样，与时俱进。FOS 提供了电话、信件、电子邮件、网上投诉等多种方式。除了星期日和银行假日（bank holiday）以外，周一到周六均有专员在特定时间接听。线上投诉需要完成一份普遍的表格和特定业务表格，例如针对 PPI、抵押贷款的投诉等。针对一般的查询，消费者可以线上提供一般查询表，FOS 承诺会在五个工作日内联系，如果情况紧急，则要求立即通过电话联系。官网上同时针对不同语种的消费者提供了包括简体中文、意大利语、西班牙语等 8 种语言的投诉表格和宣传单，尽可能满足不同语种的消费者要求。

第五，监督机制健全，信息披露及时。虽然 FOS 接受 FCA 的监管，但单纯行政监管往往无法让公众对监督效果信服，因此 FOS 通过任命独立评估员，直接与消费者联系，由独立评估员作为代言人向服务提供方提出质疑和要求回应。独立评估员会撰写针对服务质量的报告，与管理层的回应共同在官网公布，以方便公众查阅。FOS 每六个月发布一次业务投诉数据，每季度发布一次金融产品和服务的更新。官网会在公开（publication）一栏提供历年年报及解读，每年的预算计划和未来战略（future strategy），每年召开的董事会会议记录，关于资金、规则修改的咨询与反馈，每年度的平等性、多样性和包容性报告（equality, diversity and inclusion report）等。对于聘用的申诉专员，FOS 官网会及时完整公布申诉专员的姓名、学历、工作经历等。FOS 在最大限度上做到信息公开，保证信息公开透明，便于公众对该项制度的监督，以增强投资者对调解机制的了解与信任。

## 二、优势

第一，在“内部处理＋调解＋仲裁”的程序设计下，FOS 能充分发挥调解的作用，同时通过申诉专员裁决确保效力。首先，在金融机构内部处理阶段，大部分消费者投诉往往是出于对商业流程欠缺了解和知识储备的匮乏，通过公司内部的解释和协商，大部分投诉在此阶段已经得到解决。如果消费者不满意内部处理结果，可进入 FOS 处理阶段，由裁决员对投诉进行判断和调解，这无形中又减少了一部分投诉量。通过层层步骤引流纠纷，真正进入申诉专员处理阶段的案件非常少。2020 年，投诉案件解决总量为 376 352 件，而进入申诉专员阶段进行裁决的投诉案件数量为 36 954 件，占比不到 1/10，其余年份均维持在这一比例上下，这说明 90%以上的投诉都能在金融机构内部处理阶段和裁决员评估阶段得到处理。案件分流优化了裁判资源配置，减轻了“案多人少”的矛盾，保证申诉专员不会因为案件数量庞大而降低裁决质量。同时减少了消费者等待裁决的时间成本，快速高效满足投诉诉求。

第二，FOS 能充分实现“仲调对接”“诉调对接”。根据前文对 FOS 制度的介绍，消费者向 FOS 提出申诉，首先必须与被投诉的金融机构进行内部协商，金融机构需要在规定时限内针对投诉做出答复，即使消费者不满意反馈内容，FOS 也是通过前设初步评估程序，让裁决员鼓励双方调解。处理决定对金融机构具有单方约束力、由消费者自主选择是否接受调解协议约束的规定，既保证了对纠纷的终局处理，又赋予了消费者后续程序的选择权。[①] 如果消费者不接受裁决员的初步评估，则无需达成合意，可单方向申诉专员提起仲裁请求，调解结果不会对消费者产生约束。申诉专员的最后裁决对金融机构有单方约束力，通过法院的强制执行程序或自律性规则来保障法律得到遵守。[②] FOS 制度打通了调解、仲裁、诉讼三者间的“脉络”，建构起联动运作机制，既克服了诉讼耗时长、成本高的弊端，也克服了仲裁程序启动难的障碍。程序中充分贯彻意思自治理念，确保双方能在平等协商的基础上，使消费者获得最大限度的权利保护。

第三，对消费者的过度保护容易矫枉过正，导致消费者滥用“特权”，这势必会带来纠纷处理资源浪费和交易成本的上升，影响制度的可接受度和稳定性。FOS 往往能在争议双方取得了较好的平衡，除了给予消费者倾斜保护以外，FOS 还十分注重保护金融机构的利益，尤其是中小型企业。消费者倾斜保护体现在两方面：① 收费上，不管投诉成功与否，消费者均不需要支付任何费用；② 裁决结果上，FOS 将接受裁决结果的主动权优先分配给消费者。与此同时，FOS 充分考虑对金融机构的保护。FOS 会以多种不同的方式与合作企业共享知识和经验，包括出版定期新闻通讯以及组织和参加活动，例如研讨会（workshops）、圆桌讨论会（roundtable discussions）和行业指导小组（industry steering groups）。在小型商业研讨会中，FOS 会定期举办针对小型企业的免费课程，让

① 阮友利：《英国金融申诉专员制度借鉴简析》，《上海保险》2010 年第 10 期，第 45 页。
② 杨东：《论我国证券纠纷解决机制的发展创新——证券申诉专员制度之构建》，《比较法研究》2013 年第 3 期，第 57 页。

小型企业深入了解 FOS 运作流程，有效避免被消费者投诉。这与 FOS“内部处理＋调解＋仲裁”的投诉处理流程相互配合，能在加深消费者与金融机构相互理解的基础上，进一步将纠纷化解在初始阶段，达到快速高效处理投诉同时，减轻申诉专员任务量的双赢效果。此外，FOS 还通过严格的保密制度对金融机构的商业秘密、商业信用进行保护。[①]

第四，FOS 通过配套机制完善对消费者的赔偿制度，让消费者受偿真正落到实处。FSMA 2000 规定，FSA 建立金融服务赔偿计划公司（Financial Services Compensation Scheme，FSCS），以独立法人的形式运行并逐步建立消费者赔偿基金，受 FCA 的监管，但 FCA 无法插手其具体运作。任何企业一旦受 FCA 的批准，在英国运营时，便会自动成为 FSCS 成员，每位成员均负有向 FSCS 缴纳资金的义务。当公司面临破产或无法偿还债务情形时，FSCS 会代替企业对利益损害方在一定程度上给予赔偿。虽然 FSCS 没有金融检查权和防范金融机构倒闭的提前干预机制，但作为事后救济机制和最后风险承担者，FSCS 能与 FOS 职能互补，共同为消费者提供“事中＋事后”全方位的救济屏障。

## 第四节　完善我国证券纠纷调解机制的建议

虽然中英两国国情各异，金融市场和从业人员水平相差较大，但作为范本式申诉专员制度，我国纠纷调解机制上仍然能够从中找到可供借鉴的思路。

### 一、构建“证券＋统合型”申诉专员模式

在世界范围内，根据各国金融经营模式和监管政策，金融申诉专员模式大致分为两种：统合型申诉专员制度和分业型申诉专员制度。英国 FOS 不进行证券、银行、保险等具体区分，管辖范围几乎覆盖所有金融领域，是典型的统合型申诉专员制度，这确保各类金融纠纷由 FOS 统一处理的同时，降低金融消费者维权的时间成本，避免了监管真空和监管套利现象，提高纠纷处理效率。

随着金融产品的不断更新换代，套利链条拉长，复杂程度不断加深，金融产品逐步趋向于多元化和综合化。在金融监管上，我国确立了“一行一委两会”的

① 杨东：《金融申诉专员制度之类型化研究》，《法学评论》2013 年第 4 期，第 78 页。

监管模式，[①]监管理念也由“机构监管”向“功能监管”和“行为监管”的转变。单独新建行业性申诉专员制度似乎已不能适应当下金融发展的趋势。单独新建单一的行业型申诉专员制度在成本上似乎不比构建统合性质的申诉专员更低。[②] 制度推行必须根植国情，急于推行统合型 FOS 制度势必面临行业利益、部门利益冲突，立法者缺乏相应的能力和经验。我国可以结合英国 FOS 制度由分业向统合过渡的发展轨迹，结合实践，由现有的证券调解机构继续处理证券纠纷，待时机成熟（例如银保监会与证监会合并）、完全进入“混业监管”时，与以中国人民银行为主导的申诉专员制度进行衔接，进而逐步转化为统合型申诉专员机构。这种渐进推动制度发展的模式既可以改变制度供过于求的现状，提高制度运行效率，降低制度运行成本，同时也能在较为发达的证券行业率先探索出一套成熟的纠纷调解机制，为其他纠纷调解机制积累经验。[③]

## 二、以投服中心为基础，推动调解组织实行统一管理

现下各调解组织存在着数量繁多、结构散乱等问题，资源分散导致实践应用中的极大浪费，因此有必要整合现有资源，推动调解组织实行统一管理。在具体机构上，投服中心是于 2014 年 12 月成立的证券金融类公益机构，为公司制法人单位，经中国证监会批准设立且直接管理。[④] 与英国 FOS 制度相似，都是由政府主导设立、直接监管并且同时保障机构解决争议时的独立性。《关于全面推进证券期货纠纷多元化解机制建设的意见》第 17 条提出，依托投服中心的“中国投资者网”，建设证券期货纠纷在线解决平台，足见监管部门相当重视发挥投服中心的调解职能。此前证监会答复政协提案时提出，要推动建设全国性调解机构，而投服中心也曾称，拟设立全国纠纷调解中心。[⑤] 作为证券市场纠纷解决的主要渠道，投服中心在受理和解决投诉上同样取得了一定的效果。截至 2020 年，投服中心共登记纠纷 12 258 件，受理 8 275 件，成功 5 715 件，投资者获赔金额高达

① 在 2017 年 7 月召开的第五次金融工作会议上，国务院确定设立金融稳定发展委员会。2018 年 3 月，《深化党和国家机构改革方案》公布，原银监会和保监会职责整合，组建中国银行保险监督委员会（银保监会）。

② 马宁：《消费者保险立法的中国愿景》，《中外法学》2019 年第 3 期，第 689 页。

③ 余涛、沈伟：《游走于实然与应然之间的金融纠纷非诉讼调解机制——以上海为例》，《上海财经大学学报》2016 年第 1 期，第 127 页。

④ http://www.isc.com.cn/html/gywm/，最后访问日期：2020 年 3 月 2 日。

⑤ 熊锦秋：《进一步完善和落实“示范诉讼＋委托调解”机制之我见》，微信公众号“投服中心”，最后访问日期：2020 年 1 月 20 日。

20.33亿元。[①] 长期缺乏公信力和独立性的证券业协会和缺乏权威、经验不足的人民调解组织，还不能肩负起解决当下证券业乃至未来统合性纠纷的重任。在证券业协会中，调解人员往往由证券业协会会员构成，在实践中难以避免调解员向证券经营公司等会员利益输送和倾斜的现象发生。因此，可以将投服中心作为主要承担证券调解职能的组织，将上海定为总部办公地点，对于其他调解组织以及调解站等在适当时可转化为投服中心分支机构。同时，制订统一的调解服务标准，统一管理各地专职调解员，明确案件管辖范围，合理分配调解工作。

## 三、完善申诉专员制度的具体程序

在管辖范围上，我国申诉专员机构可以借鉴FOS的架构，实行强制管辖和自愿管辖并举的模式。强制管辖主要面向资金充足、实力雄厚的大型证券经营公司(参考具体营业收入和行业排名)，要求当中小投资者与这些大型证券经营公司产生证券纠纷时，必须交由申诉专员机构管辖，并且大型证券经营公司不得拒绝接受裁决结果。对于一些营业收入较低、市场影响力小的中小型经营公司，可给予适度的政策倾斜和发展红利，由中小投资者与中小型经营公司签订协议，自愿将案件交由申诉专员机构管辖，不必因为受强制管辖而享有相对宽松的发展空间。

在调解程序上，可借鉴英国FOS投诉处理流程，将中小投资者与证券公司进行联系作为前置程序，由证券公司对中小投资者的投诉内部先行处理。我国当下部分纠纷根源于中小投资者证券知识的匮乏和对证券运行机制的片面认识，此种纠纷可在进入调解机制前进行化解。

在时间设置上，基于对现下生活节奏快速、通信方式多样、网络发达等社会因素的考虑，可在英国FOS规定的8周进一步下调为4—6周。这样可以使大部分纠纷不必占用调解资源，同时让证券纠纷在最短时间内得到解决。

在收费方式上，我国同样可学习英国FOS，保持对消费者免费的规定，同时对一些符合要求的中小型证券经营机构给予免费的案件指标，减少中小型证券经营机构的负担，在法院对于同额度诉讼费用的规定下，设计更为人性化、低廉的案件办理费用。

在配套机制上，证监会可参考FSMA 2000的规定，设立与FSCS性质相似

① 《投服中心以新证券法为指引 四方面助力多元化解机制再上新台阶》，http://www.xinhuanet.com/fortune/2020-01/02/c_1125415058.htm，最后访问日期：2020年1月2日。

的证券服务赔偿公司，受证监会监管但同时独立运作。服务赔偿公司可事先要求证券经营机构缴纳会费，在证券经营机构遇到破产或无法赔偿时，对证券经营机构实施补救计划，在一定范围内承担证券经营机构对消费者的赔偿责任。

## 四、规定裁决单方法律约束力，并同时加以限制

金融申诉专员制度与传统调解方式的主要区别在于裁决决议的法律效力。裁决对金融机构具有单方面的法律约束力，而金融消费者是否接受裁决的意愿将会直接影响强制执行力。我国可适当对现行法律法规作出变通，在证券纠纷调解领域里，将调解协议的合同性质进一步上升为对证券经营机构的单方约束力，此举可以贯彻申诉专员制度"扶弱"的设置初衷。但是，倾斜保护并非多多益善，应当寻找平衡点以防止对证券经营公司权益的过度损害。首先，对申诉专员的结果确认时效应当作出规定，并严格限制，注重对申诉专员的教育和告知义务，以防中小投资者"躺在权利上睡觉"的现象发生。其次，对于一些违反社会公序良俗、显失公平和损害国家、集体及他人权益等情形，可以赋予金融机构向法院申诉的权利，但应当严格控制纠纷案件范围和申请时效、次数等，避免影响最终的效力性。最后，在程序性权利上，申诉专员机构应当提供调解纷纷的机会，同时赋予对金融申诉专员以及其他工作人员申请回避等程序性权利。[1]

## 五、设立独立评估员以增强监督

以典型的投服中心和深圳证券调解中心为例，笔者并未在投服中心官网上发现有关监督的相关内容，但在深圳证券调解中心官网上发现"行业自律＋行政监管"标题字样，说明我国调解中心的监管现状仍然以机构自律监管和行政监管为主，消费者并没有充分的渠道对调解中心服务进行评价和沟通，信息不畅无疑减损了公众监督的有效性和第三方独立解决机制的权威性。在比较FOS制度的机构设置上，建议我国模仿FOS引入独立评估员制度，例如由投服中心任命独立评估员作为公众监督的枢纽，独立评估员独立于投服中心董事会，主要职责是接受个人或企业对FOS服务的投诉，但不审查案件的结果；针对消费者的投诉撰写报告，负责与申诉专员和董事会沟通，并得到相应的回应；撰写年度报告，总结消费者投诉问题，帮助调解组织改善服务质量，以达到实现公众监督的目的。

---

① 冉俊：《构建适合我国国情的金融申诉专员制度》，《金融教育研究》2016年第11期，第25页。

# 第十四章

# 激励约束视角下的特别代表人诉讼制度
## ——以新《证券法》为背景*

2019年11月8日发布的《全国法院民商事审判工作会议纪要》(简称《九民纪要》)规定，人民法院可以选择个案以《民事诉讼法》第54条规定的代表人诉讼方式进行试点审理。[①] 2019年12月28日，十三届全国人大常委会第十五次会议表决通过了新修订的《中华人民共和国证券法》(简称新《证券法》)，自2020年3月1日起施行。新《证券法》除规定全面实施注册制外，另一重大制度创新就是规定了具有中国特色的证券集体诉讼制度，规定了普通代表人诉讼和特别代表人诉讼制度。[②] 2020年7月31日，《最高人民法院关于证券纠纷代表人诉讼若干问题的规定》(简称《若干规定》)正式施行。[③] 同日，证监会发布《关于做好投资者保护机构参加证券纠纷特别代表人诉讼相关工作的通知》，[④]投服中心发布《中证中小投资者服务中心特别代表人诉讼业务规则(试行)》，[⑤]标志着具有中国特色的证券集体诉讼全面开启。证券民事纠纷解决迎来了一个崭新时代。

特别代表人诉讼与普通代表人诉讼的区别在于：第一，起诉主体不同。普通代表人诉讼是在受损失的投资者之中推举产生代表人起诉，而在特别代表人诉讼中，投资者保护机构接受投资者委托作为代表人提起诉讼。第二，普通代表人诉讼是“加入制”的代表人诉讼。特别代表人诉讼是“退出制”的代表人诉讼。

---

* 本章作者：沈伟、林大山。

① 《全国法院民商事审判工作会议纪要》第80条：“在认真总结审判实践经验的基础上，有条件的地方人民法院可以选择个案以《民事诉讼法》第54条规定的代表人诉讼方式进行审理，逐步展开试点工作。”

② 《证券法》第95条第1款：“投资者提起虚假陈述等证券民事赔偿诉讼时，诉讼标的是同一种类，且当事人一方人数众多的，可以依法推选代表人进行诉讼；”第3款：“投资者保护机构受五十名以上投资者委托，可以作为代表人参加诉讼，并为经证券登记结算机构确认的权利人依照前款规定向人民法院登记，但投资者明确表示不愿意参加该诉讼的除外。”

③ 最高人民法院：《关于证券纠纷代表人诉讼若干问题的规定》(法释〔2020〕5号)。

④ 中国证监会：《关于做好投资者保护机构参加证券纠纷特别代表人诉讼相关工作的通知》(证监发〔2020〕67号)。

⑤ 中证中小投资者服务中心：《中证中小投资者服务中心特别代表人诉讼业务规则(试行)》。

特别代表人诉讼创设了以"默示加入、声明退出"为表征的集体诉讼模式，引入了投资者保护机构作为诉讼代表人，为投资者进行维权，是制度创新，也是本章的讨论对象。

在经济学中，委托代理关系是一种契约关系，委托人授权代理人为了委托人的利益而从事某些活动。[①] 在特别代表人诉讼制度中，投资者保护机构成为广大受损失的中小投资者的代表人，在投资者、投资者保护机构以及代理律师三者之间形成了双层托代理关系，即证券欺诈中被侵权的投资者与投资者保护机构之间的第一层委托代理关系，以及投资者保护机构与代理律师之间的第二层委托代理关系。在这一双层委托代理关系中，投资者保护机构同时具备双重身份：既是第一层委托代理关系中的代理人，又是第二层委托代理关系的委托人。新《证券法》设计的双层委托代理关系如图 14－1 所示。

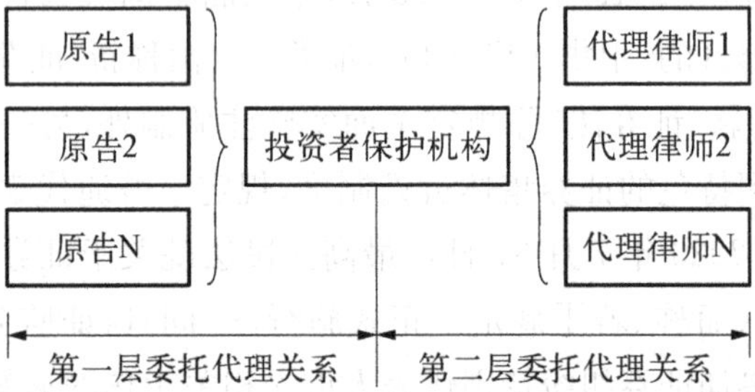


**图 14－1 新《证券法》设计的双层委托代理关系**

在双层委托代理关系中，不同层次的委托代理关系具有不同的激励和约束机制。中国的特别代表人诉讼制度是否能够有效地激励投资者保护机构和代理律师保护投资者，同时对二者施加约束？本章以双层委托代理制度中的激励约束制度为视角，将美国集体诉讼制度与中国特别代表人诉讼制度进行比较，在借鉴美国经验的同时吸取其教训，为完善中国特别代表人诉讼制度提供相应建议。

## 第一节 研究现状

证券纠纷诉讼是证券法研究的重要内容，是与证券监管部门执法同等重要

① Michael C. Jensen, William H, Meckling. Theory of the Firm: Managerial Behavior, Agency Costs and Ownership Structure, *Journal of Financial Economics*, Vol.3, 1976, p.311.

的私人执行机制。由于公共执行部门的行政资源有限，私人执行机制在某种程度上更为重要，因此也是证券法和证券市场研究的重要方面。

美国学者很早就开始研究集体诉讼中的代理成本问题，主要集中在原告如何加强对律师的监督，即在胜诉酬金制度激励下，对集体诉讼的担忧主要体现在代理律师通过主动提起集体诉讼来谋求他们自己的经济利益，而不是其所声称的代表投资者的利益。由于律师对法律以及法律适用的了解总是优于投资者，并且参与诉讼有很多私人信息，投资者难以监督，[①]因此他们提出"让金钱来监督"，即让证券欺诈中损失最大的投资者(往往是机构投资者)来充当首席原告。[②] 实证研究发现，公共养老基金作为首席原告有更强的谈判能力，能够有效降低律师费，同时监督律师更加努力工作，获得更高的和解金额。[③] 对于律师费的收取，有研究表明，律师费与更高的和解金额存在相关性。[④]

在证券集体诉讼领域，有不少学者通过激励机制进行分析和解读。汤欣指出，证券集体诉讼制度的关键在于设计适宜的激励机制，以克服可能出现的原告动力不足的问题，并且这种方式最好以市场化的方式提供。[⑤] 郭雳列举了美国集体诉讼的种种弊端，提出积极谋求私人诉讼与公共执法的配合，使集团诉讼重新"对抗起来"。[⑥] 对于投资者保护机构的职权，郭雳指出，监管者在助推投资者保护机构股东积极主义的同时，应当对其所难以触及领域的替代性市场机制保持开放态度。吕成龙认为，投资者保护机构作为代表人参与诉讼的模式可能存在激励不足、独立性不足和诉讼能力不足的三大隐忧。[⑦]

冯根福将委托代理理论运用到公司经理行为的研究中，比较了英美和德日两种模式下公司经理行为的约束机制和激励机制。[⑧] 邓旭东、欧阳权审视了我国国有企业的委托代理关系，指出国有企业委托主体不明确，委托代理链条拉长，缺乏内在的连接机制。同时因为监控制度不严，约束软化导致国有资产流失

---

① Geoffrey Miller. Some Agency Problems in Settlement, *J. LEGAL STUD*, Vol. 16, 1987.

② Elliott J. Weiss & John S. Beckerman. Let the Money Do the Monitoring: How Institutional Investors Can Reduce Agency Costs in Securities Class Actions, *Yale Law Journal*, Vol. 104, 1995, p.2053.

③ James D. Cox & Randall S. Thomas. Does the Plaintiff Matter? An Empirical Analysis of Lead Plaintiffs in Securities Class Actions, *Columbia Law Review*, Vol. 106, 2006, pp.1587 - 1618.

④ Baker, Lynn, A. Is the Price Right? An Empirical Study of Fee-Setting in Securities Class Actions, *Columbia Law Review*, Vol. 115, 2015, pp.1371 - 1452.

⑤ 汤欣：《私人诉讼与证券执法》，《清华法学》2007 年第 3 期，第 93 页。

⑥ 郭雳：《作为积极股东的投资者保护机构——以投服中心为例的分析》，《法学》2019 年第 8 期。

⑦ 吕成龙：《投保机构在证券民事诉讼中的角色定位》，《北方法学》2017 年第 6 期，第 28 页。

⑧ 冯根福：《西方国家公司经理行为的约束与激励机制比较研究》，《当代经济》1998 年第 6 期，第 31—38 页。

严重。[①] 付强将委托代理理论运用到风险投资中，研究如何加强对被投资企业的激励与进度。[②] 在诉讼领域，新《环境保护法》颁布后，较多学者开始关注环境公益诉讼的激励机制问题。崔丽指出，环境公益诉讼制度落实不理想的深层原因则在于缺乏与其配套与衔接的激励机制。[③] 王丽萍认为，原告资格的扩张与激励机制的构建是突破环境公益诉讼瓶颈可供选择的两大举措。[④] 陈亮认为双层委托代理关系中高昂代理成本的存在决定了原告律师应成为环境公益诉讼的激励对象，而"败诉方负担规则"因同时具备正诉激励、滥诉预防与行为矫正三重功能而成为激励律师的最佳举措。[⑤] 换言之，通过有效的激励可以实现诉权和利益保护。

综上可见，国内学者侧重于研究第一层委托代理关系，即投资者与诉讼代表人之间的关系，而对诉讼代表人如何激励监督律师勤勉尽责较少研究；而美国学者对证券集体诉讼的关注在于第二层委托代理关系，即诉讼代表人与代理律师之间的关系。这是因为美国是律师主导型的诉讼机制，因此学者们更加关注如何更好加强对律师的约束。而中国的特别代表人诉讼制度是投资者保护机构主导型的诉讼机制，投资者保护机构如何体现投资者利益、为投资者维权成了学者们的关注焦点。

为了更好了解集体诉讼制度完整的运行机制，本章从投资者与诉讼代表人、诉讼代表人与代理律师之间的委托关系出发，研究两层委托关系中的激励与约束机制，并将美国制度与中国制度进行对比，以美国制度为鉴，提出中国特别代表人诉讼制度的完善建议。

## 第二节　第一层委托代理关系：投资者与诉讼代表人

在普通代表人诉讼中，诉讼代表人由作为原告的广大投资者推举产生，作为

① 邓旭东、欧阳权：《委托代理理论与国企激励约束机制的构建》，《企业经济》2004 年第 10 期，第 17—20 页。

② 付强：《风险投资中的委托代理》，《当代财经》2003 年第 10 期，第 108 页。

③ 崔丽：《新〈环境保护法〉背景下环境公益诉讼激励机制研究》，《生态经济》2015 年第 5 期，第 113—117 页。

④ 王丽萍：《突破环境公益诉讼启动的瓶颈：适格原告扩张与激励机制构建》，《法学论坛》2017 年第 1 期，第 89 页。

⑤ 陈亮：《环境公益诉讼激励机制的法律构造》，《现代法学》2016 年第 4 期，第 113 页。

代表人为广大受损失的中小投资者争取利益，诉讼代表人既是违法行为的受害人，也是诉讼收益的最终受益人。胜诉后的收益由所有原告共同享受，由于存在"搭便车"的可能性，投资者提起诉讼的积极性大大降低，这便是奥尔森提出的"集体行动的难题"，证券诉讼中部分投资者采取行动而无法排除他人"搭便车"，最终导致所有投资者行动的积极性降低，没有人采取任何有利于集体的行动。[①]集体诉讼具有公共物品的属性，能让那些即使没有支付诉讼成本的当事人也能分享诉讼所带来的收益，达到股东权利保护的目的。[②] 在这种情况下，证券集体诉讼潜在原告最理性的选择便是不支付任何成本而坐享其成。由于"三个和尚没水喝"，证券集体诉讼潜在原告的起诉积极性由此降低。正如美国学者所证实的那样："如果消除违法行为带来的社会效益被广为分享，个人的收益往往比较小。每个人就有可能搭其他执法者的便车，其结果是任何人都没有充分的激励提起诉讼。"[③]

为了解决这个委托代理问题，美国逐渐形成了首席原告制度，鼓励机构投资者担任首席原告。中国则采取了投资者保护机构作为诉讼代表人的特别代表人诉讼制度。

## 一、美国首席原告制度

美国国会1995年通过了《私人证券诉讼改革法案》(*Private Securities Litigation Reform Act*)，规定了"首席原告"条款(Lead plaintiff)。根据该条款，一旦集体诉讼被提起，主审法院就在全国范围内发出通知，邀请集体投资者成员寻求作为未决诉讼的首席原告的地位。当有相互竞争的申请者时，要追回损失最大的一方推定为最适格的原告(Most adequate plaintiff)。在此之前，首席原告制度是先到先占规则，即先提出申请的原告作为首席原告，因此产生了"奔向法院"(race to the courtroom)的竞争局面。律师争先恐后地联系投资者以便提起案件，而不问案件的证据收集情况如何，产生了大量的扰诉现象，稀释了私人执法

① 李激汉：《证券民事赔偿诉讼方式的立法路径探讨》，《法学》2018年第3期，第90页。

② John C. Coffee. Understanding the Plaintiff's Attorney: The Implications of Economic Theory for Private Enforcement of Law through Class and Derivative Actions, *Columbia Law Review*, Vol. 86, 1986, p.680.

③ Richard B. Stewart & Cass R. Sunstein. Public Programs and Private Rights, *Harvard Law Review*, Vol. 95, 1982, p.1214.

机制的效果。[①] 该法案要求任何提起证券欺诈集体诉讼的原告在提出申请后20天内提供有关该诉讼的通知，在一份广泛发行的商业刊物上发出寻求首席原告地位的通知。在公告刊登后90天内，法院必须考虑任何寻求任命为首席原告的动议，并做出任命。

《私人证券诉讼法》颁布并在经历了缓慢的起步之后，机构投资者开始频繁地作为首席原告出现。2007年，机构投资者作为首席原告出现在所有证券集体诉讼和解协议中的比例为60%。根据实证研究，在首席原告的争夺中，机构投资者一直受到法院的青睐，赢得了绝大多数有争议的首席原告地位。[②]

## 二、中国特别代表人诉讼制度

1991年《民事诉讼法》规定了人数不确定的代表人诉讼规则。2002年最高法院规定了证券虚假陈述民事赔偿纠纷案件的司法审判程序，但该程序在实践中却鲜有使用。民诉法中代表人诉讼规则在实际运用过程中效率低下、可操作性不强。在众多当事人的利益取向、学历背景、投资经验等主客观条件不尽相同的情况下，选出代表人十分困难，同时代表人确立程序规定较为简单，不利于有效解决纠纷。同时，《关于受理证券市场因虚假陈述引发的民事侵权纠纷案件有关问题的通知》规定，[③]投资者对虚假陈述行为人提起民事赔偿诉讼，应当以行政机关(证监会或财政部)的行政处罚决定或者人民法院的刑事裁判文书为前提，事实上确立了证券诉讼的前置程序制度。在2009—2018年，全国证券业相关诉讼案件总量为5 576件，证券虚假陈述责任纠纷共278件，占比仅为5.1%。[④] 证券欺诈纠纷进入诉讼程序并不多，投资者维权难成为证券市场的顽疾。

我国证券诉讼法律规范概览见表14-1。

在这种情况下，2020年3月1日正式实施的新《证券法》第95条确立了证券代表人诉讼制度，激活了《民事诉讼法》中原有的代表人诉讼规则。2020年3月

---

① Stephen J. Choi & Robert B. Thompson. Securities Litigation and Its Lawyers: Changes During the First Decade After the PSLRA, *Colum. L. Rev.*, Vol. 106, 2006, pp.1489, 1530.

② James D. Cox & Randall S. Thomas. Does the Plaintiff Matter? An Empirical Analysis of Lead Plaintiffs in Securities Class Actions, *Columbia Law Review*, Vol. 106, 2006, pp.1587-1618.

③ 《关于受理证券市场因虚假陈述引发的民事侵权纠纷案件有关问题的通知》第2条："人民法院受理的虚假陈述民事赔偿案件，其虚假陈述行为，须经中国证券监督管理委员会及其派出机构调查并作出生效处罚决定。当事人依据查处结果作为提起民事诉讼事实依据的，人民法院方予依法受理。"

④ 孙俊：《从诉讼大数据看证券行业这十年》，《中国航空报》2018年12月20日。

**表 14－1　我国证券诉讼法律规范概览**

| 文件名称 | 发布时间 | 发布主体 | 相关内容 |
|---|---|---|---|
| 《民事诉讼法》 | 1991 年 4 月 9 日 | 全国人大常委会 | 规定了人数不确定的代表人诉讼，构建类似集体诉讼规则 |
| 《关于受理证券市场因虚假陈述引发的民事侵权纠纷案件有关问题的通知》① | 2002 年 1 月 15 日 | 最高人民法院 | 证券虚假陈述民事赔偿纠纷案件的行政前置程序 |
| 《关于审理证券市场因虚假陈述引发的民事侵权纠纷案件有关问的通知》② | 2003 年 1 月 9 日 | 最高人民法院 | 证券虚假陈述民事赔偿纠纷案件具体程序：受理与管辖、诉讼方式、虚假陈述认定、因果关系认定、归责与免责事由等 |
| 《中华人民共和国证券法》第二次修订 | 2019 年 12 月 29 日 | 全国人大常委会 | 按照“明示退出”“默示加入”的诉讼原则，探索证券集体诉讼制度 |

24 日，上海金融法院发布全国首个关于证券纠纷代表人诉讼制度实施的具体规定，即《上海金融法院关于证券纠纷代表人诉讼机制的规定（试行）》（简称《代表人诉讼规定》）。2020 年 4 月 20 日，深圳市中级人民法院发布《关于依法化解群体性证券侵权民事纠纷的程序指引（试行）》。南京市中级人民法院于 2020 年 5 月 8 日正式启用《证券纠纷代表人诉讼程序操作规则（试行）》。这些文件规定了代表人诉讼程序的适用范围、适用标准、纠纷登记、公告发布、代表人选定、调解和立案、案件审理等程序，将新《证券法》的制度落地为可操作的规则。在实践中，2020 年 3 月 13 日，杭州市中级人民法院发布《“15 五洋债”“15 五洋 02”债券自然人投资者诉五洋建设集团股份有限公司等人证券虚假陈述责任纠纷系列案件公告》，宣布采取人数不确定的代表人诉讼方式审理该案，通知相关权利人在规定期限内向法院登记。这也是新《证券法》生效后首例启动的代表人诉讼案。然而在本案中，投资者保护机构并没有介入，因此是普通代表人诉讼。本案是新

① 法明传〔2001〕43 号。
② 法释〔2003〕2 号。

《证券法》后第一例代表人诉讼案，却不是第一例特别代表人诉讼案。[①]

虽然实践中还未有个案，但我们可以通过上海金融法院发布的《代表人诉讼规定》和《中证中小投资者服务中心特别代表人诉讼业务规则（试行）》，分析其对特别代表人诉讼制度的细化规定。

《代表人诉讼规定》规定了投资者保护机构参加诉讼的具体操作规范：一是明确了投资者保护机构的诉讼职责，即投资者保护机构承担相关事项的公告通知、适格投资者的身份核验、退出投资者的人数统计等诉讼事务。[②] 二是明确投资者保护机构的代表权限。作为代表全体投资者利益的公益机构，其代表人权限为特别授权。[③] 三是明确了投资者的退出程序。投资者可以在和解、调解阶段"第二次声明退出"，实现诉讼效率和保护投资者合法权益的平衡。[④] 四是明确了一审判决生效后的上诉程序。是否上诉原则以投资者保护机构的主张为准，但投资者也可以在上诉期向其明确表示是否上诉，两者不一致的，应保障投资者的上诉权利。[⑤]

《中证中小投资者服务中心特别代表人诉讼业务规则（试行）》的核心内容为：一是明晰了投服中心参加特别代表人诉讼的程序。投服中心参加特别代表人诉讼，实施过程包括内部决策和具体实施两个阶段。二是明确了投服中心参加特别代表人诉讼的公益属性原则。在特别代表人诉讼中，关于法院依法向原告收取的诉讼费用，投服中心将依据《若干规定》，作为诉讼代表人向法院依法申请减交或免交等，并向法院主张败诉的被告承担诉讼过程中发生的公告费、通知费、律师费等合理费用。三是规定了投服中心参与特别代表人诉讼案件的范围

① 《法律人士：证券民事赔偿代表人诉讼第一案示范意义大》，http://news.10jqka.com.cn/20200315/c618455187.shtml，最后访问时期：2020 年 5 月 20 日。

② 《上海金融法院关于证券纠纷代表人诉讼机制的规定（试行）》第 42 条："本院经审查后发布案件受理公告，投资者保护机构可以依据公告确定的权利登记范围向证券登记结算机构调取权利人名单，并据此向本院申请登记。"

③ 《上海金融法院关于证券纠纷代表人诉讼机制的规定（试行）》第 44 条："投资者保护机构为全体原告的代表人，有权代表全体原告参加开庭审理，增加、变更或者放弃诉讼请求，与被告进行和解或者达成调解协议，提起或者申请撤回上诉，申请执行等。"

④ 《上海金融法院关于证券纠纷代表人诉讼机制的规定（试行）》第 45 条："投资者保护机构代表原告与被告达成和解或调解协议的，和解或调解协议内容须经本院审查确认。投资者保护机构应将和解或调解协议以公告方式通知全体原告，公告期间不少于三十日。原告可在公告期间内向投资者保护机构声明退出，和解或调解协议的效力不及于声明退出的原告。"

⑤ 《上海金融法院关于证券纠纷代表人诉讼机制的规定（试行）》第 47 条："一审判决后，被告不上诉的，分别情形予以处理：（一）投资者保护机构上诉的，一审判决在明确表示不上诉的原告与被告之间生效；（二）投资者保护机构不上诉的，除明确表示上诉的原告外，一审判决在其他原告与被告之间生效。投资者保护机构应当继续作为代表人参加二审程序。"

和标准。四是明确了投服中心作为诉讼代表人的权限。投资者默示参加权利登记即视为赋予代表人特别授权，不同意的可向人民法院声明退出。

在中国特色集体诉讼制度中，作为特别代表人的投资者保护机构是中证中小投资者服务中心（简称投服中心）。美国机构投资者多担任首席原告。在我国，虽然机构投资者有丰富知识，在股市中也占据了一定的份额，但是机构投资者的作用并不大。

第一，法律规范限制了机构投资者持有股份的上限，使得机构投资者无法长期稳定持有某家上市公司的大量股份，进而参与该公司的经营管理。法律规范对机构投资者在持股数量方面进行限制，目的是分散股票市场风险、稳定股票市场，防止股价大幅波动。例如，《公开募集证券投资基金运作管理办法》规定，同一个基金管理人管理的所有基金持有同一家证券公司发行的证券，不能超过该证券的 10％；[①]《证券公司客户资产管理业务试行办法》规定，证券公司将其所管理的客户资产投资于一家公司发行的证券，不得超过该证券发行总量的 10％；[②]《保险机构投资者股票投资有关问题的通知》规定，保险机构投资者投资同一上市公司流通股的数量，不得超过该上市公司流通股本的 10％，并不得超过上市公司总股本的 5％。[③] 除此之外，法律规范还对社保基金、企业年金持股上限加以规定。

持股比例限制对机构投资者的投资行为产生影响是，当机构投资者不断加仓，处于持股上限时很难再加仓。此时他们只能通过购买其他公司股票来最大化自己的收益。因此机构投资者难以重仓某一个上市公司，参与上市公司经营管理，只能选择股票的高买低卖来获利。

第二，机构投资者的评价指标是每年的业绩，容易导致短期行为。大多数证券投资基金的管理费是按照基金总资产规模的一定比例计提的，而通常基金的净申购是与基金以往的业绩表现正相关的，因此基金业绩排名的相对位置会直

① 《公开募集证券投资基金运作管理办法》第 32 条："基金管理人运用基金财产进行证券投资，不得有下列情形：（一）一只基金持有一家公司发行的证券，其市值超过基金资产净值的百分之十；（二）同一基金管理人管理的全部基金持有一家公司发行的证券，超过该证券的百分之十。"

② 《证券公司客户资产管理业务试行办法》第 37 条："证券公司将其所管理的客户资产投资于一家公司发行的证券，按证券面值计算，不得超过该证券发行总量的百分之十。一个集合资产管理计划投资于一家公司发行的证券不得超过该计划资产净值的百分之十。"

③ 《保险机构投资者股票投资有关问题的通知》第 2 条："保险机构投资者股票投资应当符合以下比例规定：（三）保险机构投资者投资同一家上市公司流通股的成本余额，不得超过本公司可投资股票资产的 5％；（四）保险机构投资者投资同一上市公司流通股的数量，不得超过该上市公司流通股本的 10％，并不得超过上市公司总股本的 5％。"

接影响到基金的规模是否能够做大。基金经理在决定投资行为时,只关注短期的业绩表现,导致基金的投资行为的短期化。这与公司治理中为了避免公司董事会或高管的短视行为而鼓励和采取更加长期化的公司治理目标背道而驰。

第三,机构投资者易与大股东合谋,难以监督大股东。机构投资者介于“一股独大”的股东和高度分散的二级市场个人投资者之间。对于机构投资者来说,与其选择对控股股东进行监督,改善公司治理获取公司增长收益,不如与控股股东合作,参与证券欺诈,侵害中小股东利益。机构投资者更可能从与控股股东的合谋中获利,而极少有保护小股东的激励机制存在。在中国市场上较为常见的内幕交易、“抢跑交易”和“老鼠仓”行为中,机构投资者与控股股东的合谋或隐或现。

20 世纪 80 年代,美国联邦政府放松监管,进行大量革新,鼓励机构投资者进行投资。[①] 1989 年,联邦参议院通过《过度流动与投机法案》,鼓励投资者从短期投资转向长期持有,实现“负责任的投资”。[②] 同时,美国从股东权利的多个方面给予了机构投资者行使股东权利的充分保障。例如股东提案权,美国法律规定股东只要持续持有公司 1%以上股份超过一年或者 2 000 美元以上有表决权证券即可。[③] 中国法律对股东持股要求为 3%,增大了股东提出提案、参与公司治理的难度。[④]

## 三、激励视角比较

美国的首席律师制度来源于两位教授的提议,[⑤]他们认为,虽然有搭便车的问题存在,但是机构投资者在证券欺诈中遭受的损失比原告中的其他人都大,通过集体诉讼能够获得最大的好处,因此他们更愿意花时间和成本去提起诉讼、监督律师,主导诉讼活动。因为机构投资者对于集体诉讼结果有最直接的利害关系,这将激励它们积极参与集体诉讼。他们设想,在机构投资者的参与下,将出

---

① 沈伟:《私募投资和商事法契合法律问题研究——规则、监管与困境》,法律出版社 2020 年版,第 85 页。

② 汪忠:《基于机构投资者视角的目标公司治理评价及实证研究》,湖南大学出版社 2012 年版,第 37—38 页。

③ Rule 14A - 8(b)(1)(1998).

④ 《公司法》第 103 条第 2 款规定:“单独或者合计持有公司百分之三以上股份的股东,可以在股东大会召开十日前提出临时提案并书面提交董事会;董事会应当在收到提案后二日内通知其他股东,并将该临时提案提交股东大会审议。”

⑤ Elliott J. Weiss & John S. Beckerman. Let the Money Do the Monitoring: How Institutional Investors Can Reduce Agency Costs in Securities Class Actions, *Yale Law Review*, Vol. 104, 1995, p.2053.

现更高的和解金额与更低的律师费。

已有学者研究表明，衡量首席原告制度改革效果的指标有两个：一是有没有为原告争取更高的和解金额；二是是否加强了对律师的监督，而律师的努力程度由集体诉讼中案卷条目的数量来衡量。

从第一个指标，即和解金额来看，在对1996—2000年《私人证券诉讼法》实施后的122个证券集体诉讼和解案件的实证研究发现，公共养老金作为首席原告与更高的和解有强相关性。[①] 但是该调研不能排除是否公共养老基金主动选择较高的和解金额案件提起诉讼。对1995—2002年《私人证券诉讼法》实施后的260个证券集体诉讼和解案件的实证研究中，学者们同样发现公共养老基金作为首席原告的出现与更高的和解金额之间存在着强烈的相关性。[②] 1995—2004年PSLRA对501起案件的样本研究公共养老基金作为主要原告参与和解规模之间的关系，发现在排除机构投资者主动选择之外，依然存在着相关性。[③]

从第二个指标，即首席原告对律师的监督上看，有公共养老基金首席原告的案件显示出更多的案卷条目，说明公共养老基金对律师的有效监督，使得律师需要举出更多的证据、准备更多的案卷条目。[④] 在有公共养老基金作为主要原告的案件中，律师费要求和费用奖励较低，主要有两种可能的原因：一是公共养老基金经常提起集体诉讼，积累了丰富的经验，在长期博弈与合作中，律所为了获得公共养老基金选择其作为首席原告，降低了价格；二是律师相互竞争，联系这些机构投资者，压低了律师费。

从上面两个指标可以看出机构投资者作为首席原告大量出现，提高了和解价值，增加了案卷条目，降低了律师费用。机构投资者作为首席原告被证明是行之有效的。

最高人民法院发布的《关于证券纠纷代表人诉讼若干问题的规定》，大幅降低了投服中心的诉讼成本。其第25条指出，投资者可以请求败诉的被告赔偿合

---

① Stephen J. Choi, Jill E. Fisch and Adam C. Pritchard. Do Institutions Matter? The Impact of the Lead Plaintiff Provision of the Private Securities Litigation Reform Act, *Wash. U. L. Q.*, Vol. 83, 2005, p.869.

② James D. Cox and Randall S. Thomas. Does The Plaintiff Matter? An Empirical Analysis of Lead Plaintiffs in Securities Class Actions, *Columbia Law Review*, 2006, p.1587.

③ Michael A. Perino. Institutional Activism Through Litigation: An Empirical Analysis of Public Pension Fund Participation in Securities Class Actions, *St. John's Legal Studies, Research Paper*, 2006, No. 6, http://papers.ssrn.com/sol3/papers.cfm? abstract_id=938722.

④ Michael A. Perino. Markets and Monitors: The Impact of Competition and Experience on Attorneys' Fees in Securities Class Actions, *St. John's Legal Studies, Research Paper*, 2006, No. 6, http://papers.ssrn.com/sol3/papers.cfm? abstract_id=870577.

理的公告费、通知费、律师费等；第 39 条允许原告不预交案件受理费，当败诉或者部分败诉时可以申请减交或者免交诉讼费用；第 40 条允许原告在提出财产保全申请时不提供担保。

虽然最高人民法院的上述规定有效降低了投服中心的诉讼成本，然而投服中心作为中国证券诉讼的特别代表人缺乏足够的激励机制。投服中心的预算源于财政拨款，而财政拨款数量有限，并且预算数额每年相对固定，缺少明确的奖励机制。

第一，财政预算数额有限、人力有限。2016—2019 年，投服中心共提起支持诉讼案件 24 件，支持诉讼诉求金额约 1.14 亿元，获赔总金额约 5 536.7 万元。[①] 2020 年 5 月 8 日，江苏省南京市中级人民法院发布公告，对 4 家上市公司虚假陈述案采用代表人诉讼审理方式，召集在一定时间内购买上述股票的股民进行登记，股民索赔代理律师表示，登记股东人数约 20 万人。[②] 在投服中心过往的支持诉讼经验中，其面对的都是 50—100 人的投资者。表 14－2 为 2016—2019 年投服中心已结案的支持诉讼原告人数。[③]

**表 14－2　2016—2019 年投服中心已结案的支持诉讼原告人数**

| 案件 | 上海绿新案 | 匹凸匹案 | 鞍重股份案 | 康达新材案 | 安硕信息案 | ST 大控案 | 超华科技案 | 雅百特案 | 恒康医疗案 | 国农科技案 | 建光电案 |
|---|---|---|---|---|---|---|---|---|---|---|---|
| 原告人数 | 首批 75 | 14 | 88 | 11 | 14 | 34 | 首批 10 | 首批 28 | 1 | 2 | 1 |

对于投服中心来说，过往支持诉讼面对的投资者是“登记加入制”，每个案件的原告在 100 人以下，人手与预算足以支撑。《证券法》修订之后，投服中心面对的是“退出制”集体诉讼，每个案件有超过 10 万人的投资者。投服中心公益性质的定位和资金源于政府的现状会对其履职产生约束。如果投服中心未来要有效运转，除非在制度和技术层面加以改进，否则很有可能会面临人力、物力的短缺，给财政带来巨大的负担。

① 《新证券法代表人诉讼制度成司法救济新渠道》，https://baijiahao.baidu.com/s?id=1654333899517366368&wfr=spider&for=pc，最后访问日期：2020 年 5 月 20 日。

② 《新证券法代表人诉讼试点第一案》，http://finance.sina.com.cn/stock/relnews/cn/2020-05-13/doc-iirczymk1299141.shtml，最后访问日期：2020 年 5 月 20 日。

③ 《支持诉讼》，http://www.isc.com.cn/html/zcss/index.html，最后访问日期：2020 年 4 月 3 日。

第二，财政预算相对固定，缺少奖励制度。固定预算制度相当于一份事前完全合约（complete contract），提前预估了投服中心下一年接收多少证券诉讼，以及每一个证券诉讼相对应拨款是多少。这种固定预算制度的直接后果是工作“打折扣”。原因是事前合约一旦规定了未来案件的数量及拨款额度，那么投服中心全力参与诉讼、和解谈判、监督律师的努力就会因为财力限制而面临折减。如果投服中心努力代表投资者提起诉讼，获得了更高的和解金额或者赔偿金额，固定预算制度下也不会让投服中心得到更多的拨款，在这种制度激励下，投服中心降低了努力的动机。投服中心的代理活动因其“政治任务”的属性产生了非经济的激励机制。但是，问题是“政治正确”的激励无法通过经济指标的有效考核和评定。

将美国首席原告制度与中国特别代表人诉讼制度中的激励机制进行比较，可以得出如下结论。

第一，激励来源不同。机构投资者担任首席原告的激励源于其在公司中的股份份额，投服中心的激励源于部门内部的考核机制。投服中心并不享有诉讼收益，因此可能降低其提起诉讼的积极性。经济学研究表明，人是其自利的理性最大化者，会对激励做出反应。[①] 这一理性经济人假设表明，原告仅在其诉讼收益超过其诉讼成本的时候才会提起诉讼。[②]在传统民事诉讼中，原告之所以愿意提起诉讼，是因为他们遭受了可以通过诉讼予以救济的损害，并且其预期损害赔偿金将超过其预期诉讼成本。[③] 与之不同的是，投服中心不能从证券诉讼中获取经济收益，提起证券诉讼是其履行公共治理职责的方式。[④]

第二，首席原告胜诉后能够直接获得的赔偿利益，而投服中心缺乏明确的激励。投服中心有财政经费支持，也有可能从办理的案件中获得来自体制内晋升的激励。但是，投服中心人员经费有限，而且办理的案件数量、质量和晋升机制没有明确挂钩，其所能享受到的诉讼收益相对较少，甚至没有任何收益。在没有其他额外激励的情况下，投服中心起诉的积极性自然较低。

---

① ［美］理查德·A.波斯纳：《法律的经济分析》，蒋兆康译，中国大百科全书出版社1997年版，第4页。

② Louis Kaplow. Private versus Social Costs in Bringing Suit, *Journal of Legal Studies*, Vol. 15, No. 2, 1986, pp.372－373.

③ Jill E. Fisch. Class Action Reform, Qui Tam and the Role of the Plaintiff, *Law and Contemporary Problems*, Vol. 60, 1997, p.170.

④ Lara Friedlander. Costs and the Public Interest Litigant, *McGill Law Journal*, Vol. 40, 1995, p.61.

## 四、约束视角比较

在美国的集体诉讼中，由于对首席原告缺乏约束出现了以下两大问题。

第一，滥诉严重。2019 年，美国联邦法院共受理集体诉讼 433 起。1999—2019 年，新增证券集团诉讼案件数量与上市公司数量的比率从 2.94%增加至 7.94%。这意味着，上市公司面临证券集团诉讼案件的概率比 10 年前增加了一倍以上。2019 年美国证券集团诉讼案件的结案数为 312 件，其中有 2/3 以上的案件被驳回，被告无须向原告进行任何赔偿。[①] 美国证券诉讼提起的数量非常多，但是大部分提起的诉讼被驳回，这源于美国私人证券法改革提高了门槛，使得大量案件被驳回。美国的私人证券法改革提高了起诉的标准，在一定程度上保护了被起诉上市公司的利益。但是该项改革没有从源头(起诉数量)进行约束，使得投资者在律师的鼓动下提起了看似成功率不高诉讼，加大了法院的审查压力。

第二，律所"收买"机构投资者现象。律所接近机构投资者，向对公共养老基金有着决定权的官员提供竞选献金。反过来，官员们促使这些公共养老基金获得主原告任命，并任命该律所担任首席律师职位。[②] 在道富银行案中，律师付钱给中间人，帮助其获得阿肯色州教师养老基金作为机构投资者客户。中间人的主要工作是安排律师和养老基金之间的会面，事成之后，律师奖励他 410 万美元，占总和解金额的 5.5%。这一金额是其他几家原告律师事务所收到金额的两倍多。首席律师并没有向法院或原告集体中其他成员披露这笔款项。[③] 在相关的实证研究中，学者发现官员的任命和首席律师的任命呈负相关，即公共养老基金的官员可能会被律所收买，但从统计数字上并不是定论。[④]

---

① 美国国家经济研究协会经济咨询公司：《关于 2019 年美国证券集团诉讼最新趋势的报告》，https://www. nera. com/publications/archive/2020/recent-trends-in-securities-class-action-litigation--2019-full-y.html，最后访问日期：2020 年 5 月 20 日。

② 美国国家经济研究协会经济咨询公司：《关于 2019 年美国证券集团诉讼最新趋势的报告》，https://www. nera. com/publications/archive/2020/recent-trends-in-securities-class-action-litigation--2019-full-y.html，最后访问日期：2020 年 5 月 20 日。
In re Cendant Corp.Litig., 182 F.R.D. 144, 147 - 49 (D.N.J. 1998), rev'd on other grounds, 264 F.3d 201 (3d Cir. 2001).

③ Special Master's Report and Recommendations, Arkansas Teacher Retirement System v. State Street Bank and Trust Co., No. 1: 11 - cv - 10230 (D. Mass. June 28, 2018), at 219.

④ David Webber. Is "Pay-to-Play" Driving Public Pension Fund Activism in Securities Class Actions? An Empirical Study, *Boston University Law Review*, Vol.90, 2010, p.2031, https://scholarship.law.bu.edu/faculty_scholarship/497.

《中证中小投资者服务中心特别代表人诉讼业务规则(试行)》第 8 条规定：投服中心可以根据相关部门提议等，按照内部决策程序自主研究决定是否参加相关案件进行特别代表人诉讼；[①]第 16 条明确规定了投服中心案件选择的标准。[②] 实际上，特别代表人诉讼的发动权力掌握在投服中心手中。对此，有学者提出担忧，认为提起证券集体诉讼是投保机构的职责，而不是权力，投保机构不能因为困难重重而选择放弃履行该职责。这既是公平保护投资者的要求，也是投保机构本身职责的定位。[③] 假如花费各界精力创设的新制度只被用来处理几个容易的案子，那也会辜负制度设计的一片苦心。[④]

笔者认为，赋予投服中心选择权，体现了投服中心提起特别代表人诉讼受到的制约监督不足。投服中心在约束制度方面存在如下问题。

第一，投服中心带有监管机构的色彩，不可避免地在选取案件的时候会出现政治倾向。投服中心是直属于中国证监会管理的正局级单位。投服中心可能对某一类案件有更多的偏好，也可能受到政治压力对某些类型的案件选择回避。有学者就提出担忧，会不会出现“奉旨维权”或者“奉旨不维权”的现象？是否会出现类似 IPO 节奏控制那样的“维权节奏控制”？[⑤] 美国也有不少案例显示出美国证券交易委员会(SEC)尽管拥有很多案件线索，却不对欺诈的上市公司进行调查，被他们声称要监管的公司所“俘获”。[⑥]

第二，广大受损失的中小投资者无法对投服中心产生良好的约束，投服中心也可能出现怠于行使职权的现象。投服中心作为公共机构，没有和投资者签订权利义务明确的合同，投资者只能寄希望于投服中心尽力行使职权，而难以对投服中心提出有约束力的要求。

将美国首席原告制度与中国特别代表人诉讼制度中的约束机制进行比较，可以得出如下结论。

---

① 《中证中小投资者服务中心特别代表人诉讼业务规则(试行)》第 8 条：“投资者保护机构可以建立专家评估机制，根据国家经济金融形势、资本市场改革发展、具体案件情况、社会舆情、投资者需求以及相关部门提议等，按照内部决策程序，自主研究决定是否参加相关案件进行特别代表人诉讼。”

② 《中证中小投资者服务中心特别代表人诉讼业务规则(试行)》第 16 条：“只有在符合这些条件时，投服中心才会参加特别代表人诉讼：‘(一) 有关机关作出行政处罚或刑事裁判等；(二) 案件典型重大、社会影响恶劣、具有示范意义；(三) 被告具有一定偿付能力；(四) 投服中心认为必要的其他情形’。”

③ 彭冰：《中国版证券集体诉讼的发动》，北大金融法研究中心公众号，2020 年 8 月 1 日。

④ 张巍：《雏形初已现，何时显峥嵘？——中式证券集团诉讼三问》，比较公司治理微信公众号，2020 年 8 月 1 日。

⑤ 黄韬：《新证券法背后看点》，黄副教授公众号，2020 年 1 月 10 日。

⑥ Gretchen Morgenson. Following Clues the SEC Didn't, *New York Times* (*Sunday Business*), Feb. 1, 2009; See Dirks v. Securities and Exchange Commission, 463 U.S. 646 (1983).

第一，两者均不存在标准的委托代理关系，因此可能出现约束不力的结果。标准的委托代理关系由委托人与代理人经由自主协商而产生，其权利义务清楚明确。因此，委托人对所形成的委托代理关系及其运行能给自己带来的效用目标有一个非常明确的预期，因此十分关注代理成本问题，会想尽办法去监督代理人。[①] 在美国首席原告制度中，机构投资者作为首席原告源于法院的认定，不是广大受损失投资者共同委托的结果。特别代表人诉讼中委托代理关系的形成是法律的拟制，作为委托人的受损失投资者与作为代理人的特别代表人之间并没有以自主协商的方式签订权利义务关系明确的委托代理合同。

第二，美国首席原告制度设计的出发点是让机构投资者"自利的同时利他"，缺乏专门的首席原告约束制度。因此，机构投资者虽然是首席原告，但其身上这种对其他投资者的责任感并不强，其他投资者对他的约束权力较弱。机构投资者成为首席原告，源于自己的损失份额最大，因此它为自己争取利益。其他投资者只是搭便车，分享它努力的收益，难以对其进行监督。中国特别代表人制度设计的出发点是"利他"的公共产品，并且投服中心是公共机构，需要受到较多来自上级机关及社会公众的来自权力和舆论上的监督，因此在制度设计上，投服中心面临更多的约束。

## 第三节　第二层代理：胜诉酬金律师制度与公益律师制度

在诉讼中，当事人须聘请律师提起诉讼，在法庭上提出诉讼主张。[②] 当事人的诉讼请求最终能否实现在很大程度上取决于代理律师投入到诉讼中的精力。[③] 律师投入到案件中的勤勉尽责程度取决于当事人对律师的激励与约束。律师是当事人的诉讼代理人，各方面均受当事人的监督。[④]

---

① 陆建新：《双层委托代理：苏南模式运行机制的理论实证分析》，《学习与探索》1997 年第 2 期，第 16 页。

② Ronald J. Gilson & Robert H. Mnookin. Disputing through Agents: Cooperation and Conflict between Lawyers in Litigation, *Columbia Law Review*, Vol. 94, 1994, p.509.

③ Bruce L. Hay. Contingent Fees and Agency Costs, *Journal of Legal Studies*, Vol. 25, 1996, p.504.

④ Jonathan R. Macey & Geoffrey P. Miller. The Plaintiffs' Attorney's Role in Class Action and Derivative Litigation: Economic Analysis and Recommendations for Reform, *University of Chicago Law Review*, Vol. 58, 1991, p.3.

## 一、美国的胜诉酬金律师制度

《私人证券诉讼法》规定，最适格的原告是“寻求的救济的原告中拥有最大经济利益的申请人。”当机构投资者申请被法院任命为首席原告之前，它通常已经选择了律师事务所作为自己的诉讼代理人，该律所有很大概率作为未来证券诉讼的首席律师。多家机构申请充当首席原告的时候，他们有各自的代理律师，法院从中挑选出首席原告后，证券诉讼的代理律师团其他成员也将从这些律师中选出。美国证券诉讼的头六个月或一年通常主要是各原告与律师代表之间的争夺控制权的竞争。[①] 在美国证券诉讼中，首席律师能够拿走大部分的律师费。在律师团中，首席律师负责确定案件的总体战略，但随后将执行这一战略的必要工作分配给其他几家律师事务所。一般而言，两家律所作为该证券诉讼的首席律师，拿走律师费的 65%；两家律所作为执行委员会律师，拿走律师费的 30%，一家律所作为联络律师，拿走律师费的 5%。[②]

在众多提出申请的律所中，谁能够成为律师团的一员，谁能够担任该证券诉讼的首席律师？特拉华州法院并没有采纳律所代理的原告持有股份份额更大、直接成为首席律师的规则，[③]而是使用了“Hirt 规则”来考察，这些因素包括诉状的质量和律师的能力，以及他们获得起诉索赔所需的资源能力。[④]

## 二、中国的证券诉讼公益律师制度

目前我国风险代理制度无法适用于群体性事件。[⑤] 在中国特别代表人诉讼制度中，投服中心委托公益律师作为诉讼代理人，其特点如下。

第一，公益律师人数少、人力资源不足。在 3 年的支持诉讼实践中，投服中心形成了公益律师机制，现有公益证券法律服务专业律师 146 名，来自不同的律所。[⑥]

---

① 中国新闻周刊：《瑞幸能否甩锅？美证券律师像鲨鱼聚集　四处召集集体诉讼》，https://baijiahao.baidu.com/s? id=1664084620526376432&wfr=spider&for=pc，最后访问日期：2020 年 5 月 20 日。

② Jessica Erickson. The Market for Leadership in Corporate Litigation, *University of Illinois Law Review*, Vol. 4, 2015, pp.1479 - 1528.

③ TCW Tech. Ltd. v. Intermedia Commc'ns Inc., No. 18336, 2000 WL 1654504, at *4 (Del. Ch. Oct. 17, 2000).

④ Delaware Court of Chancery's 2002 decision in Hirt v. U. S. Timberlands Serv. Co., CIV. A. No. 19575, 2002 WL 1558342 (Del. Ch. July 9, 2002).

⑤ 《律师服务收费管理办法》12 条规定：“禁止刑事诉讼案件、行政诉讼案件、国家赔偿案件以及群体性诉讼案件实行风险代理收费。”

⑥ 《新证券法代表人诉讼制度成司法救济新渠道》，https://baijiahao.baidu.com/s?id=1654333899517366368&wfr=spider&for=pc，最后访问日期：2020 年 5 月 20 日。

面对复杂的证券诉讼，146 名公益律师只是兼职参与，所能投入的时间不足。证券诉讼需要的工作量大，来自不同律所的公益律师如何展开协作、沟通是否顺畅依然是问题。

第二，投服中心委托公益律师的程序没有明确规定。许多规则仍需要明确，例如公益律师库选拔机制；公益律师通常是律所合伙人，当证券欺诈案件发生时，是将其委托给一个律师，还是将其委托给多位律师；如果多位律师同时竞争，投服中心委托哪位律师作为公益律师，是否需要律师们展示自己的诉状和准备的证据，或者获得足够多原告的委托？投服中心如何与公益律师对接，是否需要建立报告检查制度，对公益律师履行职责情况进行监督；等等。

## 三、激励视角

根据美国经济研究协会经济咨询公司(NERA)的研究，在美国最近 10 年的和解案件中，和解金额在 500 万美元以下的案件，原告律师酬金与和解金额的比例的中位数为 33.8%；和解金额在 500 万—1 000 万美元的案件，原告律师酬金的占比中位数为 33.3%；和解金额在 1 000 万—2500 万美元的案件，原告律师酬金的占比中位数为 27.6%；和解金额在 5 亿—10 亿美元的案件，原告律师酬金的占比中位数为 17.8%。[①]

丰厚的胜诉酬金激励律所积极联系证券欺诈中受害的投资者提起诉讼，然而律师团内部就分工与报酬依然存在一些激励问题。

虽然特拉华州法院确立了集体诉讼首席律师及律师团的选拔规则，但是在实践中，各家律所能够获取的证据大同小异，能力高低难以判定，法院对律所的情况了解并不多，因此法院大多数时候选择将集体诉讼的律师团成员及首席律师交给律所协商确定，除非律所无法通过协商得出一致意见。[②] 律所争取到了首席律师的位子就相当于在集体诉讼中占据了领导权，因此竞争比较激烈。在律师团的代理过程中，可能出现了一些效率低下的情形。例如，执行委员会律师往往是竞争首席律师失败的律所，因此积极性较低，而首席律师却要支付其

① 美国国家经济研究协会经济咨询公司：《关于 2019 年美国证券集团诉讼最新趋势的报告》，https://www. nera. com/publications/archive/2020/recent-trends-in-securities-class-action-litigation--2019-full-y.html，最后访问日期：2020 年 5 月 20 日。

② Jessica Erickson. The Market for Leadership in Corporate Litigation. *University of Illinois Law Review*, 2015, pp.1479 - 1528.

20%的律师费，以换取其对自己的支持。[①] 同时，律师在成为律师团成员之后，就产生了搭便车的心理，相互推卸责任，倾向于花少量时间而获得其他律师收集证据、写出法律文书的成果，最终损害了原告的利益。

中国的证券诉讼公益律师制度存在以下激励问题。

第一，制度上的障碍使得在中国提起证券诉讼面临立案难、开庭难、判决难、调解难、执行难的情况。我国法律认定的证券欺诈行为包括虚假陈述、内幕交易和操纵证券市场。目前，最高法院只出台了关于审理证券市场因虚假陈述引发的民事赔偿案件的司法解释，内幕交易和操纵证券市场这两类证券欺诈行为的司法解释则迟迟未出台。18 位股民诉中核钛白操纵股价民事赔偿案败诉，法院给出的判决理由是：操纵证券市场行为与损害结果之间因果关系的确定以及行为人承担赔偿责任数额的范围、损失的计算方法，现行法律法规、司法解释均无明文规定，不能参照虚假陈述民事赔偿规定来处理。[②]

第二，公益律师没有酬劳。上市公司会高薪聘请律师团，利用实体上的虚假陈述、揭露日认定、程序上的管辖权异议来进行抗辩。对于专门的维权律师来说，打一个证券诉讼官司就非常不易，对公益律师来说更难坚持下去。

第三，索赔手续烦琐，审理耗时费精力，时间漫长。张远忠律师代理的黄光裕内幕交易民事维权案超过 5 年，其要先等待满足前置条件、投资者维权、立案，以及法院关于对方提出的管辖权异议的最终裁定。[③] 在美国，2001 年 1 月 1 日—2015 年 12 月 31 日提起的诉讼，有 80%的案件在 4 年内结案。14%的案件在 1 年内结案，28%的案件在 1—2 年内结案，23%的案件在 2—3 年内结案，高达 20%的案件结案周期超过 4 年。[④] 旷日持久的证券诉讼会让公益律师不堪重负。

两者相较，中国证券特别代表人诉讼中公益律师制度缺乏激励机制。

第一，证券诉讼不是简单的民事诉讼案件，而是标的额巨大、难度大、需要耗费律师大量时间精力的诉讼。美国律师提起证券诉讼的激励源于胜诉酬金的奖

---

① See, e.g., Oral Argument on Motions for Appointment of Co-Lead Plaintiffs, Co-Lead Counsel and Liaison Counsel and the Court's Ruling at 46, In re Power-One, Inc. Stockholder Litig., No. 8506-VCL (Del. Ch. June 4, 2013).

② 郭素凡：《中国资本市场民事维权缘何难》，《法治周末》2012 年 2 月 29 日，http://finance.sina.com.cn/review/mspl/20120229/095211479276.shtml，最后访问日期：2020 年 5 月 20 日。

③ 郭素凡：《中国资本市场民事维权缘何难》，《法治周末》2012 年 2 月 29 日，http://finance.sina.com.cn/review/mspl/20120229/095211479276.shtml，最后访问日期：2020 年 5 月 20 日。

④ 赖冠能、孙素香：《美国 2019 年证券集团诉讼最新趋势》，证券金融诉讼实务公众号，2020 年 2 月 10 日。

励，走到和解环节便能够得到和解金额的20%—30%的律师费。中国公益律师提起证券诉讼的激励仅源于公益心，不仅得不到报酬奖励，而且还要花费很多的金钱和时间。公益律师身份能够帮律师所在律所获得一些好的声誉，或许能起到一定的激励作用，但存在一个问题，即好的声誉能否马上转化为经济收入。

第二，更严重的问题是，公益律师在缺乏物质激励的情况下，是否依然能做到勤勉尽责、为代表的中小投资者尽最大努力进行诉讼是个疑问。即使存在热心公益的证券律师，调查取证、联系原告、案卷整理、雇用人手都需要花费大量的金钱，公益律师是否有足够的资源和能力对抗上市公司聘请的高薪律师团。

## 四、约束视角

美国的胜诉酬金律师制依赖首席原告（主要是机构投资者）对律师进行监督。然而，机构投资者缺乏专业知识，难以对律师进行严格的监督，律师费用高昂，引起了很多人呼吁法院更积极介入审查。

根据美国经济研究协会经济咨询公司（NERA）的研究报告，2018年证券集体诉讼的和解对于投资者损失的中位数比率为2.6%，这意味着在扣除律师费和诉讼费用之后，投资者实际上得到的报偿可能仅是实际损失的一小部分。[①] 美国证券诉讼在提交拟议的和解方案供司法审查时，律师还需提交一份裁决申请，注明支付律师费和诉讼费用。在绝大多数案件中，原告律师事务所为了确定其收费要求的合理性，还特别注明其律师处理案件的小时数乘以该地区律师常见的时薪，这种律师费计算方法称为“Lodestar”。法院对所要求的百分比费用进行合理性的“交叉检查”。[②] 律师们会预测法官对收费请求的反应，并采取行动。当他们请求的律师费可能看起来过多时，他们会包括Lodestar信息；当他们希望法官批准他们的请求，或者他们认为Lodestar对他们的诉讼没有帮助时，他们会省略这些信息。[③] 例如，Labaton Sucharow，LLP律师事务所在2016年对道富银行和信托公司提起的集体诉讼中获得了3亿美元的和解。法院判给这些公司大约7 500万美元的费用，法院下令对费用裁决进行调查。这项调查证实，原告律师重复计算了几名律师的工作时间。律所将处理此案的小时数夸大了

① 《瑞幸能否甩锅？美证券律师像鲨鱼聚集　四处召集集体诉讼》，https://baijiahao.baidu.com/s?id=1664084620526376432&wfr=spider&for=pc，最后访问日期：2020年5月20日。

② Third Circuit Task Force, Court Awarded Attorney Fees, 108 F.R.D. 237, 243 (1986).

③ Baker, Lynn, A. Is the Price Right? An Empirical Study of Fee-Setting in Securities Class Actions, *Columbia Law Review*, Vol. 115, 2015, pp.1371 - 1452.

9 322 小时，导致将律师费虚增 400 多万美元。[①]

在中国的公益律师制度中，投服中心作为特别代表人能够对公益律师进行怎样的约束没有明确规定。由于公益律师不收费，因此不需要考虑公益律师是否虚报了律师费用。但是投服中心仍然需要监督公益律师是否勤勉尽责。最高法院《关于证券纠纷代表人诉讼若干问题的规定》第 12 条将能否“忠实、勤勉地履行维护全体原告利益的职责”作为普通代表人诉讼中代表人资格条件之一。[②]然而，公益律师忠实、勤勉义务的规定却付之阙如。如果缺乏明确的约束制度，公益律师可能接了案子之后怠于履行职责，损害投资者的利益。

在美国的胜诉酬金律师制度下，律师自然会比较勤勉尽责，投资者要担忧的是其收取的律师费是否合理、是否存在欺骗虚报律师费的情况，这也是首席律师要进行监督的地方。律师费的计算要考虑 Lodestar 制度中时间计算、每小时费率是否合理，需要首席律师花费大量的时间、精力去了解专业知识，并进行谈判，同时律师费的计算也应设计上限。

在中国的公益律师制度下，投服中心监督律师是否真的勤勉尽责，而无需考虑律师费问题。让公益律师勤勉尽责又不给律师报酬，投服中心只能要求律师较低程度的勤勉尽责水平，从而给投资者带来的也是不利的影响。

## 第四节　中国特别代表人制度改进建议

由于激励约束机制的欠缺，可以预见的是，特别代表人制度在具体操作过程中未必可以达到立法的初始目的，对其进行改进也就成为必然。

### 一、对投服中心的改进建议

#### （一）激励制度设计

第一，投服中心是一个公共机构，其成员的考核晋升机制、薪酬制度需要与提起证券诉讼的数量、和解金额、赔偿金额等挂钩，激励其努力行使特别代表人

① See Special Master's Report and Recommendations, Arkansas Teacher Retirement System v. State Street Bank and Trust Co., No. 1: 11 - cv - 10230 (D. Mass. June 28, 2018), at 219.

② 最高人民法院《关于证券纠纷代表人诉讼若干问题的规定》第 12 条：代表人应当符合以下条件：（一）自愿担任代表人；（二）拥有相当比例的利益诉求份额；（三）本人或者其委托诉讼代理人具备一定的诉讼能力和专业经验；（四）能忠实、勤勉地履行维护全体原告利益的职责。

职责。

第二，投服中心的预算制度采用弹性预算制。投服中心提起的诉讼数量越多、为投资者争取到的赔偿金额越大，在下一年能够得到更多的预算收入。

### (二) 约束制度设计

虽然目前个人投资者在A股市场占据主导地位，但是机构投资者的占比稳步上升，2019年年底机构投资者的占比达到20.6%。[①] 随着机构投资者积极股东主义的成熟，持有最大股份的机构投资者可以成为原告委员会的代表人，为投服中心提供协助和建议，同时也起到监督作用。

对于投服中心发动集体诉讼的选择权，笔者认为，在投服中心发展的初始阶段，由于人力物力资源不足，必须把有限的公共财政资源投入到最有效的公共服务中去，可以赋予投服中心对案件适当的选择权。然而，随着投服中心制度不断完善，提起诉讼经验更加丰富，应当限制投服中心挑选案件的权利，让更多的案件经由投服中心起诉，使投服中心起到投资者维权利器的作用。

## 二、对公益律师制度的改进建议

### (一) 激励制度设计

第一，建立普通代表人诉讼律师与特别代表人诉讼律师之间的衔接机制，建议投服中心在普通代表人诉讼的委托律师中选任特别代表人诉讼的代理律师。在目前的制度设计中，律师组织最初发起代表人诉讼的10名投资人，普通代表人诉讼一旦转为特别代表人诉讼，案件就由投服中心接管。一旦投服中心介入，普通代表人诉讼转变为特别代表人诉讼，投资人原先聘请的、帮助他们提起普通代表人诉讼的律师就可能要退出，因为现在的规定是特别代表人诉讼要由投服中心的公益律师代理。在这种情况下，只有那些投服中心介入可能性不大的案件，才会有律师愿意出来帮投资人提起最初的诉讼。[②] 律师们担忧提起证券诉讼之后，投服中心的介入会导致案件代理权被转移给投服中心的公益律师，因此大大降低律师们提起诉讼的积极性。律师们不愿意“白费功夫”组织投资人提起诉讼。

然而，如果规定投服中心将在普通代表人诉讼中从投资者聘请的律师中，选

---

① 方星海：《中国股市有韧性去承受外部压力，机构投资者将发挥更大作用》，https://baijiahao.baidu.com/S?id=1656445316533672275&wfr=spider&for=pc，最后访问日期：2020年1月23日。

② 张巍：《雏形初已现，何时显峥嵘？——中式证券集团诉讼三问》，比较公司治理微信公众号，2020年8月1日。

定适格的律师作为特别代表人诉讼中的律师，将有利于激励律师组织投资者提起诉讼。同时，《关于证券纠纷代表人诉讼若干问题的规定》第 25 条指出，投资者可以请求败诉的被告承担合理的公告费、通知费、律师费等费用，本条规定为律师进入证券诉讼领域提供了空间。律师费的收取以及特别代表人诉讼律师选任机制将激励律师积极为投资者提起诉讼。

第二，适度引入胜诉酬金制度。有学者指出，对于这种具有"小额多数"特征的诉讼不集中代理，并采用风险代理收费是很难进行的，目前这种收费方式的合法性不确定。如果该问题能够早日解决，将有利于股东派生诉讼的提起。[①] 有业界人士提出，10％的胜诉酬金是比较合理、适当的；还可以参考最高人民法院关于破产管理人报酬的规定，实行律师收费比例累退制。胜诉酬金的比例可由法院进行审查并确认。[②]

笔者认为，应当在引入胜诉酬金制度的同时限制律师的过高收入。可以按照如下方式设计胜诉酬金制度。

第一，证券集体诉讼中的胜诉酬金占赔偿金额的比例应事先确定。投服中心在提出聘请律师事务所担任集体律师时，应向法院披露谈判费用协议的条款。

第二，法院应当介入审查。法院可以采用小时数乘以律师费率的方式进行交叉检验，避免律所要求过高的胜诉酬金。法院在任命代理律师之前应审查协商的费用条款，并批准这些条款，除非这些条款明显不合理或者不是公平谈判的结果。

第三，法院在诉讼结束后再对胜诉酬金进行审查。在诉讼结束并审查代理律师的费用裁决请求时，地区法院应适用先前商定的和批准的条款，除非情势变更使这些条款约定的律师费明显过高或不公平。

这一制度设计依据如下。

第一，对律师产生激励。在诉讼开始时，只有在原告和律师之间成立类似于合伙关系时才能激励律师最大化双方的共同利益。相反，如果在诉讼完结时再确定律师费，追讨的金额是已知的，这将加剧原告和律师之间的冲突，因为一方多分到钱，就意味着另一方就会少分到钱，此时双方更难达成律师费比例的分配方案。由于集体诉讼要求律师在时间和现金支出方面承担巨大的风险，胜诉酬

① 黄辉：《中国股东派生诉讼制度：实证研究及完善建议》，《人大法律评论》2014 年第 1 辑，第 232 页。

② 黄江东、施蕾：《中国版证券集团诉讼制度研究——以新〈证券法〉第 95 条第 3 款为分析对象》，《财经法学》2020 年第 3 期，第 124 页。

金约定比例的不确定性可能会使他们倾向于减少努力。律师费用约定的不确定性会使得律师担心自己付出成本过大，不敢冒太大的风险，因此会降低勤勉程度，损害集体成员的利益。[①]

第二，避免事后偏见及法官的随意性。后见之明偏差是人类推理中的一个缺陷，它会导致知道实际结果的人错误估计事前的风险。[②] 在计算胜诉酬金时候，律师面对的案件越复杂、风险越大，胜诉酬金比例越高。当胜诉酬金在事后设定时，所有诉讼风险、案件证据事实的结果都是已知的，事后偏差很有可能使法官低估诉讼中可能会面临的风险。[③] 事前的谈判使证券欺诈集体诉讼中设定律师费的过程更加透明，在现行的市场费率下确定费用而不是根据个别法官的直觉和偏好。

（二）约束制度设计

第一，加强信息披露。通过有效的制度安排例如信息披露制度来避免消极现象。对于代理律师及所在的律师事务所，投服中心在签订风险代理合同时，应该通过律师所接受的专业教育程度、从业年限、获得资格证的情况、以往证券诉讼业绩以及律师事务所的规格等外部信息对对方作出客观评价。律师事务所应当对法律服务明码标价，公示律师服务收费项目、收费标准和收费方式，接受投资者的监督。在履约过程中，律师应向投服中心及投资者及时汇报代理活动的进展情况。

第二，对律师担保成本。从理论上讲，如果监督成本过高，代理人的最优策略是通过某种形式的担保让委托人确信，即使缺乏有效的监督，代理人也能忠实履行对委托人所负的义务。在确保代理人忠实履行委托义务的各种措施中，律师执业行为规范与律师声誉是两种行之有效的担保措施，能够在一定程度上确保代理律师遵守其忠实义务。[④] 因此，应当建立证券诉讼的律师职业行为规范，将其代理律师的不良行为报告给有权机关并进行处理。此外，建立律师声誉惩戒制度与信用评级制度，惩罚违法违规的律师，并鼓励律师维持良好声誉。信用与声誉应成为投服中心委托律师时需要重点考虑的因素。

---

① Lynn A. Baker, Michael A. Perino & Charles Silver. Is the Price Right? An Empirical Study of Fee-Setting in Securities Class Actions, *Columbia Law Review*, Vol. 115, No. 6, 2015, pp.1371－1452.

② Cass R. Sustein, Christine Jolls & Richard H. Thaler. A Behavioral Approach to Law and Economics, *Stanford Law Review*, Vol. 50, 1998, pp.1471, 1523.

③ Singleton v. Domino's Pizza, LLC, 976 F. Supp.2d 665, 683 (D. Md. 2013).

④ Samuel Issacharoff. Litigation Funding and the Problem of Agency Cost in Representative Actions, *DePaul Law Review*, Vol. 63, 2014, p.565.

第三,设置律师胜诉酬金收费的比例上限。这可以保证对律师的代理行为有所约束,使投资者能够通过诉讼获得最大的利益,以回归股东诉讼制度的本源。

# 第十五章

# 注册制改革背景下中介机构勤勉尽责责任之研究

## ——“看门人”理论的中国版本和不足*

在2020年3月1日正式实施的新《证券法》中，立法者全面赋予注册制合法地位，标志着资本市场证券发行核准制的取消和注册制的全面推行实施。① 同时，2020年作为科创板推出后平稳运行的首个完整年度，目前共有215家企业在科创板成功上市，总市值达3.49万亿元。其中，2020年成功IPO(Initial Public Offerings)达145家，②累计融资共计2 226.22亿元。③ 作为资本市场改革“试验田”，科创板的上市包容性、品牌示范性和行业引领性已显现。2020年4月27日，在审议通过的《创业板改革并试点注册制总体实施方案》中指出：“推进创业板改革并试点注册制，是深化资本市场改革、完善资本市场基础制度、提升资本市场功能的重要安排。”④在深交所创业板实行注册制是全面贯彻落实新《证券法》的具体体现，是推进资本要素市场化配置的重要措施，是为全市场推行注册制改革积累经验。⑤ 这些措施标志着我国资本市场改革已经正式进入攻坚阶段，为建设规范透明的资本市场增加活力和韧性。

---

* 本章作者：沈伟、沈平生。

① 《科创板一周年：破冰、疾进、共赢》，https://finance.sina.cn/fund/jjgdxw/2020-07-28/detail-iivhvpwx7823789.d.html，最后访问日期：2020年7月28日。

② 股票首次公开发行(Initial Public Offerings, IPO)，是指拟上市公司首次在证券市场公开发行股票募集资金并上市的行为。通过IPO，发行人不仅募集到所需资金，而且对以募集方式设立股份有限公司的单位完成公司的设立，对已经设立的股份有限公司实现股票公开发行。郑波：《IPO审计问题研究》，辽宁大学出版社2018年版，第1页。

③ 《科创板2020年榜单全面揭晓！IPO成功闯关145家》，https://finance.ifeng.com/c/82gIxkX0PFb，最后访问日期：2021年1月2日。

④ 《习近平主持召开中央全面深化改革委员会第十三次会议》，http://www.scio.gov.cn/tt/xjp/Document/1678113/1678113.htm，最后访问日期：2020年4月27日。

⑤ 《创业板改革并试点注册制介绍》，http://investor.szse.cn/gemcolumn/introduce/t20200601_577925.html，最后访问日期：2020年6月1日。

# 第一节　挑战：注册制改革下中介机构的角色转型与问题

## 一、注册制改革下中介机构的角色转型

我国资本市场历经额度制、审批制、核准制再到注册制的变迁历程。1998年《证券法》第10条规定，公司上市证券发行业务需要报经监督机构审批，[①]确立了核准制在我国资本市场近30年的基础地位。核准制(substantive regulation)是指由法律明文规定发行所需要的实质性条件，在发行证券准备中，发行人须证明其具备实质条件，以公开文件的形式向监管机构申报，经监管机构审核确认发行人具备实质条件后，发行人才能获得允许公开发行证券。[②] 在核准制下，除了审查发行人所提交文件的形式性、完整性、准确性以外，监管机构还需要对信息中的实质内容加以审查。核准制背后的理论依据是硬父爱主义(hard paternalism)和准则主义(doctrine of standardization)。硬父爱主义，即管理人(或监管者)从保护当事人不受伤害、增加当事人利益的善意角度出发，罔顾当事人想法，以个人主观意志限制其自由的行为。[③] 准则主义则以社会安全和公共利益为本位，以严苛的制度约束排斥投资者的合理选择和发行人的自由。[④] 核准制的背后折射出政府"维护秩序"和"怀疑市场"的监管理念。由于证监会掌握股票发行的权力，市场主体过度依赖监管机构，使投资者丧失了自主判断投资价值和自担风险的能力，而监管机构承担了过多责任和压力，导致本应履行"看门人"职能的中介机构不断被边缘化。最突出的问题是，核准制人为提高了准入门槛，但又不能真正预防劣质公司上市。通过材料造假、权力寻租等方式突破监管的个案较多。[⑤]

---

① 1998年《证券法》第10条规定："公开发行证券，必须符合法律、行政法规规定的条件，并依法报经国务院证券监督管理机构或者国务院授权的部门核准或者审批；未经依法核准或者审批，任何单位和个人不得向社会公开发行证券。"

② 陈甦：《证券法专题研究》，高等教育出版社2006年版，第63页。

③ 父爱主义(Paternalism)是指像父亲那样对待孩子的行为方式。有学者观点将法律父爱主义分为软(soft)父爱主义和硬(hard)父爱主义。参见孙笑侠、郭春镇：《法律父爱主义在中国的适用》，《中国社会科学》2006年第1期，第48页。

④ 万国华：《证券前沿问题研究》，天津人民出版社2002年版，第72页。

⑤ 张新、朱武祥：《证券监管的经济学分析》，上海三联书店2008年版，第161页。

新《证券法》第 9 条确立了证券发行注册制的合法地位。[①] 注册制是指证券发行人依照法律规定，将证券发行的必要信息和资料制作成正式法律文件予以披露，并提交证券监管部门审查，而证券监管部门对文件真实性、准确性、完整性和及时性进行形式意义上的审查，即并不强制要求企业为高质量企业，只要证券发行人的申请信息披露齐全，即可获准注册上市。[②] 注册制以公开主义、披露哲学(disclosure philosophy)为理论依据，[③]以信息披露为关键，由市场主体对发行人的资产负债结构、盈利能力、投资价值做出判断。[④] 与核准制相比，注册制能够减轻监管机构的负担，提高监管效率，促使投资者提高投资判断能力，[⑤]同时减少资源损耗，提高证券市场的有效性。[⑥]

新《证券法》助推资本市场进入法治新阶段，监管部门、证券交易所、中介机构等各方主体角色和职能将面临洗牌和重构，监管者也将进一步从事前向事中、事后转移。[⑦] 证监会发布的相关文件显示，[⑧]证监会事前实质审核权力进一步"隐退"，并不直接参与发行上市审核，而是根据要点监督交易所审核工作，成为纯粹的执法机关。交易所负责发行人注册工作，以发行人、中介机构提供的信息披露文件为基础，审查申请文件的真实性、准确性、合规性、连贯性，并通过公开问询的方式接受市场监督。承担审查、核验、监督发行人信息披露和保证拟发行证券品质义务的中介机构责任得到重构和细化，进一步凸显"看门人"功能：首先，在新《证券法》第 160 条中，律师事务所被正式纳入证券服务机构，[⑨]中介机

---

① 《证券法》(2020 年)第 9 条规定："公开发行证券，必须符合法律、行政法规规定的条件，并依法报经国务院证券监督管理机构或者国务院授权的部门注册。未经依法注册，任何单位和个人不得公开发行证券。"

② 田利辉：《中国金融变革和市场全景(南开金融发展报告)》，南开大学出版社 2018 年版，第 135 页。

③ 李燕、杨淦：《美国法上的 IPO"注册制"：起源、构造与论争——兼论我国注册制改革的移植与创生》，《比较法研究》2014 年第 6 期，第 32 页。

④ 冷静：《注册制下发行审核监管的分权调整》，《法学评论》2016 年第 1 期，第 172 页。

⑤ 顾连书、王宏利、王海霞：《我国新股发行审核由核准制向注册制转型的路径选择》，《中央财经大学学报》2012 年第 11 期，第 48 页。

⑥ 刘黎明：《证券法学》，北京大学出版社 2006 年版，第 48 页。

⑦ 郭霁：《抓实"关键少数"　强化中介职责》，《证券日报》2020 年 4 月 29 日，第 A03 版。

⑧ 例如，《科创板首次公开发行股票注册管理办法(试行)》第 23 条规定："中国证监会收到交易所报送的审核意见、发行人注册申请文件及相关审核资料后，履行发行注册程序。发行注册主要关注交易所发行上市审核内容有无遗漏，审核程序是否符合规定，以及发行人在发行条件和信息披露要求的重大方面是否符合相关规定。中国证监会认为存在需要进一步说明或者落实事项的，可以要求交易所进一步问询。中国证监会认为交易所对影响发行条件的重大事项未予关注或者交易所的审核意见依据明显不充分的，可以退回交易所补充审核。交易所补充审核后，同意发行人股票公开发行并上市的，重新向中国证监会报送审核意见及相关资料，本办法第二十四条规定的注册期限重新计算。"同样规定参见《创业板首次公开发行股票注册管理办法》第 18、19 条。

⑨ 《证券法》(2020 年)第 160 条："会计师事务所、律师事务所以及从事证券投资咨询、资产评估、资信评级、财务顾问、信息技术系统服务的证券服务机构。"

构未勤勉尽责的，行政处罚幅度也得以强化，从原来最高业务收入5倍的罚款提升至10倍；①其次，逐步明确中介机构职责配置分工，不再要求中介机构承担连带责任，而是对专业范围内的文件承担责任；再次，通过设置问询审核制度，确保中介机构持续审慎核查发行人真实情况，对从业人员业务能力和风险控制水平提出更高、更严的要求。如此转变之下，监管机构通过严格的事中、事后监管，促使中介机构更主动、更尽责地扮演好“看门人”的角色。

## 二、注册制改革下遗留的相关问题

虽然推行注册制下在明确中介机构责任上取得了显著进步，但实际上依然存在亟待完善的部分。回溯改革历史进程，证监会在2003年时首次确立并实施保荐人制度，②规定新股发行需要获得在证监会注册、获取保荐机构资格的证券公司推荐。③ 此后我国证券市场便长期形成了“保荐人牵头、其他机构辅助”的基本模式。然而在课以保荐人沉重责任的同时，也导致中介机构责任划分边界不清、比重失衡、注意义务判断标准界定困难以及免责标准不清等深刻问题。具体而言，中介机构之间存在的问题如下。

第一，注意义务区分标准不明晰，解释范围过宽过大，实践中缺少可操作标准。根据相关规定，证券服务机构应审慎履行职责，对与其专业职责有关的内容和文件负责，对专业领域范围内的事项履行特别注意义务，对专业范围外的业务事项履行一般注意义务。然而，相关法律文件未明确解释“特别注意义务”和“一般注意义务”的具体内涵。④ 即使在证监会发布的最新征求意见通知中，也依然未能清晰解释和区分注意义务。⑤ 对“一般注意义务”“特别注意义务”不同角度

---

① 《证券法》(2020年)第182条规定：“保荐人出具有虚假记载、误导性陈述或者重大遗漏的保荐书，或者不履行其他法定职责的，责令改正，给予警告，没收业务收入，并处以业务收入一倍以上十倍以下的罚款。”

② 保荐人制度是指有资格的保荐人推荐符合条件的公司公开发行和上市证券对所推荐的发行人披露的信息质量和所作承诺，提供审慎核查、持续训示、督促、辅导、指导和信用担保的制度。王林清：《证券法理论与司法适用》，北京大学出版社2008年版，第157页。

③ 2003年《证券发行上市保荐制度暂行办法》第2条规定：“本办法适用于股份有限公司首次公开发行股票和上市公司发行新股、可转换公司债券；”第3条规定：“证券经营机构履行保荐职责，应当依照本办法的规定注册登记为保荐机构。”

④ 《科创板首次公开发行股票注册管理办法(试行)》第7条规定：“证券服务机构应当严格按照依法制定的业务规则和行业自律规范，审慎履行职责，作出专业判断与认定，并对招股说明书中与其专业职责有关的内容及其所出具的文件的真实性、准确性、完整性负责。证券服务机构及其相关执业人员应当对与本专业相关的业务事项履行特别注意义务，对其他业务事项履行普通注意义务，并承担相应法律责任。”在《创业板首次公开发行股票注册管理办法(试行)》第8条中同样有相关规定。

⑤ 《公司债券发行与交易管理办法(征求意见稿)》第50条规定：“证券服务机构及其相关执业人员应当对与本专业相关的业务事项履行特别注意义务，对其他业务事项履行普通注意义务，并承担相应法律责任。”与科创板和创业板相关文件的条文相比，并无进步之处。

和意义上的解读，在以往实践中也引发了证券中介机构与监管部门对簿公堂的僵局。例如，在欣泰电气欺诈发行案中，证监会认为，东易律师事务所“工作底稿中保存的询证函、承诺函、访谈纪要等，大多数直接取自兴业证券”，东易律师事务所未核查验证其他中介机构所出具的工作底稿资料，程序必要环节缺失，未尽到一般注意义务。[①] 而东易律师事务所则认为，欣泰电气案主要焦点集中在财务问题(即欣泰电气通过外部借款来虚构应收账款等)，而律师事务所无需对财务问题进行查验，东易律师事务所已尽到一般注意义务。如果注册制改革中保荐机构与其他中介机构的职责分工、各中介机构的核查标准仍不明确，上述争议仍会存在，并有可能引发中介机构与证监会、各中介机构之间的诉讼等一系列问题。[②]

第二，不同注意义务下责任承担不明，缺失免责标准。新《证券法》规定了归责原则为过错推定原则，[③]然而未明确免责标准的具体情形。实践中，专业文书相互引用、相互担保情形比比皆是，中介机构职责混杂难以区分，免责标准的缺失引发众多法律问题和案例。例如，信达证券主张“相关材料引用会计师的存货盘点文件，但未对文件进行审慎核查和独立判断。”[④]在行政处罚听证期间，金元证券也提出“其他同行中介机构提供虚假材料进而误导判断”的申辩意见。[⑤] 由于各专业机构受制于各专业领域不同和能力局限，各类文书相互引用的情形不可避免。然而目前注册制改革并没有明确免责标准和责任分配，从而在事后判断不同中介机构是否达到勤勉尽责标准时，难以判断其是否构成“过失”，造成责任承担上语焉不详的尴尬境地。

如何通过制度设计保证中介机构切实承担起“看门人”职责、发挥勤勉尽责责任是本章的中心主题。本章以相关法律规范、科创板和创业板注册制改革文件为基础，以中介机构各自的专业属性与职能范围为中心，划分不同中介机构对应的注意义务，对一般与特别注意义务的界限进行细化，并根据注意义务不同提

---

① 参见《中国证监会行政处罚决定书(北京市东易律师事务所、郭立军、陈燕殊)》(〔2017〕70号)。

② 夏东霞、范晓：《科创板注册制背景下对中介机构“看门人”角色的再思考》，《财经法学》2019年第3期，第136页。

③ 《证券法》(2020年)第85条规定：“信息披露义务人未按照规定披露信息，或者公告的证券发行文件、定期报告、临时报告及其他信息披露资料存在虚假记载、误导性陈述或者重大遗漏，致使投资者在证券交易中遭受损失的，信息披露义务人应当承担赔偿责任；发行人的控股股东、实际控制人、董事、监事、高级管理人员和其他直接责任人员以及保荐人、承销的证券公司及其直接责任人员，应当与发行人承担连带赔偿责任，但是能够证明自己没有过错的除外；”第163条规定：“其制作、出具的文件有虚假记载、误导性陈述或者重大遗漏，给他人造成损失的，应当与委托人承担连带赔偿责任，但是能够证明自己没有过错的除外。”

④ 《中国证监会行政处罚决定书(信达证券股份有限公司、寻源、李文涛)》(〔2016〕109号)。

⑤ 《中国证监会行政处罚决定书(金元证券股份有限公司、陈绵飞、李喜)》(〔2019〕70号)。

出免责标准。[①] 通过借鉴域外中介机构责任划分模式，厘清我国中介机构勤勉尽责责任体系的思路。

## 第二节　澄清：勤勉尽责责任体系的具体内涵

近期一系列法律修订和制度变革，在不断扩大证券中介机构职责范围的同时也压实了所负担的法律责任。而在构建中介机构勤勉尽责责任体系之前，有必要对相关理论及主体概念进行明晰。

### 一、相关概念词义及范围明晰

#### (一) 看门人

何为看门人？这一术语由来已久，并广泛应用于各个社会科学领域。由于各个学科研究内容和价值导向的差异，因此应当把看门人限缩在公司法领域。在公司法领域中，看门人具体含义为："通过担保或抵押在证券市场长期运行积累起来的声誉资本，向投资者保证发行人或上市公司拟发行证券品质的中介机构。"[②]必须承认，证券发行人天然逐利的本性决定其在上市过程中会选择部分隐瞒甚至错误披露信息，通过虚构公司资产以做高市场评估价值。为了阻止发行人欺诈、保护投资者，各国证券立法均对中介机构施以外部职责规范，并规定了相应责任。[③] 作为第三方执行机制，中介机构往往扮演以下角色：① 阻止市场交易中的不当行为。中介机构对证券发行享有准入权，一旦对瑕疵交易行使否决权，发行人则无法顺利进入资本市场；[④]② 以"职业声誉"作为担保，凭借专业知识和技能调查审核发行人的真实情况，向投资者保证拟发行证券符合质量标准，确保投资风险。作为证券市场"重复博弈者"，看门人在长期经营和服务

---

① 张文越：《科创板中介机构勤勉尽责责任研究——基于注意义务之区分》，《浙江金融》2019 年第 10 期，第 42 页。

② John C. Coffee Jr. Understanding Enron: It's about the Gatekeepers, Stupid, *Business Lawyer (ABA)*, Vol. 57, No.4, 2002, p.1405.

③ 郭雳：《证券律师的行业发展与制度规范》，法律出版社 2013 年版，第 64 页。

④ 例如，承销商发现证券发行人信息披露存在严重不足，可以拒绝承销；同样，如果审计师或律师发现客户财务报表或者信息披露存在重大问题，可以拒绝出具相关专业意见，由于这些意见是交易的必要条件，最终会阻止交易的完成。［美］约翰・C.科菲：《看门人机制：市场中介与公司治理》，黄辉、王长河等译，北京大学出版社 2011 年版，第 2 页。

中，凭借专业素质获取发行人信赖，通过自由竞争在同业间形成声誉等级差别，进而积累起声誉资本。中介机构正是以声誉资本作为保障，说服投资者信赖发行人信息披露的真实性和证券发行质量。[①] 例如在IPO项目中，发行人所出具的财务报表需要经受会计师事务所、律师事务所等中介机构层层审查核验，相关证券评级机构也会对其所出具的数据进行审核客观评级，确保上市公司所出具的各项资料保持真实性。③ 分担监管职责，构建事前、事中、事后多重监管。在资本市场中，中介机构扮演着监管部门得力助手的角色，不仅在事前对拟发行上市的公司承担辅导上市、完善合规体系的任务，在事后当发现不当行为时，也要及时披露并发起调查，对不当行为进行报告和补救。[②] 独立公正的中介机构能够降低市场中信息不对称程度，有效减少市场上的逆向选择和道德风险。[③]

(二)"勤勉尽责"和注意义务

中介机构需承担的"勤勉尽责"义务，由英美法系下信托制度中所提出的信义义务发展而来，主要内容是受托人为委托人利益服务时，在履行过程中所应有的谨慎态度和注意义务。[④] 对于勤勉尽责的认定可以从两个角度出发：从主观标准来看，受托人在履行义务时应当保证个人诚实勤勉、谨慎尽职，运用自己的能力和经验完成事务；而从客观标准来看，受托人仅要求在较高程度上去履行个人职责，并未要求达到完美无瑕的程度，如果能力要求超出常理，则能力欠缺可作为免责事由。[⑤]

在证券交易中，证券中介机构所担负的"勤勉尽责"义务来源除了发行人委托、职业道德之外，主要来自法律规定。除了《证券法》进行原则性规定，上海证券交易所和深圳证券交易所(以下合称为沪深交易所)在对科创板、创业板的改革中，将对专业机构出具文件的要求深化为"一般注意义务"和"特别注意义务"。然而注意义务范围过于宽广且标准模糊，在缺少官方定义的情况下，我们可以借鉴民法学者对注意义务的研究。相关学者曾经以行为人的职业特性为标准，将注意义务分为普通注意义务和高度注意义务(与"一般""特别"之分并无实质差异，仅称谓不同，以下统称为"一般"和"特别")。一般注意义务指以社会普通人为标准应有的义务，

---

① [美] 约翰·C.科菲：《看门人机制：市场中介与公司治理》，黄辉、王长河等译，北京大学出版社2011年版，第3页。

② Arthur B. Laby. Differentiating Gatekeepers, *Brooklyn Journal of Corporate, Financial & Commercial Law*, Vol. 1, No. 1, 2006, p.123.

③ 席龙胜：《内部控制信息披露管制研究》，中国经济出版社2016年版，第191页。

④ 刘志云、龙稳全：《论完善投资银行勤勉义务规制的路径选择》，《南京大学学报(哲学·人文科学·社会科学)》2018年第6期，第136页。

⑤ 陈承、高炳巡：《法律尽职调查中律师勤勉尽责义务界定探析》，《哈尔滨学院学报》2015年第7期，第56页。

而特别注意义务则是指特定的职业人员(即“专家”,例如通常意义上的高薪行业,包括律师、医生和注册会计师等)所应具有的注意义务。[①] 对于特别注意义务,应当以善良管理人的注意水平为标准,即“具有相当知识和经验的人对于一定事件的所应有的注意,并同时加以客观认定的标准”。[②] 具体来说,这种标准应取中等资质和能力从业人为标准(a reasonably competent practitioner),既高于行业初学者的专业水平,又低于行业内顶尖人才的专业水准。[③]

### (三) 证券中介机构

作为证券发行者和证券投资者之间沟通和交易的桥梁,证券中介机构(另称为证券服务机构)是为证券发行、交易提供服务的各类机构。[④] 通常在广义范围上,证券中介机构包括证券承销商、证券经纪商以及会计师事务所、律师事务所、资产评估机构、证券评级机构等。[⑤] 而根据新《证券法》对相关证券中介机构提及频率的高低,证监会、沪深交易所发布的相关法律文件规定,以及考虑到其他中介机构在 IPO 过程中承担的职责和责任相对边缘和独立,[⑥]我们可以对涉及注册制改革的中介机构范围进行缩小,即狭义上的证券中介机构为保荐机构(即证券公司)、律师事务所及会计师事务所。保荐机构在我国往往由证券公司担任,是为公司上市申请承担推荐、培训、核查等职责,向投资者担保上市公司信息披露的真实性、完整性等的证券公司。会计师及会计师事务所是接受委托从事审计和会计咨询、会计服务的持证执业人员及组成机构。律师及律师事务所(限于证券律师)是指为发行和交易证券的公司所涉及的证券业务出具相关法律意见书,制作、修改、审查相关法律文件的专职律师及组成机构。[⑦]

## 二、勤勉尽责责任的具体内涵

### (一) 一般性职责要求

只有当证券中介机构履职违反法律规定,才能认定其未尽勤勉尽责义务,因此应当从相关法律规范入手,寻找证券中介机构恪守“勤勉尽责”的依据。新《证

① 屈茂辉:《论民法上的注意义务》,《北方法学》2007 年第 1 期,第 29 页。
② 晏宗武:《论民法上的注意义务》,《法学杂志》2006 年第 4 期,第 146 页。
③ 刘燕:《“专家责任”若干基本概念质疑》,《比较法研究》2005 年第 5 期,第 143 页。
④ 赵武:《证券投资理论与实务》,西安电子科技大学出版社 2012 年版,第 7 页。
⑤ 曹建元:《证券投资学》(第 2 版),上海财经大学出版社 2016 年版,第 102 页。
⑥ 郭雳、李逸斯:《IPO 中各中介机构的职责分配探析——从欣泰电气案议起》,《证券法苑》2017 年第 5 期,第 10—11 页。
⑦ 袁爱平:《金融证券律师非诉讼业务》,吉林人民出版社 1998 年版,第 72 页。

券法》第10、130条规定了保荐人(即证券公司)的勤勉尽责、诚实守信责任,第160、163条规定了其他证券服务机构(会计师事务所、律师事务所等)的勤勉尽责、恪尽职守责任。证监会、沪深交易所也在各自颁布的部门规章和业务规则中不断重申新《证券法》的立法精神,[①]这等于是为中介机构履行职责指明应当坚持的方向。这些规定明确证券中介机构的基本义务是配合沪深交易所的自律管理,在规定时间里及时提交、报送、披露信息资料,对各专业机构制作、出具的文件负责,[②]不得有虚假记载、误导性陈述或者重大遗漏。此外,还应当保存好相关工作底稿和客户委托文件,核查和验证所出具文件依据的原始资料,保证一手引用的原始资料同样满足真实性、准确性、完整性的要求。[③] 从上述相关规定看,对所公布专业文件的高品格、高质量负责,并且保存、核查和妥善验证原始资料,是对证券中介机构所提出的基本要求。

此外,除了在公司上市前需做出专业意见说明,中介机构还担负有持续审慎、尽职调查的职责。在注册制改革中,主要亮点之一就是发行及上市审核问询机制。[④] 与核准制不同,审核问询机制更强调发行人在信息披露中的第一责任和中介机构的审慎核查责任。[⑤] 例如在科创板下,通过层层问答的方式,对披露信息存疑之处重点问询,问答内容集中在是否符合科创属性、发行上市条件、财务瑕疵等实质性要点,直到发行人能提供合理的理由和依据消除合理怀疑。[⑥]

---

① 例如证监会2020年修正的《科创板首次公开发行股票注册管理办法》的第6条提出,“保荐人应当诚实守信,勤勉尽责。”第7条提出,“证券服务机构应当严格按照依法制定的业务规则和行业自律规范,审慎履行职责”。在《创业板首次公开发行股票注册管理办法》中,同样分别通过第7、8条对保荐人和其他证券服务机构提出勤勉尽责的要求。

② 根据《公开发行证券的公司信息披露内容与格式准则第29号——首次公开发行股票并在创业板上市申请文件(2020年修订)》申请文件附录规定,首次公开发行股票需要的具体文件有:① 会计师:盈利预测报告及审核报告、财务报表及审计报告、内部控制鉴证报告、经注册会计师鉴证的非经常性损益明细表等;② 发行人律师:法律意见书、律师工作报告、相关鉴证意见等;③ 保荐人:关于发行人符合创业板定位要求的专项意见、发行保荐书、上市保荐书、保荐工作报告等。

③ 例如在《上海证券交易所科创板股票发行上市审核规则》第31条第3—4款规定:“证券服务机构及其相关人员从事证券服务业务应当配合本所的自律管理,在规定的期限内提供、报送或披露相关资料、信息,并保证其提供、报送或披露的资料、信息真实、准确、完整,不得有虚假记载、误导性陈述或者重大遗漏。证券服务机构应当妥善保存客户委托文件、核查和验证资料、工作底稿以及与质量控制、内部管理、业务经营有关的信息和资料。”

④ 根据《科创板首次公开发行股票注册管理办法(试行)》第19条规定:“交易所设立独立的审核部门,负责审核发行人公开发行并上市申请;设立科技创新咨询委员会,负责为科创板建设和发行上市审核提供专业咨询和政策建议;设立科创板股票上市委员会,负责对审核部门出具的审核报告和发行人的申请文件提出审议意见。交易所主要通过向发行人提出审核问询、发行人回答问题方式开展审核工作,基于科创板定位,判断发行人是否符合发行条件、上市条件和信息披露要求。”问询制度经验同样在创业板改革中得以吸收,具体可参见《创业板首次公开发行股票注册管理办法(试行)》第18条。

⑤ 盘和林:《问询式监管确保科创板信息披露真实有效》,《证券日报》2019年4月27日,第A03版。

⑥ 李有星、潘政:《科创板发行上市审核制度变革的法律逻辑》,《财经法学》2019年第4期,第88页。

如此对证券质量和投资价值便设置相应门槛。另外，在审核问询过程中，科技创新咨询委员会作为交易所专家咨询机构，也会在审核过程中给出专业咨询意见，具体包括科创板及发行人定位、交易所规则制定、发行人业务与技术问题、国内外相关技术最新发展动态等。[①] 审核问询机制将发挥相关职能机构和权威专家的作用，对申报上市的企业从专业角度进行审核，通过询问和申报企业及中介机构的答复来推动企业和中介机构更充分地披露信息，让投资者放心投资。在创业板下，同样需要经过时间总计不超过 3 个月的审核问询。深交所主要关注发行人评估是否客观、保荐人推荐是否合理，并针对发行人是否符合创业板定位向行业咨询专家库中的专家提出咨询。[②] 在问询机制下，中介机构毫无疑问会更加关注发行人的公司运作情况，进而弥补过去书面材料容易伪造、无法体现发行人真实运作情况的弊端。此外，当重大不当行为发生时，保荐人及证券服务机构会将可能影响发行人发行及针对上市条件的潜在风险及时出具意见说明，并上报给监管机构。

### （二）专业性职责要求

新《证券法》规定了证券中介机构所应当承担的基本职责要求。而根据证券市场不同中介机构的专业领域划分和职责要求的不同，以及证监会及沪深交易所发布的相关规定对中介职责的细化，保荐人、会计师和律师事务所应承担的专业性职责要求如表 15－1 所示。

**表 15－1　不同机构承担职责的法律依据及内容**

| 机构类型 | 主要法律依据 | 主要责任 |
| --- | --- | --- |
| 保荐人及保荐机构 | 《证券发行上市保荐业务管理办法》《证券发行与承销管理办法》《保荐人尽职调查工作准则》等[③] | （1）会计合规双重审核。“保荐人牵头责任模式”下，保荐人不仅要对发行人经营情况和风险进行全面核查验证，对发行人是否符合发行条 |

① 《上海证券交易所科技创新咨询委员会工作规则》第 9 条规定：“咨询委员会就下列事项提供咨询意见：（一）本所科创板的定位以及发行人是否具备科技创新属性、符合科创板定位；（二）本所《科创板企业上市推荐指引》等相关规则的制定；（三）发行上市申请文件中与发行人业务和技术相关的问题；（四）国内外科技创新及产业化应用的发展动态；（五）本所根据工作需要提请咨询的其他事项。”

② 《创业板注册制来了！首轮问询交易所重点关注什么？》，https://baijiahao.baidu.com/s?id=1670270096901341674&wfr=spider&for=pc，最后访问日期：2020 年 6 月 23 日。

③ 在对兴业证券股份有限公司的行政处罚中，除了引用《证券法》（2014 年修正版）第 31、191、192 条外，主要依据包括《证券发行上市保荐业务管理办法》第 4、24、29、30 条和《保荐人尽职调查工作准则》第 2、4、6、41、46、50、51 条的规定。参见中国证监会行政处罚决定书（兴业证券股份有限公司、兰翔、伍文祥）（〔2016〕91 号）。

续 表

| 机构类型 | 主要法律依据 | 主要责任 |
|---|---|---|
| 保荐人及保荐机构 | | 件、上市条件独立作出专业审慎的判断，而且还要对发行人可能发生的法律问题(例如特别表决权股份安排以及特殊人员锁定期安排等)发表专业意见<br>(2) 核查验证文件。保荐人对发行上市申请文件进行全面核查验证，对招股说明书及其他中介机构所出具的相关文件的真实性、准确性、完整性负责①<br>(3) 定位判断。在科创板(创业板)下，保荐人须对发行人是否符合科创板(创业板)定位做出专业判断，并在完成尽职调查后出具关于是否符合定位要求的专项意见，并在该《专项意见》中披露相关核查过程、依据和结论。科创板和创业板都不约而同地对拟上市公司提出“拥有核心技术、科技创新能力突出、符合高新技术和战略性新兴产业”的定位要求②<br>(4) 持续督导。保荐人在发行人成功于科创板(创业板)上市后，还有3个完整会计年度的持续督导义务，督导上市公司建立健全信息披露制度，风险内部控制制度，以及审阅信息披露及其他相关重要文件等③ |

① 《科创板首次公开发行股票注册管理办法(试行)》第6条规定：“保荐人应当诚实守信，勤勉尽责，按照依法制定的业务规则和行业自律规范的要求，充分了解发行人经营情况和风险，对注册申请文件和信息披露资料进行全面核查验证，对发行人是否符合发行条件、上市条件独立作出专业判断，审慎作出推荐决定，并对招股说明书及其所出具的相关文件的真实性、准确性、完整性负责。”在《创业板首次公开发行股票注册管理办法(试行)》第7条中同样有此规定。

② 例如在《上海证券交易所科创板企业上市推荐指引》中，第6条规定：“保荐机构应当准确把握科技创新的发展趋势，重点推荐下列领域的科技创新企业”；《深圳证券交易所创业板企业发行上市申报及推荐暂行规定》第3条规定：“支持和鼓励符合创业板定位的创新创业企业申报在创业板发行上市。保荐人应当顺应国家经济发展战略和产业政策导向，准确把握创业板定位，切实履行勤勉尽责义务，推荐符合高新技术产业和战略性新兴产业发展方向的创新创业企业，以及其他符合创业板定位的企业申报在创业板发行上市；”第5条第2款规定：“保荐人应当对该发行人与新技术、新产业、新业态、新模式深度融合情况进行尽职调查，做出专业判断，并在发行保荐书中说明具体核查过程、依据和结论。”

③ 《科创板首次公开发行股票注册管理办法(试行)》第59条规定：“首次公开发行股票并在科创板上市的，持续督导的期间为证券上市当年剩余时间及其后3个完整会计年度。交易所可以对保荐人持续督导内容、履责要求、发行人通知报告事项等作出规定。”

续　表

| 机构类型 | 主要法律依据 | 主要责任 |
| --- | --- | --- |
| 会计师及会计师事务所 | 《会计法》《注册会计师职业道德守则》《中国注册会计师审计准则》《企业会计准则》等[①] | (1) 检验资产。对企业资产及负债情况进行检查并出具独立公正的验资报告<br>(2) 审计数据。审计会计数据，对发行人资料公正性、合法性、连贯性发表独立意见，保证发行人在招股说明书中财务会计资料真实完整，出具毫无保留意见的审计报告[②]<br>(3) 协助建账。协助企业调整并建立符合规定的账目，确保符合会计准则和法律规范<br>(4) 核查内控。核查发行人内部控制制度是否健全完备及有效实施，出具内部控制鉴证报告[③] |
| 律师及律师事务所 | 《律师法》《律师事务所从事证券法律业务管理办法》《律师事务所证券法律业务执业规则（试行）》《公开发行证券公司信息披露的编报规则第12号——公开发行证券的法律意见书和律师工作报告》等[④] | (1) 独立出具法律意见书。律师主要按照行业标准、道德规范和职业精神，[⑤]对发行人相关法律事项进行专业核查和法律分析，保证法律意见书不存在虚假记载、误导性陈述和重大遗漏，并发表独立法律意见[⑥] |

---

① 在对瑞华会计师事务所的行政处罚中，除了引用《证券法》（2014年修正）第173、223条外，主要依据包括《中国注册会计师审计准则》第1141号第21、22、26条，第1312号第17、18条，第1301第10、15、23条。参见《中国证监会行政处罚决定书（瑞华会计师事务所、王晓江、刘少锋、张富平）》（〔2018〕126号）。

② 《科创板首次公开发行股票注册管理办法（试行）》第11条规定："发行人会计基础工作规范，财务报表的编制和披露符合企业会计准则和相关信息披露规则的规定，在所有重大方面公允地反映了发行人的财务状况、经营成果和现金流量，并由注册会计师出具标准无保留意见的审计报告"。在《创业板首次公开发行股票注册管理办法（试行）》第11条第1款中同样有此规定。

③ 《科创板首次公开发行股票注册管理办法（试行）》第10条规定："由注册会计师出具无保留结论的内部控制鉴证报告。"在《创业板首次公开发行股票注册管理办法（试行）》第11条第2款中同样有此规定。

④ 在对大成律师事务所的行政处罚中，除了引用《证券法》（2014年修正版）第173、223条外，主要依据包括《律师事务所证券法律业务执业规则（试行）》第4、5、11、14、26条，《律师事务所从事证券法律业务管理办法》第12条第1款。参见《中国证监会行政处罚决定书（北京市大成律师事务所、张新明、许东）》（〔2019〕62号）。

⑤ 法律意见书中存在虚假陈述并不足以单独认定律师法律责任，还必须没有遵照行业公认业务标准和道德准则。彭冰：《证券律师行政责任的实证研究》，《法商研究》2004年第6期，第23页。

⑥ 《律师事务所从事证券法律业务管理办法》第13条规定："律师事务所及其指派的律师从事证券法律业务，应当依法对所依据的文件资料内容的真实性、准确性、完整性进行核查和验证。"

续 表

| 机 构 类 型 | 主要法律依据 | 主 要 责 任 |
|---|---|---|
| 律师及律师事务所 | | (2) 公司内部调整。协助公司内部结构、运作调整完善,保证发行上市所涉及的相关事项符合法律规定,避免出现上市后投资者利益受损的情形[①]<br>(3) 在注册制中律师事务所新增特别关注发行人关联交易、同业竞争、特别表决权安排以及掌握核心技术技术人员的股份锁定期安排等事项。[②] 律师事务所须对其出具的法律意见书及招股说明书中与其专业相关事项负责 |

## 第三节 镜鉴:境外中介机构责任立法规定

为了督促和监督中介机构履行"看门人职责",不同国家、地域对于证券中介机构责任划分采取了不同的立法模式。横向比较美国、日本以及我国香港地区在划分中介机构责任、设立免责标准上的不同模式,可以为我国注册制背景下中介机构责任的明确和改革提供借鉴。

### 一、美国法:"区分责任"模式

美国主要通过1933年《证券法》(*Securities Act of 1933*)、1934年《证券交易法》(*Securities Exchange Act of 1934*)及司法解释规定了中介机构"区分责

① 郭雳、李逸斯:《IPO中各中介机构的职责分配探析——从欣泰电气案议起》,《证券法苑》2017年第5期,第10页。

② 《科创板首次公开发行股票注册管理办法(试行)》第42条第2款规定:"保荐人和发行人律师应当就公司章程规定的特别表决权股份的持有人资格、特别表决权股份拥有的表决权数量与普通股份拥有的表决权数量的比例安排、持有人所持特别表决权股份能够参与表决的股东大会事项范围、特别表决权股份锁定安排及转让限制等事项是否符合有关规定发表专业意见。"在《创业板首次公开发行股票注册管理办法(试行)》第42条中同样有此规定。

任”模式，立法者对发行人采用严格责任原则，对其他参与方采用过错推定原则。1933 年《证券法》第 11 条详细规定了因虚假注册登记表引起的民事责任，当注册登记表的任何部分在生效时被发现含有对重大事实的虚假陈述或材料遗漏时，任何证券购买者(除非在购买该证券前对陈述不实或材料遗漏已经知情)都可以向有管辖权的法院提起诉讼。第 11(a)条详细列举了投资者可诉对象的范围，包括对虚假注册登记表负有法律责任的自然人和法人机构，[①]第 11(b)条详细列举了除发行人外的其他相关责任人的免责事由，[②]即除了发行人对注册登记文件中的虚假陈述或材料遗漏承担严格责任以外，其他第 11(a)条列举的可能责任主体有权进行“合理勤勉”抗辩(due diligence defense)，可能责任主体只有证明尽到“审慎核查”，即在确定合理调查并充分相信合理依据时，才可以免责，即“谨慎之人在管理个人财产时所需的标准”[Section 11.(c)]。抗辩事由内容包括吹哨人抗辩(whistle-blower defense)[Section 11.(b)(1)]和不知情抗辩[Section 11.(b)(2)]。此外，由于信息披露文件通常由不同主体(包括专家和非专家)参与合作制定，为了区分多方主体所承担责任内容，Section 11.(b)(3)做了详细区分，具体内容如表 15－2 所示。

**表 15－2　美国 1933 年《证券法》第 11 条具体内容**

| 序　　号 | 分　　类 | 具 体 规 定 |
|---|---|---|
| Section 11.(b)(1) | 吹哨人抗辩 | (A) 在注册登记表虚假陈述生效之前，责任人已辞去相关职务或拒绝履行相关行为<br>(B) 以书面形式通知发行人其已采取相关行动，且将不会对注册登记表中的相关部分承担责任 |
| Section 11.(b)(2) | 不知情抗辩 | 即对注册登记表的不实陈述生效表示并不知情，但在知情后立即采取通知委员会、合理公告声明对其不知情的行动 |

① 《证券法》(1933 年)第 11(a)条规定：对注册文件虚假陈述承担责任的主体包括：① 所有签署注册报告书的人；② 在发行人申报注册登记表中与其被指称责任有关的部分时，所有的发行人董事或合伙人(或履行类似职能的人)；③ 所有经其同意，列明于注册文件的现任或未来董事、合伙人或履行类似职务的；④ 编制或签署注册报告书某个部分或与文件相关联的报告或资产评估报告的会计师、工程师或评估师，或其他因职业关系在文件中做出有证明力的陈述，并经其同意列明于文件任何部分的编制者(陈述责任仅限于准备或验证部分)；⑤ 所有相关证券承销商。中国证券监督管理委员会：《美国〈1933 年证券法〉及相关证券交易委员会规则与规章》，法律出版社 2015 年版，第 51 页。

② See Securities Act of 1933，SEC.11(b).

续 表

<table>
<tr><th rowspan="2">序　　号</th><th>分　　类</th><th colspan="2">具 体 规 定</th></tr>
<tr><th></th><th>专　　家</th><th>非 专 家</th></tr>
<tr><td rowspan="4">Section 11.(b)(3)</td><td rowspan="2">经过专业机构验证或者保证(expertised)的内容</td><td>(1) 经自己验证并签字保证：负有积极(affirmative)注意义务。必须经过核实调查，保证信息披露真实完整，不存在陈述欺诈，才能免责</td><td rowspan="2">有权对“经专家验证和保证的内容”予以信赖</td></tr>
<tr><td>(2) 经其他专家验证和签字保证：负有消极(negative)注意义务，只需证明没有合理理由相信内容含有实质性虚假陈述即可免责</td></tr>
<tr><td>未经专业机构验证或保证(unexpertised)的内容</td><td>不负有注意义务</td><td>负有积极注意义务，必须核实调查，保证有合理理由相信披露内容的真实性、完整性、连贯性，不存在材料遗漏和重大误导性、虚假陈述才能免责</td></tr>
<tr><td>官方陈述[①]</td><td>负有消极注意义务，不承担积极核查义务</td><td>有权予以信赖，具体范围包括政府公开并主动提供的文件、官方人士的答复及陈述等</td></tr>
</table>

除了法律明文规定外，区分原则在实践应用中进一步发展出“滑动责任标准”(sliding scale of liability)。在1968年“爱斯考特诉巴克利司建筑公司案”(Escott v. BarChris)中，[②]法院对于案件中所有涉及的可能责任主体(包括发行人建筑公司、建筑公司签字董事、证券承销公司、律师事务所、会计师事务所)提出的“合理抗辩事由”进行逐一审查和分析，并最终在内部与外部人士、专家与非

① 包括政府提供的证明文件、公开的政府文件以及官方人士的陈述。
② Escott v. BarChris Constr. Corp., 283F. Supp.643 (S.D.N.Y.1968).

专家、外部专家中区分了不同免责标准，即“滑动责任标准”，该责任标准适用灵活，考虑参与人专业水平、工作扮演角色、准备上市过程中实际参与度等多重因素。[①] 在本案中，根据责任主体不同，法院分别作出了不同的认定（见表 15－3）。

**表 15－3　Escott v. BarChris 案判决对不同主体的责任认定**

| 责任主体 | 法院判决 |
|---|---|
| 内部高管董事 | 不能主张应有的谨慎抗辩 |
| 外部独立董事 | 在考虑应有谨慎抗辩的前提下，应当对招股说明书内容作专家与非专家的区分：<br>(1) 专家部分：对于会计师事务所审计后出具的数据可以予以信任<br>(2) 非专家部分：盲目相信董事长出具的保证声明，未对招股说明书中的其他部分中的材料遗漏和虚假陈述保持应用谨慎，应当负有法律责任 |
| 证券承销商 | (1) 尽职调查程序并不满足应有谨慎抗辩<br>(2) 法院认定信赖外部顾问律师主张不成立 |
| 会计师 | (1) 会计师作为专家，应当对注册登记表中的会计部分负责。免责事由是其有正当理由认为并确认内容真实且不存在重大遗漏<br>(2) 会计师事务所未合理完成尽职调查工作 |
| 律师 | (1) 本案中律师扮演的角色并非外部顾问，而是作为董事会成员签署文件<br>(2) 专家部分：有权对招股说明书中经过审计的会计数据和财务交易文件保持信任。但对其他公司律师和承销商律师制作的文件部分无权保持信赖<br>(3) 非专家部分：要求对明显易发现的问题进行检查，否则不成立应有谨慎抗辩 |

从上述裁判内容可以知悉法官思路，即在坚持专家与非专家的区分、考虑专业水平的前提下，法官具体问题具体分析，对不同主体适用了不同标准。从该案例可知，“滑动责任标准”只是在实践中对认定“区分责任”作出大致方向，并没有明文规定出中介机构必要注意事项，适用范围广泛的背后依然存在很大空间交给法官解释，并且随着时间推移和法律发展，市场发展程度、专业人员水平、工作参与程度等多项因素均会导致责任认定标准的“上下浮动”，事实上并无统一、刚

① 耿利航：《中国证券市场中介机构的作用与约束机制——以证券律师为例证的分析》，法律出版社 2011 年版，第 202—203 页。

性的责任标准来适用每一个案件，必须根据个案具体内容的不同来灵活运用。这对审判者商事法律素养提出了极高要求。

## 二、日本法：合理勤勉抗辩和免责事由

作为资本市场成熟、证券法律制度完备的发达国家，日本的证券发行制度采取注册制，在综合性交易所之下，由金融所管官厅实施一元化监督。[①] 根据《金融商品交易法》(日文名：《金融商品取引法》)第13条第1款和第15条第2、3款规定，公司进行IPO需要提交有价证券申报书、制作招股说明书，并直接交付给投资者。其中第18条第1项规定，有价证券申报书、招股说明书中的重要事项存在虚假记载时，发行人对投资者负有无过错的损害赔偿责任。第21条规定投资者可以向虚假记载的有价证券报告书相关审计机构和会计师追究赔偿责任，会计师和审计机构承担的是过错责任。只有在证明虚假记载没有故意或者过失的情况下，才可以免于承担赔偿责任。

证券公司只承担承销商的职责，并不负有保荐职能。证券承销商的职责除了扮演包销和代销证券的角色外，还包括针对发行人的公司情况提出评估意见报告及承销价格的说明义务，[②]根据《金融商品交易法》第21条第2项第3款规定，证券承销商的免责事由是，如果承销商能够证明其根本无法知道记载中的虚假陈述或者内容有所欠缺，同时对于经过会计监察人查核签证的财务报告以外的部分，在已经尽到相当注意的前提下仍然无法知悉的可以免除其赔偿的责任。简单来说，证券承销商对会计师、律师事务所出具的专业意见文书仅承担一般注意义务，无需承担高度注意义务。

如果所出具的财务报表存在虚假陈述、内容与实际不符的情况时，会计师在出具查验报告并无错误时，则无需对财务报表虚假陈述负责。查验报告需按照审慎尽责、公平合理的行业标准制作出来。如果会计师在明知所核查的财务报表存在虚假陈述，依然出具无误证明，则需要担责。“会计师必须将依据一般认为公正妥当之惯行所实施之查核结果正确记载于查核报告书中，始可谓无故意或过失。”[③]但即使已经依照普通人思维中认为公正合理的方式核查后，如果发

① 朱宝玲：《日本金融商品交易法——一部保护投资者和构建公正透明的投资市场之法律》，法律出版社2016年版，第306页。

② 廖大颖：《日本证券交易法对于公开说明书专家责任之规范》，www.lawdata.com.tw，最后访问日期：2020年8月2日。

③ ［日］神崎克郎、志谷匡史、川口恭宏：《金融商品取引法》，青林书院2012年版，第557页。

现有其他特别需要调查的事项，则可能会要求采取高于一般核查标准的方法。[①]

在公开发行程序中，有关律师的法律意见书部分，日本证券法并没有特别规定，在企业日常的公开招股书类中也并不多见。但如果律师对于法律意见书中的虚假陈述未尽勤勉核查义务之责，导致投资者受到损害的，可依照民法上的侵权行为规定请求赔偿责任。[②]

综上所述，虽然日本法并未像美国法那样设置"专家"的概念以及"吹哨人抗辩"，但在合理勤勉抗辩上设置了两道关卡：一是承销商、会计师、律师事务所需要证明主观不存在故意或者过失；二是尽到了合理谨慎的注意义务标准。根据专业性质和所担任职务的不同，注意义务标准同样有所区别。只有在达到上述标准，才能免于承担赔偿责任。

## 三、香港法："保荐人牵头责任"引入和优化

1999 年，我国香港地区学习英国在另类投资市场（Alternative Investment Market）实施"指定保荐人"制度（Nominated Adviser）的做法，[③]在香港联交所创业板引入了保荐人制度，而后监管机构于 2003 年又首次将保荐人制度引入联交所主板。[④] 香港联交所希望通过采取"保荐人牵头责任"的监管模式，能够实现证券市场发行市场化，通过设定严格明确的义务内容督促机构履行责任。

然而，"欧亚农业"等发行欺诈事件给本寄予厚望的保荐人制度带来了诸多质疑和沉重打击。香港证监会反思该模式下，中介机构间职责划分不明、职责范围过宽等问题导致各中介机构并未更好进行分工合作。通过借鉴美国"区分责任"模式，香港证监会着手实施以"分解职责、明确标准、强化独立"为宗旨的重大改革。[⑤] 2003 年，香港证监会和香港联交所联手对保荐人制度进行大刀阔斧的改革，将保荐人一分为三：保荐人（Sponsor）、合规顾问（Compliance Adviser）和

---

① 戴铭升：《证券交易法信息不实免责要件之研究》，www.lawdata.com.tw，最后访问日期：2020 年 8 月 2 日。

② 廖大颖：《日本证券交易法对于公开说明书专家责任之规范》，www.lawdata.com.tw，最后访问日期：2020 年 8 月 2 日。

③ 另类投资市场于 1995 年建立，是伦敦交易所专为规模较小但具有高成长性的公司提供的融资市场，相当于"创业板"。AIM 上市条件较为宽松，对大部分文件没有审查要求。为了保证上市公司质量和保护消费者权益，伦敦证券交易所引入"保荐人"制度。https://www.londonstockechange.com/companies-and-advisors/aim/for-companies/joining/aim.htm，最后访问日期：2020 年 7 月 30 日。

④ 陈思远：《香港保荐制度最新修改对内地投资银行业的启示——以注册制改革为背景》，《证券市场导报》2014 年第 2 期，第 11 页。

⑤ 郭雳：《检讨与重构金融中介服务机构的法律职责——以资本市场为例》，《金融服务法评论》2012 年第 3 卷，第 280 页。

独立财务顾问(Independent Financial Adviser)。保荐人承担证券发行人上市前的推荐、辅导等工作,合规顾问承担发行人上市后回应发行人咨询、提供法律意见和指引等工作,独立财务顾问承担公司上市体检、评估融资方案利弊、提供策略性审查和咨询意见等责任,在整个 IPO 流程中,合规顾问和独立财务顾问可类比为内地律师事务所和会计师事务所所担任的角色。同时,文件还规定保荐人与发行人之间应当保持相对独立性,并引入了独立性测试(bright-line test,也称为黑白分明测试),形成中介机构各司其职、合力监管的态势。此次改革厘清了保荐人、合规顾问和独立财务顾问尽职调查责任,促使不同证券中介机构从专业职能上共同保障发行人信息披露体系。在该模式下,不要求保荐人核实专家报告,也不期望保荐人等同于专家,容许委聘第三方专业人士。[①] 此次改革较好解决了证券市场不同中介机构的协作配合问题。

2010 年,洪良国际财务欺诈丑闻引起香港证监会对现有保荐人制度设计的深刻反思。[②] 为督促保荐人履行投资者保护的公共责任,2013 年,香港证监会通过发布以《有关监管保荐人的咨询文件》(*Consultation Paper on the regulation of sponsors*)、《有关监管首次公开招股保荐人的咨询总结等》(*Consultation Conclusions on the regulation of IPO sponsors*)为代表的文件,正式对保荐人制度实施新一轮改革。此次改革主要从三方面着手:① 在权利上,文件规定简化监管流程以配合信息披露,确保聘任第三方配合保荐人工作,规定最短委任期制度,单列保荐费用等。② 在义务上,进一步对包括信息披露、尽职调查、资源准备和记录保存等方面进行细致的规定,尤其在尽职调查上,采取了行业公认的评估标准,规定保荐人要及时识别申请人在招股说明书上的重大问题,对于专家和非专家第三方机构出具的专业报告,保荐人应当审慎核查,即使不要求达到专家水准,保荐人也应当以掌握的资料和个人最大水平去审查是否符合常理。同时,记录保存上也规定了保荐人应当对涉及尽职调查的专家或非专家文件保存 7

① 谈萧:《香港保荐人制度最新修订述评》,《证券市场导报》2005 年第 4 期,第 46 页。

② 在洪良国际案中,兆丰资本作为洪良国际的保荐人,没有履行其相关职责,被香港证监会罚款 4 200 万港元,并被撤销为机构融资提供意见的牌照。香港证监会披露了关于兆丰资本未能尽责履职的若干表现:① 尽职调查不达标,没有对洪良国际的顾客、供应商和特许经营商作出应有的尽职调查;② 兆丰资本未达到保荐人应有的独立性,尽职调查中的重要资料均来自洪良国际;③ 审核线索不足,兆丰资本没有以文件载明尽职调查工作的计划和工作的重要范畴。④ 兆丰资本未能充分监督员工,由公司内部经验不足的员工来完成大部分的尽职调查工作;⑤ 违反保荐人承诺及向香港联交所申报不实声明。参见王玮、夏中宝:《"洪良国际案"对境内欺诈上市案件查处的启示——以"绿大地案"为比较分析样本》,《证券法苑》2012 年第 7 卷,第 611 页。

年。[①] ③ 在责任上，针对保荐人的民事和刑事责任进一步细化，使投资者对招股说明书中的虚假陈述拥有针对保荐人的救济途径。作为对洪良国际案的检讨和反思，此次针对保荐人的改革对保荐人的地位与职责进行匹配，促进了保荐人在监管下的“归位尽责”。

总结我国香港地区多年来改革的经验可以看出，其在英美“保荐人制度”和“区分责任”两种模式之间不断进行探索和实验，结合地域实际情况形成了独具特色的融合模式。这对于我国在注册制下重新思考“保荐人牵头责任”模式具有非常重要的意义，尤其在我国证券市场转轨下不够成熟、投资者维权意识低、证券集团诉讼等保障机制不够完备的情况下，部分呼吁取消保荐制度的声音是脱离我国当下实际的，正确做法应是借鉴我国香港地区的模式，继续保留我国的保荐人制度，对证券交易市场下的不同主体进行地位排序和责任归位。

## 第四节 构思：强化中介机构责任之规制路径

### 一、明确“专家”“勤勉尽责”等术语的具体内涵

注册制改革下，立法者未对中介机构的具体内涵进行立法上的明确，而基础概念的缺失将会进一步导致实务中具体操作标准的混乱。而美国和我国香港地区对于“专家”和“非专家”的概念区分可供我国借鉴。可规定范围主要包括保荐人、律师事务所、会计师事务所等中介机构，而“专家”的认定则应当以专业职责进行区分和认定，例如律师在所出具的法律意见书、律师工作报告中应当认定为“专家”，在对于保荐人、会计师出具的专业文书中明显涉及的法律问题同样应当以“专家”进行认定，而在非法律问题部分则应当视为“非专家”。“非专家”的概念不仅适用于“专家”在面对个人专业以外的领域，同样也包括缺少专业水准的发行人、公司董事和中小投资者。同样，立法者可以选择以法律、司法解释的形式，将前文中提及的关于“勤勉尽责”“注意义务”的理论表述予以明确。通过明确区分“专家”“非专家”“勤勉尽责”“注意义务”的概念可以为证券中介机构责任体系明确的设计和构建奠定良好的基础。

① 郭雳：《香港保荐制度改革新规述评与镜鉴》，《证券市场导报》2014 年第 2 期，第 6 页。

## 二、细化和区分"注意义务"具体情形

在一般注意义务上，应当根据信赖原则，以证券中介机构职责为中心，根据职责内容不同进行区别。在"保荐人牵头责任"模式下，保荐人作为发行保荐工作的核心，负责和把关保荐工作从开始到上市后的整个流程。保荐人实质性审查其他机构所出具专业文书并承担核查不力责任的工作模式引发了保荐人重复工作、责任泛化、中介机构责任混淆等一系列问题。[①] 同时，保荐人先行赔付制度的确立在保护投资者利益的同时也大大增加保荐人的经济负担。因此，对于一般和特别注意义务的划分，应当给保荐人一定情况下的减负。对于上市文件中由会计师、律师出具的专业文书，保荐人应尽到一般注意义务，借鉴香港联交所《第 21 项应用指引》的规定，对会计师、律师的资历、经验以及胜任工作的能力，以及其他中介机构所出具专业意见的底层资料真实性，发表专业意见的假设、方法、基准及法律依据是否合理做出判断。只要其他证券中介机构所出具的专业意见达到上述要求，保荐人应当保持合理信赖，除非判断标准过于专业，已远超常理要求。而会计师、律师事务所对专业能力以外的文件应当保留专家信赖，合理期待其他机构能够勤勉尽责，审慎核查底层资料和依据专业标准提供意见，仅有当其出具的专业文件中出现明显的、以普通人水准皆可意识到的疏漏情形时，才应当承担未履行一般注意义务承担的责任。

在特别注意义务上，中介机构应回应公众的合理期待，专家提供服务应具有权威性，通过专业行为客观公正地判断发行人实际情况。如果未全面核查验证注册申请资料和信息披露文件，出现材料重大遗漏、误导性陈述或者虚假记载的情形，可要求出具对应专业文件的中介机构承担责任。对特别注意义务的把握可从范围和程度出发：一方面，在范围上，中介机构应当以专业为中心，对法律规定和专业范围以内的发表意见尽到特别注意义务；[②]另一方面，在程度上，可以借鉴美国 1933 年《证券法》第 11(c)条，以谨慎管理人对待个人财产的注意水平为标准，在满足行业基本专业要求的同时，鼓励证券中介机构提高自我要求但不应作强制。以证券律师为例，如果无法满足检索法律法规、法律逻辑分析、出

---

① 刘志云、龙稳全：《论完善投资银行勤勉义务规制的路径选择》，《南京大学学报(哲学·人文科学·社会科学)》2018 年第 6 期，第 145 页。

② 例如在注册制下，保荐人和律师应当就公司章程规定的特别表决权股份的持有人资格、表决权数量比例、锁定期安排以及转让限制、参与表决的股东大会事项范围等发表专业意见。注册会计师应当针对企业最近 3 年财务会计报告出具无保留意见的审计报告，公平公正地反映发行人的财务状况、经营成果和现金流量，对内部控制制度是否健全且被有效执行的内部控制鉴证报告。

具法律文书等基本专业能力要求，则必然会被认定为未尽特别注意义务。但同时也不应对证券律师能力做过苛要求和期待。有学者指出，应当对程度高低进行一定的限制，特别注意义务往往与执业风险相互关联，应当综合考虑市场成熟度、时间节点、征信系统及信息查询体系完善度等综合因素。[①]

当出现工作交叉、专业意见互相引用的情况时，对于交叉部分，中介机构只需达到一般注意义务水平，但如果该引用专业意见涉及属于法律规定或者专业领域内的知识，则需负有同等特别注意。如果中介机构仅违反了一般注意义务，则需要与违背注意义务的中介机构共同承担责任，具体承担可根据双方责任分配、过错大小等进行考量。

## 三、厘清中介机构的责任承担和免责情形

中介机构免责事由缺失和内部责任划分不明的问题，阻碍了中介机构内部寻求救济的可能，因此针对不同注意义务设定相应免责事由便成为改革之必要。同时由于我国“保荐人牵头责任”模式尚运行平稳，故在我国语境下讨论需要对保荐机构和其他证券服务机构进行区分。

在特别注意义务免责上，一方面，对于作为发行工作核心的保荐人而言，对其他证券服务机构出具的专业意见应当秉持审慎态度，需审查原始资料真实性、完整性和系统性，并出具专业意见，同时对其他证券服务机构的工作方法、基准、依据以及程序等是否合理进行评估。只有履行上述要求才能免责。保荐人无须重复实质核查，对会计师出具的财务报告或律师出具的法律意见书中的主要内容及推导结论负责，否则责任过重、重复工作会导致各中介机构提前串通形成利益集团，丧失“看门人”的独立性。另一方面，其他证券服务机构必须证明自己已尽到合理尽职调查，直到有充分理由认为发行人不存在材料重大遗漏、虚假性陈述等情形时才可以免责。如果在法定履职和专业履职范围内，其进行的专业活动存在其他中介机构出具的意见时，中介机构不能仅通过“专业信赖”进行免责。[②]

在一般注意义务的免责上，如果证券中介机构在引用其他机构出具的专业意见时（例如律师事务所引用会计师事务所出具的财务报告来出具法律意见

---

① 郭雳：《证券律师的职责规范与业务拓展》，《证券市场导报》2011年第4期，第18页。

② 例如科创板下明确规定保荐人及发行人律师应当对发行人特别表决权及股份锁定期作出专业意见，保荐人不应援引律师的意见，应当依据独立性，审慎对发起人实际情况作出独立判断，并发表专业意见。参见《科创板首次公开发行股票注册管理办法（试行）》第41、42条规定。

书),引用方只需要尽到一般注意义务,即被引用材料不存在明显缺乏法律依据以及与现实不符、无合理理由怀疑欺诈等情况即可,在满足前述标准的前提下,引用方已经满足作为社会普通人应当达到的要求,对文书内容与结论无须过多干涉,从而在可预见的范围内践行公平原则,最大化实现"责任自负。"

### 四、通过程序着手认定勤勉尽责义务

从相关案例来看,证监会在行政处罚中考虑中介机构是否勤勉尽责时,除了以相关法律法规的具体规定作为依据,主要以程序性事项是否得以实际履行作为切入点进行认定。例如在针对瑞华会计师事务所的处罚中,瑞华会计师事务所被认定未尽勤勉尽责义务的原因之一就是未直接与公司治理层沟通是否存在舞弊事宜,而是仅询问财务总监和发展部经理,导致瑞华会计师事务所无法了解在此过程中治理层所发挥的作用,进而导致错误评估舞弊风险。此外还包括未对传真取得的询证函回函的异常情况进行核验、不恰当地依赖内部控制、对应收票据实施盘点和倒轧程序、所获取的审计证据可靠性低等问题。而在欣泰电气欺诈发行案中,东易律师事务所对从其他中介机构取得的工作底稿直接适用,而未履行必要的审查验证程序。[①] 总结部分行政处罚书的内容,如果当认定发行人信息披露出现瑕疵时,若中介机构未编制查验计划或者保留工作底稿,则将被认定为未尽职履责。[②] 而对于尽职调查所出具的资料,如果未按照行业公认应当履行的流程、未保持合理的职业怀疑时,可认定为未尽职履责。风险评估程序不充分适当、未能识别出潜在的舞弊风险也难辞其咎。证监会可通过在公布行政处罚书和列举典型案例中,总结其中出现的共性问题,明确中介机构在具体业务中所应当完成的流程,使中介机构的业务开展和责任分配更加清晰化。

## 第五节　结　　语

中介机构应紧绷审慎履职这根"弦",始终保持"本领恐慌",[③]通过履行勤勉

① 参见《中国证监会行政处罚决定书(北京市东易律师事务所、郭立军、陈燕殊)》(〔2017〕70 号)。

② 根据《律师事务所从事证券法律业务管理办法》及《律师事务所法律业务执业规则(试行)》,律师应通过"制定计划、保留工作底稿、采取符合规定的查验方法"等途径表明其进行了审慎核查验证。

③ 孙煜:《专访普华永道首席合伙人李丹:注册制下会计师需要始终保持"本领恐慌"》,《21 世纪经济报道》2020 年 12 月 17 日,第 10 版。

义务，平衡市场下各主体之间的责任匹配和信息不对称，降低市场交易成本，达到维护市场秩序的目的。在我国资本市场的长期发展中，过多强调保荐人牵头责任将导致保荐人责任过重，而对会计师事务所、律师事务所的相对忽视会导致中介机构在市场运营中注意义务标准不明晰、责任边界模糊、免责标准缺失等问题。可供借鉴的改革思路是以域外"区分责任"模式为参照对象，结合我国"保荐人牵头责任"的实际国情，建议立法者在法律规范或司法解释中明确解释"专家""勤勉尽责"等术语的具体内涵，从基础上为中介机构责任体系的设计和构建提供方向；明确划分特别注意义务与一般注意义务，根据不同中介机构的角色类型和责任承担分别设计不同的责任标准；根据不同中介机构的特点厘清责任承担分配和免责情形，在可预见的范围内践行公平原则，实现"责任自负"；从程序着手认定未尽勤勉尽责义务，总结行政处罚中中介机构出现的共性问题，以明确具体业务中所公认的流程，使业务开展和责任分配更加清晰化和透明化。

随着推行注册制"宽进"和退市新规"严出"的基本定位，沪深交易所改革试点经验总结和措施配套升级，《刑法修正案（十一）》加大了对欺诈发行、信息披露造假犯罪的刑事处罚力度，以信息披露为"一个核心"、交易所审核和证监会注册为"两个环节"的注册制架构正在不断建立，[①]我国资本市场透明化、市场化和法治化的前景也越来越明朗。中介机构作为投融资双方的桥梁、监管机构的助手，只有通过改革进一步区分责任、明确定位，才能让证券中介机构最终"归位尽责"，实现投资者"买者尽责、风险自负"，为全面注册制保驾护航。

---

① 王媛媛：《全面注册制条件逐步具备，专家称 2021 年两会后或有望落实》，微信公众号"国际金融报"，2020 年 12 月 29 日。

# 域外法院

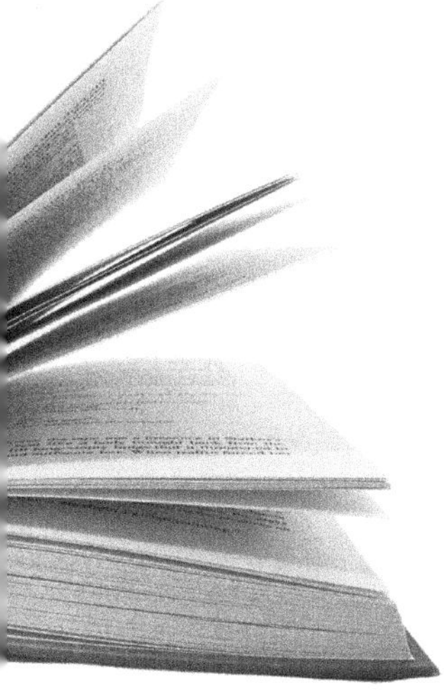

# 第十六章

# 21 世纪早期英国法院的"变脸"

## ——一个法社会学的考察*

20 世纪中叶以后，传统社会理论研究的兴起对于法律学术的研究有着重要的解放作用。在经历了一段严峻的时期之后，直到 20 世纪 50 年代末期和 60 年代初期，法律的学术研究在普通法系还是狭隘地集中于原理的形式分析——在普通法系表现在研读判例；在大陆法系则是注释法典——马克思(Marx)、涂尔干(Durkheim)、韦伯(Weber)、拉德克利夫·布朗(Radcliffe Brown)、马林诺夫斯基(Malinowski)、舒茨(Schutz)、高夫曼(Goffman)和吉登斯(Giddens)对成文法典的注释做出了宝贵的贡献，导致法律研究分流为截然不同的分析和评论模式。

可以确定的是，这些研究路径存在一定的缺陷，主要是与"后现代主义"(post-modernism)和新系统理论(neo-systems theory)相关联的短暂的生命周期。许多学者，诸如卢曼(Luhmann)、福柯(Foucault)、哈贝马斯(Habermas)对"现代性范式"(paradigm of modernity)提出的质疑使人们对此丧失信心，并且使得人们误入歧途，毫无建树。虽然后现代理论为社会科学提供了一个令人振奋的甚至在某些领域具有解放意义的时期，但还是存在显著的缺陷，其中最严重的是人们对于元叙述(meta-narrative)的深切怀疑并继而对比较项目的貌似合理性抱有悲观态度。伴随着后现代理论的发展而复兴的系统论同样存在严重的局限性。尼古拉斯·卢曼(Niklas Luhmann)的新系统论在向欧洲"现代"——"功能分化的社会"——边缘化其他文化靠拢。卢曼把活生生的人(甚至把政府

---

* 本章作者西蒙·罗伯茨系英国伦敦政治经济学院法律系教授。他应邀于 2013 年 3 月 23 日在上海交通大学凯原法学院主办的"第三届东亚法与社会国际研讨会"的闭幕式上，做了关于"法与社会在东亚发展"的主旨发言，并于 2013 年 3 月 22 日和 25 日分别在华东政法大学和上海交通大学凯原法学院，就英国民事审判的最新发展和法社会学的晚近发展做了两场学术演讲。之后，作者对这三次演讲的内容进行了整理，加入了进一步的思考，最终形成本章内容。

本章译者：沈伟、李先腾、崔晓峰。

都边缘化)未在其理论中进行阐述。

现在,我们处在继往开来的起步阶段。在众多学科——从建筑及精致的艺术领域甚至到法律领域,后现代理论已经接近尾声的征兆日趋明朗。随着后现代理论时代的日渐式微,展望未来激动人心!

## 第一节 研究的素材与焦点

展望未来,我们不能仅巧舌如簧地声称“回到现代性”,也不能赞同一些热烈拥护后现代主义的同行所提出的有关现代性范式已经“枯竭”的说法。首先,我们仍然有经典社会理论的各种资源,即使我们可能犹豫是否会与当代的一些法学家一样全盘接受。举例来说,卡恩(Kahn)、切斯(Chase)和罗森(Rosen)在界定法律性质时,草率而不无争议地援引了涂尔干那种朴素的宇宙观念。其次,经典社会理论昭示下的诸如人种志学等的研究实践向人们提供了尝试、理解、评论社会世界的绵延不绝的机会。

以韦伯和涂尔干的理论模型为起点,我个人赞成一个坚定但并不过分激进的焦点的三重转移。

第一,从多少可以作为“现代性”特立独行先驱韦伯的“传统”概念到一个传统构成当今现实世界核心元素的概念。

第二,我认为我们需要把符号化和仪式化领域作为现代性的一部分,而不是现存的、碎片化的传统权威属性。

第三,我认为对于机械地接受涂尔干关于宇宙哲学的理论需抱有谨慎态度。我们在一定程度上是通过大量的实践而得以生存在这个世界,并不是通过吸收那些说教的、发散的或者成文的规则。所以,我们大部分的知识都是策略型的,并不是通过语言获得或者必然受制于明确且发散的表达方式。

## 第二节 何 为 法 院?

通过思考,我认为可以暂举一例作为结论,所有这些对于普通法系的法院意味着什么。这些机构正经历着意义深远的变化,它们至少在19世纪中期建立的审讯和裁判现在成了疑问。[①]

例如在英格兰，我们在20世纪最后一刻施行的新的民事诉讼规则强调促进和解而不是强加裁判。当“法治模式”可能被积极地输出到其他法域时，这里存在着一个悖论。当民事案件中传统的裁判模式在英国本土已经被广泛取代的时候，我们还在鼓吹它。

我们现在对于法院责备求全，要求其同时分饰多角。从广义的原理角度讲，我们希望法院具备至少四方面的角色。

第一，我称之为命令的执行角色（operational role of command），即传统意义上在真正需要权威判决的疑难案件中起到审讯和裁决的作用。

第二，如今法院的促成和解角色的重要性正日益增长。在很多案件里，和解是可行的、被期望的以及必要的。

第三，法院还存在着克利福德·格尔茨（Clifford Geertz）所说的“典范”（exemplary）角色。这种角色如同花瓶，为人们描绘出“应然”的世界。这就是一个象征性地确保现世安稳、一切照旧的法院。

第四，也许最重要的是法院可能扮演告诫性（exhortatory）的角色。这一角色鼓励人们与其他的争议方通过交流和合作了结争端，并且为这样的决策提供一个安全的场所。

总之，在所有这些角色中最重要的是法院作为“命令”的代理机构这一新经典模式，其貌似合理性正在减弱。西方政府转向了“诱导”（inducement）模式，开始经常通过隐蔽劝说来实现这一目的，而不是公开地告诉人们如何采取行动。事实上，20世纪80年代的阿贝尔（Abel）和苏萨·桑托斯（de Sousa Santos）就已经预测到了这点。

展望未来，在一般意义上，这可能是令人恐惧的一刻！我们熟悉的这幅场景——从建筑学意义上讲是后现代的城市中庭；从法律角度讲，从令人厌烦的元分析（meta-analysis）强制中脱离的自由——正在老去。我们必须寻找一个新的工具以面对后现代主义已经远离我们的未来。

和政府的密切联系以及在提供审判服务中的核心角色，对于我们理解什么是西方意义上的“法院”来说历来显得十分关键。在法治的意识形态下，“公平”是通过理性判决所达到的命令而被概念化的。在这些含义下，我们开始考虑，事

---

① Simon Roberts. Listing Concentrates the Mind: the English Civil Court as an Arena for Structured Negotiation. *Oxford Journal of Legal Studies*, Vol. 29, No. 3, 2009, pp.457 - 479.

实上,法官是绝对中立的,法院的这一新的显著经典形象坚守在普通法系的哲学之中,这是法律意识形态中核心和持久的组成部分,在普遍认可的转型面前亦是如此。在过去的30年里,人们普遍认为律师惯常地运用诉讼的程序路径来实现和解的协商,并且在这段时间内,民事审判的案件逐步减少。[①]

最近,我也注意到政府和法院声称自身的当务之急都发生了巨大的变化。促进和解如今被明确认为是法院的基本责任,而监督审判和作出判决则成为非主要任务,是解决争议的最后手段。因此,以规则为基础的审判和谈判所达成的协议构建起了截然不同的理性,而普通法系的法院如今成为这样不同理性可以共存和互相影响的场所。

在英格兰,这种"和解文化"被更高级别的司法机关所推崇,[②]进而被政府采纳为政策,深深体现在新民事诉讼程序制度中,并在法院的实践中不断践行。程序体系是伴随着1998年的民事诉讼规则引进的,并通过两个方面激进的变化而促进了和解。[③]

第一,诉前协议(Pre-Action Protocols)标志着一个全新的先诉讼领域(Pre-litigation field)的建立。在这个领域内,如果可以避免可能的诉讼成本,那么就有必要在提交诉状之前进行信息交流和协商。所以,现在程序性的框架是被设计用以执行和保护在诉前阶段的协商,政府干预已经触及了先前的私人领域。

第二,一旦一项诉求被提起,该项争议进入了以和解为导向的"案情处置"阶段。该阶段中的各方受制于司法监督,沿着程序进展下去,到最后存在审判和裁决的理论可能。所以,即使"诉讼"被正式提起,和解始终是首选,并且我们将看到在这个阶段中,法院一直在努力尝试,争取促进和解。

面对这些意义深远的转变,基于实证,我们需要一个对现今普通法系民事法庭活动更清楚地理解,正如马丁·夏皮罗(Martin Shapiro)在其经典著作《法院》(*Courts*)中所说的,"关于司法机构本质的一个更为一般的理论"。[④] 为了修正有

---

① 关于英国的场景参见 Hazel Genn. *Judging Civil Justice*. Cambridge: Cambridge University Press, 2009. 关于美国后来发展的重要研究参见 Marc Galanter. The Vanishing Trial: An Examination of Trials and Related Matters in the Federal and State Courts. *Journal of Empirical Legal Studies*, Vol. 1, No. 3, 2004, pp.459 - 570.

② 伍尔夫勋爵(Lord Woolf)向政府所做报告中的关键章节:Interim Report to the Lord Chancellor on the Civil Justice System in England and Wales. HMSO, London 1995.

③ 对于新规则的解释参见 Simon Roberts. Settlement as Civil Justice. *The Modern Law Review*, Vol. 63, No. 5, 2000, pp.739 - 747; Simon Roberts and Michael Palmer. *Dispute Processes: ADR and the Primary Forms of Decision Making*. Cambridge: Cambridge University Press, 2005.

④ Martin Shapiro. *Courts*. Chicago: University of Chicago Press, 2005, p.vii.

关审理和裁判的新经典模式，夏皮罗提议，“现实的法院和传统法院相比，缺乏独立性和对抗性”，并且“通过介绍调解和妥协的重点环节来引导当事人认可他们的判断”。[①]

这里的问题在于，我们需要做的比夏皮罗对扩充新经典模式以容纳调解元素的呼吁多得多。法院作为审判和裁决机构的平民模式不再能提供合理的分析起点；我们不必因“逝去的审判”而长久哀悼，并且沉湎其中。相反，我们意识到民事法院不再符合新经典主义的模式，并且它们现在重新定义了作为和解者的基本角色，我们需要重新实证地考察对法律无知的委托人和代理他们的职业人士在现实中是如何实践的，以及法院人员是如何积极促进和回应这种变异了的用途。

这种基础的重新建构是为了公共审判和作出裁决而自发形成的。19 世纪下半叶矗立起来的维多利亚法院，昔日辉煌，今天风采依旧，但是其内部的设置——主要由宽敞的审判区域和辅助等待区组成——很难与新的和解机制协调。这种不协调在象征意义上尤其明显。哥特式风格的耸立建筑和建筑内部的装修反映了设想中的中世纪王权，并且这种方式赋予了判决以合法性。我们应该如何基于法院新的促进和解的角色看待这些建筑以及现存的依附于此的奇特的司法仪式？我们同时认识到，事实上，法院的审判庭往往空无一人，法院的基本角色已不再是提供审理和裁判，那么哥特式的威严耸立的法院和内部空间的装饰能否继续赋予法院新角色以合法性？或者说，现在并没有具有重要象征意义和解释性的缺失？

## 第三节　一个“民族志”式的例证

这里我将通过一个商业大都会里的英国民事法庭（伦敦市长法院）（The Mayor's and City of London Court）的“民族志”式的研究阐述复审的程序。对法院目前的工作进行民族志研究的合理性在于法院成果性质的转变——从“公共”的审理和裁判的记录过程到“私下”的和解过程。诉讼的本质要素如今在于程序进行完毕以及微型的当面交流。前者的程序不需要耗费精力的事实还原细节。长期以来，“法律”就自行其是——甚至有点啰唆。因此，我们可以得知这样

---

① Martin Shapiro. *Courts*. Chicago: University of Chicago Press, 2005, p.vii.

的本土呼声来自以“法治”和本土的华丽辞藻为核心构成的法律理念，其中，华丽的辞藻由成文法典规范、法言法语加以记载，并由专门的实践惯例和历史悠久的专业评论组成。在这一切之上，还有已经得到精心阐述的学术评论的“元分析”，例如从意识形态的献身到解放的批判。现有的评论都集中于法院作为审讯和裁决的代理人，特别关注对上级法院的判决分析。

尽管本土的呼声清晰有力，并不需要太多调整，但是我们更应关注法院而不是律师或学者等清晰有力的表述，尤其在那些远离公众视野的方面更是如此。不过这个理论观点可以由法院作为和解促进者的新角色而进一步得以加强。虽然在一定程度上，这些过程都见诸文本而非口头，但是它们都发生在公共视野之外，需要仔细审视和分析。

尽管对当代西方国家的法院进行人类学研究的任务和目标必须与经典的民族志学的一些重要方面有所不同，后者竭力记录这个有可能消失的世界，例如不被记载的口口相传的文化，但两者的研究方法却是一样的。民族志学研究的核心在于对于民族志的产生进行持续的“参与者”的观察，直指人类学的成果产生——“在部落中除了遵循本地生活范式以外，别无他事”。[①] 这种方法的目的是对当地社会进行记录，尽可能逼真地展现在这些世界里的“演员”生活体验究竟如何。根据这种还原事实而又大为不同的材料，人类学家们希望建立一个“科学的”、有理论背景的分析评论。

通过观察法院的流程，包括案件处置会（Case Management Conferences）和法院支持的调解，在此我准备揭示伦敦市长法院促进和解角色演化的厚重本质。这些直接的观察已经通过阅读法院文档和访谈当地的法院工作人员得到了补充。此外，我们可以看到法院在命题和象征两个层面上是如何促进争端解救角色合法化的。

伦敦市长法院于 1971 年被纳入普通县级法院体系，据称这是英格兰最古老的本土民事法院，从 13 世纪起便一直坐落在市政厅（Guildhall）附近。法院在 1888 年被重建，如今坐落于远离市政院的地方，当时法院大胆宣称其基本目标是开放的和抗辩性的审判。[②] 进入入口大厅，一个巨大的石阶分为两大开阔区域，其中两个法庭是给法官（40 英尺长，25 英尺宽）和书记员（30 英尺长，25 英尺

---

① Bronislaw Malinowski. *Argonauts of the Western Pacific: An Account of Native Enterprise and Adventure in the Archipelagoes of Melanesian New Guinea*. London: Routledge, 1922, p.18.

② 有关建造法院的材料可以从法律和法院共同市议会委员会的纪要和报告中获得。这些纪要和报告保存在位于伦敦东环北安普顿街的伦敦城市档案馆（London Metropolitan Archive）。

宽)使用。这些公职人员们宽敞的会议室位于审判庭的后面。在底层的后院,则是为文员和法警提供食宿的地方。

内部的空间安排表明,法院作为公权机构,促进审理和裁判乃是其目的,这一点通过外部建筑的象征意义就可以凸显出来。垂直式的哥特式建筑展现了考虑到和市政厅的亲近度而必须有的一个可预测的选择。这样耸立的建筑风格是由共同市政会议的法律和城市法院委员会(Law and City Courts Committee of Common Council)选择的,并未选择建筑师提出的另一种意式风格。[①] 考虑到市政大厅的极其相似性,这种选择不难预料。作为伟大的维多利亚时期法院建筑风格几乎最常规不过的风格,法院通过与扎根于想象中的中世纪王权相互联系而尝试轻易获得持续性和合法性。

这些方面被加以细微但又重大的调整,适应了伦敦市长法院现今的工作。原本的两个法庭得以保留,留给两个常驻巡回法官使用。两个更远、更小的法庭和会议室留给了地区法官,其中一个坐落在二楼,位于原来登记庭的后面,从原本为律师和顾问预留的充足的宽阔空间改造而来。第二个在一楼,由原来的法警住处部分改造而来。法官由12—14个行政职员和服务人员协助。两个管理人员位于一楼的总办公室。

在工作周的大部分时间里,构成建筑精华部分的两个巨大的法庭往往空无一人。现在法院大部分的工作是在地区法院和总办公室里进行的。下面我们可以来看一下一些细节的问题,我们必须注意一些以前在律师事务所(chambers)私下进行的与和解有关的工作,现在公开进行,两个新的法庭主要被用来召开案件解决会议。

主要的诉讼活动移至别处,我们如何看待通过传统的法庭和覆盖着整个建筑的哥特式耸立建筑所代表的历史空间?它们大部分是否多余?它们是否在象征层面上为各方双边谈判和法院促进和解提供合法性?

2008年,8 500件民事争议诉至伦敦市长法院(见表15-1)。这些诉求覆盖

---

① 新法院的首幅图画在1885年由公司建筑师贺瑞斯·琼斯(Horace Jones)设计,琼斯选择粗石面的垂直哥特式正面图与这些邻近的、刚完工不久的图书馆形成互补。1887年琼斯去世后,他的继承者安德鲁·穆瑞(Andrew Murray)向法律和城市法院委员会提交了稍加修改过的哥特式正面图以及作为替代选择的意大利风格的正面图。委员会选择了哥特式的版本。参见《1887年6月22日的会谈纪要和报告》,COL/CC/LPC/01/14。这是市议会认可的选择。这些正面图在当下的法院建筑中得以实现。委员会之所以支持哥特式似乎有三个理由:一是这是与之紧密相邻的图书馆在重建中最新使用的风格;二是委员会对于街道上皇家法院(Street's Royal Courts of Justice)的印象极为深刻,皇家法院5年前完工,在旗舰街(Fleet Street)的遥远尽头向西大约1英里处。三是哥特式风格的正面图直接映衬了市政厅的风格。

了大量的合同、财产权和侵权案件，包含了大量复杂的商事合同和财产权争议的业务，反映了伦敦市当时繁荣的商业气息。[1] 在提请到法院的侵权案件中，大部分是有关人身伤害的诉讼。法院并不管辖家庭事务；另外，小额诉讼（Small Claims）只占分配并跟踪的诉讼案件的 18%。

伦敦市长法院提出的诉求基本遵循了英国其他县级法院（County Courts）可以被观察到的类似范式。在这一程序中，很大比例的诉讼请求都是按照既定的诉讼阶段顺序解决或者得到处理，较少的案件会堆积到审判阶段。2008 年，被告答辩的数量大约占到全部案件的 1/4。在未进行答辩的案件中，有的以缺席判决的方式结案，由总办公室管理流程，法官并不阅览相关案卷。在进入答辩的案件中超过一半（62%）的案件在分配并跟踪前就被中止了。而在那些被分配并跟踪的案件中，大约 46%的案件得到了和解或者在公示审判前被中止。在那些得以被列入审判的案件中，大部分通过协商解决，只有 27%通过审判解决（见表 16-1）。

**表 16-1 伦敦市长法院工作总结（2006—2008 年）[2]** （单位：件）

| 节点＼年份 | 2006 | 2007 | 2008 |
|---|---|---|---|
| 起诉 | 5 777 | 6 465 | 8 500 |
| 答辩 | 2 021 | 1 741 | 2 108 |
| 分配跟踪 | 914 | 759 | 809 |
| 列入审判 | 637 | 463 | 443 |
| 最终审判解决 | 140[3] | 139[4] | 124[5] |

这些数据围绕着现代诉讼进程中 4 个明显的、关键的时点——起诉、答辩、

① 2008 年猛增的诉讼请求部分反映了围绕北方岩土建筑协会（building society Northern Rock）的争执困境。
② 数据出自《商业管理系统趋势的报告》（*Business Management System Trend Reports*）。
③ 由司法部的克里斯·德苏扎（Chris de Souza）提供最终通过审判解决的数目。这是截至 2007 年 3 月的真实数据。
④ 由司法部的茱莉亚·霍普金斯（Julia Hopkins）提供最终通过审判解决的案件数目。这是截至 2008 年 3 月的真实数据。
⑤ 由皇家法院服务统计数据库（HM Courts Service statistics）提供的在伦敦市长法院最终通过审判解决案件的数量。这是截至 2008 年 12 个月的真实数据。

分配跟踪和公示候审。围绕着每一个节点，相当比重的法院业务告终，4个节点合起来又使得绝大多数诉讼得到解决。

## 一、起诉

在诉前协议的压力下，诉讼在理想情况下——在实践中愈加如此——会在双方协力交流并尝试通过谈判解决案件争议之后才提起。因此，起诉在许多案件中意味着各方的交流过程和互相信赖无可挽回，这个结点意味着如果双方没有和谐地达成合意，没有了结争端并撤回起诉，接下来行政程序(包括缺席审判)将随之而来。如果合意已经达成，向法院提起诉讼可能代表了一种必要时确保执行的谨慎方法。在其他的情况下，双方都清楚被告无力奉陪，因此，在起诉后的缺席判决将使案件尘埃落定。从结果看，在大多数的诉讼主张中，“提起诉讼”往往被看作一项争议程序的结束，而不是争议程序的开始。

即使在这个时点上双方没有达成共同的谅解，双方的焦点仍可能在提起诉讼之后通过一系列无需正式答辩的协商中解决。但是，抗辩本身或许可以被视作新一轮协商的开始。

## 二、进入抗辩阶段

在进入抗辩阶段的案件中，现行的对话沟通范式得以延续。在了解诉讼请求时，被告及其代理人不得不仔细考虑他们的抗辩架构，而这一构想又促成了原告在了解被告诉讼主张时双方严肃的相互回应。因此，一旦进入抗辩阶段，双方将探究涉及的争议范围，阐明可行的解决策略。明确背景信息为以后的进一步协商奠定了基础。所以，2008年，在地区法官首次接触到案件材料之前，2/3仍然在案的诉讼案件(62%)被迅速解决了。

## 三、分配跟踪

一旦进入答辩阶段，法院会要求双方填写并交还分配调查表(Allocation Questionnaire)，以帮助法院恰当地将争议分配给适合的追踪记录项下。现在的调查表[①]主要强调在民事诉讼规则下协商的优先性。表格的第一项冠以“和解”(Settlement)，通过一段介绍性的注解明确指出需要“各方尽最大努力在听证前解决案件纠纷”。这些努力诸如“通过讨论或者协商(圆桌会议或者和解会议)，

---

① HMCS Form 150，2008年4月生效。

或更正式的途径例如调停”来实现调查表的目的。调查表做出以下警示：法庭为了促进和解，“希望知道已经采取了哪些措施”。在填表过程中，律师需要确认，他们已经向客户解释了“尝试解决争议的必要性；可供选择的方案以及如果当事人拒绝争议解决可能带来的诉讼成本”。第一个问题要求代理人陈述他们此时是否愿意尝试和解；第二个问题是他们是否需要“为期一月的庭审延期”(one month stay)来实现这个目的。随后他们会被询问是否需要法院来安排一个调解的预约。如果他们不想此刻尝试和谈，那么调查表必须录入他们为何认为此时和谈并不恰当的理由。因此，和解处理的模式在此时被凸显。

以下我们要考虑的是，在提交分配调查表而启动的诉讼中发生了什么？从一般意义上来讲，这个阶段代表了地区法官首次有机会可以利用中止程序和案件解决会议来直接影响案件的走向。2008 年，46％分配跟踪的案件在公示候审前就和解了。

## 四、公示候审

当案件公示候审时，双方及其律师被强制采取的下一步正式措施是对案件进行评估。此时，诉讼专家需要再填一张调查表，对“公示候审汇集了双方的想法”(listing concentrates the mind)绝无异议：提交专家报告，明确和限缩争点，第 36 部分的要求会被摆到台面上。此时，必须认真考虑审判的前景以及投入审判的成本。结果，大部分仍然在案的案件(2008 年时为 73％)会在审前检查时，基于地区法官主持的“现状检查”(reality checks)压力而得以解决。这种检查可能会使法院去仔细调查在何种程度上作为法律门外汉的争议方，如何理解继续进行到审判的经济后果。

## 五、审判

一旦审讯工作开始，伦敦市长法院的法官宣称他们促进和解的作用已经竭尽，并且他们专门为确保双方召开听证会并做出判决而努力。观察这些审判能够印证如下观点：尽管只有少数案件在休庭时解决，但法官并未为此目的而刻意为之。然而，一些奇特的事情会发生在事前进入审判阶段而最后未解决的案件中。对于观察者而言，这些案件的大多数与和解解决的案件并无不同。一个可能的重要因素是进入审判阶段的案件虽然不多，但是往往存在多个被告。在这种情况下必要的、更充分交流的安排可能会解释争议解决为何“失败”。倘若的确如此，这为我们提供了这样的理据，在有多方主体的诉讼中应该更加多地利用调解手段。

法院作为构成和解场所的基本形象，由2008年法院业务的变化轨迹传达出来，反映了从1998年以来程序性改革持续进行的成果。与大幅度增长的诉讼请求相比(2008年有8 500起，2007年、2006年分别是6 465起和5 777起)；较之前两年，2008年更少的案件进入了答辩、分配跟踪和公示候审程序。另一点同样关键，在提交分配调查表后展开的司法主动干预阶段中，越来越多的案件被和解。地区法官越来越主动地参与促进和解。从这个角度上说，有一点很重要，即与2006年359个按期召开的案件解决会议相比，2007年在伦敦市长法院共有414个案件解决会议召开。[①] 越来越多的案件解决会议在司法部的压力之下通过电话展开。

我们必须认清在这些语境中“和解”的意蕴。双方通过自愿交流合作解决分歧的基本图景无疑十分美妙，但是无论这样的场景多么美妙，它毕竟像海市蜃楼那么虚幻。虽然自愿和解协议的辞藻华美如故，但从律师的角度看，和解其实并不浪漫，甚至在后伍尔夫时代(post-woolf world)，这都是一个艰难不断累积的漫长过程，并伴随着隐私与质疑。在这个过程中，一方的律师会成功阻碍、拖延另一方进入审讯和谈判的进程。他们解决争议，而不是面对进一步加大的审判风险。[②]

> 在2005年8月下旬，一起关于供应西红柿和黄瓜未付款货单的案件诉至法院。9月10日，答辩人声称该产品不适合超市销售。2006年2月初，当事人收到分配调查表后，法院连续下达中止令(successive stays)要求通过和解解决争议，被告在11月份中旬向法庭支付了6 760英镑。在11月21日的案件解决会议上，该案件被委以城市争端解决专家组(City Disputes Panel)进行调解，同时新的中止令延期至12月14日。12月7日各方尝试进行了调解，但是没有达成协议。
>
> 12月15日，该案件被分配至多轨跟踪(Multi-Track)，其中植入了自2007年2—3月长达4周的审判窗口期。审判日最终确定为5月2日。在4月25日，各方提交了一份同意令(Consent Order)的草稿，表明原告应当接受11月付给法庭的款项，以及额外的2 240英镑。

① HMCS Listing Analysis Reports, 2006 and 2007.

② 5MY03665.

## 第四节 法庭对和解的促进

分配调查表被争端各方交还法庭之后，在地区法官能接触到之前，这些问卷即被加入含有起诉和答辩的文件中。所以，在此时，法庭在问卷一经接收至公示候审阶段，第一次有机会得以直接影响诉讼程序，法庭的这一影响基本上由“中止令”(stays)和召开案件处置会议的方式施加。

“中止令”最恰当的概念是指法庭指令诉讼暂时中止的程序。该程序可以由当事方提请，亦可由地区法官主动依职权提出。当事方提请中止令，意在督促另一方当事人回应以及为己方争取案件材料收集与整理的时间。我们已经注意到，分配调查表首先涉及争端本身，也是协助第三方实现和解的途径。如果任一方此刻提请中止令，则法庭将下达中止令几乎无疑；即使任一方均不提请中止令，法官仍可裁决中止，为各方充分思量或者进入意在和解的协商过程提供空间。

审阅分配调查表时，地区法官可采取的另一种主要途径是召开案件解决会议。这些会议被召开，致力于促成争端之解决，也筹划如何进行法庭审判。在伦敦市长法院，这些案件解决会议并不以电话会议形式召开，也不在诉讼律师事务所召开，而主要在两间崭新、狭小的开放法庭中召开。因此，案件解决会议的另一重意义是，在日益萎缩的终局性裁判之外，它成为司法程序公示公开的展示渠道。在阅读相关案卷材料并与法官律师商榷时，在多个角度上来说设置这一磋商会谈都大有作用，这一点毋庸置疑。首先，律师通常非常不乐意同当事人出现在会议上，当着法官和当事人的面陈辞。在这一方面，因其延误审判招致的批判之声和带来的不必要成本也显得十分难堪。所以，法官建议召开会谈——也有可能是当事人提请召开——本身也会促成双方磋商，在接下来的程序中消减了各方律师团队的精神负担。以下判例对此是一个说明。[①]

> 该案是一个关于家庭泳池设计缺陷的合同争议案件，于 2006 年 5 月 31 日起诉。泳池周边、屋顶、通风及过滤系统均被诉存在缺陷。11 月，辩方才做出回应，12 月中旬分配调查表得以提交。2007 年 1 月上旬，地区法官审阅了案卷材料，然后在 2 月 23 日召开了案件解决会议。会谈中，当事方尝试同意调解，也因此案件程序被中止至 6 月份进行，从而为调解让路。调

---

① 6MY02609.

解程序起初设为 6 月 4 日进行，但是因起诉方声称证据不足而被推迟。当事方虽然进一步寻求中止该案，但是被法庭和 7 月 3 日的第二次案件解决会议所驳回。推迟后，诉方律师在 8 月 1 日致函法庭，声称“程序已经了结，案件解决会议现在已无须召开”。

在这种会谈的情形中，对此类情形的观察报告和文件中的数据提供了具有重要实证意义的证据，表明在民事诉讼程序规则下，法官为促成和解极其认真、严谨地履行了其职责。法官们试图探求直接和解的可能性（目前控辩双方的隔阂真的足以成为招致额外的审判成本的理由吗?），以及鼓励双方采取非诉讼的解决方案（本案以调解告终）。这些情况也为本案寻求和解的律师团队等候进入会谈或会谈后的解决提供了一种“对话”的机会。

案件解决会议毫无疑问为法官提供了一种向争端各方施加巨大压力以解决争端的机会，因此，颠覆了理想化的自愿特性。然而，在伦敦市长法院里，对会谈的实证观察表明了法官下大力气避免“非正式司法”（informal justice）所导致的蛮横解决的危险。一旦法官比较满意当事人对进一步诉讼经济风险的了解程度，尤其是带来与诉讼标的额不相匹配的成本，和谈结果就得听任当事人了。

会谈中，审判和协商和解的不同理性，经常被各方的法律团队清晰地描述，以作为相反诉讼策略的理论基础。这一点从 2007 年提交至伦敦市长法院的 Angoscini 诉 Evans 案件经过中鲜明地体现出来：[①]

住在西域（West Country）小镇的一对夫妇决定经营房地产生意。2001 年，他们设立了一家有限责任公司从事房地产开发项目。公司股本 100 英镑，女方持股 51%，男方持股 49%。女方担任执行董事，男方任公司秘书。为使公司成立，男方母亲借给公司 60 000 英镑。在 2003 年后半年，男女两方的夫妻关系恶化，不过直到 2006 年仍然保持着稳定的商业合作关系。从公司成立伊始，男方就挪用公司借记卡和信用卡支付日常生活支出。2006 年后双方关系严重恶化，一个征兆就是男方未经授权直接使用公司支票，而这支票本来是女方签发用来购置房产以支持公司发展并偿付男方母亲借款的。

当女方发现这一擅自使用支票的行为时，作为公司的执行董事，她一纸诉状将她的雇员——男方，告上伦敦市长法庭，声称公司资金被不正当使用，即公司借记卡、信用卡以及支票未经授权违规挪用。同时，女方主张，起诉方有权分割男方名下住宅物业的所有权，被诉方个人利用了其作为公司

---

① 7MY02895.

雇员不应利用的商业机会。被诉方反驳认为,尽管另一地产是在女方名下,但是由双方共同居住,他辩称自己享有该受益利益(beneficial interests)。

双方均认同,本案董事与雇员间存在私人关系,而且在关系僵化前一直共同居住。分配调查表提交后,案件解决会议根据被诉方律师的要求而由地区法官召开。[①]

会谈中,法官非常具体细致地对该案进行认定,并大致描述了案情的未来走向:"本案是个体争议而非公司纠纷。"他提请双方注意伦敦市长法庭有调解机制,"本案需要通过调解加以解决"。在他说的时候,另一种相对的方案(在建议性的指引草案中很明显)强调双方一开始的文件提交。起诉方律师将本案视为简单清晰的公司争议,围绕雇员方对信义义务的违反进行。这些需要充分论证,仔细应对以及最终的多轨审判。被诉方律师建议,最好的办法就是双方(在听证会后)举行会谈(a chat after this hearing),这样双方可以彼此交流信息,争取达到双方合意的和解。这一提议明确以减低诉讼成本为目标。诉方律师声称,他将其视为毫无意义的,是对诉讼的颠覆。基于这样的提议,法官主张,他不愿意看到"本案在法庭上花了成千上万英镑后才得以和解"。但是,他认为,听取了证人证词以及准备了经同意的问题议程之后,应尝试促成争端解决,在此之前法官准备促使双方达成共识。为此,法官排出一个紧凑的日程表,其中植入了六周调解期。

这一争端凸显了"和解"已经崛起为审判裁判之外的另一种解决方案的理性度,甚至在各种争端解决模式中大有将前者取而代之的势头。但是审判理性仍然在法庭程序中占据主导地位。正如该案所揭示的那样,这种分轨的理性说明了两者均足以成为建构诉讼程序的基石。该案中,"陈旧的"理性揭示了诉方的主张,即便是诉方在面对被诉方以和解为导向的回应时,也依然为她的律师执意诉讼提供了法律依据;然而,"全新"的理性揭示了法官对于如何解决争端以及明确支持被诉方主张的看法。

## 第五节 调解程序

作为案件争端解决体系中不可或缺的一部分,法庭借调解程序以主动追求

① 2007年11月5日举行,西蒙·罗伯茨记录。

促成案件和解的目的。在2006年5月开始运行的调解机制中，法官可在首次以分配为目的的审阅该案文件之后，随时将案件诉诸调解。调解类的案件被委以代表法庭行使调解职责的城市争端解决专家组处理。这一程序意在拉开调解与法庭之间必需的距离，这就是调解体制是如何在旗舰街上的国际争端解决中心里运行的。

调解机制在法院网站上、法院大厅的展板上被重点宣传，也被法官在具体案件情况下直接予以采用。诉诸调解程序是一种法官具有自由裁量权的选择。法官在选择调解对象时颇为克制；在调解程序运转的前三年里，83起案件经调解解决(见表16-2)。一项初步的法庭记录显示，除个体侵害案件以外，每月大约30起合同、侵权以及财产纠纷被追踪，[1]所以调解运行的第一年解决的案件代表了所有案件的一小部分。

**表16-2　伦敦市长法院：调解程序前三年受理的案件**

| 状态＼年份 | 2006 | 2007 | 2008 |
| --- | --- | --- | --- |
| 诉诸调解 | 27 | 21 | 35* |
| 调解解决 | 18 | 9 | 15 |
| 进入调解程序且于 | — | — | 5 |
| 调解日前即解决 | — | — | — |
| 未解决 | 4 | 6 | 8 |
| 未经调解直接重新诉诸法院 | 5 | 6 | 6 |

*其中一起案件定于6月9日调解。

调解启动于一方根据法官审阅材料后所提出建议的要求，或者由案件处置会启动；绝大多数情况下由法官启动。法官将诉诸调解视为自愿，并且为调解而中止程序的命令仅在所有当事人同意时才可做出。在某些情形下，法官适用两个阶段的程序，第一阶段发布中止令以使各方反思有无可能通过调解解决，接下

① 这一预测仅基于2005年提交至伦敦市长法院的某案的细致追踪分析，因此这一预测不一定十分准确。

来的中止令则是促使展开调解。

下面的这一案件的经过展示了调解如何定纷止争的范式。[①]

> 2006年6月16日,一件关于未付款陶瓷盆发货单的案件诉至法院。被诉方于6月27日答辩,否认其签订了按照供货数量购买这批陶瓷盆的合同,并就质量缺陷提起反诉。地区法官在7月28日考虑了回收来的分配调查表,并安排了案件解决会议,会议拟于8月22日以电话形式召开。在当时情形下,法官建议应当尝试调解的方式,并中止该案程序直到9月30日,双方同意了法官的这一建议。9月5日,一封写明诉求的信函被送至城市争端解决专家小组,调解程序安排在当月26日。在调解的时候,合意得以达成。

目前看来,调解机制运作的一大显著特色在于绝大多数诉诸调解的案件——正如上面所举案件都是产生于法庭程序的初期。在调节机制运行第一年的27起调解案件中,共有19起在分配跟踪之时或者在分配的前两个月内就得以调解。另有4起案件在分配后的6个月内随着非终局性的中止令而进入和解程序。只有1起案件,在随后候审的过程中得到调解。这一模式揭示了法官试图推动和解回到程序初始阶段的目标。

虽然偶有例外,但是迄今为止,在调解机制下展开的调解都在于将其建构以使其与旗舰街上的国际争端解决中心相兼容。这些都为全体参与和当事人与律师之间的"隐私"场所提供了广阔空间。法庭并不对调解程序进行细致规定,但是积极推动调解程序的调解主持方的指引或实践规则,调解程序受其限制。

是否在安排调解前与当事人取得联系,这些做法对于调解员来说因人而异。有些调解员提前与当事人协商,通过这个机会阐释调解程序并争取对谈判对方的各自立场有初步理解,进而直接推动程序进入一个在国际争端解决中心召开的全体出席的协商会议。另一部分调解员在会谈之初与各方进行简短的介绍性会谈。在调解机制下,关于调解员是否同当事人或其律师(在场)初步交流,情况各不相同,有些调解员直接同当事人展开交流,然后很快倾向于某一方当事人的主张,另一部分则在开始时询问该与哪一方初步交流,还有一部分通常直接与律师交流。

在我们观察的所有案件中,调解员强调其职责在于借助交流交换信息以促成谈判,而不是单就案件该达到怎样的特定结局做出建议或帮助。然而,调解员

---

① 6MY02609.

之干涉往往超出所谓的“中间人”角色。所有的调解员将当事人的注意力在一开始以及随后的调解环节都吸引到后续诉讼的经济成本中。这些过程的实现路径不一。调解员或许仅会简单地询问各方律师，告知其“截至目前的诉讼程序费用以及继续进行诉讼会产生多少费用的估算”。另一种方式是调解员对各方进行“风险评估”，清晰地评估各方的成本以及后续诉讼的费用。这里有一种策略是重点关注分配调查表上记录的数字，分配调查表常常会低估审判程序进行的诉讼费用。有一位调解员向当时在座各位朗读了一个关于上诉法院案件的报纸报道，那一起案件中所有的费用已经远远超出诉讼开始阶段诉求的相对较少的费用。

所有被观察的调解员都使用一种所谓的“穿梭式”调解机制。双方商谈后，调解员总是将各方分开，并将大部分程序都耗费在与各方单独协商上，并在双方所在的房间之间来来回回。将程序和基础规则向各方介绍后，有些调解员就邀请一方先谈谈基本立场，之后调解员迅速开展“穿梭式”调解。其他调解员鼓励各方持续协商，并且主动促进直接对话，仅在分歧较大时分开双方当事人。一旦双方当事人被分开，调解员在两方之间斡旋直到达成协议告吹，或者调解无法继续下去。调解常常在各方被聚集起来参加最终的和谈时告终，和谈中任何达成的谅解都会加以确认、按照一定程式整理并且被记录在案。下面这个案子展示了这一过程。①

> 诉方与两个应诉人签订了一份合同，在仓库里承接相关管道工作。被诉人希望将这个仓库改造为夜总会和餐馆。诉方为被诉方的家庭工作了多年，在施工过程中现场听取了被诉方的口头指示。随着工作的进展，这些指示有所变更，并且在施工现场付诸执行。2005 年 2 月竣工后，约 45 000 英镑的收据被交予被诉方。被诉人宣称，物料费用、人力费用都被高估了，因此只付了 16 000 英镑。本案于 2006 年 11 月 14 日提交至伦敦市长法院，请求对剩余钱款进行支付。
>
> 12 月 8 日，应诉人答辩。分配调查表在 12 月 21 日和 12 月 29 日被提交。在 2007 年 1 月 17 日的一次案件解决会议上，该案被中止诉讼，直到 2 月底，以期达成和解。在 2 月 22 日的和解会谈中，双方均在律师的陪同下到场参加。调解员是一位调解经验丰富的大律师。

---

① 该案被西蒙·罗伯茨在 2007 年 2 月 22 日记录在国际争端解决中心，出于保密考虑，部分细节已修改。

调解员在程序开始时首先将各方单独邀请到室内，进行完自我介绍后，对各方“请求和解”的愿望加以确认。

然后调解员将各方集中起来，并解释道，调解是一项保密的过程。调解中各方争取实现和解，但是如果无法和解，则各方均得以在任何时候自行退出程序。调解开始后，当事人之间长期的互信关系彻底瓦解。诉方律师首先发言，确认了合同标的乃是核心争点，既然双方的差距较大，他希望能够缩小差距。应诉方的律师回应说，应诉方自始希望求得协商解决并且仍然希望如此。调解员进而问他们是否需要继续共同会谈或者分开退回到各自房间内。应诉方律师说在各自的房间里分别展开会谈较好。

第一次分场会谈：调解员在被诉方的房间内首先询问分配调查表上的费用——目前为止的 4 000 英镑和诉讼的 12 000 英镑是否实际发生。他建议，如果“和谈进行下去”，那么，当事人和律师就应当一起考虑实际发生的费用到底是多少；然后调解员让他们考虑一下希望自己在诉方那边得到怎样的结果，例如如果这样说可以使谈判解决的话：“你能否给一个数字？我好给他们报价。”接下来，他们又细致地谈了些被被告认为高估的物料费用问题，然后调解员去了诉方的房间。

第二次分场会谈：同在被诉方那里一样，调解员首先促请诉方做一个风险评估。然后，调解员向其告知，根据他的经验，审判结果中另一方在诉讼结束时的成本更接近 25 000 英镑而不是在分配调查表上的 12 000 英镑。他警告诉方，如果今日未能达成合意，诉方可以寄希望于被诉方的“部分报价”，这将导致未来成本累积后风险评估更加困难。调解员告诉诉方，他的材料价格是一个争点，在离开时调解要求他考虑自己的“底线”在哪里，以及考虑对任何报价做出回应的必要性。诉方声称“希望知道对方报价，但是低于 22 000 英镑绝对免谈”——“一半现付，另一半半个月内支付”。

第三次分场会谈：带着这一信息回到被诉方那里，调解员请其报价。这个要约邀请对诉方报价形成进一步挑战，尤其是铜管价格方面。在人力费用方面，第二位被诉人当时宣称他在诉方的监管下做了某些工作。调解员离开时要求被诉方形成一个报价，当他回来时由他传递给对方。

第四次分场会谈：诉方要求对方对 22 000 英镑的报价做一个合理的回应，被诉方的大意被带给诉方。

第五次分场会谈：返回到被诉方那里后，调解员指出调解时间即将告终，如果“希望今日之内解决此案”，需要认真严肃地报价。在多次谈到管道费用之后，被诉方提出9 000英镑，请对方“尽速和解”。

第六次分场会谈：诉方有了新的提议，他将接受18 000英镑的价位，包含3 000英镑的成本部分，分三次付款完毕：1/3现付，1/3在一月内支付，余额在两个月内结清。

第七次分场会谈：调解员返回到被告房间的时候，已经12:30了。调解员重复了他早前的话，如果案子走向诉讼审判的话，额外成本就会产生。然后，被告报价15 000英镑，按照原告意思，分批次结清，这个安排的前提是双方自行承担截至目前的费用。

第八次分场会谈：在与律师协商后，诉方勉强同意了和解中的报价。

调解员将双方召集起来，并且在他们都在场的情况下达成书面一致，并以同意命令(Consent Order)的形式提交至法庭。虽然双方都签字了，但是没有一方感到满意，都摇着头走了。观察者也不清楚，为何曾经长期互信的商业关系如今变得如此糟糕。

调解员晚些时候将当事人安排在分开的房间内，游走于各方之间交换信息以及和解提议之间，这一结构化的安排对于调解员和当事人都很重要。对于调解员来说，这一安排使其工作量增加，赋予他们更大权力。不管起初调解员的作用多么受限，根据案卷记录来看，当这种往复的调解过程形成时，往往就会形成一种趋势：职责扩展以主动促成合意结果的达成。典型情况是，在后续过程中，各方积极争取缩小双方的数额诉求差距。这种调解模式几乎无可避免地导致调解员主宰与各方平行会谈的结果。因此，当事方基本都是在同调解员协商，而不是同对方协商。于是，调解员演变为和解主导者的角色，而不是双方会谈的促进者。

对于当事人来说，这种调解模式在几个方面导致约束重重而且无穷无尽地纠缠。与调解员互动，而非与对方互动，那么直接协商带来的“过程红利”(process benefits)荡然无存。双方被剥夺了直接与对方和谈的机会，对于交流的促进和有望增进日后商业关系的谅解也被牺牲掉了。但是，调解员在与一方进行调解时也为另一方和其法律团队提供了长时间相处的机会，这种穿梭式的会谈提供了实质意义上的甚至是未曾预料到的反思和规划的余地。与起初简短的专业咨询形成鲜明对比，这留有时间来思考和谈失败的代价和风险，进而当调解员返回屋内时斟酌己方该如何答复，并将信息传达给对方。

## 第六节 一个程式化协商的舞台——对法院的重新定义

我们需要探讨的是，考虑到立法和司法过程愈加重视“和解”的理念，以及前述的已经展现的处置模式，如何重新定义法庭？很显然，法官们自我展现出来的形象和现实中法庭是如何真切地运作的，已经表明我们不能固执地、理想化地认为法庭就是一个审判裁断的代理机构。起初，我们容易简单地将这些在英国法庭中出现的变化归结为法官向调解员的转型。对此，夏皮罗在其著作《法庭》中，就北美转型的早期自己所担任的这种角色进行过反思。然而，这种理解会低估当事方的主动性，也会过于强调司法活动的主动性。

我们发现，只有少部分诉求是通过积极主动的司法参与得以有效解决的。在诉讼过程中，司法干预在两个阶段比较明显：一是在制定分配表后以及紧接其后的时间；二是在审判程序中。在争议周期的其他争端时间点上，法庭仅提供一个支持的司法环境并为双方协商提供连续的程序助力。在诉前协议中，这种支持始于对“协商”的支持。通过循环往复的信息交流以及一经起诉就开始借鉴的过程，协商不断展开，并从被诉方进入程序后就开始形式化。对于协商之促进，在分配调查表中表达得很清楚：程序伊始就抛出一以贯之的问题：“协商是否在进行中？如果不再协商，原因呢？”尔后，即使是立场最坚定的律师也意识到，在绝大多数情况下，候审名单一经列出，就要开始准备和解协商，而不是准备庭审。

在数量方面，3/4 的被诉争端是在起诉后没有被诉方应诉的时候解决的。此后仍未解决的纠纷中，超过一半的情况是在被诉方应诉时就很快解决。剩下的部分，在地区法官审阅了分配表的跟踪情况后就得以解决，这是审判前司法主动介入的唯一阶段。2008 年，46%的未决案件得以解决。司法介入主要以中止令、案件解决会议、诉诸调解的形式进行，毫无疑问，对于这些案件的和解至关重要。然后，在法庭公示了候审的案件之后，通过双方律师团队之间稍后的协商，将进一步减少案件数量。2008 年，在公示的案件中，超过 70%的部分案件在诉讼前夕以这种方式得到解决。

整体而言，在诉讼程序中，法官通常在分配调查表后和公示候审前，努力直接主动促成和解——相较于分配调查表提交之前、案件候审公示之后，只有少量争端得以解决。在2007年的6 326个解决或中止案例中，只有296个通过司法主动介入解决，因此任意一种积极的三方解决模式只在伦敦市长法庭受理的极少案件中有效果。

上述概论造成一种极端的印象：法院（法庭）是一个和解的场所。但是我们不应当高估和解中法庭的重要促进作用，也不应当高估法官在诉讼律师试图后期诉诸和解的气氛中逆势而为的成功。伦敦市长法院的这一细节支持了我们的整体判断：在归纳法院今日的特点时，我们应当尤其谨慎地看待法院因其第三方的解决作用而带来的优良声誉。英国的民事诉讼在普通法世界中自成一体。诉讼案由众多，诉讼门槛较低，但是庭审的门槛却比较高。很明显，在诉讼程序的一系列阶段中，未决争端的结案在每个阶段都会发生。最后，为数极少的案子面临审判。在这之前，只有分配调查表提交后的阶段，司法主动介入看起来才是一个主导性的因素。

## 第七节 国家权力架构转型中的法院

结论应当如此，是时候将法院重新定义为一个结构化的双方协商的场域，以及一个互动的主导模式常常演化为当事人冗长会谈的地方。这就是一出戏，既有主动的司法推动和解，又有理论上的审判为程序提供背景结构。但是除此之外，法庭还有他用。

法院角色从“命令式”转向这里所说的“诱导型”，背后更多的情况可以从很多方面来论证。长期以来，20世纪中叶以后政府逐渐分化为公私两大领域，每一部分都以独特的程序和理性规范为特色。沿着这一轨迹，公共领域最强大的机构演化为程式化的机构，其中最为强势的机构便是法院系统。政府在参与争端解决过程中的整合，已经成为一种所谓“公共正义”（Public Justice），表现为以第三方权威发号施令。进而，在20世纪70年代后期，演化进程呈现出颠倒的局势，原先公私分明的鸿沟开始模糊，如今法院开始主导促进和解，这已成为一种主导性的私力救济模式。

一种代表这种演变的路径在于政府的“退让”和私域的回潮，与查尔斯·莱科(Charles Reich)在《美国的绿化》(*The Greening of America*)一书中描写的大致趋势相吻合。[①] 但是至少有一位早期的评论家理查德·阿贝尔(Richard Abel)在《非正式正义中的政治学》(*The Politics of Informal Justice*)中批判道,我们应当看到变化是一种国家权力的膨胀,而国家权力的膨胀又是从开放的强权到暗箱操作这种转变的核心模式。[②] 大致而言,我们现在可以审视20世纪80年代初的预言,将其看成是神秘而又准确的一种预测。民事诉讼体制今日已经一箭双雕地实现了对政府通过"命令"行使权力的抑制和与日俱增地重视公权力直接引导争端"和解"的干预模式上。同时,通过政府对和解的监督决定——即使在诉前阶段——所谓的监督领域也有了相匹配的增强。然而,虽然阿贝尔的主要关注点在于层级交叉的争端解决非正式性会有怎样的不利后果,我意在对他预言的由系争商事公司主导的"平行"框架所显示的变化做出阐释。

无论我们如何审视这种转型,关于法院的角色和未来仍有诸多需要追问的地方。我们要怎么看待哥特式耸立的建筑中日益空旷的法院呢?在法院中,进行的是完全不同的司法程序。难道我们应当简单地将当下维多利亚这片土地上的和解程序仅仅视为一种正在消逝的离奇轨迹吗?抑或这些历史性特征在象征意义上保持着效力和相关性,为双边协商而非公开审判程序提供合法性?而公开审判本身就是当初建造法庭的目的。

当我们考虑与西方中心化过程相关的意识形态表现时,有一种观点认为,政府虽历经纷繁变化,但是这些意识形态的表征却是恒定的。具体就早期现代欧洲的政府演化来说,迈克尔·福柯在《知识的意志》(*La Volonte de Savoir*)一书中关注了他所谓权力代议的"司法失位"的两大关联特点:一是超凡的坚持;二是在一种对谈模式不再那么精确地代表着原本如此布设的、真实存在的世界时,仍能长久地存在。他写道:"中世纪以降,权力之行使均受限于法律语言。"[③]他进而说道:"几个世纪以来,我们牵涉在一种司法愈加无法掌控权力的社会中,和代议制度殊途同归。"[④]当然,福柯本可以将这些归纳得更为概括宽泛。在"法律语境"下,中央权力机构非常宽泛地寻求代表其权力诉求,这适用于19世纪的喀拉哈里沙漠(Kalahari)的博茨瓦纳王国(Kalahari),以及中世纪和当代欧洲的早

① Charles Reich. *The Greening Of America*. New York: Random House, 1970.

② Richard L. Abel. Delegalization: A Critical Review of Its Ideology, Manifestations and Social Consequences, Erhard Blankenburg, Ekkehard Klausa, Hubert Rottleuthner. *Alternative Rechtsformen und Alternativen zum Recht*. Jahrbuch für Rechtssoziologie und Rechtstheorie, Bd. 6, 1980.

③ Michel Foucault. *The History of Sexuality*. London: Allen Lane, 1978, p.87.

④ Michel Foucault. *The History of Sexuality*. London: Allen Lane, 1978, p.89.

期。似乎也可以这样说，一种法律主义的理念是与普适的中心主义共生的。

福柯的第二个观察指出了意识形态产物的重要特质：他们的这种持续性并不依赖于命题内容。这无疑是法律观念的情形——它不能被理解成了权力关系在某一刻的相关政治组织的运作中提供一种解释。福柯在这一点上从现在看来是有些误导的，他暗示中世纪欧洲曾有一段时期当权力代议“司法失位”时，一度为世界提供了一种参照。但是，即使当某机构的作用发生巨大变化时，一系列的意识形态表现仍有可能维持不变。因此，“法治”长期以来与审理和裁判挂钩，在法庭促进和解时也为这种完全不同的程序提供了合法性。伍尔夫勋爵明确地主张，现在“正义”也可以通过这种和解模式得以实现。[①]

当我们考虑仪式与象征时，在主要思想流派的旗手里面，福柯的观点也同等重要。很久以前，毛里斯·布洛赫(Maurice Bloch)在一篇重要论文《象征、歌曲与舞蹈》(*Symbols, Songs and Dance*)中，重新强调在使阶级秩序正当化和隐秘化的过程中，仪式尤为重要。[②] 同时，他确凿地认为，仪式通过言外之力，而非因建议而得以实现，因此寻求仪式与仪式所支撑的政治架构之间存在的理性关系是无意义的。[③] 这就表明，我们必须把问题同马丁·洛林(Martin Loughlin)在其著作《剑与尺》(*Sword and Scales*)中的观点一同加以审视。在那本书里，他认为这些强力的意识形态象征“不再足以成为足够的政治权力和法律正义的镜像”，因此需要被更为现代化的东西所替代。这不是意识形态发生作用的方式。我们不应当被无数的法律理性的命题内涵所分神，去思考这些情况下的法律仪式问题。

伦敦市长法院19世纪耸立的哥特式建筑，在象征意义上已经远远超出审理裁判的内涵。在20世纪末期的程序改革开始之前，“大多数民事案件和解”的观念被广泛认同，但是法庭的官方制裁运动构建了双方协商的平台，实质与形式之间的错位也愈发显现。法院——常常空荡的法庭——愈加呈现出一种象征色

---

① 在他中期报告里，“求得正义”(HMSO, London 1995)提及案情处置问题，伍尔夫勋爵将整体目的归为促进最初的合适时机求得争端解决；并且当审判不可避免时，确信案件尽快走向最终的听审，而听审程序的过程本身受到严格限制。

② Maurice Bloch. Symbols, Song, Dance and Features of Articulation. *European Journal of Sociology*, Vol. 15, 1974, pp.55－81.

③ 布洛克却似乎强烈反对涂尔干在1912年《宗教生活的基本形式》的观点，涂尔干认为仪式象征着古老的权力，与阶级无涉。我们必须抵制仅在“控制性”语境下探讨仪式，应当允许它在这世界中寻得地位。布洛克的观点也站不住脚，因为根据韦伯对权威的划分，他将仪式限定为“传统形式”。仪式当然有其角色——甚至也称得上是核心角色——是在现今“法律理性”的语境中吗？Martin Loughlin. *Sword and Scales*. Oxford: Hart Publishing, 2001.

彩，法官如今更像是"典范的"仪式捍卫者，将他人的决定合法化。无可辩驳，随着命令作用的衰落，一种运作上的或曰实践上的作用也衰弱了，仪式化维度的重要性日渐显现。例如克利福德·格尔茨在《尼加拉》(*Negara*)中描述的巴厘19世纪的典范王权，[①]法庭意义就在于象征和仪式。如今法庭无需伪装起来，无需将自己的司法权正当化，而是应将当事方的决定合法化。基本商业化的伦敦城市法庭坐落在市政厅，而这一转变是对其最好的回应。

## 第八节 结 论

我们不应当囿于对法庭的定义，关注新古典主义的模式，将法庭看作发号施令的代理人——一个专业化的审理裁判场所。我们尤其应当将法庭看作一种会谈场所，一个非正式、多用途、以沟通为目的、信息交流与交易的地方。我们发现，这种场所存在于各种文化里：希腊市场(Greek *agora*)、罗马论坛(Roman *forum*)、盎格鲁撒克逊大会(Anglo-Saxon *moot*)、茨瓦纳的公共聚会(Tswana *kgotla*)[②]——此种例子比比皆是。

就英格兰民事法庭而言，这个空间并非完全"开放"，对话的机会有着一定的结构。首先，正如我们在民族志中的点滴记录中可以发现的那样，连续的节点沿着一条法律预设的轨迹展开，法律规定了信息交流与交易的时机。这些节点下的时机可以被掌控，可以被如此采纳，一直到裁判的终点皆是如此。

其次，法庭可以发挥一系列的很多角色，包括以下方面。

(1) 正如我在开始就标识的那样，传统的、命令的运行角色——在权威的判决成为必要时作出审判和裁断。

(2) 促进和解的协助(便利)作用，在可能的时候在多数案件中促进合意的达成。

(3) 被克利福德·格尔茨称为"示范"的角色，这种角色恒定而看上去无瑕疵，为我们提供了一种世界"应然"的模式。法庭此时是一位象征一切安好的中间人，再三让我们确信现世安稳。

---

① Clifford Geertz. *Negara: The Theatre State in Nineteenth Century Bali*. Princeton: Princeton University Press, 1980.

② [英] 西蒙·罗伯茨：《秩序和争议——法律人类学导论》，沈伟、张铮译，上海交通大学出版社2012年版。

(4) 一种劝诫性的持续性角色，一种促进各方交流的角色，协调其他争端方争取达成共同的决定，这里的法庭为决定的做出提供了一个安全场所。

从人种志学的角度来看，这一广阔领域的大部分表层仍然未被过多涉足。机遇迭出、形式多样，法学家们和社会学家们大有可为。

# 参考文献

## 一、中文文献

### (一) 中文著作

沈伟:《私募投资和商事法契合法律问题研究——规则、监管与困境》,法律出版社 2020 年版。

汪忠:《基于机构投资者视角的目标公司治理评价及实证研究》,湖南大学出版社 2012 年版。

陈甦:《证券法专题研究》,高等教育出版社 2006 年版。

郭雳:《证券律师的行业发展与制度规范》,法律出版社 2013 年版。

席龙胜:《内部控制信息披露管制研究》,中国经济出版社 2016 年版。

曹建元:《证券投资学》,上海财经大学出版社 2016 年版。

耿利航:《中国证券市场中介机构的作用与约束机制——以证券律师为例证的分析》,法律出版社 2011 年版。

万国华:《证券前沿问题研究》,天津人民出版社 2002 年版。

刘黎明:《证券法学》,北京大学出版社 2006 年版。

张新、朱武祥:《证券监管的经济学分析》,上海三联书店 2008 年版。

赵武:《证券投资理论与实务》,西安电子科技大学出版社 2012 年版。

田利辉:《中国金融变革和市场全景(南开金融发展报告)》,南开大学出版社 2018 年版。

袁爱平:《金融证券律师非诉讼业务》,吉林人民出版社 1998 年版。

朱宝玲:《日本金融商品交易法——一部保护投资者和构建公正透明的投资市场之法律》,法律出版社 2016 年版。

蔡永民:《比较担保法》,北京大学出版社 2004 年版。

刘明尧:《破产债权制度研究》,中国社会科学出版社 2018 年版。

李飞：《当代外国破产法》，中国法制出版社2006年版。
高圣平：《金融担保创新的法律规制研究》，法律出版社2017年版。
许德风：《破产法论：解释与功能比较的视角》，北京大学出版社2015年版。
齐树洁：《破产法研究》，厦门大学出版社2005年版。
王利明：《债法总则研究（第二版）》，中国人民大学出版社2018年版。
赵万一：《供给侧结构性改革背景下的中国破产法》，华中科技大学出版社2018年版。
郭明瑞、房绍坤、张平华：《担保法（第五版）》，中国人民大学出版社2017年版。
费安玲：《比较担保法——以德国、法国、瑞士、意大利、英国和中国担保法为研究对象》，中国政法大学出版社2004年版。

(二) 中文译著

[美] 约翰·C.科菲：《看门人机制：市场中介与公司治理》，黄辉、王长河等译，北京大学出版社2011年版。
[美] 理查德·A.波斯纳：《法律的经济分析》，蒋兆康译，中国大百科全书出版社1997年版。
[英] 西蒙·罗伯茨：《秩序和争议——法律人类学概论》，沈伟、张铮译，上海交通大学出版社2012年版。
[英] 菲奥娜·托米：《英国公司和个人破产法（第二版）》，汤维建、刘静译，北京大学出版社2010年版。

(三) 中文期刊

贺丹：《企业拯救导向下债权破产止息规则的检讨》，《法学》2017年第5期。
王欣新：《试论破产案件中的保证责任问题》，《法学家》1998年第2期。
于焕超：《破产程序中债权人对保证人的利息请求权分析》，《金融法苑》2016年第11期。
王欣新：《论破产程序中劣后债权的清偿》，《人民法院报》2018年7月4日，第7版。
易名洋：《主债务人破产程序中债权人债权保证研究》，《海南金融》2018年第8期。
李昊、邓辉：《论保证合同入典及其立法完善》，《法治研究》2017年第6期。
徐同远：《民法典合同编草案中保证制度的完善》，《北京航空航天大学学报（社会科学版）》2019年第2期。

刘斌:《论民法典分则中人的担保之体系重构》,《当代法学》2018 年第 5 期。
高圣平:《论独立保证的典型化与类型化》,《武汉大学学报(哲学社会科学版)》2016 年第 1 期。
周林彬、王爽:《商事担保概念初探》,《法学》2013 年第 3 期。
刘斌:《独立担保:一个概念的界定》,《清华法学》2016 年第 1 期。
曾大鹏:《商事担保立法理念的重塑》,《法学》2013 年第 3 期。
范健:《商事担保的构成与责任特殊性》,《法学》2013 年第 3 期。
刘斌:《独立担保的商事法理构造——兼论民法典视野下的独立担保制度建构》,《环球法律评论》2016 年第 2 期。
汤欣:《私人诉讼与证券执法》,《清华法学》2007 年第 3 期。
郭雳:《作为积极股东的投资者保护机构——以投服中心为例的分析》,《法学》2019 年第 8 期。
吕成龙:《投保机构在证券民事诉讼中的角色定位》,《北方法学》2017 年第 6 期。
冯根福:《西方国家公司经理行为的约束与激励机制比较研究》,《当代经济》1998 年第 6 期。
邓旭东、欧阳权:《委托代理理论与国企激励约束机制的构建》,《企业经济》2004 年第 10 期。
付强:《风险投资中的委托代理》,《当代财经》2003 年第 10 期。
崔丽:《新〈环境保护法〉背景下环境公益诉讼激励机制研究》,《生态经济》2015 年第 5 期。
王丽萍:《突破环境公益诉讼启动的瓶颈:适格原告扩张与激励机制构建》,《法学论坛》2017 年第 1 期。
陈亮:《环境公益诉讼激励机制的法律构造》,《现代法学》2016 年第 4 期。
李激汉:《证券民事赔偿诉讼方式的立法路径探讨》,《法学》2018 年第 3 期。
孙俊:《从诉讼大数据看证券行业这十年》,《中国航空报》2018 年 12 月 20 日。
陆建新:《双层委托代理:苏南模式运行机制的理论实证分析》,《学习与探索》1997 年第 2 期。
郭素凡:《中国资本市场民事维权缘何难》,《法治周末》2012 年 2 月 29 日。
黄辉:《中国股东派生诉讼制度:实证研究及完善建议》,《人大法律评论》2014 年第 1 辑。
黄江东、施蕾:《中国版证券集团诉讼制度研究——以新〈证券法〉第 95 条第 3

款为分析对象》,《财经法学》2020 年第 3 期。
孙笑侠、郭春镇:《法律父爱主义在中国的适用》,《中国社会科学》2006 年第 1 期。
李燕、杨淦:《美国法上的 IPO“注册制”:起源、构造与论争——兼论我国注册制改革的移植与创生》,《比较法研究》2014 年第 6 期。
冷静:《注册制下发行审核监管的分权调整》,《法学评论》2016 年第 1 期。
顾连书、王宏利、王海霞:《我国新股发行审核由核准制向注册制转型的路径选择》,《中央财经大学学报》2012 年第 11 期。
郭雳:《抓实“关键少数” 强化中介职责》,《证券日报》2020 年 4 月 29 日,第 A03 版。
夏东霞、范晓:《科创板注册制背景下对中介机构“看门人”角色的再思考》,《财经法学》2019 年第 3 期。
张文越:《科创板中介机构勤勉尽责责任研究——基于注意义务之区分》,《浙江金融》2019 年第 10 期。
刘志云、龙稳全:《论完善投资银行勤勉义务规制的路径选择》,《南京大学学报(哲学·人文科学·社会科学)》2018 年第 6 期。
陈承、高炳巡:《法律尽职调查中律师勤勉尽责义务界定探析》,《哈尔滨学院学报》2015 年第 7 期。
屈茂辉:《论民法上的注意义务》,《北方法学》2007 年第 1 期。
晏宗武:《论民法上的注意义务》,《法学杂志》2006 年第 4 期。
刘燕:《“专家责任”若干基本概念质疑》,《比较法研究》2005 年第 5 期。
郭雳、李逸斯:《IPO 中各中介机构的职责分配探析——从欣泰电气案议起》,《证券法苑》2017 年第 5 期。
盘和林:《问询式监管确保科创板信息披露真实有效》,《证券日报》2019 年 4 月 27 日,第 A03 版。
李有星、潘政:《科创板发行上市审核制度变革的法律逻辑》,《财经法学》2019 年第 4 期。
彭冰:《证券律师行政责任的实证研究》,《法商研究》2004 年第 6 期。
陈思远:《香港保荐制度最新修改对内地投资银行业的启示——以注册制改革为背景》,《证券市场导报》2014 年第 2 期。
郭雳:《检讨与重构金融中介服务机构的法律职责——以资本市场为例》,《金融服务法评论》2012 年第 3 卷。
谈萧:《香港保荐人制度最新修订述评》,《证券市场导报》2005 年第 4 期。
王玮、夏中宝:《"洪良国际案"对境内欺诈上市案件查处的启示——以"绿大地案"为比较分析样本》,《证券法苑》2012 年第 7 卷。
郭雳:《香港保荐制度改革新规述评与镜鉴》,《证券市场导报》2014 年第 2 期。
郭雳:《证券律师的职责规范与业务拓展》,《证券市场导报》2011 年第 4 期。
孙煜:《专访普华永道首席合伙人李丹:注册制下会计师需要始终保持"本领恐慌"》,《21 世纪经济报道》2020 年 12 月 17 日,第 10 版。

## 二、英文文献

### (一) 英文著作

Hazel Genn. *Judging Civil Justice*. Cambridge: Cambridge University Press, 2009.
Martin Shapiro. *Courts*. Chicago: University of Chicago Press, 2005.
Simon Roberts and Michael Palmer. *Dispute Processes: ADR and the Primary Forms of Decision Making*. Cambridge: Cambridge University Press, 2005.
Bronislaw Malinowski. *Argonauts of the Western Pacific: An Account of Native Enterprise and Adventure in the Archipelagoes of Melanesian New Guinea*. London: Routledge, 1922.
Charles Reich. *The Greening of America*. New York: Random House, 1970.
Martin Loughlin. *Sword and Scales*. Oxford: Hart Publishing, 2001.
Clifford Geertz. *Negara: The Theatre State in Nineteenth Century Bali*. Princeton: Princeton University Press, 1980.
Michel Foucault. *The History of Sexuality*. London: Allen Lane, 1978.

### (二) 英文期刊

Michael C. Jensen, William H., Meckling. Theory of the Firm: Managerial Behavior, Agency Costs and Ownership Structure. *Journal of Financial Economics*, Vol. 3, 1976.
Geoffrey Miller. Some Agency Problems in Settlement. *J. LEGAL STUD*, Vol. 16, 1987.
Elliott J. Weiss & John S. Beckerman. Let the Money Do the Monitoring:

How Institutional Investors Can Reduce Agency Costs in Securities Class Actions. *Yale Law Journal*, Vol. 104, 1995.

James D. Cox & Randall S. Thomas. Does the Plaintiff Matter? An Empirical Analysis of Lead Plaintiffs in Securities Class Actions. *Columbia Law Review*, Vol. 106, 2006.

Lynn A. Baker. Is the Price Right? An Empirical Study of Fee-Setting in Securities Class Actions. *Columbia Law Review*, Vol. 115, 2015.

John C. Coffee. Understanding the Plaintiff's Attorney: The Implications of Economic Theory for Private Enforcement of Law through Class and Derivative Actions. *Columbia Law Review*, Vol. 86, 1986.

Richard B. Stewart & Cass R. Sunstein. Public Programs and Private Rights. *Harvard Law Review*, Vol. 95, 1982.

Stephen J. Choi & Robert B. Thompson. Securities Litigation and Its Lawyers: Changes During the First Decade After the PSLRA. *Colum. L. Rev.*, Vol. 106, 2006.

James D. Cox & Randall S. Thomas. Does the Plaintiff Matter? An Empirical Analysis of Lead Plaintiffs in Securities Class Actions. *Columbia Law Review*, Vol. 106, 2006.

Elliott J. Weiss & John S. Beckerman. Let the Money Do the Monitoring: How Institutional Investors Can Reduce Agency Costs in Securities Class Actions. *Yale Law Review*, Vol. 104, 1995.

Stephen J. Choi, Jill E. Fisch and Adam C. Pritchard. Do Institutions Matter? The Impact of the Lead Plaintiff Provision of the Private Securities Litigation Reform Act. *Wash. U. L. Q.*, Vol. 83, 2005.

James D. Cox and Randall S. Thomas. Does the Plaintiff Matter? An Empirical Analysis of Lead Plaintiffs in Securities Class Actions. *Columbia Law Review*, 2006.

Louis Kaplow. Private versus Social Costs in Bringing Suit. *Journal of Legal Studies*, Vol. 15, No. 2, 1986.

Jill E. Fisch. Class Action Reform, Qui Tam, and the Role of the Plaintiff. *Law and Contemporary Problems*, Vol. 60, 1997.

Lara Friedlander. Costs and the Public Interest Litigant. *McGill Law Journal*, Vol. 40, 1995.

Ronald J. Gilson & Robert H. Mnookin. Disputing through Agents: Cooperation and Conflict between Lawyers in Litigation. *Columbia Law Review*, Vol. 94, 1994.

Bruce L. Hay. Contingent Fees and Agency Costs. *Journal of Legal Studies*, Vol. 25, 1996.

Jonathan R. Macey & Geoffrey P. Miller. The Plaintiffs' Attorney's Role in Class Action and Derivative Litigation: Economic Analysis and Recommendations for Reform. *University of Chicago Law Review*, Vol. 58, 1991.

Jessica Erickson. The Market for Leadership in Corporate Litigation. *University of Illinois Law Review*, Vol. 4, 2015.

Arthur B. Laby. Differentiating Gatekeepers. *Brooklyn Journal of Corporate, Financial & Commercial Law*, Vol. 1, No. 1, Fall 2006.

Simon Roberts. Listing Concentrates the Mind: the English Civil Court as an Arena for Structured Negotiation. *Oxford Journal of Legal Studies*, Vol. 29, No. 3, 2009.

Marc Galanter. The Vanishing Trial: An Examination of Trials and Related Matters in the Federal and State Courts. *Journal of Empirical Legal Studies*, Vol. 1, No. 3, 2004.

Simon Roberts. Settlement as Civil Justice. *the Modern Law Review*, Vol. 63, No. 5, 2000.

Maurice Bloch. Symbols, Song, Dance and Features of Articulation. *European Journal of Sociology*, Vol. 15, 1974.

# 索　引

## 规则类

## J



## K



## L



## M



## P



## Q



## S



## X



## Y

Z



## 关键词类

A



B



C



D

F



G



H



I



J

## K



## L



## M



## N



## O



## P



## Q



## R



## S

**T**



**W**



**X**



**Y**

## Z

# 后　记

本书的出版受到上海市高水平地方高校(学科)建设项目的资助,特此致谢!

本书关于证券纠纷多元解决的研究得到了中证中小投资者服务中心的支持、课题组评审专家的建议和批评、李国俊和连环两位师友的组织和帮助,特此说明和感谢!

本书编辑过程中,我们得到了作者们的支持,张蓓蓓博士和朱涵博士对英文书名提出了有益的建议,对他们的智识贡献特表谢意!

我们诚挚感谢汪娜编辑的策划和编辑,感谢朱琳珺美术编辑的封面设计,感谢沈亦喜贡献的画作"鱼群",画作很好地展现了金融市场系统性风险所具有的那种连环相扣、理还乱的属性。当然,我们最期待读者的批评、共鸣或者分享。

沈　伟　金可可

2023 年 7 月 3 日

# “涉外法治论丛”已出书目

| | | |
|---|---|---|
| 沈伟、陈治东 | 著 | 商事仲裁法——国际视野和中国实践(上、下卷) |
| 沈伟、张磊 | 主编 | 《仲裁法》修订:重点和难点 |
| 沈伟 | 著 | 中美经贸摩擦和国际经济秩序转型(上、下卷) |
| 沈伟、金可可 | 主编 | 金融纠纷解决机制的应然和实然面向<br>——基于法教义学和法经济学的双重路径 |